文献通考·经籍考的文献学研究

邹明军／著

人民东方出版传媒
東方出版社

图书在版编目（CIP）数据

《文献通考·经籍考》的文献学研究 / 邹明军 著 . — 北京：东方出版社，2021.8
ISBN 978-7-5207-2213-1

Ⅰ. ①文… Ⅱ . ①邹… Ⅲ . ①典章制度—研究—中国—古代 Ⅳ . ① D691.5

中国版本图书馆 CIP 数据核字（2021）第 098305 号

《文献通考·经籍考》的文献学研究
（WENXIAN TONGKAO JINGJIKAO DE WENXIANXUE YANJIU）

作　　者：邹明军
策　　划：张永俊
责任编辑：张永俊
责任审校：谷铁波
出　　版：东方出版社
发　　行：人民东方出版传媒有限公司
地　　址：北京市西城区北三环中路 6 号
邮　　编：100120
印　　刷：北京市大兴县新魏印刷厂
版　　次：2021 年 8 月第 1 版
印　　次：2021 年 8 月第 1 次印刷
开　　本：660 毫米 ×960 毫米　1/16
印　　张：24.75
字　　数：298 千字
书　　号：ISBN 978-7-5207-2213-1
定　　价：98.00 元
发行电话：（010）85924663　85924644　85924641

序

改革开放以来实施的博士生培养制度来自西方，对中国高校而言，它是全新的高级人才培养方式。国家为此设置了一些“门槛”，如博士点的设立和博士生导师资格的遴选，均要经过比较严格的申报、审批程序。我国在几十年的博士生培养过程中取得的显著成绩以及存在的问题，需要参与培养的各方（国家教育主管部门、学校、导师、博士生、学术界等）冷静地加以总结和反思。作为一名高校博士生导师，是否称职，关键在于其指导的博士学位论文的质量和价值。如何衡量博士生导师指导的博士学位论文的质量和价值？其涉及多个维度。选题的创新意识、问题意识，文献和写作的严谨性、规范性等，都是重要的维度，当然还有同行认定、论文的盲审和答辩等。除此之外，我个人认为，只要不涉密，一般人文社会科学的博士学位论文代表一个求学者在研究生生涯中最高学术水准，论文通过答辩并加以修订后应该达到出版水平，同时鼓励公开出版，以便接受学术界和读者的批评、审视，促进学术交流和学术积累。这一点日本的博士学位论文出版制度有可借鉴之处。正是基于这种认识，我带的博士生毕业后，我一般都会催促他们继续修订学位论文，争取早日公开出版。在我所指导的博士生中，学位论文的出版有较快者和较慢者，较快者毕业一两年后即出版，较慢者则拖拖拉拉。

邹明军属于后者。他是2008级博士生，2011年毕业，博士学位论文盲审和答辩均获得“优秀”成绩。可是，他毕业至今快十年了，毕业论文才出版。这固然有工作、家庭琐事缠身而不能全力修改等原因，也与他做事风格中的“惰性”有关。十年时间比较长，现在终于能够出版，总是一件令人高兴的事。

我常说，人生的因缘际会往往充满偶然性，师生情缘便是如此。不过，偶然性中似乎也有某种轨迹可循。我招收的博士生大致有三种，一种是应届毕业的硕士，一种是在职的大学老师，还有一种是脱产的大学老师，邹明军属于最后一种情况。2008年，邹明军报考我的博士生时在四川西华师范大学文学院任教，后来脱产读博。一般而言，在职攻读博士学位的大学老师，虽然不存在毕业后求职的焦虑，但因在职，需要在原单位承担一些教学、科研任务，不能专心完成博士学位论文，多半会延期毕业，少数拖延者甚至肄业或放弃，故有的高校限制博士生培养中在职博士生的比例。相对而言，脱产攻读博士学位的大学老师，因为脱离原来的工作单位，虽然有毕业后再求职的困境，但往往能专心攻读博士学业，按期完成毕业论文。从这个意义上讲，我个人更愿意招收脱产攻读博士学位的大学老师，毕竟攻读博士学位是需要专心致志的。为什么大学老师报考博士生的特别多？这与当下我国高校人事管理制度密切相关，很多高校明文规定，教师如果没有博士学位，就不能晋升高级职称，也不能申报博士生导师。这种人事管理制度的得失也是需要理性地加以总结和反思的。

邹明军的硕士学业是师从四川师范大学文学院常思春教授，常先生是治《文选》的专家，因此，邹明军的硕士学位论文也是研究《文选》，而且注重文献学的角度。我曾在四川师大见过常先生一面，常先生言谈举止温文尔雅，给我印象很深，我想这种为人风格会对学生有潜移默化的影响。与常老师同为四川人的邹明军，从其为人的朴实低调可以看到常老师的某些身影。考虑到邹明军硕士阶段主要着力于先唐文学文献，我想他在博士阶段应该适当扩大一些学术研究的范围，因此希望他能够研究宋元时期的文献学著作，于是和他商定的博士学位论文选题就是做《文献通考·经籍考》研究。

清代有学者很重视包括马端临的《文献通考》在内的所谓“三通”（另外“两通”是杜佑的《通典》和郑樵的《通志》）。杭世骏《道古堂文集》卷二十二《通典通志通考总论》称，佑之识正，樵之学博，端临之所见者大。三者鼎撑角立，废一不可。张舜徽先生尽管批评杭世骏混淆了三书的体例，“《通志》乃通史体例，与《通典》《通考》迥异，不可取与并论”，但仍然高度评价杭世骏的学问很大：“浙学自黄宗羲、毛奇龄、朱彝尊、全祖望外，以言规模之大，吾必推世骏为巨擘。”（见《清人文集别录》，华中师范大学出版社2004年版，第130页）杭世骏主讲安定书院时，以“四通”课徒（除了上述“三通”外，还有《资治通鉴》）。中国高校文史专业的研究生乃至于导师恐怕很少有通读“四通”的（很惭愧，本人亦只读了部分，未通读），更不用说把《文献通考》作为教材来用。当代学者聂崇岐、邓广铭、张广达诸先生都对《文献通考》这部大书很重视。邓广铭先生教学生时说中国史研究有四把钥匙：年代、地理、职官、目录。在我看来，要掌握这四把钥匙，《文献通考》乃必读之书。我之所以重视《文献通考》这部著作，是因为它在中国典章制度史和古典文献学史中实在是具有非常重要的价值。

中国典章制度史的写作，肇始于司马迁《史记》的“八书”。唐宋时期是典章制度史著作编纂的关键时期。前有中唐时期杜佑历时三十多年完成的《通典》（成书于唐德宗贞元十七年，即公元801年），后有宋末元初马端临用时二十多年完成的《文献通考》（成书于元成宗大德十一年，即公元1307年）。后书是在前书的基础上有所创新地发展而来的。从《文献通考自序》里可以看出，马端临对典章制度史的写作有自己宏观的理论把握，其理论核心就是“会通因仍之道”。马端临认为，能够体现“会通因仍之道”的历史著作是通史而不是断代史，秉持“会通因仍之道”宗旨的通史写作包含两个方面：“理乱兴衰”和“典章经制”。其代表性著作分别是司马光的《资治通鉴》和杜佑的《通典》。马端临对典章制度通史的重视源于其“历史相因”论。他认为，“理乱兴衰，不相因者也”，而“典章经制，实相因者也”。因此，他指出《资治通鉴》受制于“体要”而呈现出“详于理乱兴衰而略于典章经制”的弱点，而自己想从事的史学事业是撰写能体现“历史相因”关系的典制体通史。尽管有学者批评马端临有关“理乱兴衰，不相因者也”而“典章经制，实相因者也”的认识，“显然是把二者的关系绝对化了”（见瞿林东《中国史学史纲》，北京出版社2005年版，第561页），但我仍然认为，就中国历史发展的宏观层面来看，中国典章制度的相因性要高于理乱兴衰的相因性（如改朝换代），因此才有“历代都行秦政事”的说法，才有“周制”与“秦制”相因至今说（参看冯天瑜《“周制”与“秦制”：中国前近代国家制度两大互渗实体》，载《人文论衡》，湖北人民出版社2019年版，第326—349页）。从这个意义上讲，要考察中国制度史或制度文化的演变以及中国历史的相因性，马端临的《文献通考》是我们绕不过去的一部伟大著作。

就典章制度史的编纂学而论，马端临一方面继承了《通典》所开创的史学遗产，另一方面又看到了《通典》的不足。马端临认为，《通典》对典章制度的古今变化、详略叙述不够，导致“节目之间未为明备，而去取之际颇欠精审，不无遗憾”。为了弥补《通典》在类目上的不足，马端临的《文献通考》把《通典》的九大类目加以离析和增益，共分为二十四考，其中十九考是参照《通典》而分类，具体就是从《食货典》中析出《田赋考》《钱币考》《户口考》《职役考》《征榷考》《市籴考》《土贡考》《国用考》八考，从《选举典》中析出《选举考》《学校考》二考，从《礼典》中析出《郊社考》《宗庙考》《王礼考》三考，从《兵刑典》中析出《兵考》《刑考》二考。另外把《州郡典》改为《舆地考》，把《边防典》改为《四裔考》，《职官考》《乐考》二考保留《通典》原有的类名。此外，马端临新创了五个门类：《经籍考》《帝系考》《封建考》《象纬考》《物异考》。这五个新增的门类中，我个人认为比较重要的是《经籍考》与《封建考》。《封建考》这里暂且不表，主要说说《经籍考》。

在中国古典文献学史尤其是中国古典目录学史上，《文献通考·经籍考》有着独特的历史地位。我们知道，由西汉刘向开创的叙录（或称书录解题、提要等），是古代叙录体目录的主要形式，具有指示读书治学的引导作用，集大成者为清代的《四库全书总目提要》。叙录体目录的变通写法有二，即“传录体”和“辑录体”。传录体叙录始于王俭的《七志》，偏重于作者传记而不述图书内容主旨。这类叙录因未能全面揭示图书内容及其价值得失，一般不太受目录学家推崇。其实为每书作者立传，对了解图书内容也还是有一定参考意义的。辑录体叙录，是辑录诸家评述和书内有关资料而成的叙录，其特点是不由叙录撰写者自己直接介绍评述，而是广泛汇集已有的相关资料。这种叙录体例，萌芽于佛经目录《出三藏记集》的“总经序”，而以马端临《文献通考·经籍考》为代表。马端临所写各书叙录，除了主要引述晁公武的《郡斋读书志》和陈振孙的《直斋书录解题》外，还辑录了《汉志》、《隋志》、《新唐书志》、宋代各朝《国史艺文志》及史传、文集、杂说、诗话等书籍中的相关资料，《经籍考》篇幅达七十六卷，内容很丰富，极大地方便了学者们有效地利用这部目录文献。辑录体叙录在目录学史上影响深远。清朱彝尊《经义考》、谢启昆《小学考》，以及姚振宗《汉书艺文志条理》《隋书经籍志考证》等均仿此体例。《文献通考·经籍考》实际上处于中国古典目录学发展史的一个关键节点，因此，对于这部目录书研究的学术价值是不言而喻的。应该说，邹明军很好地完成了我们商定的研究目标和任务。

概括地说，邹明军的这本书具有以下三方面的特色。

其一，对马端临读书治学与《文献通考》的撰著之间的关联作了深刻的揭示。该书探究了马氏的家学及马端临对“文”与“献”的认识，并在此基础上分析了《文献通考》在会通精神的指引下进行典章制度史的叙述时采用“文—献—考”相结合的层次结构的合理性与必然性。作者将《文献通考》全书组织所辑史料时所用的层次结构作为理解《文献通考·经籍考》辑录体目录解题的关键，指出《经籍考》使用辑录体解题主要基于《文献通考》的整体规范，这就为“《经籍考》是中国目录学史上第一次使用辑录体解题的目录”这一判断提供了坚实的论证基础。

其二，研究方法得当，基础工作扎实。不论是在考察马端临的家世过程中，还是在分析《经籍考》对图书的著录与解题情况时，作者都表现出对文献学研究方法的娴熟驾驭能力。分析《经籍考》的类目数量和小类名称时，注重利用版本依据。书中共列图五，列表十五，这些图表的制作都需要作者耐心细致地做许多统计和判断工作。有了这些扎实的基础工作，《经籍考》著录图书的整体面貌就被准确地勾勒出来了；通过对引书的统计分析，《经籍考》中所辑文献的来源、所取各家文献的频率，以及马端临对“文”“献”的取舍剪裁就都一目了然了。这些结果不但部分地还原了马端临著书的过程，还与马氏所下按语一起进一步揭示了马端临的学术观念。

其三，有助于宋代文献学史的研究。《经籍考》充分地参考了汉、隋、唐、宋四代史志，吸收了宋代《崇文总目》《郡斋读书志》《直斋书录解题》等公私书目的内容，是宋代目录学最后的总结之作，对《经籍考》的细致研究有利于宋代目录学史的书写。此外，该书还凸显了《经籍考》的校勘和辑佚价值。

当然，该书也不可避免地存在一些疏漏或失误，恳请学界同人和读者朋友不吝赐教。

最后，我想说一下，一个好的博士学位论文选题，应具有继续拓展相关研究的广阔空间。邹明军博士毕业后，又师从华中师大历史文化学院董恩林教授，从事博士后的学术研究，在董老师指导下，其博士后出站报告《宋代神御制度研究》，就是由《文献通考·宗庙考》而引申出来的研究课题。《文献通考》一书涉及中国古代典章制度的方方面面，二十四考中的每一考都值得深入研究，每一考的研究都可以写成一篇博士学位论文。希望邹明军继续反复研读这部集古代典章制度之大成的鸿篇巨制，真正把中国古代典章制度史搞清楚。我深信，从制度文化层面来思考中国古代文学、古代历史和古典文献学的许多问题，一定会别开生面。中国古代的制度文化是如此丰富多彩、复杂多变，深刻影响着中国当代社会，因此，我也期待有兴趣的读者，能够通过对邹明军研究成果的了解深化对《文献通考》的认识。如果有更多的有志者加入研究这部大书的行列，产生更多有价值的思想成果和学术著述，则幸莫大焉！

是为序。

张三夕

庚子年小满前六日于疫中武汉

目　录

图片目录

表格目录

第一章　马端临的家世、生平及《文献通考》的编纂、版行

“目录学就是阐述编制和使用目录工具的理论和方法的科学。”[①] 对于一般读者来说，了解目录学知识是为了更好地利用相关的目录书，为自己的阅读和研究服务。清代学者王鸣盛在《十七史商榷》中说：“目录之学，学中第一紧要事，必从此问途，方能得其门而入，然此事非苦学精究，质之良师，未易明也。”[②] 他又再次强调：“凡读书最切要者目录之学，目录明方可读书，不明终是乱读。”[③] 张之洞也在《书目答问略例》中指出：“读书不知要领，劳而无功；知某书宜读而不得精校精注本，事倍功半。”[④] 可见，目录之书具有提纲挈领的功效，可为治学指示门径，因此历代史家和学者都非常重视对目录书的研读。张舜徽先生在《学林脞录》中说：“盖有《汉书·艺文志》，而后可考见汉以上书；有《隋书·经籍志》，而后可考见唐以上书；有《文献通考·经籍考》，而后可考见宋以上书。余素取《经籍考》以与汉、隋二《志》并重而数数探绎之。……清

---

① 王重民:《中国目录学史论丛》，中华书局 1984 年版，第 1 页。

② ［清］王鸣盛著，黄曙辉点校:《十七史商榷》，上海书店出版社 2005 年版，第 1 页。

③ ［清］王鸣盛著，黄曙辉点校:《十七史商榷》，上海书店出版社 2005 年版，第 45 页。

④ ［清］张之洞著，范希曾补正，徐鹏导读:《书目答问补正》，上海古籍出版社 2001 年版，第 3 页。

乾隆时，修《四库全书总目提要》成，自此学者咸奉《提要》为圭臬，鲜有涉览《经籍考》者矣。其实此书援引广博，多可取以校订群书，不能废也。清代学者唯卢文弨通校其书，载其说于《群书拾补》中。余旧有志从而补其未备，撰为笺注，卒以他事间之，未能成也。"[①] 从张先生的话中，我们可以看出《文献通考·经籍考》[②] 对于了解宋以前图书文献，研究宋代学术史具有重要意义。本书开篇本着"知人论世"的原则对马端临的家世、生平以及撰写《文献通考》的过程作出梳理，再重点从目录学的角度对《经籍考》展开研究。

第一节　马端临的家世

马端临，字贵与，号竹村[③]，饶州乐平（今江西乐平）永善乡人[④]。端临生于宰辅之家，庭训严正；长于易代之际，有感兴亡。他在父亲马廷鸾的指导下读史书，聚文献，尔后编撰《文献通考》。《文献通考》的成书，实与马氏家学渊源关系密切，故将其家世略叙如下。

---

① 张舜徽:《爱晚庐随笔》，华中师范大学出版社 2005 年版，第 23—24 页。

② 本书后文在不必要用全称时，《文献通考·经籍考》皆省作《经籍考》。

③《宋元学案》作"竹洲"，后世学者袭用之，但马端临的外孙兼孙女婿许瑶《宋故辟雍造士程公先生时登行状》和《马氏宗谱》所载马端临所作宗谱序《竹村先生序》中端临均号"竹村"，故马端临之号当以"竹村"为是。

④ 同治《乐平县志》卷八《人物·名臣》:"马廷鸾，字翔仲，永善乡人。"马廷鸾为端临父，故知。可参看陈光崇《马端临家世考略》,《史学史资料》1980 年第 3 期。

二十二世祖马燧。乐平马氏的祖先可以远溯至唐代名将马燧。马廷鸾《碧梧玩芳集》卷十四有《题太傅北平庄武王家传后》："右《唐太傅北平庄武王家传》二卷，二十一世孙某采前史修成一编。"[①] 既然马廷鸾为马燧的第二十一世孙，那么马燧当为马端临的二十二世祖。《新唐书·马燧传》："马燧，字洵美，系出右扶风，徙为汝州郏城人。父季龙，举孙吴倜傥善兵法科，仕至岚州刺史。……进同中书门下平章事、北平郡王、魏州大都督长史。……卒，年七十，赠太傅，谥曰庄武。子汇、畅。"[②]

六世祖马遵。《碧梧玩芳集》卷十四《书御史龙图公集后》曰："龙图先公《文集》十卷，某缮写家藏，点校既毕，抚而叹曰：公所谓谏书，知无不言，言无不尽。然每篇不过数百字，有他人谆复千言所不到者。……国史称公'善议论，其言时政，不为激讦，故多见推行'，此数言者，足以尽公矣。不肖裔孙何足以知之，书示后人云尔。"[③]《宋史》卷三〇二《马遵传》曰："马遵者字仲涂，饶州乐平人。尝以监察御史为江、淮发运判官，就迁殿中侍御史为副使。入为言事御史，谪知宣州，后复为右司谏，以礼部员外郎兼侍御史知杂事，改吏部，直龙图阁，卒。性乐易，善议论，其言事不

① ［宋］马廷鸾：《碧梧玩芳集》，文渊阁《四库全书》，台湾商务印书馆 1983 年影印，第 1187 册，第 105 页。本书引《碧梧玩芳集》皆用此本。后文凡引文渊阁《四库全书》中的书籍均不再标出版社及出版时间信息。又，《四库提要》曰："《碧梧玩芳集》二十四卷，宋马廷鸾撰……是集为其子端临所编。其曰碧梧玩芳者，廷鸾家有碧梧精舍，晚年又自号玩芳病叟，因以为名也。自明以来外间绝无传本，唯《永乐大典》所收颇存梗概……其集《宋史》不著录，原编卷数已不可考，谨以今所存者裒辑排比，分为二十三卷。廷鸾又尝仿吕祖谦《大事记》之例作《读史旬编》……今全书虽佚，而绪论尚散见《永乐大典》，并裒为一卷，附于文后，共为二十四卷。"本文所引马廷鸾文，以文渊阁《四库全书》本为主，核以《全宋文》所录马廷鸾文，但注释中以文渊阁《四库全书》本为依据标示页码。

② ［宋］欧阳修等：《新唐书》，中华书局 1975 年版，第 4883—4890 页。本文所引《新唐书》皆用此本，后文脚注中此书仅出书名、页码。

③ ［宋］马廷鸾：《碧梧玩芳集》，《四库全书》第 1187 册，第 100—101 页。

为激讦，故多见推行，杜衍、范仲淹皆称道之。”[①]《宋史》言马遵曾为御史，直龙图阁，且对其言事风格的评论亦与《书御史龙图公集后》契合，则廷鸾为马遵之后无疑。又《碧梧玩芳集》卷十三《恭题董氏所藏仁宗御书刑政二字下方》曰：“其明年改元至和，臣五世祖先臣遵以言事官入对，极言唐天宝治乱事迹，帝为嘉纳，对近臣亟称之。”[②]至和为宋仁宗年号，马遵“以言事官入对”与《宋史》本传相符。马遵为马廷鸾的五世祖，故当为马端临的六世祖。《碧梧玩芳集》卷十五《跋先龙图交游七君子帖后》：“某幼孤，闻宗人遗老之言曰，先龙图公有七君子交游十二帖者，庆历、皇祐间往来笺牍也。王文恭、苏集贤三帖，当在庆历之六、七年；宋景文以下，当在皇祐之二、三年；欧阳帖，在守南京时；王文安帖，在由给舍副枢庭时；吕公帖，在得请守杭时；施公帖，在同任东南使事时。两王、苏公叙交情，欧、宋诸人及时事者，盖自西师劳敝，京师粟少，朝廷忧之，选才能明敏者，大发运东南六路七十二州之粟，以给汴都。先公由御史里行转殿中执法为发运使。淮、浙荐饥，河流堙滞，卒能使上供肃给，所部亦赡济。自是还台，迁杂端，入谏省，则日拜疏赤墀下，与权贵人为敌矣。此十二帖者，先公奉使立朝之本末，略可由是推考焉。李兄叔翔为马氏甥，得之外家，宝如拱璧。因诵所闻，属叔翔共守之，淳祐十二年。”[③]《跋家藏七君子帖》：“七君子帖，其一为杨文公，其二为文潞公，其三为张文定公，其四为欧阳公，其五为东坡公，其六为韩魏公，其七未详，末有题辞，则梁溪尤延之先生也。”[④]据李叔翔所藏这十二帖和马廷鸾家藏之帖，则知马

① ［元］脱脱等:《宋史》，中华书局 1977 年版，第 10022 页。本文引《宋史》皆用此本，后文脚注中此书仅出书名、页码。

② ［宋］马廷鸾:《碧梧玩芳集》,《四库全书》第 1187 册，第 94 页。

③ ［宋］马廷鸾:《碧梧玩芳集》,《四库全书》第 1187 册，第 109 页。

④ ［宋］马廷鸾:《碧梧玩芳集》,《四库全书》第 1187 册，第 109 页。

遵为人明敏、守职干练，且与王珪、苏轼、宋祁、王尧臣、欧阳修、文彦博、张方平、韩琦等均有交谊。

马遵有兄弟马存。《直斋书录解题》卷十七："《马子才集》八卷，镇南节度推官鄱阳马存子才撰。元祐三年进士第四人。"[①]《碧梧玩芳集》卷十四《题察判学士家集后》曰："先世《子才集》十一卷，缮写藏于家。子才以诗文豪于熙宁、元祐间，迨淳熙中，研轩程公为之谱其年，第其卷，订其述作大概……去淳熙八十有七年，五世诸孙某，读遗编，抚而叹曰：程公谓子才元祐奏篇，论北事效于靖康，信然矣。抑又诸史论，如论晋人以父母之邦委之于群胡……今取《徐集》三诗系《家集》后，而著其说如此。"[②]马廷鸾对马存自称为"五世诸孙"，而称马遵为"五世祖"，诸孙一般指本家孙辈，所以马存当为马遵的兄弟，至少是本家兄弟。《文献通考》卷二百三十七著录有《马子才集》八卷，其解题先引陈振孙书，继引研轩程氏之语曰："子才文波澜雄壮，英毅有奇气，不可挚维。且徐节孝、苏文忠许可最厚……既没之后，川党议起，苏、黄文字焚毁无遗，而子才亦在指挥中，故世罕传，传复讹舛。近得其族党所储善本，参以板行者精加是正，厘为十一卷……既成，有示以旧刊进策十六卷，似非本真，故不敢附著云。"马端临又引其父语："先公曰：'子才诸史论，如论晋人以父母之邦委之于群胡……子才从节孝徐先生游且久，其文章雄直，雅似节孝。今取徐集中所赠三诗，系家集后，并书其说云。'"[③]《文献通考》所引马廷鸾语，与《碧梧玩

① ［宋］陈振孙著，徐小蛮、顾美华点校：《直斋书录解题》，上海古籍出版社 1987 年版，第 514 页。本书引《直斋书录解题》皆用此本，后文脚注中此书仅出书名、页码。

② ［宋］马廷鸾：《碧梧玩芳集》，《四库全书》第 1187 册，第 101 页。"研"，《文献通考》卷二百三十七"《马子才集》八卷"条的解题中作"矸"。

③ ［元］马端临著，上海师范大学古籍研究所、华东师范大学古籍研究所点校：《文献通考》，中华书局 2011 年版，第 6457—6458 页。若非特别指出，本书引用《文献通考》皆用此本，后文脚注中此书仅出书名、页码。

芳集》所录在文字上略有出入，廷鸾集辑自《永乐大典》，系转相抄录，当校以《文献通考》为是。

五世祖辈中有马康国、马持国、马咸者。《续资治通鉴长编》卷一百八十六："（十一月）丁丑，礼部员外郎、兼侍御史知杂事马遵为吏部员外郎、直龙图阁，以疾自请也。遵寻卒。录其子侄二人。"[①]《乐平县志·选举·恩荫》称："马康国以父遵荫授官。马持国以叔遵荫授官。"[②] 又，元人吴师道《马氏家谱后跋》曰："汴宋自建炎渡江，中原士大夫多从而南。今世易运殊且二百年，子孙有存而能追记其先世者，几何人哉！徽婺源有马氏、权氏、掌氏、鱼氏之族，或存或微。马氏有名临翁者，见予，出其牒，知为吏部员外郎直龙图阁遵之裔。遵子咸，咸子修己，修己子偲，皆明医法，偲始南徙者也。偲而下六世至临翁，皆以医称于乡。"[③] 据上引史料，马端临的五世祖辈中有马康国、马持国、马咸等。至于马端临的五世祖是谁这一问题，因《宋史·马遵传》简略不载子嗣情况，笔者又无缘得见乐平马氏宗谱，囿于识见，故不能判断，下文"马端临家世"示意图中亦只列此辈次之人物，不显示马端临的五世祖姓名。

高祖马浩。《碧梧玩芳集》卷十六《书二侄分关后》曰："吾曾祖太师盘山翁，无兄弟。"[④] 又《祭叔父南塘运幹文》曰："呜呼！盘山巍巍，诗书之门，公为之孙。潜溪堂堂，英杰之士，公为之子。"[⑤] 马廷鸾称盘山翁为曾祖，又说其叔父为盘山翁之孙，则盘山翁为马端临之高祖。《乐平县志》卷七《选举·封赠》："马浩以曾孙廷鸾

① ［宋］李焘：《续资治通鉴长编》，中华书局2004年版，第4493页。

② ［清］董萼策等修，汪元祥等纂：《乐平县志》，《中国方志丛书》，台湾成文出版社1989年版，第205页，总第1489页。

③ ［元］吴师道著，邱居里、邢新欣点校：《吴师道集》，浙江古籍出版社2012年版，第605页。

④ ［宋］马廷鸾：《碧梧玩芳集》，《四库全书》第1187册，第113页。

⑤ ［宋］马廷鸾：《碧梧玩芳集》，《四库全书》第1187册，第142页。

赠太师；妻程氏，赠兖国夫人。”[①] 由此可知盘山翁即马浩。《跋山谷书刘梦得竹枝歌后》曰：“此帖出洪文敏公家。……余家旧与洪氏有连，先从曾伯祖老山翁客三公门下，每相与鉴定法书。一日，吾祖指言欧阳率更《九成宫碑》非雍本，既而真雍本，吾祖以失言，罚作‘绛’字韵诗三百韵，以为乐笑。”[②]《题洪厚斋行状后》曰：“余家与洪氏有连，从曾伯祖老山翁客惠、敏二文公门，晚岁与文敏公相与尤厚，以故二公文字，余家藏略备。”[③] 文敏为洪迈的谥号，洪氏三公即是鄱阳洪皓的三个儿子洪适、洪遵、洪迈。马端临在《经籍考》中引洪迈《容斋随笔》甚多。马廷鸾称老山翁为从曾伯祖，故盘山翁与老山翁为堂兄弟。

曾祖马梅。《书二侄分关后》又曰：“吾祖太师和公，兄弟五人，而和公独当家事。诸祖意向不齐，而和公一意包容，保持门户，迄无间言。”[④] 又据《乐平县志》卷七《选举・封赠》“马梅以孙廷鸾赠太师祁国公。妻朱氏，赠吴国夫人”[⑤]，可知，端临的曾祖为和公马梅，曾祖母姓朱。《带湖春树，先和公手植也，感而有赋》：“老树今逾七十霜，冰魂玉骨自孤芳。大家扶起摧残后，此是吾家召伯棠。”原注：“和公戊辰即世，今七十三年矣。”[⑥] 马廷鸾生于宋宁宗嘉定十五年（1222），与此相邻的戊辰年分别是宁宗嘉定元年（1208）和度宗咸淳四年（1268），显然马梅卒于1208年。马梅兄弟五人，有一兄弟字号为潜溪，有子运斡[⑦]。

---

① 转引自陈光崇《马端临家世考略》，《史学史资料》1980年第3期。

② ［宋］马廷鸾：《碧梧玩芳集》，《四库全书》第1187册，第109—110页。

③ ［宋］马廷鸾：《碧梧玩芳集》，《四库全书》第1187册，第96页。

④ ［宋］马廷鸾：《碧梧玩芳集》，《四库全书》第1187册，第113页。

⑤ 转引自陈光崇《马端临家世考略》，《史学史资料》1980年第3期。

⑥ ［宋］马廷鸾：《碧梧玩芳集》，《四库全书》第1187册，第174页。

⑦ 据《祭叔父南塘运斡文》“盘山巍巍，诗书之门，公为之孙。潜溪堂堂，英杰之士，公为之子”而知。

祖父马光。《书二侄分关后》曰："吾之二父信公、朝奉公，兄弟才二人。和公既逝，吾所后信公，养母训弟，以至协比婚姻。而吾以弟之子，为兄之子，则其孝友可知也。二公授馆人门，藉束脯以养其亲。朝奉公病，信公亲治药具，亲携亵器，以扶持之。生徒皆以为讶，信公正色曰：'吾弟，相依为命者也。'闻者心服。信公薨，朝奉公泣血而哭之，如哭其父；葬之，如葬其父。乡人啧啧嗟悼，至今犹有能言之者。"[①]据《乐平县志》卷七《选举·封赠》记载："马光，终身不娶，以弟灼之仲子廷鸾赠太师卫国公。马灼以出嗣子廷鸾贵，赠朝奉郎。妻段氏，赠越国夫人。"[②]《宋史》亦称马廷鸾"本灼之子，继灼兄光后"。《书课历序后》："右，先卫公馆北庄许氏时课学者之遗训也。可以课人，独不可以课其子孙乎？"[③]此"卫公"当即信公马光的封赠之号"卫国公"的省称。马光兄弟二人以教授生徒为业，家境贫寒。

马廷鸾的生父马灼娶妻段氏，是为廷鸾之母，其生平事迹在《咸宁郡段太夫人墓志》中交代甚详，今不惮烦琐，录之如后。

> 呜呼！有宋马某母咸宁郡太夫人段氏之墓。夫人，饶州乐平人。曾祖讳克明，父讳诚中，皆潜德弗仕。夫人生二十有五年，归同邑马氏。马氏，书生家。夫人不逮事君舅，事君姑如事母，旨甘竭力。与小姑之未适人者共处，雍睦若同产，无畦畛焉。里之人咨嗟，其慈孝最隆也。归十有二年而寡居，执谊训子。又十有九年，伯、仲、季相继拔荐书，仲子冠礼闱。夫人从其子登朝，执经承华，侍言迩英，为两朝词臣擢拜宥府。

① ［宋］马廷鸾:《碧梧玩芳集》,《四库全书》第1187册，第113—114页。
② 转引自陈光崇《马端临家世考略》,《史学史资料》1980年第3期。
③ ［宋］马廷鸾:《碧梧玩芳集》,《四库全书》第1187册，第108页。

夫人被命书，享禄赐，徜徉里第而终，得年七十有四。景定元年封太孺人，三年封太令人，咸淳元年封太夫人，其年八月己巳薨于正寝。子男三人。长岩甫，丙午乡荐，甲子奏授迪功郎、江州彭泽县主簿；次某，端明殿学士、中奉大夫、签书枢密院事；季骏孺，戊午乡荐，辛酉国子监进士。女一人，适修职郎、庆元府府学教授张洪。孙男九人，孙女七人。明年十一月丙申，葬长城乡金鹅塘。……既以勉其弟若兄，乃属夫人之婿张洪书其梗概，纳之圹中。昊天罔极，呜呼痛哉！①

段氏咸淳元年封太夫人，同年八月逝世，享年七十四岁。宋度宗咸淳元年为公元 1265 年，则其生年当在 1192 年，即宋光宗绍熙三年。又段氏二十五岁嫁给马灼，十二年后寡居，则马灼卒于 1228 年，即宋理宗绍定元年。又，据《祭亡弟总幹文》"绍定之元，先人即世。兄才九龄，弟甫四岁，我生七年，亦未毁齿"②之语，马灼确实卒于绍定元年。据马廷鸾《祭先姑孺人文》和《祭亡弟总幹文》中提到"方氏姑"，则马光、马灼有姊妹嫁入方姓之门。又，《跋先龙图交游七君子帖后》曰："李兄叔翔为马氏甥，得之外家。"则马廷鸾又有姑姑嫁入李家。

父马廷鸾。马廷鸾，字翔仲，号碧梧，晚号玩芳病叟。《宋史》有传。《题方景云课稿后》："余与景云同生于壬午，同荐于丙午，有二同之契焉。"③此壬午年当是宋宁宗嘉定十五年，即 1222 年，与《祭亡弟总幹文》中所言绍定元年廷鸾七岁正合。马廷鸾"登淳祐七年（1247）进士第，由池州教授历官秘书省正字，枢密院编修，著

① ［宋］马廷鸾：《碧梧玩芳集》，《四库全书》第 1187 册，第 138—139 页。
② ［宋］马廷鸾：《碧梧玩芳集》，《四库全书》第 1187 册，第 144 页。
③ ［宋］马廷鸾：《碧梧玩芳集》，《四库全书》第 1187 册，第 107 页。

作佐郎兼右司，起居舍人兼国史院编修，实录院检讨，礼部侍郎，端明殿学士签书枢密院事。咸淳五年，擢参知政事兼同知枢密院事，进右丞相兼枢密使……他在咸淳八年十一月罢相回里，其后宋廷虽屡有召用之命，终不再起……马廷鸾罢相后的第四年，元军攻陷临安，南宋灭亡”[①]。元世祖至元十五年（1278），“四月，端宗赵昰崩，赵昺立，改元祥兴。元世祖招马廷鸾赴阙，不至”[②]。据《宋史·马廷鸾传》“自罢相归，又十七年而薨”，则马廷鸾于元世祖至元二十六年（1289）逝世，享年六十八岁。马廷鸾之著述，据《宋史》本传，有“《六经集传》《语孟会编》《楚辞补记》《洙泗裔编》《读庄笔记》《张氏祝氏皇极观物外篇》诸书”[③]；据朱彝尊《经义考》，又有《尚书蔡传会编》；据《乐平县志·艺文》，有《咸淳遗老集》；据周密《癸辛杂识》（后集）中《马相去国》条，则有《番阳遗老传》；据《碧梧玩芳集》，有《仪礼本经注疏会编》。以上诸书均佚。《读史旬编》有一部分见于四库馆臣所辑《碧梧玩芳集》。另外，在《文献通考》中马端临用“先公曰”的形式引用了一些马廷鸾的话，亦可作为马廷鸾的佚文。

母张氏。马廷鸾为其妻张氏所作《鲁国夫人墓铭》曰：

> 夫人张氏，讳某，徽州婺源人。曾祖盛美，将仕郎；祖昌辰，将仕郎；父遂，承节郎，监庆元府都作院；母潘氏。年二十有三，归于前进士鄱阳马某。登受封爵，郡：新安、文安、安定；国：吉、庆、鲁。生于戊子正月，殁于乙酉十月。将葬，其

---

① 陈光崇：《马端临家世考略》，《史学史资料》1980年第3期。

② 舒大刚：《马廷鸾马端临父子合谱》，吴洪泽、尹波编著：《宋人年谱丛刊》，四川大学出版社2003年版，第7829页。

③ 《宋史》，第12439页。

> 夫念其子之悲，将叙而铭之。昔平园周公，晚而自铭其闺人，曰："幽阴坤从，他人莫宣。况余衰老，岂复能吹寒竽之音，以寄绝弦之感乎？"呜呼！夫人起闻家，嫔儒族，性刚劲而实俭慈，常以佛课自律。当承平时，营菽水奉余慈亲，抽簪珥嫁余孤妹。儿诗书，女桑麻，勤粗警细，履盈保冲，鱼轩象服不为荣。晚逢世变，西移东趋，寄安托危，规深虑密，荒原野薮不为忧。妇人常德耳。……国家以余东宫旧臣，引以自近。忠为妬障，事与志违。忧危薰心，酸辛呕血。舆疾出，次六和塔，室无姬侍，夫人独处秀江亭上，亲为余作粥和药。待命六十日，不得命。再入，有旨令家人还第，夫人固留江干。……葬以丙戌十二月壬寅。其地在德兴县银山乡之古莲塘。六男子：端复、端临、端履、端蒙、端颐、端益；三女子：长，前卒，幼未行。修职郎朱焕文、从事郎费世文、太学生彭开，其婿也。孙女四人。志其墓曰"故鲁国夫人张氏"，铭曰……谓余不信兮，皎日在天。[①]

伯父马岩甫。马岩甫生于1220年（上引马廷鸾《祭亡弟总幹文》称"绍定之元，先人即世。兄才九龄"），宋理宗淳祐六年（1246）举人，景定五年（1264）奏授迪功郎。（《咸宁郡段太夫人墓志》："长岩甫，丙午乡荐，甲子奏授迪功郎。"）咸淳八年（1272）冬，在马廷鸾归故里不久，马岩甫即逝世，享年五十三岁。《书二侄分关后》曰："吾抱疾去位，兄终年奔走，扶持而归，旬日而兄迁谢。"《祭先兄提幹文》又曰："吾尝评兄，山林而怀天下之事，畎亩而深当世之忧。箪瓢捽茹，而有爱人及物之志。……弟以大暑大寒之月，投床卧疴，兄呻不宁，六月来京，丧其长女才两日，兄不顾

① ［宋］马廷鸾：《碧梧玩芳集》，《四库全书》第1187册，第139—141页。

而来。十一月来京，携眷官下，又才两日，兄又不顾而来。暴衣露冠，风羁雨绁，唯恐一日其弟之旅死也，而岂料其身之不免乎！”[①]马岩甫有二子，长为端巽，次为端常。《书二侄分关后》曰：“今端巽、端常，父母俱逝，孑然独立于世变艰难中，不得已析薄资以持寒门。此吾兄苦学所积也。”《续〈荆玉集〉序》曰：“兄少子端常，集其遗文成编，余欲序而藏之，而名之曰《荆玉集》。……兄不少留兮我涕滂，咨尔巽常谨尔藏。乃命第六男端益书其集端，时余年六十二。”[②]

叔父马骏孺。《祭亡弟总幹文》曰：“呜呼！绍定之元，先人即世。兄才九龄，弟甫四岁，我生七年，亦未毁齿。母抱群雏，家徒四壁。画荻而教，采梠而食。食我犹艰，教我谁即。维方氏姑，欲抱汝去。曰劲斋翁，实能训汝。取诸其怀，涕零而与。……更六寒暑，微一音邮。母怀弗康，命我往求。川谷之长，林涧之幽。行即其家，忽遇诸涂。鲁髽齐屦，樵牧与俱。翁耄而荒，子娱以嬉。我心不决，告母还诸。又阅三霜，始勇一行。泥涂溅溅，雨雪彭彭。遂挟子归，俾学我旁。”[③]据上文，骏孺生于宋理宗宝庆元年（1225），而《碧梧玩芳集》卷二十二《十月二十六日甲子》“莫唱贞元曲，谁为宝庆人”句后有小字“原注：前乙酉当宝庆时，家弟于是年生”，宝庆正是乙酉年，小字注所记与祭文正合。《九日祭亡弟总幹文》曰：“维著雍困敦之岁，无射之月，亡弟总幹止堂君三年制终，将以良月祓除。”[④]“著雍困敦为元世祖至元二十五年戊子（1288），由此上推三年为至元二十二年乙酉，即马骏孺卒年，距宝

① ［宋］马廷鸾：《碧梧玩芳集》，《四库全书》第1187册，第143页。
② ［宋］马廷鸾：《碧梧玩芳集》，《四库全书》第1187册，第90—91页。
③ ［宋］马廷鸾：《碧梧玩芳集》，《四库全书》第1187册，第144—145页。
④ ［宋］马廷鸾：《碧梧玩芳集》，《四库全书》第1187册，第145页。

庆元年乙酉骏孺之生，为六十一岁。”[①]骏孺幼时与母亲、兄长分离九年而得回，宋理宗宝祐六年戊午乡试中举，景定二年辛酉为国子监进士。《咸宁郡段太夫人墓志》中有“孙男九人”，《书课历序后》有“余家九男子皆先公孙也”，岩甫有二子，廷鸾有六子，则马骏孺有一子，不知名字。

兄马端复（娶谢氏，《庐山谢氏求聘启》：“令爱娴于箴史……而某长男……”[②]）。弟端履（娶张氏，《吴园张氏求聘启》：“伏承令爱……某三男……”[③]）、端蒙（娶许氏，《于越许氏求聘启》：“伏承令爱……某四男……”[④]）、端颐、端益。姐妹三人分别嫁“修职郎朱焕文、从事郎费世文、太学生彭开”。《碧梧玩芳集》卷二十三有诗《次韵朱婿实甫见寿》和《饯朱婿》二诗，则朱焕文字实甫。朱焕文有子朱饶。《朱甥师裕字说》：“外孙朱饶，家本苕人，生于鄱阳，其父名之曰饶。”[⑤]马廷鸾《总领秘撰费君墓志铭》曰“公费氏，汉丞相后，讳伯恭，字希吕……余守先人坟墓不能去，家人女妇辈偕公依邑廛以居……夫人杨氏，平舟公女也。一子世文，妇马氏，余中女也。孙山”[⑥]，许瑶《故隐君尚志先生马公行述》中提到马端临之子志仁有“外兄费山”，则马端临有一外甥叫费山。

马端临有一子马志仁，娶胡氏，生四子四女。志仁至少有二姊，一适杨氏，一适许氏。马氏家族成员世系关系，可见于后文“马端临家世”示意图。

综而观之，鄱阳马氏之先世为武将，至迟到马遵时已为诗书之

---

① 陈光崇：《马端临家世考略》，《史学史资料》1980 年第 3 期。

② ［宋］马廷鸾：《碧梧玩芳集》，《四库全书》第 1187 册，第 85 页。

③ ［宋］马廷鸾：《碧梧玩芳集》，《四库全书》第 1187 册，第 86 页。

④ ［宋］马廷鸾：《碧梧玩芳集》，《四库全书》第 1187 册，第 86 页。

⑤ ［宋］马廷鸾：《碧梧玩芳集》，《四库全书》第 1187 册，第 115 页。

⑥ ［宋］马廷鸾：《碧梧玩芳集》，《四库全书》第 1187 册，第 131—132 页。

家。其后经马浩、马梅、马光与马灼，家道渐次衰败，常以开馆授徒为业。马廷鸾兄弟失怙幼孤，家境贫穷。在段氏的辛勤、严格的教养下，三子发愤读书，《祭先兄提幹文》曰："二父迁谢，兄才九龄，率诸弟以学，鸡初鸣，琅琅诵书史。"马廷鸾"甘贫力学，既冠，里人聘为童子师"，后终官至丞相，但为权奸贾似道排挤，带病致仕还乡，历经丧亲之痛、亡国之哀，然乐平马氏的声望，因马端临撰巨编《文献通考》而得以延续、光大。

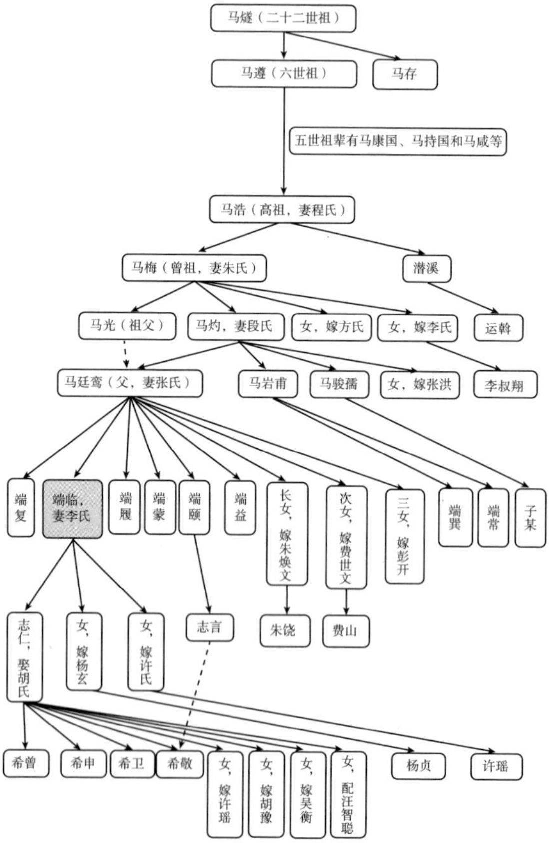

图 1-1　马端临家世（虚线表示继父子关系）

第二节　马端临生平事迹考述

马端临生活于宋末元初，然《宋史》《元史》均未为其立传[①]，历来文籍载其生平资料亦甚少。虽“明末和清初时人写的《南宋书》、《元史类编》和《宋元学案》，都为他立了小传，但对这几个问题也都说不清楚”[②]。清末民初柯劭忞《新元史》卷二百三十四《儒林》有《马端临传》曰：

> 马端临，字贵与，江西乐平人。父廷鸾，宋右丞相。时休宁曹泾深于朱子之学，端临从之游。以荫补承事郎。宋亡，隐居不仕。著《文献通考》，以补杜佑《通典》之阙，二十余年而后成书。延祐四年，遣真人王寿衍访求有道之士，至饶州路，录其书上进。诏官为镂板，以广其传，仍令端临亲赍稿本赴本路校勘。初，留梦炎与廷鸾同相，及梦炎降，召致端临，欲用之，以亲老辞。后为慈湖、柯山二书院山长，台州教授三月，谢病归，卒于家。[③]

该传甚简略，没有交代马氏生卒之年以及《文献通考》成书的具体时间。

---

① 明人胡应麟在《少室山房笔丛·经籍会通》中说：“马端临《文献通考》经籍类甚详核，必富于家藏。廷鸾传末不著端临，固以其人元故，乃《元史》亦不为立传。以若人撰述之勤，有功千古，泯没若斯，良可扼腕。然此书自足永久，何籍史臣也。”（上海书店出版社 2009 年版，第 15 页）

② 王树民：《马端临的年寿和〈文献通考〉的撰著》，《曙庵文史续录》，中华书局 2004 年版，第 269 页。“这几个问题”指前文所提到的马端临生卒年月、享寿若干、著书时间等问题。

③ 柯劭忞、屠寄：《元史二种》，上海古籍出版社 1989 年版，第 907—908 页。

马端临的生年，自白寿彝先生定为公元1254年之后[①]，无甚争议。“清乾隆《乐平县志·儒林》载‘马端临年十九以郊恩补承事郎，明年漕试第一’。该县志《选举》篇载‘马端临癸酉解试入选’，即南宋度宗咸淳九年（1273）中举人。‘漕试’即‘解试’，‘漕试第一’即获得举人第一名。这两则记载明示马端临咸淳九年（1273）二十岁。由此，按中国古代传统计年龄的方法（即计虚龄）可以推定马端临生于公元1254年（南宋理宗宝祐二年）。与《中国历史人物生卒年表》所载生年相同。”“马廷鸾所述‘甲戌端临当试’证明乾隆乐平县志说马端临‘癸酉解试入选’确是事实。本文由乾隆《乐平县志》所载推定马端临生于1254年并非孤证，可以征信。”[②]

马端临曾从曹泾习朱子之学。《宋元学案》卷八十九曰：“曹泾，字清甫，休宁人。八岁能通诵五经。咸淳戊辰丙科，授昌化簿。博学知名，马端临尝师事之。”在其后的“曹氏门人”一栏中更为详细地记载了马端临的情况：

> 教授马竹洲先生端临
>
> 马端临，字贵与，乐平人。父廷鸾，宋咸淳中官右丞相。时休宁曹泾精诣朱子学，先生从之游，师承有自。以荫补承事郎，宋亡不仕。著《文献通考》，自唐、虞至南宋，补杜佑《通典》之阙，二十余年而成。仁宗延祐四年，遣真人王寿衍

① 白寿彝：《马端临的史学思想》，《江海学刊》1962年第5期。

② 杨长锡：《马端临生卒年代考》，刘乃和主编：《洪皓马端临与传统文化》，中国青年出版社1997年版，第251—252页。明人陈策、刘录修纂《饶州府志》及钱士升《南宋书》记马端临“尝省试第一”而非“漕试第一”，刘学伦详引史料，证“省试”实为“漕试”之误。（刘学伦：《马端临及其〈文献通考·经籍考〉之文献学研究》，博士学位论文，台湾“中央大学”，2013年，第26—30页）

寻访有道之士，至饶州路，录其书上进，诏官为镂板，以广其传，仍令先生亲赍所著稿本，赴路校勘。英宗至治二年，始竣工。先是留梦炎为吏部尚书，与先生之父在宋为同相，召致先生，欲用之，以亲老辞。及父卒，稍起为慈湖、柯山二书院山长，教授台州路，三月，引年，终于家。（从黄氏补本录入。）

《文献通考》自序：

昔荀卿子曰……聊辑见闻，以备遗亡尔。后之君子，傥能芟削繁芜，增广阙略，矜其仰屋之勤，而俾免覆车之愧，庶有志稽古者或可考焉。

梓材谨案：《先生传》及《自序》，黄氏补本列《胡熊诸儒学案》，以其与程登庸友善而并为朱学也，附入是卷。[①]

马端临咸淳九年（宋度宗咸淳年号共有十年）中举，则从曹泾游学的“咸淳中”很可能是在中举之前。按照科考制度，咸淳十年甲戌马端临应该参加会试。廷鸾有一诗《二儿就试》曰：“老病吾今业已衰，已还魏笏尚支颐。祝儿指日传金榜，怀我当年别玉墀。殿陛详延方吁俊，江湖空旷剧忧时。此行蹇谔论邦国，莫为区区杏苑诗。”[②]此诗在《碧梧玩芳集》中排在《癸酉春暮钟信甫寄诗次其韵》之后，时间吻合。据诗中“金榜”“玉墀”语，端临此次将要参加的考试应是会试。又《鲁国夫人墓铭》：“甲戌，端临当试，则戒其子留家尝药，不得行。是岂薄夫荣而羞子贵耶？进退之际系念深矣。”[③]在元朝已正式建立，而大宋政权处于风雨飘摇之际，马端临的会试

① ［清］黄宗羲：《宋元学案》，沈善洪主编：《黄宗羲全集》（第六册），浙江古籍出版社1992年版，第504—508页。

② ［宋］马廷鸾：《碧梧玩芳集》，《四库全书》第1187册，第165页。

③ ［宋］马廷鸾：《碧梧玩芳集》，《四库全书》第1187册，第140页。

之旅终未成行。两年之后，蒙古铁骑攻陷南宋都城临安。

入元之后，马端临侍奉父亲，隐居不出。在马廷鸾去世后，方出任学官，以传授儒学、存续文脉为己任。

马端临娶妻李氏，为李雷应之女。《昌江李氏求聘启》曰："角巾东第，犹怜嫁娶之相关；拥节南楼，敢即婚姻而请好。……伏承令爱，密娴阃范，仪素习于雍容；而某次男，稍熟庭闱，经粗通于瑟僩。"①书中该《启》之后即是《昌江李氏求婚书》，而《大监李君墓志铭》曰："子应姓李氏，讳雷应，鄱浮邑人……余之仲子，实为君婿。一日归白其父曰：'外舅病中说大人常在口，意将属大人铭，大人勿辞也。'"②有子志仁。一女适杨玄，一女适许氏。马志仁与许瑶既是舅甥关系，又是翁婿关系。③

至于端临的卒年，目前学界主要有五种说法：第一种是 1323 年或约 1323 年说；第二种是 1324 年说；第三种是 1330 年说；第四种是 1334 年说；第五种是 1340 年说。

上述关于马氏卒年的五种说法中，获得最多支持的是第一种说法。高国抗《中国古代史学史概要》主张"死于元朝英宗至治三年（1323）"；《中国历史大辞典·史学史卷》大致相同，称"约 1323 年"；《辞海》和《中国历史人物生卒年表》也采这种意见；张孟伦④、来可泓⑤、周征松⑥、冯天瑜等撰文时都主张马端临卒于1323年或

① ［宋］马廷鸾：《碧梧玩芳集》，《四库全书》第 1187 册，第 85—86 页。

② ［宋］马廷鸾：《碧梧玩芳集》，《四库全书》第 1187 册，第 133—134 页。

③ 西湖书院补修本《文献通考》余谦《叙记》称"时端临既没，厥婿杨玄长教于东湖，乃俾造厥嗣志仁"。后文所引许瑶《故隐君尚志先生马公行述》中记马端临之孙马希卫曾对许瑶说过"兄我之自出，且世姻相续，吾父于诸甥爱兄逾笃"之语。

④ 张孟伦：《关于马端临〈文献通考〉人民性的问题——与白寿彝先生商榷》，《兰州大学学报》（社会科学版）1980 年第 1 期。

⑤ 来可泓：《论马端临的人口思想》，《学术月刊》1997 年第 3 期。

⑥ 周征松：《〈文献通考〉的价值略论》，《山西师大学报》（社会科学版）1998 年第 2 期。

约为此年[①]。刘子荣[②]、钟向群[③]、李峰[④]即主张马氏卒于1324年。1994年《宋代文化研究》（第四辑）收录的舒大刚《马廷鸾马端临父子合谱》（其增订本亦载于四川大学出版社2003年版《宋人年谱丛刊》第十二册）中马端临的最后活动时间是1324年，其时马端临七十一岁。王炜民[⑤]、刘兆祐[⑥]则认为卒年当在1330年。《中国史学思想通史·元代卷》[⑦]、余庆民[⑧]等坚持卒于1334年。《马端临评传》称："上海古籍出版社1987年出版的《乐平县志》所载《故隐君尚志先生马公行述》推定为至元六年（1340），较为可信，今从之。"[⑨]杨长锡[⑩]、周圣智[⑪]、曹金发[⑫]等人采信此说。正因为众说纷纭，所以还有些学者在撰写论文时干脆采取避而不谈的态度。

为刊行《文献通考》，元英宗曾下过圣旨。元代余谦为之叙记的西湖书院补修本《文献通考》所收《抄白》曰：

委有俸人员礼请马端临亲赍所著《文献通考》的本文籍，

---

① 冯天瑜：《〈文献通考〉及其续编的封建考》，《历史档案》2006年第2期。

② 刘子荣：《我国古代的政书——"三通"》，《河南图书馆学刊》2002年第3期。

③ 钟向群：《论目录的辑录体与马端临的〈文献通考·经籍考〉》，《大学图书情报学刊》2005年第6期。

④ 李峰：《〈文献通考·经籍考〉——中国宋代重要的史志目录》，《江西图书馆学刊》2006年第3期。

⑤ 王炜民：《马端临卒年考》，《浙江学刊》1996年第6期。

⑥ 刘兆祐：《〈文献通考〉版本考》，《"国家图书馆"馆刊》2005年第2期。

⑦ 周少川：《中国史学思想通史·元代卷》，黄山书社2002年版，第191页。

⑧ 余庆民：《马端临卒年考证——兼论马氏崮墓属主与年代》，刘乃和主编：《洪皓马端临与传统文化》，中国青年出版社1997年版，第247页。

⑨ 王瑞明：《马端临评传》，南京大学出版社2001年版，第5页。

⑩ 杨长锡：《马端临生卒年代考》，刘乃和主编：《洪皓马端临与传统文化》，中国青年出版社1997年版，第256页。

⑪ 周圣智：《论马端临〈文献通考〉及其在今日的意义》，《中国文化研究所学报》第48卷，2008年，第123页。

⑫ 曹金发、董杰：《试析〈文献通考·经籍考〉中的按语——兼与杨寄林先生商榷》，《中国矿业大学学报》（社会科学版）2008年第4期。

赴路誊写校勘刊印施行。须至指挥。右下乐平州，准此。至治二年六月　日

元英宗至治二年即公元1322年。《抄白》中提到要礼请马端临亲携《文献通考》赴饶州路，则马氏在1322年时当在世。

乐平秧畈《扶风马氏宗谱》中收录元代许瑶所作《故隐君尚志先生马公行述》，其文言及端临及其子孙后世事迹、谱系，录之如下：

曾祖讳光，宋赠太师卫国公。

祖廷鸾，故宋正奉大夫、中书右丞相兼枢密院使、鄱阳郡开国公，食邑四千户。祖妣张氏，宋封鲁国夫人。

父端临，元故台州路儒学教授。妣李氏。

公讳志仁，字子尚。

姓马氏，系出唐北平庄武王。其先与秦同出嬴姓。在春秋时，仕晋为赵氏，后与韩、魏俱受王命为诸侯。战国之际，其别子奢破秦兵阏与有功，受封为“马服君”，子孙遂以马为氏云。

繇汉迄唐，丰功盛烈，书于史官实不一二。唐末，有自蕲黄梅渡江者，遂受署于江南李氏，占籍于饶之乐平。入宋，龙图公遵，察判公存，以功业文章表著一世。迨至端平、咸淳间，鄱阳公廷鸾由秘省内相入秉钧枢，盖公之王父也。父端临，初年著书家居，晚历学官。母李氏，同郡浮梁人，故大监雷应女也。

公性和易，自幼至长，谨饬恭俭，无一毫骄矜气。过庭授三百篇之旨，年甫冠，蜚声庠序，郡守本斋王公都中，礼聘为

郡文学。公到职不数月，即以侍亲给告。至治庚申与计偕，过故宫阙、府署，俯仰陈迹，咨嗟不自已。已而叹曰："吾二亲俱老，岂忍违远色养，以徼世取名哉！"归而极意于甘旨晨昏之奉。时严君家居，以斯文淑后进，族弟仲益与里人李熙、徐复、甥杨贞辈俱受业于公门。复延四方士友与共讲贯。家塾故有先圣像，每朔望，公从侍，领诸生谒拜如仪，退而集讲堂上，各以所闻就质正焉。春秋二丁，释奠行饮礼，先达始易斋，赵公述翁、程公时登俱往为宾，乡族之弟斌斌慕效，观者群集。

泰定乙丑，朝旨下浙省，刊教授公所著《文献通考》，檄请校正。公忧其亲老远涉，与外兄费山侍以行。至则雠校参订，严君但质其成而已。既竣事，丞相答敕罕脱欢公、平章清河高公熙与设宴省署，公侍侧酬酢应对，辄中仪矩，省僚百司咸器异之。书成上进，当推恩。丞相暨平章愿书荐剡，畀以出身，公以亲老固辞。于是，侍讲学士邓公文原嘉其志，为书"归去来"，以饯其归。

至正初，朝廷修三史，命使四出访求遗逸及旧史著述。郡檄下征故家旧藏。公家丞相昔为史官，家藏馆阁秘书及先朝日录、起居注俱在，公载书以献。而编修官危素适来饶，知公家世文学，夙相敬爱；翰林承旨欧阳玄、尚书汪公泽民俱在史馆，又平昔相知为深，咸欲有所论荐。公终不为动，遂以其书上于官，而弗果行。

公诸父自先丞相薨后析处，唯云壑翁端颐留故第，殁，子志言幼，公挈与归，教育成人，为毕婚姻，待之如同己出。亲有疾，不脱冠带，拜医尝药，唯恐不及，稽首吁天，乞以身代。母李夫人年七十卒，居丧毁瘠。时父已年耄，又恐伤其志，复婉颜以慰解之。迄母丧，不还私寝。父病，卧床下，盥洗、馈膳必亲躬。越七年而父殁，衰斩之制，哭踊之悲，戚易两称，远近称之。既襄大事，则拜学士虞公集于崇仁里第，谒铭其墓。虞公与叙前朝世契，嘉其行谊，特表其居室曰“尚志斋”，书以贻之。归揭楣间，学者遂称为“尚志先生”。

与人交，发气满容，于物无忤，且诙谐善谑。州闾乡党，无少长贵贱，均爱乐之。雅善鼓琴，喜吟咏。斋居左右，图书秩秩济济，绕屋竹树扶疏；山静日长，寄傲其间；客至拾堕枝煮山茗，终日清谈洒洒。凡宴息之所，曰“绿阴”，曰“仁乐”，曰“望仁”，皆因旧命匾，未尝有所特建也。至正己丑，改创前荣敞为厅事。方将毕向平之债，而纵杖履于林壑间，则又得山水之胜，于旁近立小屋数楹，分置清玩于其中，命之曰“尚志别墅”。翰林欧阳公为书其匾，名流题咏甚夥。壬辰寇起，里居焚荡，公分遣诸子散处，为避乱计，侨居异县。迨且逾年而嫡长殁，次子介妇冢孙俱死，孤嫠茕茕，辛苦万状。公复完集诸孙还故里，葺敝陋与居而教养之。于时，郡县克复，军需苛急；土豪在在，拥众自固，凭凌寡弱。公周旋其间，和不同流，介不绝俗，故能柔其强犷悍戾之心而得善处焉。其后所居复毁，挈挈东西者又频年。一日，尝语其幼子希卫曰：“吾不幸遭罹变故，善和赐书、牙签缃帙，弗克嗣守，与时俱烬矣。家牒世谱、先公遗泽当有存者，汝其博访，及吾尚在，可共校理。”壬寅春，希卫果于宗家得家传《世德录图谱》以献。公喜动于色，悉以记忆补其断烂而命藏之。

逾月而恙且作，又逾月而疾弥甚，然未尝伏枕也。时寓故居之近二里许。五月朔，命诸孙具膳羞，修时荐斋沐供事。越八日，晨起盥漱，晡时杖策，登椒山纳凉，与客谈话如常。未几就寝而奄然长逝矣。生于大德丁酉四月初六日，至是得年六十有六。所著有《尚志督稿》一十二卷，又有《四六杂稿》二卷。娶同邑胡氏，前司丞圭辨之女，性资沉毅，闺仪齐邀，馈珍膳，洁蘋藻，阃内之修攸称，先公二十年卒。子男四，长希曾，次希申，俱先卒；次希卫；幼出侧室，曰希敬，以后从弟志言。女四，长适许瑶，次适胡豫，次适吴衡，幼许配汪智聪，未行卒于室。孙男五，长淳先卒，次顺、次宏、次肃、次严。孙女二。

以卒之明日，其孤与诸孙奉柩殡于寓舍之西，曰“砺石原”，公所自卜也，在所营别墅侧。今将卜吉封崇窀穸，希卫泣告瑶曰：“孤不幸生晚，事亲日浅，于先人言行有未悉。兄我之自出，且世姻相续，吾父于诸甥爱兄逾笃，兄知吾父行事为详，其可无述？”瑶谊不获辞，谨论次其实于右。

呜呼！公簪绂华胄，世隆诗礼……倘辱哀其泯没，而赐以不朽，则幸甚。[①]

《行述》中提到要求刊刻《文献通考》的朝旨下到浙江省是“泰定乙丑”，即元泰定帝泰定二年（1325），其后有马端临携子、甥校书之事，可见马端临在1325年仍健在。《行述》在马端临校书一节还提到“丞相答敕罕脱欢公”“平章清河高公”“侍讲学士邓公文原”。《元史·泰定帝纪》：“二年……江浙行省平章政事脱欢答剌罕升左丞相。”[②]“（四年）冬十月……癸丑，江浙行省左丞相脱欢答剌罕、平章政事高昉，以海溢病民，请解职，不允。”[③]《元史·邓文原传》：“江

① 乐平县志编纂委员会：《乐平县志》，上海古籍出版社1987年版，第482—484页。

② ［明］宋濂等：《元史》，中华书局1976年版，第653页。除非特别说明，本文引用《元史》均出此本，后文仅出书名、页码。

③ 《元史》，第682页。

浙省臣赵简请开经筵。泰定元年，文原兼经筵官，以疾乞致仕归。二年，召拜翰林侍讲学士，以疾辞。四年，拜岭北湖南道肃政廉访使，以疾不赴。”[①]《元史》所记三人情况与《行述》合。根据这些文献的综合考辨，关于马氏卒年的第一种说法（1323 年或约 1323 年）和第二种说法（1324 年）是站不住脚的。

《宋元学案》中提到马端临与程时登友善，许瑶《行述》言行饮礼时程氏为宾客。《新安文献志》卷七十又记载许瑶《宋故辟雍造士程公先生时登行状》，其文曰：

> 先生讳时登，字登庸，饶之乐平人，姓程氏。程氏族望东南者，皆出梁镇西将军忠壮公灵洗，盖与河南之宗共派。歙饶接境，其族居宦学四方者尤众，而吾乐平梅岩一族，夙以诗书孝谨闻……生宋淳祐己酉二月，没以大历戊辰十二月，葬里之桑田古峰岭……葬之逾年，子孙以门人李粢状请铭于竹村先生马公端临。其铭曰：“《易》开三画，史著千年。涵而揉之，我覃我研。”……瑶登先生之门也最后……服勤日浅，岂能窥测先生之蕴奥，犹望孔子之门墙未入其宫者，焉能语其宗庙百官之美也哉，独幸于先生之宗夙有姻连，祖母于先生为从侄女，先君子程出也，过庭之际尝道外家遗事，故知其家世渊源……岁丁巳七月朔，门人许瑶谨述。[②]

程时登生于“淳祐己酉二月”，即南宋理宗淳祐九年（1249），卒于“大历戊辰十二月”。“大”当是“天”之误，即元文宗天历元年（1328）十二月。“葬之逾年”而请铭于马端临，则马端临在 1329

① 《元史》，第 4024 页。
② ［明］程敏政辑撰：《新安文献志》，《四库全书》第 1376 册，第 185—187 页。

年时仍然在世。

《扶风马氏宗谱》载有马端临亲自撰写《竹村先生序》：“宗人龙友示予所编族谱，俾赘一言，夫吾之所自出，由二祖来代序可考，非托遥遥之胄以自重也……龙友谦谨自持，克肖其家，故相与言之。元至顺壬申孟夏月。”又《宗谱·龙友公序》中记载了马端临对马龙友讲的一段话：“子乃吾侄也，族属相联，本支有在。今吾侄即犹子也，何派分，以来世相后岁累百余。而地相去里可一舍，胡自取其隔阔哉。因笔于前，以示同谱。元至顺癸酉年端月。”[①] 二序说明马龙友在至顺壬申年（1332）到至顺癸酉年（1333）为编宗谱曾多次请教长辈马端临，由此我们得知，马端临在 1333 年元月时仍然健在。由此可知，关于马端临卒年的第三种说法（1330 年）也是不能成立的。

至元五年余谦补修本《文献通考》的目录之后有余谦叙记之文，该文对推定马端临的卒年极为重要，现录之如下：

> 鄱人宋相子马端临述《文献通考》于家，泰定元年江浙省雕置于西湖书院。越十有一年，予由太史氏出，统学南邦，因莅杭，阅究其文，或伪或逸，板咸有焉。时端临既没，厥婿杨玄长教于东湖，乃俾造厥嗣志仁，询取先文，用正斯失。至则就俾玄偕西湖长方员率学者正之，逾年而讫。将图正于梓，未谐。又逾年，中书遣太常陈氏来访求典籍于兹，并中书以其事唯予是任，乃克遂旧图，俾儒士叶森董正梓工，且足于不逮，必予复省功乃已，幸获底于备可观。乌呼！考之述继世而成，历代而并，逾十年而征，又三年而明，匪易匪轻，可戒于德之

① 二序均转引自余庆民《马端临卒年考证——兼论马氏崮墓属主与年代》，刘乃和主编：《洪皓马端临与传统文化》，中国青年出版社 1997 年版，第 242 页。

不恒。至元又五年三月朔，江浙等处儒学提举余谦叙记。[①]

余谦莅临杭州是在泰定元年之后的十一年，即1335年，其时马端临已不在人世。因此，有关马端临卒年的第五种说法（1340年）也难成立。许瑶在《行述》中提到，马端临逝世后，其子志仁“既襄大事，则拜学士虞公集于崇仁里第，谒铭其墓”。许瑶既是马志仁的外甥，又是他的女婿，则《行述》所记志仁拜访虞集求墓志铭及虞集题“尚志斋”之事必定真切。虞集（1272—1348），字伯生，号道园，南宋名相虞允文五世孙。祖籍四川仁寿，生于湖南衡州，后徙居江西崇仁。《虞集年谱》曰：“（1333年）六月，顺帝即位于上都，被旨赴上都议政。御史中有嫉之者以草诏之事为言，讽其速去，几致祸，马祖常使人告之。及还大都，乃以病谒告归临川。十月，至家。”又引《学古录》卷三四《渔樵问对序》：“元统癸酉十月，集自禁林告老而归。”[②]则马志仁求铭不当早于1333年10月。虞集的诗文集现有《道园学古录》五十卷、《道园类稿》五十卷、《道园遗稿》六卷、《伯生诗续编》三卷、《翰林珠玉》六卷共五种，但不知何故，为马端临所作墓志铭未见于其中，所以不能据此判定作铭的时间。马端临的卒年，必在1333年至1335年。余庆民先生说：“马端临卒年是在元统一年或二年，但为了纪念和便于共识，以后者为准也未尝不可，即马端临生于宋代宝祐二年（1254），卒于元代元统二年（1334），享年80大寿。”[③]在不能准确判断的情况下，把马端临的卒年定在1334年，亦未尝不可。何德山与刘学伦亦断定马

① 王国维《两浙古刊本考》亦载此文，见《王国维遗书》，上海古籍书店1983年版，上卷第28页。

② 罗鹭：《虞集年谱》，凤凰出版社2010年版，第149—151页。

③ 余庆民：《马端临卒年考证——兼论马氏崮墓属主与年代》，刘乃和主编：《洪皓马端临与传统文化》，中国青年出版社1997年版，第247页。

端临卒于1334年。[1] 综上，笔者赞同将马端临的卒年定在1334年。

关于马端临的墓葬，舒大刚《马廷鸾马端临父子合谱》引汪光明《马端临及其〈文献通考〉》（载《历史知识》1982年第6期）而定在乐平县城东南十五里处的虎山。余庆民先生也断定在虎山马氏崮发掘的大墓墓主即是马端临夫妇。乐平市政府网有《古名人墓》一文介绍如下：

> 马端临墓，位于市城东南20公里凤凰山垦殖场石里村，墓向坐北朝南，高出地面12米，墓前60米比连乐安江，两翼低土岗相对，整个地形似“飞燕投河”。
>
> 马端临墓六十年代已被挖掘，存一残坑。残坑位于“马氏岵”西南端上方坡面上，坐北朝南，面临江水。坑中遗物荡然无存，杂草丛生。坑的最深处不超过一人头高，约1.6米，最宽处约6米，呈两条平行直线延伸山下。残坑的整体平面呈长方形。
>
> 据当地百姓反映，该墓被挖掘时间在大跃进初，曾有不少人参加挖掘。从土中取出的长度不等的长条形大麻石数十块，出土陪葬物品数件，均被掘墓者当即带走，后追回两件，一只十二肖辰皈依瓶，一只锡质小壶。经多方调查，均未获悉有墓志铭出土。
>
> 关于马端临葬地，《马氏宗谱》记载“公讳端临，行方二，字贵与，号竹村。夫人李氏合葬大汾云金鹅塘”，即在马氏岵一带。

① 参见何德山《马端临生卒年考略》，《宋代文化研究》2009年第2期；刘学伦《马端临及其〈文献通考·经籍考〉之文献学研究》，博士学位论文，台湾“中央大学”，2013年，第55页。

马端临之所以葬于汾云，据《马氏宗谱》记载："坐落土名大汾云金竹鹅塘坞，自宁公廷鸾置有田地山场。"就"堪舆术"风水学来看，这里无论是风景或风水均是理想之处。

一九五二年省博物馆考古队彭适凡同志对马端临墓进行过调查，当时墓碑尚在，并拍有照片。此照，彭适凡、乐平县志办均存。一九八三年公布于乐平县文物保护单位。2004 年该墓予以修复重立。[①]

《乐平县地名志·名迹志》有《宋元文史学家马端临墓址》称：

马端临墓址，据《扶风马氏宗谱》记载："公讳端临行方二，字贵与，号竹村，夫人李氏合葬大汾潭金鹅塘丑山未向，祖妣灼公夫人段氏同山。"又载："坐落土名大汾潭金竹鹅塘坞，自宋公廷鸾置有田地山场。"经考证，大汾潭金竹鹅塘坞即在今凤凰山综合垦殖场西部边缘的虎山潭东面山坞。墓址坐落在坞口小丘坡上，此处因是马氏墓地，故称"马氏崮"。马氏崮东南紧靠海拔为 60 米的卢家山，西濒乐安江，西北与虎山水文站和石里（村）隔溪相望，距离不足一华里。这里山清水秀，环境幽静，乐平古十景之一"泪滩夜月"就在此附近。

五十年代后期，马端临墓因乱挖滥掘遭破坏，现存一残坑。残坑位于马氏崮西南斜坡上，高出地面约 12 米，坐东北朝西南，西濒乐安江，距河岸不到一百米。墓坑不甚规则，坑口面大致呈长方形，长约 10 米，宽约 5 米，横剖面呈阶梯形，最深

① 乐平市人民政府网·旅游乐平·名胜古迹：http://www.lepingshi.gov.cn/article/html/2009/6/44391.htm。

处约1.6米。坑口遗物荡然无存，杂草丛生。[①]

马端临的著作，除《文献通考》之外，还有《多识录》一百五十三卷（清黄虞稷《千顷堂书目》、《乐平县志·艺文》、清倪燦《宋史艺文志补》均有著录）、《大学集传》一卷（《世善堂藏书目录》《宋史艺文志补》均有著录）和《义根守墨》（《千顷堂书目》、钱大昕《补元史艺文志》均有著录），不过三书都已亡佚。“考黄虞稷《千顷堂书目》，据张钧衡跋言‘千顷斋藏书记是俞邰实有是书，并非悉据旧目’，是马端临所著《大学集传》《多识录》《义根守墨》等书，疑至清代尚存。”[②]另外，马端临还有零散文字存世，如江西古籍出版社1995年版《江西府县志辑》第92页至94页就收录《春雨亭记》和《明经堂记》二文，许瑶《宋故辟雍造士程公先生时登行状》中亦转录马氏为程时登所作的铭文。

第三节　《文献通考》的编纂与版行

王瑞明先生说：“《文献通考》元英宗至治二年（1322）六月饶州路达鲁花赤总管府抄白，马端临经过20余年（约为1280—1307年）写成《文献通考》。参阅《乐平县志·人物·马端临》，上海古

① 乐平县人民政府地名办公室编印：《乐平县地名志》，《江西省地名丛书》，1984年，第316页。

② 薛伟呈：《〈文献通考·经籍考〉引书之研究》，硕士学位论文，台湾“中国文化大学”，2009年，第二章第11页。

籍出版社 1987 年版。”① 南宋于宋末帝赵昺祥兴二年（1279）灭亡，马廷鸾于元世祖至元二十六年（1289）逝世。则马端临约于宋亡后第二年即开始纂著《文献通考》。马端临的纂述活动受到了其父的影响和指导，有明显的家学渊源。

一、纂述前学术准备

马氏家族世修儒业，马廷鸾兄弟即自幼苦读，所以极为重视对后代子孙的教育。《用大东莱临川诗韵示诸儿》曰：“惠子五车书，彼富吾何慊。滔滔岁峥嵘，濯濯木荏苒。前荣悼虚夸，新儒就退敛。东邻有硕师，簦簏孰云远。斯文岂终穷，小子宜黾勉。寒檠炷老膏，此兴复不浅。”② 此诗训示诸子要珍惜时间，勤学好问，并以传道之任、夜读之乐鼓励他们。马廷鸾在《李氏儒富庄记》中说：“嘻！聚书难，读书尤难。昔金华潘公作《磨镜帖》，朱文公亟称之。其说曰：‘仆自喻为昏镜，喻书为磨镜药，当用此药揩磨尘垢，使通明莹彻而后已。’此名言也。世解读书者几人？焦烂于利欲之场，没溺于宴安之中，萧绎、宋遵贵之徒，皆是也。厄吾书者，岂必郢城之烟，砥柱之水哉！叔翔有大雅资，冥搜而力讨，饫览而厚藏，虚心涵泳，切己体察，其必有以知之者矣。”③ 马廷鸾赞同以己为昏镜，以书为磨镜之药，实际上是希望通过读书使人在道德心性上达到“通明莹彻”的境界。

马廷鸾“聚书难，读书尤难”的观点，在《文献通考》中也有体现。《经籍考·总叙》引叶梦得语：“唐以前凡书籍皆写本，未有摹印之法，人以藏书为贵。人不多有，而藏者精于雠对，故往往皆

① 王瑞明：《马端临评传》，南京大学出版社 2001 年版，第 390 页。
② ［宋］马廷鸾：《碧梧玩芳集》，《四库全书》第 1187 册，第 158 页。
③ ［宋］马廷鸾：《碧梧玩芳集》，《四库全书》第 1187 册，第 122 页。

有善本。学者以传录之艰，故其诵读亦精详……自是书籍刊镂者益多，士大夫不复以藏书为意。学者易于得书，其诵读亦因灭裂。然板本初不是正，不无讹误，世既一以板本为正，而藏本日亡，其讹谬者遂不可正，甚可惜也。”[①] 又引东坡《李氏山房藏书记》曰：“余犹及见老儒先生，自言其少时欲求《史记》《汉书》而不可得，幸而得之，皆手自书，日夜诵读，唯恐不及。近岁市人转相摹刻诸子百家之书，日传万纸。学者之于书，多且易致如此，其文词学术，当倍蓰于昔人，而后生科举之士，皆束书不观，游谈无根。”[②] 所谓“聚书难”，未必是图书在数量上的稀少，而是图书版行之后，其异本、精校本渐少，此正与“明人刻书而书亡”相类。所谓“读书尤难”之叹，则是针对士子在图书易得时反而高谈阔论，不务实学的情况而发。由上可知，马廷鸾的言谈，影响了《文献通考》的立论。

马廷鸾之于马端临，既有言传，又有身教，在读书方法上给予指导、示范和实践训练。马廷鸾在《仪礼本经注疏会编后序》中写道：“余生五十八年，未尝读《仪礼》之书。一日从败帙中得景德中官本《仪礼疏》四帙，正经、注语皆标起止，而疏文列其下。盖古有明经、学究专科，《仪礼》经注，学者童而习之……王介甫新经既出，士不读书，如余之于《仪礼》者，皆是也。然不敢付之茫昧幽冥，将寻访本书传抄，庶几创通大义。然余老矣，惧其费日力，而讫无所补也。长儿请曰：‘家有监本《仪礼》经注，可取而附益之，以便观览。’意欣然，命之整辑厘为九帙，手自点校，并取朱氏礼书与其门人高弟黄氏、杨氏诸家续补之编，分章析条，题要其上，遂为完书。”[③] 马廷鸾这种读书当先校书，抄撮朱熹及其弟子黄榦、杨

① 《文献通考》，第 5202 页。
② 《文献通考》，第 5212 页。
③ ［宋］马廷鸾：《碧梧玩芳集》，《四库全书》第 1187 册，第 92 页。

复的相关著作于经文之下[①]，广集经注论说以便观览的读书与治学之法，必定为马端临所熟知。马廷鸾《书课历序后》曰："右，先卫公馆北庄许氏时课学者之遗训也，可以课人，独不可以课其子孙乎？余家九男子，皆先公孙也。余欲以先训课之，当自余自课始。……然则读书课子，愈老愈勤可也。余之自课，欲取六经从头䌷绎，编纂一番，自义疏以及诸家之说。今读《易》始尽六十四卦。自《书》以往，皆当次第读之。尝取温公《通鉴》、张氏《指掌》，编纂《读史讨》以至前朝，未成书，将嗣抄之。读诸家文集，纂其英华，为《秘密藏》。凡经史百氏，嘉言善行，有会于余心者，拟小东莱公《读书记》，为会心自览。凡诸史已点校者，欲再读。凡诗章自陶、杜而下，以尽本朝诸名人之作，皆欲细读，以助晚年吟咏。倘天假之年，其所读当不止此。今条其目于此编，岁计而月校之。九子者，人付一编。长而能自读者，取其心之所好者自读之；幼而未能读者，吾授以所当读，禀于明师而读之。亦条其目于此编，岁计而月校之，如先公遗训，且并著所为时文之业焉。既授此编之后，暇日当有以语我来。"[②]马廷鸾自为表率，拟定数量庞大的读书篇目。为了马家读书种子不断，又课子读书，且能根据后辈的实际情况灵活指导：能独立读书的则凭其兴趣自选书籍，不能自定书目的就开出书单，让其在老师的指导之下阅读。据马廷鸾自己的书单推想，包括马端临在内的子辈九男所读之书，范围应当非常广泛。

---

① 《仪礼集编》卷首下："王氏应麟曰：文公以《仪礼》为经，取《礼记》及诸史、经书所载附本经之下，具列注疏诸儒之说为《经传通解》二十三卷，《丧》《祭》二礼属之门人黄榦类次。"卷首上又曰："童氏承叙曰：《仪礼》有诸儒传记、郑康成注、贾公彦疏，朱文公又合经传为《通解》，皆彰彰较著矣。公门人杨复又各为之图，俱可蹈迪，匪直易读也。"《四库提要》之《仪礼经传通解提要》称，"其丧祭二门则成于朱子门人黄榦，盖朱子以创稿属之"，"然榦仅修《丧礼》十五卷，成于嘉定己卯。其《祭礼》则尚未订定而榦又殁"，"其后杨复重修《祭礼》，郑逢辰进之于朝"。据此可知，马廷鸾所谓朱熹门人高弟黄某、杨某必是黄榦、杨复无疑。

② ［宋］马廷鸾：《碧梧玩芳集》，《四库全书》第1187册，第108—109页。

《题四印五章后》曰："先人往年侍亲宦游盱江，一日，叔父驰书为言，欲以勤、谨、和、俭为保家四印。先人欣然是之，因为发明其义，成五章。某幼孤，先人文字散落，表兄李先生，我之自出，乃能收拾序藏之。既而以遗编见授，则五章者其首也。会某录辟雍，时先生亦薄游辇下，乃掇取，手抄为此卷，以归于先生。或者当世名公钜人，见而取焉，赐之语，以为先训不朽，则亦不肖孤之至望也。"[①]马光兄弟欲以"勤谨和俭"四字保家，则此四字实可视为马氏的家训，马端临在成长中必当奉守此四字。

除了接受严格的家庭教育外，马端临还求学于名师，学习儒术。前引《宋元学案》中就提到马端临师事"精诣朱子学"的休宁人曹泾。曹泾在《宋元学案》中被置于《介轩学案》"晦庵续传"类，则马端临的朱子之学可直溯到晦庵本人。《宋元学案》在《槃涧门人》（晦翁再传）中有程正则，"号古山，槃涧徒也。程时登师之"[②]。程时登亦是朱子之直系后学，且与马端临友善。据《宋元学案》卷八十九《介轩学案表》，马端临的外孙兼孙女婿许瑶又师从程时登。

马端临不但在师承方面与朱熹有联系，其家与朱熹后人还有直接交往。马廷鸾《通判李君墓志铭》曰："闽人朱濬深源者，文公之曾孙，而余旧门生也。"[③]又，《池州贵池县尉厅记》曰："歌曲正酣，君诣大府受约束，余亦上马去。君名颖，字茂实，武夷文公之几世孙。"[④]朱熹的曾孙朱濬为马廷鸾的门生，廷鸾又与朱熹的后人朱颖欢歌畅饮，马、朱二氏之关系可见一斑。正如邓瑞先生所言，马端临"自幼得其父儒学文史之家学，稍长师承鄱阳之学的曹泾，得朱

① ［宋］马廷鸾:《碧梧玩芳集》,《四库全书》第1187册，第108页。

② ［清］黄宗羲:《宋元学案》，沈善洪主编:《黄宗羲全集》（第六册），浙江古籍出版社1992年版，第499页。

③ ［宋］马廷鸾:《碧梧玩芳集》,《四库全书》第1187册，第135页。

④ ［宋］马廷鸾:《碧梧玩芳集》,《四库全书》第1187册，第123页。

子学之真传”[①]，实乃南宋末鄱阳学派之儒学史学大师。吴怀祺先生认为“朱学到南宋后期，门人中接受了陆学的影响，这在马端临的思想上也留下痕迹”，“朱学在宋代末年的变化，有一个方面，是重文献综罗、考征和训诂”，《文献通考》同样反映出了这种学术思潮的变化。[②]

二、《文献通考》纂述

（一）撰写时间

《文献通考》一书的成书时间，可从元刻本前面的李谨思《文献通考序》窥见大概。《序》谓杜佑《通典》、郑樵《通志略》之后，南宋文献家马氏（端临）“磅礴郁积，次第增损，近始嘉定，远接天宝，泝而上之，于是过江四丁未矣，而《通考》又成。三书在宇宙间皆不可阙”[③]。北宋最后一个丁未年是宋钦宗靖康二年（1127），金国于是年灭北宋，俘虏宋钦宗赵桓和已退位的宋徽宗赵佶，同年赵构过江在临安建立南宋，改元建炎。由南宋过江建国的丁未年（1127）再后推三个丁未年，即是元成宗大德十一年（1307），此即《文献通考》的成书时间。王树民先生也说“李谨思写的《通考序》称全书著成于丁未之岁，即元成宗大德十一年（1307），时马氏年五十四岁”[④]。李《序》的落款为“至大戊申七月既望，鄱阳公门下士李谨思序”，因此写序时间在元武宗至大元年（1308），成书时间和作序时间紧紧相邻。《宋诗纪事》卷七十六“李谨思”条：“谨思字明道，号养吾，余干人。咸淳中，试礼部，释褐第一。入元，

---

① 邓瑞：《马端临与〈文献通考〉》，山西古籍出版社 2003 年版，第 25 页。

② 吴怀祺：《中国史学思想通史·宋辽金卷》，黄山书社 2002 年版，第 434 页。

③ ［元］马端临：《文献通考》，北京图书馆出版社影印元泰定元年西湖书院刻本。“阙”字原作“闕”（为“扉”的异体字），此据慎独斋本等改。

④ 王树民：《史部要籍解题》，中华书局 1981 年版，第 208 页。

卒。”[①]余干县在乐平县的西南，二地相邻。清阎若璩《潜邱札记》卷五《补刻唐百家诗选序》曰：“马贵与著《文献通考》，憾延寿史无志，故南北日食多异同。其父门下士李谨思序。”[②]李谨思里第近于乐平，为马廷鸾门下之士，与端临多有交往[③]，作序时间又与成书时间紧邻，则其所记不当有误。由序中“旧编屡脱，初稿频抄”之语，我们可以想见马端临编著此书所历之艰难困苦。

又，元英宗至治二年（1322）六月《抄白》中有“窃见乐平州儒人马端临……以所见闻著成一书，名曰《文献通考》……其书本儒用心二十余年，卷帙繁多”诸语，因《文献通考》成书在 1307 年，前推二十余年，则马端临开始写书的时间至迟当在元世祖至元二十四年（1287），此时距其父马廷鸾去世时间（1289）还有两三年。

（二）编纂思路与方法

马端临将自己的著作命名为《文献通考》，因而成为我国历史上首位以“文献”入书名并揭示图书内容的学者[④]，他对“文”“献”的理解，直接关系写作过程中史料的选取与使用。

1. 马端临的“文献”观

“文献”一词首见于《论语·八佾》：“子曰：‘夏礼，吾能言之，杞不足征也；殷礼，吾能言之，宋不足征也。文献不足故也。足，

---

① ［清］厉鹗：《宋诗纪事》，上海古籍出版社 1983 年版，第 1847 页。

② ［清］阎若璩：《潜邱札记》，《四库全书》第 859 册，第 513 页。

③ 李谨思《序》曰：“何足以知之，以君下问之勤也。……君，故相国鄱阳公仲子。”

④ 明《文渊阁书目》卷二载“耶律文献公集一部六册”，清《千顷堂书目》卷二十九载“耶律履文献公集十五卷”。金代耶律履有《文献公集》，虽然现在不能确知此书的出版时间，但耶律履之子耶律楚材为蒙元名臣，有可能以其父谥号“文献”为名刻印其父遗作，且耶律楚材去世时马端临尚未出生，如果这种假设成立，则《文献公集》早于《文献通考》。即便如此，《文献公集》之“文献”只是一谥号，与集子内容绝少关涉，而《文献通考》以“文”“献”类分全书所取史料的性质地位，指称历代典章制度载籍，其“文献”一词用法与前者大不相同。

则吾能征之矣。’”[①]孔子虽然首先使用“文献”一词，但未对其加以解说，现在所能见到的对“文献”的最早注释来自东汉经学大师郑玄。魏人何晏在《论语集解》中引郑玄《论语注》曰：“献犹贤也。我不以礼成之者，以此二国之君文章、贤才不足故也。”[②]在此后很长一段时间里，学者们对“文献”的解释都深受郑玄之说的影响，朱熹《四书章句集注》、刘宝楠《论语正义》、刘师培《文献解》、王欣夫《王欣夫说文献学》和张舜徽《中国文献学》都以“献”为贤士或贤达博学之士的言论、行为。20世纪80年代以来，学界曾在图书情报学科理论背景下热烈讨论“文献”的定义，邵胜定、单柳溪、董恩林、刘乃寅、查启森诸先生均有撰文讨论。简言之，传统训释以“献”为“贤”主要基于“献”的通假用义；现代新见则从“献”字的甲骨文、金文的字形入手分析，释“献”为“进献”“献出”，着眼于该字的初义。刘学伦清理了众多文献学书籍，将诸家对马端临“文献”观的看法概括为四种意见：“文献为取材来源”“文献为文字记载或载体”“文献为偏向‘典籍’演变的过渡时期”“叙事为‘文’，论事为‘献’”。[③]

从马端临的言论及修史实践来看，他对“文献”的理解融合了郑玄、朱熹之说。《文献通考自序》曰：“凡叙事则本之经史，而参之以历代会要，以及百家传记之书，信而有证者从之，乖异传疑者不录，所谓‘文’也。凡论事则先取当时臣僚之奏疏，次及近代诸儒之评论，以至名流之燕谈、稗官之纪录，凡一话一言可以订典故之得失，证史传之是非者，则采而录之，所谓‘献’也。其载诸史

① 杨伯峻:《论语译注》，中华书局1980年版，第26页。

② ［清］阮元:《十三经注疏》，中华书局1980年版，第2466页。

③ 参见刘学伦《马端临及其〈文献通考·经籍考〉之文献学研究》，博士学位论文，台湾“中央大学”，2013年，第150—154页。

传之纪录而可疑，稽诸先儒之论辨而未当者，研精覃思，悠然有得，则窃著己意，附其后焉。”[①] 后世讨论马端临的“文献”观，多本于此节文字。傅广荣先生提出，马氏之“献”的四部分内容（当时臣僚之奏疏；近代诸儒之评论；名流之燕谈；稗官之纪录）中除“名流之燕谈”外，其他三项都是文字资料，与“贤”并不相干，进而得出马氏文献概念的组成要素“绝非人们所说的是什么‘书本记载’与‘名流言论’”，反对将马氏对“文献”的理解置于从郑玄到朱熹的训释传统之中。[②] 傅广荣先生十分注重书面语和口语的区分。然而马氏对“献”的定义，并非一个横空出世的崭新说法，马端临的“文献”观有明显的传统底色。

《文献通考自序》中在上引马端临界定“文”“献”那段话的前面，还有如下文字：

> 昔夫子言夏、殷之礼，而深慨文献之不足征，释之者曰：“文，典籍也。献，贤者也。”生乎千百载之后，而欲尚论千百载之前，非史传之实录具存，何以稽考？儒先之绪言未远，足资讨论，虽圣人亦不能臆为之说也。窃伏自念：业绍箕裘，家藏坟索，插架之收储，趋庭之问答，其于文献盖庶几焉。

在这段文字中，有三处应给予足够的重视：（1）引述“文，典籍也。献，贤者也”释孔子所言“文献”；（2）尚论千百载之前事，需借重实录的史传和“儒先之绪言”；（3）“插架之收储，趋庭之问答，其于文献盖庶几焉”。第二处和第三处都兼顾到图籍与儒贤两方面，尤其是第三处说只要有家中插架上丰富的藏书，并能时时向

① 《文献通考自序》，第 3 页。

② 傅广荣：《马端临“文献”考》，《图书馆理论与实践》2006 年第 2 期。

父辈请教就可算“文献”充足了，显然马氏所言“文献”包含儒贤之言教。所引“释之者曰”与后两处含义一致，可见马氏征引前人训释是用作正面立论的。

马端临在定义“献”时所提到的“奏疏”“评论”“纪录”确实是以图书典籍的形式存在的，但在理解马氏“文献”观时要充分考虑到时代的变迁，物质生产技术的进步给学术研究和文化传播带来的巨大影响。

孔子是我国兴办私学、大力提倡平民教育的第一人。在他之前，学在官府，官师合一。对于这种状况，清人章学诚有过经典的描述：“理大物博，不可殚也，圣人为之立官分守，而文字亦从而纪焉。有官斯有法，故法具于官；有法斯有书，故官守其书；有书斯有学，故师传其学；有学斯有业，故弟子习其业。官守学业皆出于一，而天下以同文为治，故私门无著述文字。”[①]记录文字的材料都积累藏存于官府，司官当是对这些记录最熟悉的人，也是人们征询求教的不二人选。更何况，在文字还没有出现的远古时代只能靠口头传播信息，即使到春秋时期，记录工具还十分落后，能载于简册上的文字和当时社会传存的知识、经验相比，又能有多少呢？所以《论语·八佾》有“子入太庙，每事问”之说。孔子主张敏而好学，不耻下问，正是注重向别人求教典籍上并无记载的知识的表现。

纸张的使用和雕版印刷术的出现，无疑对知识的传播和社会的进步起了巨大的推动作用。印刷术在唐代后期得到广泛的应用，佛经、日历、韵书、字书等得以首先版刻印行。宋代的刻书事业已极为昌盛，出现官刻、家刻、坊刻并进的局面，刻书范围除儒家经籍外，又遍刻史书、子书和唐宋名家诗文集、文选等。值得一提的是，

---

① ［清］章学诚著，叶瑛校注：《文史通义校注》，中华书局1985年版，第951页。

宋朝政府刻书中包括卷帙浩繁的释藏、道藏和《太平御览》《太平广记》《文苑英华》《册府元龟》四大类书。赵宋是一个文化高度发达的朝代，宋人著述十分丰富，虽《宋史·艺文志》所录图书现已亡佚十之七八，但据刘琳、沈治宏《现存宋人著述总录·前言》统计，宋人著作至今幸存的仍有4855种之多。[①] 值得注意的是，除了诗文集之外，宋人还为后世留下数量庞大的笔记。宋人笔记内容涉及小说故事、杂史逸事、学术杂考、随笔杂记，其写作往往从个人视角出发，具有私人化、琐碎性等特点。宋人这种把不堪传道之任的琐语漫谈也细心整理成册并加以流行的行为，极大地压缩了以口头方式传播知识的空间。换言之，元初马端临在撰著《文献通考》时，利用的资料绝大多数应来自图书典籍，因为儒贤言论多已书面化了，且易代之后，硕学鸿儒多已凋孑。从现存资料中，我们看不出马端临本人有长时间出游访问野老贤达的经历。显然，在求学著述、决疑广闻方面，宋人对宿老贤士的依赖程度要远远低于孔子时代的人。这种历史现状决定了马端临所谓的“献”，“只是从是否贤者之言这一点上着眼，并不考虑这些贤者之言是否已经载之典籍”，“马端临虽然意在遵循‘文献’兼指‘典籍与贤才’的训义，但是，实际上，他已使‘文献’的意义由兼指‘典籍与贤才’明显地向偏指‘典籍’的方向倾斜，实开后世以‘文献’专指‘典籍’用法的先河”[②]。然而这种偏移，正是马端临在对“文献”的认识和利用方面随时变改，超越前人之所在。

事实上，马氏在二十余年的艰苦修史实践中所体现出的对“文献”内涵的理解比《自序》中对“文”与“献”二字所作的精练界

---

① 刘琳、沈治宏：《现存宋人著述总录》，巴蜀书社1995年版。

② 张衍田：《“文献”正义》，《北京大学百年国学文粹》（史学卷），北京大学出版社1998年版，第600页。

定要更加丰富，下面从两个维度对其略加讨论。

首先，“文”与“献”的区分是独特的史学书写方式的需要。

从上文所引马端临对“文”“献”的界定中，不难看出他选取史料的范围和处理史料的原则，这一界定在很大程度上是一种对其史书撰写活动的技术说明。“文”是用于叙事的，材料源于经史、会要、百家传记之书，处理材料的方式是剔伪存真；“献”是用于论事的，材料源于“当代臣僚之奏疏”“近代诸儒之评论”“名流之燕谈”“稗官之记录”，处理材料的方式是披沙拣金。所以，傅广荣先生指出，马端临是以“叙事、论事”来区分“文、献”的，其所谓“文献”有两种可能的理解，一是指叙事、论事的方法，二是指“叙事、论事”之结果，即叙事、论事而成的文字材料。[①]“文”与“献”有不同的作用，各自的史学价值也不相同。“文”被用于对历朝典制进行客观描述，而“献”是为对某一具体历史事件或问题进行分析、判断提供全面而有力的材料支持，所以就全书而言，“文”的地位是优于“献”的，这一点从《文献通考》的书写格式即可得到说明。在图书版式上，所谓“文”的部分是顶格书写的，当时名臣奏疏或后儒对经典的注疏则低一格书写，所引唐宋诸儒论说或名流言谈以及马氏自己的按语，均低两格书写，这和前代以抄书竹简的长短来标识典籍地位的方法异曲同工。马端临将所采史料按“文”“献”区别使用，其书写历史的方式与此前的史家相比，无疑具有不可辩驳的创新性，马氏的“文献”观以及由此形成的《文献通考》“文—献—考”的史书结构，充分体现了马端临的史学观念。

其次，马端临文献观中蕴含实录精神和会通思想。

与“文”“献”对应的叙述和议论两种行文方式，清楚地表明

① 傅广荣:《马端临“文献”考》,《图书馆理论与实践》2006年第2期。

了所形成的文字材料的性质：叙述性文字力图冷静客观地再现历史事件，展现历史脉络；议论文字则往往代表一家一派之言，不可避免地包含有主观成分。“文”“献”的不同性质，与它们的原始材料来源具有天然的联系。一般而言，长久流传的经书和历朝政府主导修撰的史书、会要等，其公信力高于个别臣僚、名流的奏疏、评议，人们在意识中对前者这种颇具正统性的讲述也更易接受，更易以之为真。然而马端临大量征引具有主观色彩的“献”，又恰是欲在著述中贯彻实录精神的体现。本来在“文”中已剔除了“乖异传疑”的文字，而“献”的使用又意在不放弃一丝一毫“订典故之得失，证史传之是非”的可能性。需要进一步说明的是，“献”中所用的单独一项材料很可能并不客观公正，但马端临所引之“献”数量可观，如《文献通考·经籍考》史部“《资治通鉴》二百九十四卷《目录》三十卷《考异》三十卷”条，马氏对此书依次引用了“晁氏曰”“陈氏曰”“公子康公休告其友晁说之曰”“武夷胡氏曰”“致堂胡氏曰”“高氏《纬略》曰”“容斋洪氏《随笔》曰”“巽岩李氏曰”“先公曰”共计九条材料加以解说。“献”中的各家之言，从不同角度不同方面对“文”加以解释、引申、补充、辩难、评论，无疑对读者全方位了解所涉史事有所裨益，促成《文献通考》所载尽可能地逼近史实本身。马端临对“文献”的认识及基于此种观念的著作架构，使《文献通考》的写作，在步骤和技术方面保障了史家实录精神的有效贯彻。

清乾隆《重刻〈文献通考〉序》曰：“朕惟会通古今，该洽载籍，荟萃源流，综统同异，莫善于《通考》之书。其考核精审，持论平正，上下数千年，贯穿二十五代，于制度张弛之迹，是非得失之林，固已灿然具备矣。”《文献通考自序》也指出，典章经制实相因循，若求其变通张弛之故，非得融会错综，原始要终地去推寻不可。马氏发扬会通因仍之道，参稽互察，因而既能通古今之变，又能“因时以制宜，理得而事举”，通裁别识，独抒己见。会通思想之所以能如此成功地融入《文献通考》的写作实践中，马端临的文献观发挥了不可忽视的作用。书中“文”与“献”，如树的枝与叶，各考之内，若单看“文”，叙事简洁，纲举目张，典章制度的通变因仍一目了然；若与“献”“考”合观，历史事件的是非得失则更易判明。

综上而言，马端临所言“文献”，从训释上说，当是承郑玄—朱熹之传统注释而来，但因时代变迁，故不再以信息传播的介质与方式，而是以文字材料的价值功用作为区分“文”与“献”的标准；在《文献通考》的撰著过程中，马端临的文献观透过“叙事—论事”的技术操作手段和实录、会通的史学思想而得以充分表达。

2.《文献通考》汇辑编纂之法

上文已提到，马端临对“文”“献”的认识在很大程度上决定了《文献通考》全书以“文—献—考”的结构来组织史料，揭示出“叙事”与“论事”的言说方式所蕴含的历史真实是具有差异性的。马端临强调对“文”与“献”的辨识使用，并进一步将之落实到《文献通考》的撰写中，形成汇辑编纂的著书之法，而这一系列行为究其根源，则与马端临的家学渊源，或者说马氏的读书法，有直接关系。

马氏家族世修儒业，然而家道衰微，到马廷鸾的父辈时，已只能作别人家的塾师了。马廷鸾自幼苦读，南宋末年曾位至宰相。马廷鸾很重视对子侄的教育，他在《用大东莱临川诗韵示诸儿》中即用“斯文岂终穷，小子宜黾勉。寒檠炷老膏，此兴复不浅”这样的诗句来鼓励后辈潜心读书。马廷鸾的伯父马光在许姓人家做西席，曾有课历留下来。马廷鸾《书课历序后》曰：

余家九男子，皆先公孙也，余欲以先训课之，当自余自课始……余之自课，欲取六经从头细绎，编纂一番，自义疏以及诸家之说……尝取温公《通鉴》、张氏《指掌》，编纂《读史讨》以至前朝，未成书，将嗣抄之。读诸家文集，纂其英华，为《秘密藏》。凡经史百氏，嘉言善行，有会于余心者，拟小东莱公《读书记》，为会心自览。凡诸史已点校者，欲再读。凡诗章自陶、杜而下，以尽本朝诸名人之作，皆欲细读，以助晚年吟咏。倘天假之年，其所读当不止此，今条其目于此编，岁计而月校之。九子者，人付一编。长而能自读者，取其心之所好者自读之；幼而未能读者，吾授以所当读，禀于明师而读之。亦条其目于此编，岁计而月校之，如先公遗训。[1]

马廷鸾为自己和子侄所拟的书目涵盖四部群书，人手一份，且有进度安排，“岁计”“月校”，督促用功。值得注意的是，马廷鸾在这里还较为详细地谈到了自己读书时所用的纂辑会编之法。读经书时要求将经文从头到尾细读推绎，同时将相关的义疏与诸家之说纂集于经文之下；读史书《通鉴》《指掌》时，抄集精要编纂为《读史讨》；读诸家文集则将集中文章英华编纂为《秘密藏》。在《〈仪礼〉本经注疏会编后序》中马廷鸾说道：“一日从败帙中得景德中官本《仪礼疏》四帙，正经、注语皆标起止，而疏文列其下……长儿请曰：‘家有监本《仪礼》经注，可取而附益之，以便观览。’意欣然，命之整辑厘为九帙，手自点校，并取朱氏礼书与其门人高弟黄氏、杨氏诸家续补之编，分章析条，题要其上，遂为完书。”[2] 马廷

① ［宋］马廷鸾：《碧梧玩芳集》，《四库全书》第1187册，第108—109页。
② ［宋］马廷鸾：《碧梧玩芳集》，《四库全书》第1187册，第92页。

鸾读《庄子》三十二年，“尝先后得林竹溪、吕吉甫之《全解》，汤东涧之《略说》，唐成玄英之《义疏》。有武林褚道士者，荟萃诸家之说……褚之所抄差足以尽众说，其用功亦勤矣。余取诸书，手抄以附郭注而自览焉”[①]。由此可见，马廷鸾的读书法贯穿着辑录、归类思想。除将某书的多家注疏及相关的儒贤评说抄辑在正文之下，以求资料详备，便于观览外，马廷鸾还仿效吕祖谦著《读书记》那样，平日泛览群书时“随意手笔，或数字，或全篇。盖偶有所感发，或以备遗忘者”[②]。

抄辑众说的读书法，与纠辑众说并按以己意的著书法之间存在着一种紧密的互动关系。东汉时郑玄兼取古、今文学派之长而注群经，魏人何晏集注《论语》，刘宋裴松之广征博引详注《三国志》，唐时孔颖达奉诏作《五经正义》，著述之作中的汇辑之法渊源有自。然而此法在宋代极其流行，主要表现在“以类相从”的类书的编纂达到高潮，汇释、集注之本和书抄之作纷纷面世。宋代尤重文治，鼓励修撰；参加科考的人数大增和考试内容的变化，催生出对类书的需求；雕版印制术的成熟，则为类书的刊行提供了技术保障。所以宋代不但有像《太平御览》《册府元龟》这样的大型官修类书，还出现了吴淑《事类赋注》、潘自牧《记纂渊海》和王应麟《玉海》等私纂类书。除了类聚文献的类书外，宋代刊行的经史集注本也很多。屈守元先生在谈到《文选集注》残卷时指出，《文选》六臣注本“是以南宋书坊刻经书的‘注疏释文三合本’、史书的‘三家注本’、集部的什么‘千家注’‘五百家注本’，这种风气为其时代背景的”[③]。屈先生所说史书即指《史记》，《史记》裴骃、司马贞、张守节三家

---

① ［宋］马廷鸾：《碧梧玩芳集》，《四库全书》第 1187 册，第 89—90 页。

② 《文献通考》，第 5930 页。

③ 屈守元：《文选导读》，中国国际广播出版社 2008 年版，第 128 页。

合注本出现于南宋绍熙年间，而千家注、五百家注本指的是宋人集注杜甫、韩愈集。除此二家外，宋代还留下蜀刻《新刊增广百家详补注唐柳先生文》四十五卷，由此可见当时经传注疏之学中汇辑之法的流行。

类书的流行，汇辑众说的经、史、文集的大量传播，使宋人所能见到的文献资料大为增加。面对纷芜庞杂的文献，为马廷鸾所效法的吕祖谦提出了颇为有效的读书编题之法。王应麟在撰写指导士子应“博学宏辞”科考的《辞学指南》时，就推荐了这种方法：“东莱先生曰：‘编题只是经、子、两《汉》《唐》书、实录内编。初编时须广，宁泛滥，不可有遗失。再取其体面者分门编入。再，所编者并须覆诵，不可一字遗忘。所以两次编者，盖一次便分门，则史书浩博难照顾；又一次编则文字不多，易检阅。’”王氏又接着引用了西山先生真德秀类似的观点：“经史诸子悉用，遍观其间可以出题、引用，并随手抄写，未须分门……俟诸书悉已抄过，然后分为门目……右分为数十门，先理会一门，竟，然后以次编纂，谓如历法，则凡经史百家所载历事悉萃为一处，而以年代先后为次第。”[①]真德秀著有《大学衍义》一书，其方法就是“掇取经、传、子、史之言”以演绎发挥《大学》，不过格物、致知等八目中只写到了前六目，所以明代丘濬又续作《大学衍义补》讲论“治国”“平天下”两目。吕祖谦、真德秀所倡编题法在“汇辑”这一精神要核上，与马廷鸾读书抄辑众说的做法是相一致的，而且“汇辑”也是马端临编述《文献通考》时收集、处理史料最主要的方法。

汇辑的著书之法并非马廷鸾的独创。马廷鸾有《读史旬编》，清人修《四库全书》时全书已佚，而绪、论尚散见于《永乐大典》，

---

① ［宋］王应麟:《辞学指南》,《四库全书》第948册，第269—271页。

四库馆臣将其裒为一卷，编入《碧梧玩芳集》中。此卷之中幸存《〈读史旬编〉自序》，交代纂史缘由、方法：

《读史旬编》者，病叟暮年之所著也。昔东莱吕太史著《大事记》，其为书也，曰记事，列事之目，无所褒贬抑扬。曰通释，本《易·系辞》《书》《诗·序》，旁采刘向、董仲舒、史迁，以及胡五峰之说，明帝王之统纪。曰解题，为始学者设，所载皆职分之所当知，非事驳杂，求新奇，出于人所不知也。初，公之为书，本起春秋，迄五代。书未及成，而绝笔于汉武帝征和三年。朱文公屡惜之，伤斯文之不续，后学之不得私淑诸人也。今辄不自揆，本康节邵氏《经世纪年图》、朱文公《通鉴纲目》，略仿吕氏义例而为《读史旬编》。旬者，日之甲癸也，《书》曰“朞三百六旬”是也。吾书以日之甲癸，比于年之甲癸，谓之《旬编》。自尧甲辰至五代周显德七年庚申，三千三百一十七年为三百三十二旬，类而编之。①

马廷鸾《读史旬编》在义例上仿吕祖谦《大事记》，结合《大事记》和马廷鸾《〈读史旬编〉自序》揆之，《读史旬编》有事目、通说和解题三部分。在《〈读史旬编〉自序》中马廷鸾说明了所记历代事目、解题的取材依据和范围：事目方面，从伏羲至唐尧时代，据“《易大传》《家语》《五帝德》与夫百家言皇坟者”；“自尧甲辰以下至公元前722年，则本之邵雍《皇极经世书》和张栻《经世纪年图》；

① ［宋］马廷鸾：《碧梧玩芳集》，《四库全书》第1187册，第146—148页。引文中“康节邵氏《经世纪年图》”有误，吴怀祺先生在《中国史学思想通史·宋辽金卷》（黄山书社2002年版）第437页指出：邵雍的著作是《皇极经世书》，张栻的著作是《经世纪年》，《碧梧玩芳集》记载有误，当是校刻上的错误。

从公元前722年到公元前468年，参考《春秋》《左传》；从公元前468年到公元前403年，“则采刘道原《外纪》，为（左）《传》、（通）《鉴》补遗之书”；从公元前403年到五代后周，参考朱熹《通鉴纲目》。解题方面，“入春秋之后，列事目于前，《春秋》之经是也；述解题于后，凡王事、伯事之可论者著之，诸国之事不著，其他则有左氏之《传》、诸儒之经说，不敢僭焉”；“《通鉴》战国而下以至五代后周之前，亦列事目于前，朱文公之《纲目》是也；述解题于后，效东莱《大事记》，阅诸家之史以广其见闻，集诸儒之说而订其得失。若征伐之本末，制度之沿革，亦粗及之”。

解题和事目之间，存在着解释与被解释的关系。吕祖谦在《大事记解题》开篇即指出，凡所记大事，无待笺注者，更不解题。四库馆臣也认为吕著中“《解题》十二卷则如经之有传，略具本末而附以己见。凡《史》《汉》同异及《通鉴》得失，皆缕析而详辨之”[①]。又，吕祖谦称“大事记者列其事之目而已，无所褒贬抑扬也”，而且在每条之下都注明是依据何书列此事目，表现出一种述而不作的态度。显然，吕氏想在事目部分做到客观、公正和冷静地记载史事，使其真的具有如经书一样的权威性。解题部分则不可避免地带有主观色彩，吕祖谦对此明确说明：“次辑之际，有所感发，或并录之。此特一时意之所及，览者不可以是为限断也。”[②] 除了有感而发的按语，解题时辑录、编次史料的过程也在不同程度上暗含着立场和判断。《大事记》和《读史旬编》中强调的这种事目与解题之间的史学真实性差异，以及由此而决定的各自不同的史学价值，深刻地影响了《文献通考》的编纂义例。马端临在《文献通考自序》中解释书名含义时有如下文字：

① ［清］永瑢等：《四库全书总目》，中华书局1965年版，第425页。
② ［宋］吕祖谦：《大事记解题》，《四库全书》第324册，第124页。

凡叙事则本之经史，而参之以历代会要，以及百家传记之书，信而有证者从之，乖异传疑者不录，所谓“文”也。凡论事则先取当时臣僚之奏疏，次及近代诸儒之评论，以至名流之燕谈、稗官之纪录，凡一话一言可以订典故之得失，证史传之是非者，则采而录之，所谓“献”也。其载诸史传之纪录而可疑，稽诸先儒之论辨而未当者，研精覃思，悠然有得，则窃著己意，附其后焉。命其书曰《文献通考》。①

马端临所谓“文”的部分本于经史，参佐会要，撷取百家传记，凸显了一种求实精神，所以用“文”来客观地叙述史事；“献”虽然辑录自奏疏、评论、燕谈和野史，往往是一己之见，不一定客观、准确，有商讨的余地，但争论有助于辩明是非，多视角审视有助于考订得失，所以马端临指出“献”用于“论事”。在《文献通考》各考中，马端临都按文、献、考三个层次采用一种立体式的述史结构的来组合史料。为了区别文、献、考三者不同的史学性质和史料价值，马端临又充分利用了书写位置这一要素，将用以叙事的“文”一律顶格书写，论事之“献”中臣僚奏疏低一格写，诸儒议论则低两格写，“考”的内容低两格且附在最后。要之，就史料的真实性和重要性而言，“文—献—考”的义例结构呈现出一种逐级递减的趋势，这和《读史旬编》中“事目—解题—史论”的叙史结构如出一辙。可见，吕祖谦《大事记》的史书义例通过马廷鸾的《读史旬编》影响了马端临的《文献通考》。

马廷鸾在《〈读史旬编〉自序》末尾谈到自己编此书除了备遗忘

① 《文献通考自序》，第3页。

外，还要用它“授儿曹”，所以马端临对他父亲编的这部史书当有深刻领悟。曾枣庄等编《全宋文》时，从《文献通考》中辑录二十三则入《读史旬编》。《经籍考》中春秋类小序、《史记》一百三十卷条和《续通鉴长编举要》六十八卷条后，马端临所引“先公曰”的内容又可见于《读史旬编》的残存部分。马端临在《文献通考》中数十次引用马廷鸾的观点和评论，正可说明父子间的学术渊源。正如吴怀祺先生所言，马端临写《文献通考》继承了马廷鸾的史学事业，从典制文献的角度对历史作了总结，反映出当时的史学动态：理学上朱陆和会，而朱学流入训诂，一些朱学传人在史学上偏重在综罗文献与文献的考征上；由研究历代典制、探求历史兴衰上求史学经世；史家在亡国之痛的情结之下对宋代政治进行检讨、总结。[①]

然而，有些学者并不认为《文献通考》是典制体史书，而将之视为类书、场屋之书。明杨士奇《东里续集》卷十七曰：“(《文献通考》)间有复出，删治未尽，然立体正大，载事详核，有益实用，非其他类书之比。”[②]显然，杨士奇以《文献通考》为类书，所以将此书编在《文渊阁书目》盈字号第一橱所收的“类书”中，置于《册府元龟》和《太平御览》之后。高儒《百川书志》“类书”类著录《文献通考》，并称其为“类书之大成，学问之渊海”[③]。同样，钱谦益《降云楼书目》、钱曾《述古堂藏书目》等也将之归在类书中。章学诚在《文史通义·释通》中说：“《文献通考》之类，虽仿《通典》，而分析次比，实为类书之学。书无别识通裁，便于对策敷陈之用。”[④]又于《答客问》中称：“马贵与无独断之学，而《通考》不

---

① 吴怀祺：《中国史学思想通史·宋辽金卷》，黄山书社 2002 年版，第 432 页。

② ［明］杨士奇：《东里续集》，《四库全书》第 1238 册，第 594—595 页。

③ ［明］高儒：《百川书志》，《丛书集成续编》第 3 册，台湾新文丰出版公司 1989 年版，第 539 页。

④ ［清］章学诚著，叶瑛校注：《文史通义校注》，中华书局 1985 年版，第 374 页。

足以成比次之功，谓其智既无所取，而愚之为道，又有未尽也。且其就《通典》而多分其门类，取便翻检耳。因史志而裒集其论议，易于折衷耳。此乃经生决科之策括，不敢抒一独得之见，标一法外之意，而奄然媚世为乡愿，至于古人著书之义旨，不可得闻也。”①

对于有些目录书将《文献通考》列入类书的现象，需要进一步分析。目录中“政书”一类初创于清《四库总目》，此前的目录书没有设这一类别。《新唐书·艺文志》《郡斋读书志》《宋史·艺文志》均将《通典》置于子部类书类中。《直斋书录解题》卷五“《国朝通典》二百卷”条下有解题：“凡通典、会要，前志及《馆阁书目》皆列之类书。按通典载古今制度沿革，会要专述典故，非类书也。”②陈振孙置《通典》于典故类，而《文献通考》置《通典》于故事类，均不视为类书。马端临视《通典》为故事之书，则其必以自己续《通典》而作的《文献通考》为反映历代的典章故事之书，而不自视之为类书。这种看法也得到后世的部分目录学家的支持。明末清初黄虞稷《千顷堂书目》将《通考》隶于典故类，孙星衍《孙氏祠堂书目》将类书与史学之书并列为同一级目录分类，但将《文献通考》著录于史书之下的“故事”一门。《绛云楼书目》史部有“故事”类，《述古堂藏书目》史部有“政刑”类，但两部目录书还是坚持将《文献通考》列在类书类，这种做法估计是基于《文献通考》分门别类、辑录资料等与类书非常相似的一些特征。

类书是一种采辑群书，将各种材料分类汇编，以供检查资料之用的工具书，是“百科全书”和“资料汇编”的综合体。③从类书的内容性质和采辑范围来看，多数类书属于综合性类书，只辑某一

① ［清］章学诚著，叶瑛校注：《文史通义校注》，中华书局1985年版，第478页。
② 《直斋书录解题》，第161页。
③ 戚志芬：《中国的类书、政书和丛书》，商务印书馆1996年版，第5—6页。

类材料的专门性类书比较少见。夏南强先生认为："杜佑在各史书所记典章制度的基础上，旁采五经及汉魏六朝人文集、奏疏中有关内容，以类相从，编成专门汇集典章制度资料的类书《通典》，开辟了类书编纂的新领域。"[①]显然，夏先生将《通典》视为专门性类书，而《文献通考》也当归于此类。不可否认，如果仅从书籍的编纂体例上看，政书和类书都有广撷资料、分门别类、以类相从的特点；但从著书动机而言，政书主要是为经世致用，必然对前代的典章制度和治乱兴衰有其立场和判断，而类书主要是为了解决迅速获得与特定范围或对象相关的资料这一问题，因此编纂类书时编纂者对所搜资料不会有明显的立场和价值判断。章学诚之所以视《文献通考》为类书，就是因为他觉得马端临"无独断之学"。然而马端临在《文献通考》中真的只是机械地类集史料，不作判断吗？答案当是否定的。将所辑史料分"文""献"辨别使用，并在书中加入大量按语表明自己的看法，《文献通考》全书所采用的体例本身就表明马氏对所用史料并非等量齐观，而且在撰书之前还有对各种资料的判断和取舍的过程。前文已提及，马端临明显深受朱子学的影响，然而他对朱熹的学术见解并非就一概接受，在《文献通考》卷一百七十八《经籍考五》"《诗序》"后，马端临下按语称"《诗序》不可废"，并不一味赞同朱熹的废《序》主张，坚持了自己的学术立场。王瑞明先生概括出《文献通考》之特点有四：体例破旧，篇目创新；取材精审，史实确凿；内容充实，史料丰富；层次井然，议论精辟。据此，他认为"马端临《文献通考》不可比之为'类书'，'无别识通裁'之论难以成立"[②]。

---

① 夏南强：《类书通论》，湖北人民出版社2001年版，第112页。

② 王瑞明：《马端临的史学造诣与比较法》，《井冈山师范学院学报》（哲学社会科学版）2003年第3期。

自科举兴盛以来，因场屋应试对类书的需求明显增加。内藤湖南先生认为《文献通考》的体例依据《通典》，但编撰目的却不相同，“《通典》是为掌握当时政治的贵族阶级提供经世策而撰著的，《文献通考》则是为了应用于王安石以来所实行策论考试而撰著的”，属考试（决科）用书。[①] 朱维铮先生认为《文献通考》“综合文、献而加以通考的方法，其实得自唐宋科举尤其是博学宏词科的启示”。宋代不但有模拟《通典》著书的现象，“还出现了《通典》改编本，办法是摘抄历代典制和本朝名人议论，附于经过删节的《通典》各类事宜之后。我见过一种元初翻刻本，题为《新刊增入诸儒议论杜氏通典详节》，其中增入的就是欧阳修、苏轼等人的大量政论，显然是便于对策敷陈所用。有意思的是它的分类编纂方式，与《通考》的文与献部分类似。章学诚讥讽马端临是在编写策试课本，并非无因”[②]。若要正确判断《文献通考》的图书性质，马端临的著书动机应算是一项重要依据。《文献通考》的写作始于南宋灭亡不久，经二十余年，成于元成宗大德十一年（1307）。所以马氏著此书如果是为科举提供便利的话，也只能是针对元朝的科举了，但作为南宋右丞相马廷鸾之仲子，经历亡国之痛，且其开始著书时马廷鸾尚在人世，所以马端临要花二十余年的光阴去写一部有利场屋的类书，不管这书是为自家，还是为了射利，可能性都不大。咸淳十年（1274），马端临因其父患重疾，为照顾父亲而放弃了到京城临安参加科举考试的机会。马廷鸾去世后，马端临稍起为学官，历慈湖、柯山两书院山长，为台州路教授三月后而谢病归家。元朝于1238年开科后因故中止，直到1315年才再次开科取士，所以马氏著书前后一段时间里根本没有科考可参加，这是《文献通考》不为场屋类书的又一证

---

① ［日］内藤湖南著，马彪译：《中国史学史》，上海古籍出版社2008年版，第197页。

② 朱维铮：《论“三通”》，《复旦学报》（社会科学版）1983年第5期。

明。至于《通典》后来有增入诸儒议论的详节本，这只是后人用书之法而已。

三、《文献通考》版行

《文献通考》自流传以来，其版本有三类：单行本、合编本和节录本。单行本在《文献通考》问世不久就出现了，节录本出现在明代，而合编本的流行则是清乾隆年间的事了。现将该书雕版流行的基本情况略述如下。

(一)《文献通考》初刊

清乾隆年间于敏中等奉敕所编的《天禄琳琅书目》卷八记“《文献通考》二十函一百册”，其解题曰：

> 宋马端临撰，三百四十八卷，前明世宗《序》，次元至治二年《访〈文献通考〉文移》，次元王寿衍《进书表》，次端临《自序》。
>
> 明世宗《序》作于嘉靖三年，以是书为有益于世，特命司礼监重刻此本，摹印极精。所载王寿衍《进书表》题延祐六年，自称宏文辅道粹德真人。考延祐为元仁宗年号，陶宗仪《辍耕录》载寿衍字眉叟，杭州人，出家为道士，受知晋邸，后以宏文辅道粹德真人管领开元宫。所云晋邸者，考《元史》仁宗尝出封怀州。怀州即今怀庆，本晋地也。但进书宜在访书之后，而书中所载访书文移，反称至治二年。至治为英宗年号。按英宗以延祐七年即位，明年方改元至治，则书中所刊，必有差误，或至治系至大之讹，访书在武宗时未可知也。[①]

---

① ［清］于敏中等编:《钦定天禄琳琅书目》,《四库全书》第675册，第522页。

《天禄琳琅书目》推测王寿衍访书时间为武宗“至大二年”，即1309年，进书时间在延祐六年（1319）。清咸丰年间的丁丙在《善本书室藏书志》卷十三著录元刊本《文献通考》三百四十八卷时，因袭了此种说法。其实这种怀疑是没有根据的，详情见后文。

有学者认为《文献通考》初刻始于元英宗至治二年（1322）。《中国学术名著提要·历史卷》认为《文献通考》“元英宗至治二年（1322）初刻于饶州路（治所在今江西鄱阳），当时马端临还在世，曾亲自前往校勘”①。王杨先生也说：“至治二年（1322），英宗命人请年近70岁的马端临亲自带定本，赴路校刊板书当年即完成，可惜此本未能流传至今。《文献通考》现存世最早的刊本当为此泰定元年（1324）印行的西湖书院刻本。”②王先生认为至治二年就曾有过刊本，此种说法早在清代即已提出。周中孚《郑堂读书记》卷二十九著录有元至治壬戌（1322）刊本《文献通考》三百四十八卷：“前载《自序》《小序》及至大元年李谨思《序》、延祐六年王寿衍《进表》、至治二年《抄白》。《抄白》末有‘速为差委有俸人员礼请马端临亲赍所著《文献通考》赴路誊写校勘刊印施行’云云，则当至治二年始为校刊云。”③邵懿辰在《四库简明目录标注》卷八《文献通考》条后也说：“元至治二年刊本，即明南监本。”④

又有学者将初刊时间确定在泰定元年（1324）。清瞿镛《铁琴铜

---

①《中国学术名著提要·历史卷》编委会：《中国学术名著提要·历史卷》，复旦大学出版社1994年版，第570页。

② 王杨：《元泰定元年西湖书院刻本〈文献通考〉》，《人民日报》（海外版），2009年4月6日第8版。

③［清］周中孚：《郑堂读书记》，《续修四库全书》，上海古籍出版社1995年版，第924册，第352页。

④［清］邵懿辰著，邵章续录：《增订四库简明目录标注》，上海古籍出版社1979年版，第336页。

剑楼藏书目录》卷十二著录“《文献通考》三百四十八卷元刊本”，其解题曰：

> 宋马端临撰并《序》。前有王寿衍《进书表》，又李谨思《序》。初刻于泰定元年，置板西湖书院，后有阙失，至正五年江浙儒学提举余谦访得原稿于其子志仁，重为订正补刊，印行于世。①

瞿镛这种《文献通考》初刻于泰定元年的观点，得到了陆心源（《仪顾堂续跋》卷七）、叶德辉（《郋园读书志》卷四）、莫伯骥（《五十万卷楼藏书目录初编》卷八）等目录学家的支持。《〈传世藏书·史库·文献通考〉整理说明》将王寿衍的访书和《文献通考》的刊刻情况作如是介绍：“元仁宗延祐四年（1317），王寿衍奉命寻访‘道行之士’，次年到了饶州路，经当地儒学教授杨某报告，发现《文献通考》68册。延祐六年上报朝廷后，随即命令马端临缮写全书348卷，并序目共68册送翰林国史院审定，再命令饶州路选人誊写刊印。元英宗至治二年，饶州路礼请马端临亲自携书赴路誊写并校勘，由官方刊印。泰定帝泰定元年，《文献通考》雕成，版存杭州西湖书院……十一年后的至元元年（1335），江浙等处儒学提举余谦看到《文献通考》的板刻失误甚多，派人重加校正，至元四年校毕，翌年再次刻版流行。初刻的泰定本现早已不存，递修的泰定本字多漫漶，又多处挖版未补，卒读不易。传世的至元五年余谦补修本，是现存最早、最完整的《文献通考》刻本。此后各本都源于此本。”《文献通考》的初刻本成于泰定元年，这一判断的主要依据

① ［清］瞿镛：《铁琴铜剑楼藏书目录》，《续修四库全书》，上海古籍出版社1995年版，第926册，第216页。“至正五年”中的“正”当作“元”。

是前引余谦的《叙记》中“鄱人宋相子马端临述《文献通考》于家，泰定元年江浙省雕置于西湖书院”之语。

《文献通考》最初开雕印行的因缘和大致过程，可从饶州路总管府下乐平州刊印《文献通考》公文的抄白得知。《抄白》曰：

皇帝圣旨里：饶州路达鲁花赤总管府、承奉江浙等处行中书省掾吏周仁荣承行札付，近据本路申准弘文辅道粹德真人关，钦奉圣旨节该：行法箓、有本事的好人，教寻访将来者。今访至本路，窃见乐平州儒人马端临，前宋宰相碧梧先生之子，知前代之典章，识当时之体要。以所见闻著成一书，名曰《文献通考》，凡二十四类，三百四十八卷，天文、地理、礼乐、兵刑、财用、贡赋、官职、选举、学校、经籍、郊祀、封建、户口、征役之属，可谓济世之儒，有用之学。解到缮写《文献通考》三百四十八卷，并序目共计六十八册。得此，送据江浙儒司校勘得堪以传授，移准中书省咨来。咨饶州路申准弘文辅道粹德真人关，乐平州儒人马端临著成书，曰《文献通考》，凡二十四类，三百四十八卷，治国安民，可谓济世之儒。令人缮写成帙，官为镂板，以广其传。得此，行据本路缮写完备，计六十八册，校勘无差。本省今将《文献通考》随此发去，咨请照验。准此，送据礼部呈翰林国史院，考校得马端临所著《文献通考》凡二十四类，三百四十八卷，纂集古今，浩汗该博，殚极精力，用志良勤，有益后学。如蒙准呈，移咨本省于赡学钱粮内刻板印行，相应具呈照详。得此，都省咨请依上刊印施行。准此，省府仰照验依上施行，仍委自总管段通议提调，选能书儒人真楷誊写，就令马端临校勘无差，于本路概管赡学钱粮内，计料合用纸板工价，两平顾买刊印，具依准申省。奉此，照得近承江浙等处行中书省札付，钦奉圣旨节该：王真人根底与五个铺马，教直南田地里名山去处，寻访行法箓、有本事的好人，有呵，交各处官司，依著在先世祖皇帝时分起发好人的体例与气力起发上来，钦此。除钦遵外，延祐五年十二月十八日，准弘文辅道粹德真人关，寻访至饶州路，据本路儒学状，申准本路杨教授关该，窃见本路乐平州儒人马端临，前宋宰相碧梧先生之子，昨蒙都省咨发，再任衢州路柯山书院山长，见类各路儒学教授选内，即目闲居听除。本儒行履端纯，词章雅丽，家传鼎鼐之谱，幼缗馆阁之储，知前代之典章，识当世之体要，以所见闻著为成书，名曰《文献通考》，凡二十四类，三百四十八卷，天文、地理、礼乐、兵刑、财用、贡赋、官职、选举、学校、经籍、郊祀、封建、户口、征役之属，凡于治道有关者，无不彪分汇列，井井有条，治国安民，特举而措之耳。此可谓济世之儒、有用之学。其书，本儒用心二十余年，卷帙繁多，非可卒致。今先将所定序目一本缴连前去，早为转申上司，令人缮写成帙，校勘完备，官为锓板，以广其传，非惟不负本儒平生所学，抑且于世教有所补益，关请施行。准此，行据本路儒学申，令儒人马端临誊写到所撰《文献通考》序目一样三本，装褙完备，内将二本缴申省府并集贤院照详外，将一本关发弘文辅道粹德真人收管，又准关文该于江浙行省计禀得上项文集，已行札付贵路誊写成帙，解省去讫。关请将《文献通考》誊写成帙，校勘无差，装褙发来呈院。准此，行下儒学依上誊写呈解。延祐六年七月十二日，承奉省府札付，缮写成帙，校勘无差解省。奉此，行下本州，委自同知窦承直提调，礼请马端临缮写到《文献通考》三百四十八卷，并序目共计六十八册，校正无误，装褙完备。本路具解差人赍赴省府投呈去后，今奉前因，照得本路元解《文献通考》六十八册，虽奉省府札付咨发都省，转发翰林国史院，考校得马端临所著《文献通考》用志良勤，有益后学，令本路总管段通议提调，选能书儒人誊写刊印，别不见发元解校勘过的本文籍。为此，总府除已关请总管段通议依奉省府札付所行提调外，合下仰照验，速为差委有俸人员，礼请马端临亲赍所著《文献通考》的本文籍，赴路誊写校勘刊印施行。须至指挥。

右下乐平州，准此。

至治二年六月　日。[①]

据王寿衍《进〈文献通考〉表》，弘文辅道粹德真人王寿衍于延祐四年七月奉圣旨访书。《抄白》中称，延祐五年十二月十八日饶州路达鲁花赤总管府收悉王寿衍发来的关于《文献通考》的关文。王寿衍访书至饶州路时，经本路儒学杨教授介绍，见到马端临所著之《文献通考》，并认为该书有刊行价值，但由于图书篇幅巨大，所以先将《文献通考》的序言目录抄了一本交饶州路，关请饶州路及时“转申上司”，以便刻印此书。饶州路令马端临誊抄了三份《文献通考序目》，后来两份分别交给了江浙行省和集贤院，一份发给了王寿衍保存。延祐六年（1319）四月，王寿衍向元仁宗上《进〈文献通考〉表》，推动此书的刊行。同年七月十二日，根据江浙行省的进书要求，饶州路下文命乐平州同知窦承直负责请马端临缮写《文献通考》全书并序目之事。该书一部共六十八册后来经饶州路转送到江浙行省。江浙行省得书后送到江浙儒司校勘审查，儒司的结论是“堪以传授”。根据中书省关于《文献通考》的咨文，江浙行省

① 《文献通考自序抄白进表》，第24—26页。

将此部图书送礼部呈翰林国史院审定，结论是“纂集古今，浩汗该博”“用志良勤，有益后学”。于是中书省决定官版刊印此书，经费由江浙行省从本省的赡学钱粮中支出。江浙行省则将刻印《文献通考》的事交由饶州路达鲁花赤总管府段通议总管负责，但段通议发现“别不见发元解校勘过的本文籍”。经马端临誊写校勘过后层层上交到中书省的那部《文献通考》书稿没有返回下发，刻书没有底本，饶州路只好于至治二年（1322）六月下文到乐平州，要求“速为差委有俸人员，礼请马端临亲赍所著《文献通考》的本文籍，赴路誊写校勘刊印施行”。

根据上述过程，《天禄琳琅书目》访书在武宗时期的推测并不成立。

值得注意的是，我们所见的只是至治二年饶州路下行至乐平州的公文，其后此事的落实情况则不得据此而定。

前引许瑶《故隐君尚志先生马公行述》说：“泰定乙丑，朝旨下浙省，刊教授公所著《文献通考》，檄请校正，公忧其亲老远涉，与外兄费山侍以行。至则雠校参订，严君但质其成而已。”泰定年号中的乙丑年是泰定二年（1325），则马端临与其子马志仁、其甥费山于此年曾有远行校书之事。中华再造善本影印国家图书馆藏泰定元年西湖书院刻本《文献通考》中，马端临《自序》后有“男鄱阳马志仁点对，婿番阳杨玄古益费山校正，奉议大夫饶州路乐平州知州兼劝农事河东薛居信提调校正”字样，即可证此事。然余谦《叙记》称《文献通考》“泰定元年江浙省雕置于西湖书院”，余谦和许瑶言刻《文献通考》事分别在泰定元年和泰定二年，由于时间紧连，而且都是由江浙行省主导，所以余、许二人所言定是同一件事。综合二人所述，很可能朝旨在泰定元年已下发，而马尚志与费山陪侍马端临去杭州“雠校参订”在泰定二年。此次校书事毕之后，马尚志还陪马端临赴江浙行省左丞相脱欢答剌罕于省署所设之宴席。既然泰定元年这次刻印《文献通考》顺利竣工①，则两年前饶州路礼请马端临前去誊写校勘《文献通考》的事应当因为某种原因没有顺利进行，因而《文献通考》的初刻时间也只能定在泰定元年，而前引《〈传世藏书·史库·文献通考〉整理说明》"元英宗至治二年，饶州路礼请马端临亲自携书赴路誊写并校勘，由官方刊印。泰定帝泰定元年，《文献通考》雕成，版存杭州西湖书院"的说法就值得斟酌了。②

（二）《文献通考》的版本体系

关于《文献通考》的版本问题，台湾刘学伦先生在孔建国、刘兆祐等先生研究成果的基础上作了全面细致的调查，从历代书目记载和现今海内外馆藏、版式方面予以翔实揭示，归出版本体系，现略述之如下。

---

① 李致忠《古代版印通论》（紫禁城出版社 2000 年版）第 204—205 页："现仅据北京图书馆所藏，即可知：大德三年（1299）广信书院刻印了《稼轩长短句》20 卷；……泰定四年（1327），西湖书院刻印了《文献通考》348 卷（图五九）。"中国文物研究所编《出土文献研究》（第七辑）（上海古籍出版社 2005 年版）所收巴戈那、李国庆《元西湖书院刻本〈文献通考〉散叶跋》："至于本文讨论的《文献通考》，则是西湖书院在元泰定四年（1327）刻成并开始流通。"（第 194 页）该文的《文献通考》刻成于泰定四年的说法正是参考的李致忠《古代版印通论》第 204—205 页。从李先生"刻印了"的措辞中我们无法判断泰定四年是西湖书院开刻《文献通考》的时间，还是刻成竣工的时间，可惜他在这部著作中没有对"泰定四年刻《文献通考》"这一判断作出说明或论证。

② 邓洪波《中国书院史》（增订本）第 258—259 页录有《西湖书院重整书目》所著录图书 120 种，其中集部有《通典》，没有《文献通考》。邓先生在《西湖书院重整书目》后作了说明："以上西湖书院所藏书板书目，乃泰定元年（1324）春由代理山长黄裳、教导胡师安、司书王通三人督率诸生顾文贵等人整理而成，同年九月由山长陈袤作记。"[邓洪波：《中国书院史》（增订本），武汉大学出版社 2012 年版，第 259 页] 由此可知，泰定元年九月时西湖书院未藏有《文献通考》的书板。又，王杨《元泰定元年西湖书院刻本〈文献通考〉》[《人民日报》（海外版）2009 年 4 月 6 日第 8 版] 称："至治二年（1322），英宗命人请年近 70 岁的马端临亲自带定本，赴路校刊板书当年即完成，可惜此本未能流传至今。《文献通考》现存世最早的刊本当为此泰定元年（1324）印行的西湖书院刻本。"其以至治二年《文献通考》有书板完成，两年之后在江浙地区官府又开雕《文献通考》一部的说法值得商榷。

刘学伦先生介绍《文献通考》单行本有：

（1）西湖书院本。包括元泰定元年（1324）西湖书院本、泰定元年西湖书院刻后至元五年（1339）余谦修补本、泰定元年西湖书院刻元末明初递修本、泰定元年西湖书院刻元明递修本、泰定元年西湖书院刻明初印本。

（2）元刻明递修本。包括元刻明成化补修本，元刻明成化、弘治递修本，元刻明成化、弘治、正德递修本。

（3）建阳刘洪慎独斋刊本。包括明正德十一年（1516）至十四年建阳刘洪慎独斋初刊本、正德十六年慎独斋重修本。

（4）明嘉靖三年（1524）司礼监刊本（明内府刊本）①。包括明嘉靖三年司礼监初刊本；明嘉靖内府刊，清康熙十二年（1673）修补本。

（5）明嘉靖冯天驭刊本。包括明嘉靖冯天驭初刻本，明嘉靖冯天驭刻万历递修本，明嘉靖冯天驭刻万历、崇祯递修本。

（6）朝鲜国铜活字本。

（7）明末刻本（明宝旭堂刻印本，明万历年间刊本）。

（8）明末（清初）刻梅墅石渠阁刻本。

（9）明末刻映旭斋刻本。

（10）明金陵裕明堂刻本。

（11）明抄本。

（12）明刻本。

（13）明清间刻本。

（14）清乾隆间刻本。

（15）清嘉庆三年（1798）刻本。

---

① 据 2009 年第 4 期《嘉德通讯》，此种《文献通考》刻本在拍卖市场上曾以 134.4 万元成交，在古籍善本专场成交前十名中位居第三。

（16）清光绪上海点石斋石印本。包括清光绪十一年（1885）上海点石斋石印本、清光绪二十五年上海点石斋石印本、清光绪二十九年上海点石斋石印本。

（17）清刻本。

（18）清末影印本。

（19）清活字印本。

（20）域外未详之刻本。

丛书本有：

（1）《三通》本。包括清乾隆十二年（1747）武英殿刊本、清咸丰九年（1859）崇仁谢氏重刊殿本、清同治中广州学海堂重刻殿本。

（2）《四库全书》本。

（3）《四库全书荟要》本。

（4）《九通》本。包括清光绪八年（1882）至二十二年浙江书局刻本、清光绪二十七年上海图书集成印书局铅印本、清光绪二十八年上海鸿宝书局石印本。

（5）《十通》本。包括1935年上海商务印书馆《十通》影印本，即万有文库《十通》本；1958年台湾新兴书局缩印万有文库《十通》本；1963年台湾新兴书局缩印万有文库《十通》本；1965年台湾新兴书局缩印万有文库《十通》本；1986年北京中华书局缩印万有文库《十通》本；1987年台湾"商务印书馆"缩印万有文库《十通》本；2000年浙江古籍出版社缩印万有文库《十通》本；2003年北京中华书局缩印万有文库《十通》本。

（6）1960年台湾新兴书局《国学基本丛书》本。[1]

《文献通考》除上述刘学伦先生提及的版本外，大陆还出版了

① 刘学伦：《马端临及其〈文献通考·经籍考〉之文献学研究》，博士学位论文，台湾"中央大学"，2013年，第216—316页。

两个点校本。上海师范大学古籍研究所和华东师范大学古籍研究所“以乾隆十三年武英殿《三通》合刻本为底本，以元至元五年余谦补修本、明正德十六年慎独斋刘洪刻小字本、嘉靖四年冯天驭刻小字本、光绪二十二年浙江书局刻本为校本，并逐一核查《文献通考》所据所引的古籍，又吸收已有校勘成果”[①]，合作点校《文献通考》（横排简本），收入张岱年等主编的大型丛书《传世藏书》。2011年，中华书局出版上海师范大学古籍研究所和华东师范大学古籍研究所点校《文献通考》（竖排繁体）单行本。据其《点校凡例》，该本以乾隆十二年武英殿校刊本为底本，以元后至元五年余谦补修本、明正德年间慎独斋本、嘉靖年间冯天驭本、光绪二十二年浙江书局刻本为通校本，以校正文字的讹、舛、衍、脱为主，对中华书局版《二十四史》《通典》等书中的校勘记及前人和近人的校勘成果尽量吸收，是目前出版的最新的点校本。

《文献通考》还有一些节抄辑要本。据CALIS联合目录公共检索系统，北京师范大学图书馆藏光绪二十七年（1901）丽泽学会印行的明胡震亨纂《文献通考纂要》二十四卷；中国人民大学图书馆藏康熙二年（1663）《文献通考钞》二十四卷，抄刻地和抄刻者均不详；厦门大学图书馆藏光绪二十五年（1899）通雅堂版行的汤寿潜辑《文献通考辑要》二十四卷；北京师范大学图书馆藏有光绪二十八年的汤寿潜《文献通考辑要》七十六卷；中国人民大学图书馆藏约抄刻于康熙元年到雍正十三年（1662—1735）的《文献通考纪要》上、下卷；中国人民大学图书馆藏乾隆二十九年（1764）江苏常熟严有禧绳武堂印行的清严虞惇录《文献通考详节》二十四卷；北京师范大学图书馆藏光绪五年（1879）八杉斋刻印严虞惇录《文献通

① 上海师范大学古籍研究所、华东师范大学古籍研究所:《〈传世藏书·史库·文献通考〉整理说明》,《文献通考》,海南国际新闻出版中心1996年版。

考详节》二十四卷，藏光绪二十四年（1898）墨润堂书庄刻印清周鹏所录的《文献通考详节》二十四卷；厦门大学图书馆藏不知抄刻者和抄刻地的约成于清康熙至清末的《文献通考纂》二十二卷。薛伟呈在《〈文献通考·经籍考〉引书之研究》中介绍了明胡震亨《文献通考纂》二十四卷、不著编者的《文献通考摘要》二十四卷、清严虞惇《文献通考详节》二十四卷、清郎星等纂《文献通考纂》二十二卷、清不著撰人《文献通考纪要》二卷、清史以遇钞《文献通考钞》一卷和清不著撰人《文献通考歌括》一卷共计七种。①

《文献通考》中《经籍考》曾被单独印行，有：

（1）何乔新刊《经籍考》七十六卷。包括何乔新刊《经籍考》，弘治九年（1496）黄仲昭、张汝舟刻本。

（2）坊刻本《经籍考》七十六卷。

（3）不知抄者《经籍考》十二卷。

（4）不知抄者《文献通考·经籍志钞》不分卷。②

另外，华东师范大学古籍研究所点校《文献通考·经籍考》，由华东师范大学出版社于1985年出版。1996年《传世藏书》本《文献通考》中《经籍考》的校语较华东师范大学出版社1985年版《文献通考·经籍考》的为详，但其中偶有错别字和排版错误，如“《尚书大传》三卷”条下“晁氏曰”之“晁”错为“黾”字，“子夏《易》十卷”条解题中“陈氏曰”没有提行，与晁氏解题连在了一起，同样的情况还可见于“皇甫泌《易解》十四卷”条和“《春秋加减》一卷”条。

① 薛伟呈:《〈文献通考·经籍考〉引书之研究》，硕士学位论文，台湾“中国文化大学”，2009年，第二章第三节《〈文献通考〉及其节本》。

② 刘学伦:《马端临及其〈文献通考·经籍考〉之文献学研究》，博士学位论文，台湾“中央大学”，2013年，第316—323页。

《文献通考》各主要版本之间存在较为明显的源流关系。元西湖书院本分初刊本和余谦修补本。明代的刘洪慎独斋本、嘉靖司礼监本和冯天驭本三个版本均来源于余谦修补本，且三者之间没有传承关系。清代的《四库全书》本和武英殿《三通》本源自明嘉靖司礼监本。《四库全书荟要》本、《九通》本和《十通》本则是从清武英殿《三通》本而来。刘学伦认为，《文献通考》的书版其实始终只有一部，元代藏于西湖书院，明代时收入了南京的国子监。明代之际，若有印刷《文献通考》书版而递修者，绝对是继承余谦修补本而来；覆印而递修《文献通考》的，则是覆印初刻本递修。[①]

《文献通考》在官为镂板印成之后，可能因官府儒学教育的推动而传播较广。1983—1984 年在内蒙古阿拉善盟额济纳旗黑水城出土过《文献通考》四卷五十八面（卷四十六共十四面，缺第一面至第五面；卷四十七共十七面，原本当为十八面，缺第十一面；卷四十八共十六面；卷四十九共十一面，第十一面有残损）。其刻工与余谦修补本存在一定差异；从版式、字体和刻工三方面判断，黑水城《文献通考》当为泰定元年西湖书院初刻本，在卷四十六中还有一处手写改动以纠正初刻本错误的痕迹。[②] 无独有偶，1992 年春在距离黑水城约 20 公里的绿城遗址，一位寻找骆驼的青年牧民发现了一件古籍卷册。此卷册即《文献通考》，共五十四叶半，包括卷四十六“学校七”后半部分，卷四十七、四十八和四十九《职官考》的大部分内容，其中卷四十七、四十八各缺一叶，卷四十九缺两叶。该残卷纸张为较粗糙“入潢”的微薄竹纸。经中国文物研究所研究员邓文宽将之与国家图书馆所藏元代西湖书院本《文献通考》

---

① 刘学伦：《马端临及其〈文献通考 · 经籍考〉之文献学研究》，博士学位论文，台湾“中央大学”，2013 年，第 242 页。

② 潘洁：《黑水城出土〈文献通考〉版本考》，《图书馆理论与实践》2009 年第 7 期。

对比，发现二者毫无差别，“以至个别文字笔画残损的痕迹也完全相同”[1]。另外，此卷册发现时外有习字纸作包装，其上有“至正十三年”（1353）草书字样。

① 巴戈那、李国庆:《元西湖书院刻本〈文献通考〉散叶跋》,《出土文献研究》(第七辑)，上海古籍出版社 2005 年版，第 193 页。

第二章 《文献通考·经籍考》图书著录分析

程千帆先生认为："编制和使用群书之目录，必须注意两件事：一是每一部书在目录中的著录事项，二是每一部书在目录中的分类位置。前者使人们获得有关某书的若干知识，后者使人们知道，在学术体系中，某书性质如何。"[①] 本章拟先分析马端临在《经籍考》中的著录情况，然而要著录群书，使之各得其所，编制目录者首先在心中就应该对目录的分类和图书的归类有成熟的思考和整体的把握，所以《经籍考》的分类问题也列于本章之中。

第一节 《经籍考》的条目格式

一般而言，在目录学中，目指一书的篇名或群书的书名；录指叙录，即对一篇书或一部书的内容所作的提要。二者结合，即是目录。目录之名，起于西汉刘向、刘歆父子校书之时。《文选》卷三十

① 程千帆、徐有富：《校雠广义·目录编》，《程千帆全集》（第三卷），河北教育出版社2000年版，第40页。

八任彦昇《为范始兴作求立太宰碑表》“府之延阁，则青编落简”，李善注引《七略》曰：“《尚书》有青丝编目录。”[①] 此处“目录”一词似指一书之目录。《汉书》卷一百下《叙传下》又云：“刘向司籍，九流以别，爰著目录，略序洪烈。”[②] 此就群书而言。目录学一词，初见于宋。苏象先《丞相魏公谭训》记王原叔称其子仲至“有目录之学”。就历史演进而言，始有目录之事，继有目录之名，终有目录之学。古来对目录的称谓，时有差异，或仅称录，如刘向书只名为《别录》，阮孝绪作《七录》；或称志，如王俭《七志》，晁公武《郡斋读书志》；或称目，如《崇文总目》。在内容上，有的目录书既记书名篇卷，又有叙录解题；有的目录则犹如账簿，无大小序和提要，仅条记书名卷数。人们编制目录，往往因目的不同而使之呈现出不同的面目，汪辟疆先生就说目录可分为四家：目录家之目录、史家之目录、藏书家之目录、读书家之目录。这种分类即是从其功能出发的。不管如何类分，但凡为目录之书，必著书名，记篇卷，此是目录类图书安身立命之处。

作为记载群书基本信息的图书，目录书势必会著录无数图书条目，每个条目中又会有几个著录事项，如书名、篇卷、作者、存佚等。然而著录事项的数目和面貌又可能有变动。

余嘉锡先生认为：“古书之命名，多后人所追题，不皆出于作者之手，故惟官书及不知其学之所自出者，乃别为之名，其他多以人名书。”[③]故《汉志》所录的私人著作出现之前的官书，往往举著书之意以为之名，如《连山》《春秋》；又有摘首句二字名篇，书只一

① ［梁］萧统编，［唐］李善注：《文选》，上海古籍出版社 1986 年版，第 1749 页。

② ［汉］班固：《汉书》，中华书局 1962 年版，第 4244 页。本书所引《汉书》皆用此书，后文只注书名、页码。

③ 余嘉锡：《古书通例》，见《目录学发微》，中国人民大学出版社 2004 年版，第 197 页。

篇者则以篇名作书名，如《苍颉》《凡将》是也；又有以人名题其书者，如《孟子》《韩非子》。古人著书，多是单篇别行，所以开初时常仅有篇名，门人弟子或后学将单篇编次成书时，因推源学术自来，乃以人名其书。《史记·韩非传》只言“作《孤愤》《五蠹》《内、外储说》《说林》《说难》，十余万言”，并没有提到《韩非子》一书。周秦古书，又常常不题撰人，《汉志》所录诸经传注，最初只加姓氏、地域于书名之上。“传注称氏，诸子称子，皆明其为一家之学也。”①从这些书名之中，即可辨章学术，考其源流。中国目录书开始以“篇”作为书籍起讫的单位，但随着文字的载体由竹简变而为缣帛、纸张，此一单位也渐为“卷”所取代，“篇”丧失了表示物质材料起讫的竹简之“编”的意义，只剩下表示内容起止的作用了。

自从人们习惯于在书里署名以来，书名往往能够反映更多的作者信息。作者本名、字、号、居室名、职官名、居官地名、郡望，甚至写作和出版时间等均可以在书名中出现，而且还可能出现同书异名、同名异书的情况。而目录书中所著条目的整体结构，也可能随时代而变改的。

《汉书·艺文志》著录图书的条目，多数仅列书名和篇（卷）数两个著录项，作者信息和书籍内容往往以注释揭示。如《汉书·艺文志·诸子略》著录“《文子》九篇”，其下有注曰：“老子弟子，与孔子并时，而称周平王问，似依托者也。”②又著录“《蜎子》十三篇”，其下有注曰：“名渊，楚人，老子弟子。”③《六艺略》“春秋”类著录“《世本》十五篇”，其下注曰：“古史官记黄帝以来讫春秋

---

① 余嘉锡：《古书通例》，见《目录学发微》，中国人民大学出版社 2004 年版，第 194 页。
② 《汉书》，第 1729 页。
③ 《汉书》，第 1730 页。

时诸侯大夫。”[①]也有一些条目还著录了作者项，如在“《太史公》百三十篇”条后的“冯商所续《太史公》七篇”；“小学”类著录有“扬雄《苍颉训纂》一篇”“杜林《苍颉训纂》一篇”；《诸子略》“儒家”类著录有“桓宽《盐铁论》六十篇”。

《隋书·经籍志》中的图书条目通常也是著录书名和卷数，注文中涉及作者、注者信息，有些条目的注文也交代图书内容、类似的图书及图书存佚信息等，如史部仪注类著录“《梁吉礼仪注》十卷”，其注曰：明山宾撰。又著录“《梁宾礼仪注》九卷”，其注曰：“贺瑒撰。案：梁明山宾撰《吉仪注》二百六卷，录六卷；严植之撰《凶仪注》四百七十九卷，录四十五卷；陆琏撰《军仪注》一百九十卷，录二卷；司马褧撰《嘉仪注》一百一十二卷，录三卷。并亡。存者唯《士》《吉》及《宾》，合十九卷。”[②]

五代刘昫《旧唐书·经籍志》也列书名和篇（卷）数两项，附注的内容则更为简略，只标注出撰者注者的名字而已。如《论语》十卷（何晏集解），又十卷（郑玄注，虞喜赞），又十卷（王肃注）。《新唐书·艺文志》把作者著录项提到了书名著录项之前，形成了“作者 + 书名 + 卷数”的著录结构，亦偶有附注。如经部易类著录：元载集注《周易》一百卷。李吉甫注《一行易》（卷亡）。卫元嵩《元包》十卷（苏源明传，李江注）。高定《周易外传》二十二卷（郢子，京兆府参军）。[③]值得注意的是，《新唐书·艺文志》中有些条目的著录项也不包括作者（其中部分条目是以注文形式标示出作者），但所占比例不高。

---

① 《汉书》，第 1714 页。

② ［唐］魏徵等：《隋书》，中华书局 1973 年版，第 970 页。本书引《隋书》皆用此本，后文只注书名、页码。

③ 《新唐书》，第 1426 页。

宋代诸书中，现存最早目录专书《崇文总目》的条目采用“书名 + 卷数 + 撰人”的形式；《遂初堂书目》仅列作者、书名，不及卷数；而晁公武《郡斋读书志》则采用“撰人 + 书名 + 卷数”的结构，与《新唐书・艺文志》同。

由此可知，在《文献通考》之前的公私书目条目中，往往以著录书名为核心，再加以篇卷数、撰注者姓氏名字，有些条目附注作者基本信息、图书内容、真伪、刊本和存佚等内容。

《文献通考・经籍考》著录图书条目共 3937 条[①]，其中绝大多数条目采用“书名 + 卷数”的著录格式；大约有 340 条还著录了作者项，如经部易类中著录有“京房《易传》四卷”“孔颖达《正义》十四卷”“李鼎祚《周易集解》十卷”，史部传记类有“晁以道《扬雄别传》一卷”，子部儒家类有“杨倞注《荀子》二十卷”“扬子《法言》十三卷”“宋惟幹《太玄解》十卷”，集部别集类有“张横渠《崇文集》十卷”“秦少游《淮海集》三十卷”等。在 300 多条含有作者项的条目中，作者项的称谓也不尽相同。作者项有直书作者姓名的，如：

> 王昭素《易论》三十三卷；王安石、王雱、许允成《孟子解》共四十二卷；吴筠《宗元先生集》十卷。

有书字号的，如：

> 司马君实《古文孝经指解》一卷；苏明允《洪范论图》一

---

① 马端临所拟条目中有的一条则可能包含该书的续编、外集、撰者年谱，有的是同一作者的几本书或不同作者的几本性质相类似的书编在一个条目之中，所以条目数并不能代表《文献通考・经籍考》著录图书的总册数。

卷；苏子由《诗解》二十卷；颍滨《春秋集传》十二卷。

“君实”“明允”分别是司马光和苏洵的字，“子由”和“颍滨（遗老）”则各是苏辙的字和号。

有只出作者姓氏的，如：

游氏《中庸解》一卷；张氏《论语解》二十卷；吕氏《老子注》二卷；徐注《西升经》二卷；吕、杨注《八十一难经》五卷。

所列五条的作者分别是游酢、张九成、吕大临、徐道邈、吕广和杨玄。

有姓名字号同出者，如：

黄度文叔《诗序》三十卷。

有称职官者，如：

李推官《披沙集》六卷；梅教授《书集解》；庞相国《清风集》十卷。

李推官即李咸用，《全唐诗》卷六百四十四：“李咸用，与来鹏同时，工诗，不第，尝应辟为推官。有《披沙集》六卷，今编为三卷。”[①] 对于梅教授，《直斋书录解题》称其书三册，“不分卷，不著

① ［清］彭定求：《全唐诗》，中华书局1960年版，第7378页。

名，未详何人”[①]。庞相国指庞籍，《宋史·本纪十二》：“冬十月庚子，文彦博罢，以庞籍同中书门下平章事、昭文馆大学士。”[②]

有注明文字载体者，如：

石鼓《论语答问》三卷；石鼓《孟子问答》三卷；石经《周易》《周易指略例》共十一卷。

有注明年号者，如：

皇祐《乐记》三卷；景祐《大乐图》二十卷；景祐《广乐记》；景祐《乐府奏议》一卷；皇祐《乐府奏议》一卷。

有题皇帝尊号者，如：

魏武注《孙子》一卷；明皇《老子注》二卷《疏》一卷；唐明皇《孝经注》一卷；御注《老子》二卷。

三位作注者分别是曹操、李隆基和宋徽宗赵佶。

有题作者里邑之类者，如：

河南《经说》七卷；李舜臣隆山《易本传》三十三卷。

《经说》的作者北宋程颐，洛阳伊川人，其地属河南。《直斋书录解题》著录有《易本传》三十三卷，陈氏解题称“隆山李舜臣子

① 《直斋书录解题》，第33页。

② 《宋史》，第231页。

思撰”，则隆山实为地名。

有书居室名者，如：

> 止斋《春秋后传》《左氏章指》共四十二卷；丽泽《论说集录》七卷。

止斋为陈良傅书斋号。丽泽书堂是《论说集录》作者吕祖谦在浙江金华的讲学会友之所，吕氏在此的学术活动开启了浙东学派之先声。

在《经籍考》出现作者项的约十分之一的条目中，作者项的指称是多样化的，也较难寻绎出其中的规律。以题姓氏的条目而言，目录中著录有焦氏《易林》十六卷（焦赣）、吕氏《易章句》一卷（吕大临）、陈氏《诗解》二十卷（陈少南）、吕氏《大学解》（吕大临）、黎氏《春秋经解》十二卷（黎錞）、王氏《春秋列国诸臣传》六十三卷（王当）、冯氏《春秋通解》十二卷（冯山）、汪氏《论语直解》十卷（江革）、杨氏《注论语》十卷（杨时）、游氏《论语解》十卷（游酢）、张氏《论语解》二十卷（张九成）、尹氏《孟子解》十四卷（尹彦明）、项氏《家说》十卷《附录》四卷（项安世）、范氏注《太玄经解》十卷（范望）、章氏《太玄经注》十四卷《疏》三十卷（章詧）、吕氏《老子注》二卷（吕大临）等条目，以姓氏指称的作者时代不一、地域不一、学术所长不一、成就不一。就同一个人而言，称谓也时有不同。同为晁说之的著作，《经籍考》就分别著录为晁氏《景迂集》十二卷，晁以道《古易》十二卷，晁以道《太极传》《外传》《因说》共八卷，景迂《论语讲义》十卷，称谓并不一致；对于吕大临，马端临则分别以吕氏、吕与叔（字）、芸阁（号）指称。

有绝少数条目著录的是作者和书名两项，不著篇卷。关于这种书名之后不著录卷数的现象，刘学伦先生作了归因，并将不著录卷数的图书分为四类：一是依据书目原貌著录；二是年代久远，早已亡佚之书；三是存于近世和当世可考，但书目皆无著录之书；四是马氏自行删去，或不慎遗缺而未录者。[①]现略作补充。

《经籍考》经部易类著录“丁宽《易》”“孟喜《易》”“费直《易》”“郑康成《易注》”诸条均无卷数，而在《新唐书·艺文志》中著录有“孟喜《章句》十卷”“费直《章句》四卷”“陆希声《周易传》二卷”[②]，《文献通考·经籍考》和《新唐书·艺文志》著录三书的形式并不一致。马端临在《文献通考自序》中称“今所录先以四代史志列其目，其存于近世而可考者，则采诸家书目所评，并旁搜史传、文集、杂说、诗话”，所谓四代史志当是汉、隋、唐、宋四代之史志，然《汉书·艺文志》著录《丁氏》八篇，其下有注曰：“名宽，字子襄，梁人也。”[③]《隋书·经籍志》著录《周易》八卷，其下注曰：“汉曲台长孟喜章句，残缺。梁十卷。又有汉单父长费直注《周易》四卷，亡。”[④]然而《郡斋读书志》《直斋书录解题》和马端临之后的《宋史·艺文志》均未著录此三书，因此很可能是马端临认为三书年代久远而不能考其存佚，所以虽据四代史志列其书名以明易学之源流，但不定其卷数，而于解题中也均只引著作者之本传而已。

又，“郑康成《易注》”条的解题，马端临仅引《崇文总目》曰：“今唯《文言》《说卦》《序卦》《杂卦》，合四篇，余皆逸。指趣渊确，本去圣之未远。”[⑤]经部书类中著录“《尚书广疏》”“《尚书断章》”，经部乐类著录“《乐府解题》”“《琴谱三均手决》”，诗类著录“《毛

① 刘学伦：《马端临及其〈文献通考·经籍考〉之文献学研究》，博士学位论文，台湾“中央大学”，2013年，第590—600页。

② 《新唐书》，第1423—1426页。

③ 《汉书》，第1703页。

④ 《隋书》，第909页。

⑤ 《文献通考》，第5224页。

诗小疏》”“《毛诗指说》”“《毛诗断章》”“《毛诗解题》”，各条亦无卷数，其解题亦均仅引《崇文总目》。“《尚书广疏》”与“《尚书断章》”条的解题内容分别是“伪蜀冯继先撰。以颖达《正义》为本，小加己意”和“不著撰人名氏。按其书略序众篇大旨”。[①]《崇文总目》卷一则记“《尚书广疏》十八卷”，其解题引《文献通考》，但钱东垣下按语称：“《玉海》引《崇文总目》同。《宋志》十卷。《通考》不著卷数。”[②]《崇文总目》卷一又记“《尚书断章》十三卷”，下有题释“原释：成伯玙。（小字双行注：见天一阁抄本。）不著撰人名氏。按其书略叙众篇大旨。（小字双行注：见《文献通考》。）东垣按：此条旧本与《通考》所引互异。说见前”[③]。刘学伦先生认为“《崇文总目》对书籍的著录，并不一定记载卷数……仅征引一家之书目，按理在绝大多数的情况之下，皆是依据该书目记载书籍时的原貌著录”，因此这一类没有记载卷数的书籍，即是忠实地呈现了《崇文总目》的原来面目。[④]然而钱东垣之弟钱侗《〈崇文总目辑释〉小引》曰：“此书（《崇文总目》）宋时原未有阙，后世传抄者因其繁重删去。侗按：此论诚是。……南宋时流传遂有二本。晁子止、陈伯玉所见，即今世传本，绍兴中从向子固言改定者也。马贵与、王伯厚所见，乃当时原本而佚其后半帙者也。……侗家旧藏四明范氏天一阁抄本，止载卷数，时或标注撰人，然唯经部十有一二，其余不过因书名相仿，始加注以别之，此外别无所见。”[⑤]上文中《尚书断章》一条，天一阁抄本《崇文总目》与马端临所引《崇文总目》

① 《文献通考》，第 5282 页。

② ［宋］王尧臣等编次，［清］钱东垣辑释：《崇文总目》，商务印书馆 1939 年版，第 6 页。

③ ［宋］王尧臣等编次，［清］钱东垣辑释：《崇文总目》，商务印书馆 1939 年版，第 6 页。

④ 刘学伦：《马端临及其〈文献通考·经籍考〉之文献学研究》，博士学位论文，台湾“中央大学”，2013 年，第 592 页。

⑤ ［宋］王尧臣等编次，［清］钱东垣辑释：《崇文总目》，商务印书馆 1939 年版。

的解题完全不同，而且抄本记录了卷数，则马端临所见之《崇文总目》很可能是较早的未删改本。

“陆希声《易传》”条的解题为：

> 《崇文总目》：唐右拾遗陆希声撰。希声作《易传》十篇，《易图》《指说》《释变》《微旨》四篇。初，陇西李阮学其说，以为上、下《经》传二篇，思属近妙，故希声自为之解。余篇差显，不复为注。盖近世之名家欤？今二篇外，余篇逸。
>
> 晁氏曰：《微旨》三卷，皆设问答。
>
> 陈氏曰：按《唐志》有《易传》二卷，《中兴书目》作六卷，别出《微旨》三卷。今所谓《解说》者，上、下《经》共一册，不分卷。有序言著《易传》十篇，七篇以上解《易》爻之渊微；八篇以下广《易》道之旁行，第为六卷。又撰《易图》《指说》《释变》《微旨》各一卷，通为十卷。其上、下《经》盖第一、第二篇。经文一句，传亦一句。门人以为难晓，故复为之解。然则其全书十卷，不尽传矣。家旧惟有《微旨》，续得《解说》一编，始知其详。[①]

《郡斋读书志》卷一著录“《周易微指》三卷”，其解题曰：“右唐陆希声撰。希声仕至右拾遗。大顺中，弃官居阳羡，自号君阳遁叟。著《传》十卷，别撰《易图》一，《指说》一，《释变》一，《微旨》一，通十卷。此《微旨》也，皆设问答。《崇文目》止有二篇。”[②]（孙猛校“崇文目止有二篇”曰：“袁本无此七字，《宛委》本

---

① 《文献通考》，第5229—5230页。

② ［宋］晁公武著，孙猛校证：《郡斋读书志校证》，上海古籍出版社1990年版，第22页。本书所引《郡斋读书志》均用此本，后文只注书名、页码。

'文'下有'总'字。")《直斋书录解题》卷一著录陆希声书"《易传解说》一卷、《微旨》三卷"。故马端临必不据晁、陈二书而录此条。天一阁抄本《崇文总目》著录作"《周易传》二卷"[①]，经部诗类中著录"《毛诗小疏》""《毛诗指说》""《毛诗断章》""《毛诗解题》"也各有卷数，设若马端临所据之未删本《崇文总目》在记不记卷数这一问题上"并没有一定规范"，那么这种随意性似与此书官修目录的身份不太匹配。

《经籍考》有时在一个条目中不止著录一种图书，而往往把相关的几种图书放在一起。这种情况将在后文详细讨论。

由上可知，马端临在为《经籍考》拟定条目时，在格式上并未能做到整齐划一，作者项的称谓也具有一定随意性。造成这种状况的原因有三：一是《经籍考》是典制史书《文献通考》的一部分，并非马氏特意修撰的目录专书，所以在形式上没有刻意完全统一；二是马氏在易代之后，以一己之力编著《文献通考》这一皇皇巨著，精力有限，在细节方面有照应不周之处在所难免；三是《经籍考》多录自他书，各条目的著录依据、来源容或有异。

第二节 《经籍考》条目统计与分析

《经籍考·总叙》曰："嘉定十三年，以四库之外书复充斥，诏

① 钱侗《〈崇文总目辑释〉小引》："侗家旧藏四明范氏天一阁抄本……秦君照若偶见是书，叱为秘笈，欲受而付之梓人。因偕伯兄既勤、仲兄以成、金秬和姊倩，凡五人，区类搜采其引见古今载籍者，辑而缀之。"则钱氏辑释《崇文总目》，以天一阁抄本为底本。

秘书丞张攀等续《书目》，又得一万四千九百四十三卷，而太常太史博士之藏，诸郡诸路刻板而未及献者不预焉。盖自绍兴至嘉定，承平百载，遗书十出八九，著书立言之士又益众，往往多充秘府。绍定辛卯火灾，书多阙。今据《书目》《续书目》及搜访所得嘉定以前书，诠校而志之。”[①] 王重民先生认为，南宋政府于“公元1219—1220年（实际上只用了五个多月），又在秘书监张攀的领导下，编成了《中兴馆阁续书目》三十卷，著录1178年以后收入的新书14943卷。”[②] 马氏参考的最晚出之书目即《中兴馆阁续书目》，所以《中国学术名著提要·历史卷》载：“《文献通考》专门论述历代的典章制度，上起上古，下至南宋宁宗嘉定末年。南宋末战乱频仍，文献不足，而且这段历史必然涉及宋元关系，颇难措词，所以宋理、度朝的史事并未包括在内。”[③]《经籍考》著录图书上至先秦，下至嘉定十三年（1220），即早于马氏撰书之时至多六十七年。

《经籍考》著录图书的数量，据乔衍琯先生统计“得四千种有奇”，“所录多出于陈、晁二志和《崇文总目》，为这三目所无的，仅一五六种，不到百分之四”。[④] 为了较为准确地统计和分析《经籍考》所收录的条目，笔者将条目名称、作者、时代、类别、所在页码等信息资料均输入电子表格，因此较全面地掌握了条目的基本面貌。据笔者统计，《经籍考》共收录条目3937个。全考分经、史、子、集四部著录，其中经部700条、史部947条、子部1091条、集部1199条。各部条目数与《经籍考》总条目数的比例关系如图2–1所示。

---

① 《文献通考》，第5209—5210页。

② 王重民：《中国目录学史论丛》，中华书局1984年版，第104页。

③ 《中国学术名著提要·历史卷》编委会：《中国学术名著提要·历史卷》，复旦大学出版社1994年版，第571页。

④ 乔衍琯：《〈通考·经籍考〉述略》，《“国立中央图书馆”馆刊》，新17卷第1期，1984年。

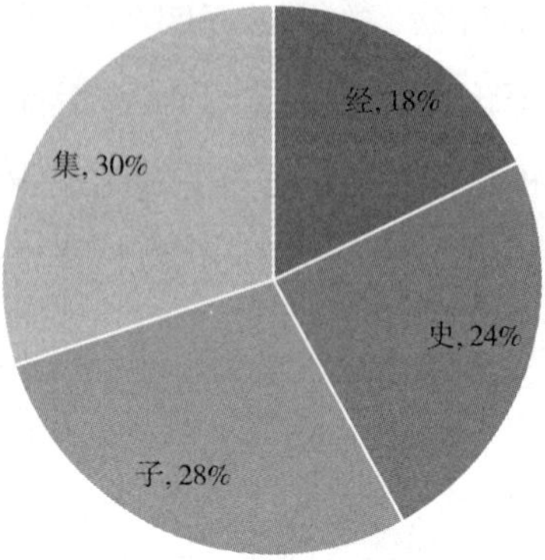

图 2–1 《经籍考》经史子集四部条目比例

由图 2–1 可知,《经籍考》经、史、子、集四部中的条目在依次增加，集部条数大约是经部的 1.67 倍。为了与《经籍考》的四部条目数分布情况相比较，笔者又约略统计了《隋书 · 经籍志》(以下简称 “《隋志》”)、《新唐书 · 艺文志》(以下简称 “《新唐志》”)、晁公武《郡斋读书志》(以下简称 “晁《志》”)、陈振孙《直斋书录解题》(以下简称 “陈《录》”）和《宋史 · 艺文志》中的四部条目数，其具体数字如表 2–1 所示。

表 2–1 《隋志》、《新唐志》、晁《志》、陈《录》、《经籍考》、《宋史 · 艺文志》四部条目数量

史志目录	经部	史部	子部	集部	总条目
《隋志》	648	804	1176	622	3250
《新唐志》	728	1396	1695	1434	5253
晁《志》[①]	242	330	572	352	1496
陈《录》	370	845	847	1030	3092

① 据衢本《郡斋读书志》统计。

续表

史志目录	经部	史部	子部	集部	总条目
《经籍考》	700	947	1091	1199	3937
《宋史·艺文志》	728	1396	1694	1435	5253

在条目总数方面,《新唐志》和《宋史·艺文志》相同且在诸种之中数值最大,《经籍考》紧随其后,《隋志》和陈《录》相差不大，而晁《志》条目数最少。《隋志》收录的是唐初见存的隋以前的典籍,《新唐志》也“较全面地反映了唐代的藏书情况与著述情况”①,《宋史·艺文志》“实际为记载宋代藏书情况及宋代著述的史志总目”②，晁、陈二私家书目主要是根据自己的藏书整理出来的。各史志、目录中四部条目分布面貌及变化如图 2–2、图 2–3 所示。

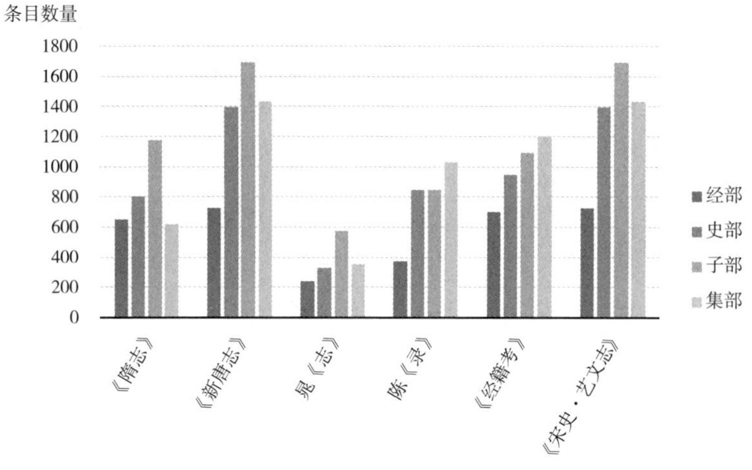

图 2–2 六种史志书目四部条目数量

① 程千帆、徐有富:《校雠广义·目录编》,《程千帆全集》(第三卷)，河北教育出版社 2000 年版，第 127—128 页。

② 程千帆、徐有富:《校雠广义·目录编》,《程千帆全集》(第三卷)，河北教育出版社 2000 年版，第 129 页。

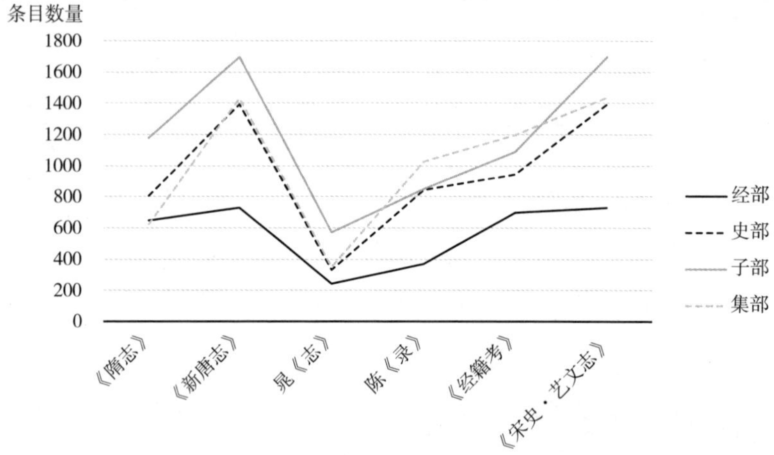

图 2–3　六种史志书目四部条目数量变化

从图 2–2、图 2–3 中我们可以看出：

（1）官志中《新唐志》和《宋史·艺文志》在四部收录条目比例和总数上极为相似。三部官修史志中子部之书的数量一直居四部之首。

（2）私录中《经籍考》与陈《录》集部之书的数量都超过其他三部。

（3）在六部目录书之间，经部图书数量变化最小，子集和集部交替上升的变化明显。

总的来看，经学为历代学者重视，地位尊崇，该类中的图书收录范围、数量相对稳定，亡佚概率也更小。而唐宋以来，官方修史更为频繁，文人也很重视创作、结集，故较隋代有较大的发展。

《经籍考》著录条目中，有因不著作者名氏或虽有作者仍无法判断其年代的条目 365 条，其余 3572 个条目的历时分布情况如表 2–2 所示。

表 2-2 《经籍考》各时段图书条目数与时间对比

时代	持续时间(年)	条目数(条)	条目 / 时间
先秦[1]	330	35	0.106
秦汉	441	90	0.204
三国魏晋	200	61	0.305
南北朝	160	74	0.463
隋唐	318	761	2.393
五代	53	107	2.109
宋(辽金)	319	2444	7.661

为了更直观地表现其中的变化，现将表 2-2 数据转化为图 2-4。

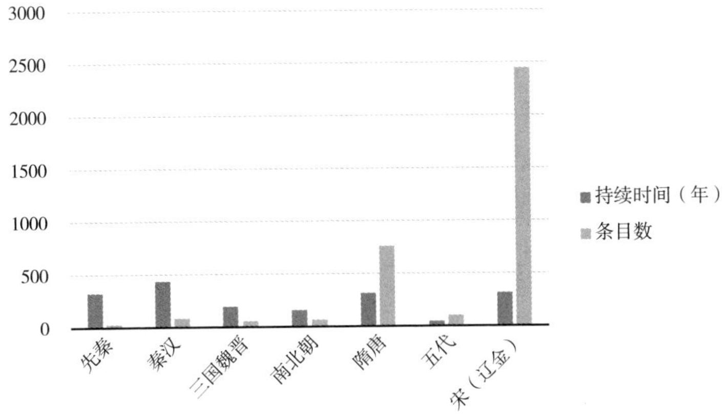

图 2-4 《经籍考》所录各历史时段持续时间与图书条目数对比

由此可知：

(1)《经籍考》所录的图书中，先秦、秦汉、三国魏晋、南北朝、隋唐、五代和宋（辽金）七个连续历史时段的年平均条目数大

① 先秦的历时时间，从整理图籍的孔子开始，至秦统一六国，共计 330 年。

体呈逐渐增长的态势。虽然五代时期的年平均条目数较隋唐时有所下降，但下降的幅度并不大，且其条目数远远高于隋前各代，考虑到五代战乱迭起和各朝享祚日短等因素，我们认为《经籍考》所录图书比较全面，年平均条目数在较长历史时期中所显示出来的逐渐增长的趋势，符合历史规律。[①]

（2）单纯从条目数量来说，《经籍考》所录历代图籍在绝对数量上形成了两个高峰，分别出现在隋唐和宋代。一般而言，历代的图书数量与其文化学术发展状况之间的关系应该相当密切。元代之前中国历史上相对稳定的历史时期主要是汉代、唐代和宋代。先秦时期诸子之学十分发达，其时诸子横议，百家争鸣，但《汉志》所录诸子十家著作之条目也不到二百条。汉代是中国经学的第一个高峰时期，文学方面大赋创作十分繁荣，文人五言诗在汉末也相当成熟，但从事学术研究和文学创作并有作品流传下来的人不是很多。唐朝自安史之乱后，藩镇战乱不断。在思想领域儒释道并行、融合，五经传疏已确定定本，商讨的空间被压缩，但唐人写诗作文的热情高涨，修史和编撰类书的活动增多。陈寅恪先生说："华夏民族之文化，历数千载之演进，造极于赵宋之世。"[②]理学兴起，宋人议论生风，所作诗词文乃至文人笔记、小说数量尤为庞大，加之雕版印刷术的成熟，书籍流传范围广泛。苏东坡在《李氏山房藏书记》即说："自秦、汉已来，作者益众，纸与字画日趋于简便，而书益多……近岁市人转相摹刻诸子百家之书，日传万纸。学者之于书，多且易致

① 萧统在《文选序》中说："若夫椎轮为大辂之始，大辂宁有椎轮之质；增冰为积水所成，积水曾微增冰之凛。何哉？盖踵其事而增华，变其本而加厉；物既有之，文亦宜然。"不管是文学还是学术，都有一个向前发展的趋势，反映文化发展状况的书籍在数量上很可能是后世比前代多。同时，书写和贮藏条件的改善以及时代越久远图书越容易亡佚的事实也同样支持《经籍考》著录条目分布状况具有一定的科学性。

② 陈寅恪：《邓广铭宋史职官志考证序》，《金明馆丛稿二编》，生活·读书·新知三联书店2001年版，第277页。

如此。”[①]故马端临撰著《经籍考》时所录宋人之作占所录图书总数的七成，形成数量上的又一高峰。

第三节 《经籍考》图书分类与归类考察

《周易·系辞》曰：“方以类聚，物以群分。”[②]古人很早就有了对外界客观事物进行分类的行为和观念。分类行为的产生，是以人们对分类对象的性质特征有了深入、充分认识为前提和基础的。史志和目录书所录历来图籍众多，必当以类相从，分而录之。

一、《经籍考》的图书分类体系

目录分类的对象是某一特定历史时段中累积起来的文献。这些文献是人们对自然界或人类社会当中的各种现象的记录，是对现象中所蕴含的规律的认识和总结。人们在目录中给这些文献分类，蕴含着对文献的解读，分类中不可避免地融入了人的主体性痕迹。正如傅荣贤先生所言：“任何目录思想和实践都是特定时代的产物，必然隐含着该时代的社会结构和意识形态之理性全息，暗合于独特的时代价值取向。”[③]中国古代所谓六经，在《礼记·经解》中的排序为《诗》《书》《乐》《易》《礼》《春秋》，在《庄子·天下篇》中的排序则为《诗》《书》《礼》《乐》《易》《春秋》。不论如何，《易》在六经

① 《文献通考》，第 5212 页。

② 黄寿祺等：《周易译注》，上海古籍出版社 2007 年版，第 374 页。

③ 傅荣贤：《中国古代目录学研究之我见》，《图书与情报》2001 年第 4 期。

中的位置都很靠后。然而，刘向、刘歆父子在序列六经时，却以易类图书居于六艺之首，认为《易》于创制之时“近取诸身，远取诸物”,《易》最基本、最核心的八卦有“以通神明之德，以类万物之情”的神通，故发出“《易》道深矣，人更三圣，世历三古”的概叹。有人将这种列《易》于六艺之首的变化视为汉代流行的阴阳五行思想在目录中的体现,《七略》将全部文献分为六艺略、诸子略、诗赋略、兵书略、数术略、方技略六类，正是用阴阳五行的模式整合条理群书的结果，而六艺当中《易》“变成了能够派生、统摄其他五艺的‘渊源’，其他五艺不过是由《易》派生而来的相需而备的‘五常之道’。传统的六艺次序改变了，六艺成了一个完整的统一体”[①]。南朝刘宋时的王俭“依《七略》撰《七志》四十卷”[②]，将图书分为经典志、诸子志、文翰志、军书志、阴阳志、术数志、图谱志七类，并附道经和佛经于其后。值得注意的是，在《七略》中《论语》《孝经》被附于六艺之后，而《经典释文序录》在《次第》一节中指出,《七志》的经典志中《孝经》被置于众经之首，居于《易》之上。可见图书目录确实会因时代精神和个人见解的不同而在目录分类、个别图书归类上有所变改。

《经籍考》之前的史志目录分类，经历了由“六分法”向“四分法”的转变。私家目录分类在宋末又有新变化。为显示历来史志及公私目录的分类概况，现截取余嘉锡先生所制《古今书目分部异同表》中的相关部分，如表 2–3 所示[③]。

① 李国新:《论中国传统目录结构体系的哲学基础》,《北京大学学报》(哲学社会科学版) 1991 年第 4 期。

② ［梁］萧子显:《南齐书》，中华书局 1972 年版，第 433 页。

③ 余嘉锡:《古今书目分部异同表》,《目录学发微》，中国人民大学出版社 2004 年版，第 166 页。

表 2-3 《经籍考》以前各主要史志目录分部

<table>
<tr><th>书名</th><th>序例</th><th>经</th><th>史</th><th colspan="7">子</th><th>集</th><th></th></tr>
<tr><td>七略汉志</td><td>辑略一（汉志散入六篇后）</td><td colspan="2">六艺略二（七录序云刘氏史书附见春秋）</td><td>诸子略三</td><td>兵书略五</td><td>术数略六（本书作数术）</td><td colspan="4">方技略七（按房中神仙二家均入方技）</td><td>诗赋略四</td><td></td></tr>
<tr><td>荀勖晋中经簿（见隋志）</td><td></td><td>甲部一（六艺及小学等书）</td><td>丙部三（有史记旧事皇览簿杂事）</td><td colspan="7">乙部二（有古诸子家近世子家兵书兵家术数）</td><td>丁部四（诗赋为丁）</td><td></td></tr>
<tr><td>李充晋元帝书目（据臧荣绪晋书）</td><td></td><td>甲部一（五经为甲）</td><td>乙部二（史记为乙）</td><td colspan="7">丙部三（诸子为丙）</td><td>丁部四（诗赋为丁）</td><td></td></tr>
<tr><td>王俭七志（隋志）</td><td>条例九篇（编入首卷）</td><td colspan="2">经典志一（纪六艺小学史记杂传）</td><td>诸子志二（纪古今诸子）</td><td>军书志四（纪兵书）</td><td>阴阳志五（纪阴阳图纬）</td><td>术艺志六（纪方技）</td><td>道（附见）</td><td>佛（附见）</td><td></td><td>文翰志三（纪诗赋）</td><td>七图谱志（纪地域及图书）</td></tr>
<tr><td>阮孝绪七录（广弘明集卷三）</td><td></td><td>经典录内篇一（隋志云纪六艺）</td><td>记传录内篇二（纪史传）</td><td colspan="2">子兵录内篇三（纪子书兵书）</td><td colspan="2">术技录内篇五（纪数术案当云纪数术方技）</td><td>仙道录外篇二</td><td>佛法录外篇一</td><td></td><td>文集录内篇四（纪诗赋）</td><td>（七录序云图画各附本录谱载记传之末）</td></tr>
<tr><td>隋志</td><td>小序（按在部类后）</td><td>经</td><td>史</td><td colspan="4">子</td><td>道经（附四部末）</td><td>佛经（附四部末）</td><td></td><td>集</td><td></td></tr>
<tr><td>毋煚古今书录（旧唐志）</td><td>小序（同上）</td><td>甲部经录</td><td>乙部史录</td><td colspan="4">丙部子录</td><td colspan="3">（外有释氏道家勒为开元内外经录按见毋氏自序）</td><td>丁部集录</td><td></td></tr>
<tr><td>旧新唐志</td><td></td><td>甲部经录</td><td>乙部史录</td><td colspan="7">丙部子录</td><td>丁部集录</td><td></td></tr>
</table>

续表

书名	序例	经	史	子							集	
李淑邯郸图书志（读书志卷九）		经志一	史志二	子志三	艺术志五		道书志六	书志七	画志八		集志四	
通志艺文略		经类第一、礼类第二、乐类第三、小学类第四	史类第五	诸子类第六	天文类第七、五行类第八	艺术类第九、医方类第十				类书类第十一	文类十二	按通志别有图谱略

从表2–3可见，中国古代图书的分类法经历了由六分法向四分法、七分法发展，继而在隋唐时期四分法胜出并稳定下来。自宋代始，《邯郸图书志》《通志·艺文略》又在尝试新的分类方法。当然，四分法自形成以来，就成为中国古代目录分类法的主流，《隋书·经籍志》《旧唐书·经籍志》《新唐书·艺文志》《宋史·艺文志》《明史·艺文志》等史志，国家书目如《崇文总目》《四库全书总目》，私家书目如宋《郡斋读书志》《遂初堂书目》、明黄虞稷《千顷堂书目》等，都采用经、史、子、集四部分类法。“四部分类法形成以后，为了更符合学术发展和文献存在的实际情况，其内部也不断地作了一些调整”[①]，其主要变化体现在佛、道著作逐步得到了比较合理的反映，一些不好分门别类的著作并入了杂家，一些类目的学术地位产生了变化，同时又形成了一些新类目。下面具体讨论《经籍考》的分类体系，考察其与前代书目在分类上的关联。

马端临在《文献通考自序》言：“作《经籍考》第十八，经之

① 程千帆、徐有富:《校雠广义·目录编》,《程千帆全集》(第三卷)，河北教育出版社2000年版，第96页。

类十有三，史之类十有四，子之类二十有二，集之类六。凡七十六卷。”[①]按《自序》的说法，《经籍考》分经史子集四部五十五类，然而由于马端临没有具体指出五十五类的名称（于他而言各类之名称已可见于书中，在《序言》中确实没有必要一一罗列），后世学者在《经籍考》的类目数量和名称上产生了分歧，现选择有代表性的各家说法列表 2-4，以便比较。

表 2-4 《经籍考》孔、杨、桂、余、刘五家所定部类

部类 \ 学者		孔建国（55 类）[②]	杨寄林（55 类）[③]	桂罗敏（56 类）[④]	余庆蓉（57 类）[⑤]	刘振华（57 类）[⑥]
经部	易	√	√	√	√	√
	书	√	√	√	√	√
	诗	√	√	√	√	√
	礼	√	√	√	√	√
	春秋	√	√	√	√	√
	论语	√	√	√	√	√
	孟子	√	√	√	√	√
	孝经	√	√	√	√	√
	经解	√	√	√	√	√
	乐	√	√	√	√	√

① 《文献通考自序》，第 16 页。

② 孔建国：《〈文献通考·经籍考〉研究》，硕士学位论文，台湾政治大学，1975 年。

③ 杨寄林：《〈文献通考·经籍考〉分类体系发覆》，刘乃和主编：《洪皓马端临与传统文化》，中国青年出版社 1997 年版，第 195 页。

④ 桂罗敏：《〈文献通考·经籍考〉分类法新探》，《江苏图书馆学报》2001 年第 4 期。

⑤ 余庆蓉、王晋卿：《中国目录学思想史》，湖南教育出版社 1998 年版，第 156 页。

⑥ 刘振华：《马端临对中国古代目录学的贡献》，《山东师大学报》（社会科学版） 1994 年第 1 期。该文明确指出《经籍考》57 类，其中经部 14 类，史部 14 类，子部 22 类，集部 7 类，但细列史部类目时却有 15 类，其中伪史霸史一类，而史评与史抄却用顿号隔开，实际上就分成了两类，笔者疑刘氏原意是史评与史抄为一类，其间的顿号误衍。与“史评”同一行而稍后的“职官”原文作“职言”，误。

续表

<table>
<tr><th colspan="2">学者
部类</th><th>孔建国
（55类）</th><th>杨寄林
（55类）</th><th>桂罗敏
（56类）</th><th>余庆蓉
（57类）</th><th>刘振华
（57类）</th></tr>
<tr><td rowspan="4"></td><td>仪注</td><td>√</td><td>√</td><td>√</td><td>√</td><td>√</td></tr>
<tr><td>谥法</td><td></td><td>√</td><td>√</td><td>√</td><td>√</td></tr>
<tr><td>谶纬</td><td>√</td><td>√</td><td>√</td><td>√</td><td>√</td></tr>
<tr><td>小学</td><td>√</td><td>√</td><td>√</td><td>√</td><td>√</td></tr>
<tr><td rowspan="16">史部</td><td>正史</td><td>√</td><td>√</td><td>√</td><td>√</td><td>√</td></tr>
<tr><td>编年</td><td>√</td><td>√</td><td>√</td><td>√</td><td>√</td></tr>
<tr><td>起居注</td><td>√</td><td>√</td><td>√</td><td>√</td><td>√</td></tr>
<tr><td>杂史</td><td>√</td><td>√</td><td>√</td><td>√</td><td>√</td></tr>
<tr><td>传记（杂传）</td><td>√</td><td>√</td><td>√</td><td>√</td><td>√</td></tr>
<tr><td>伪史</td><td rowspan="2">√</td><td rowspan="2">√</td><td rowspan="2">√</td><td>√</td><td rowspan="2">√</td></tr>
<tr><td>霸史</td><td>√</td></tr>
<tr><td>史评</td><td rowspan="2">√</td><td rowspan="2">√</td><td rowspan="2">√</td><td>√</td><td>√</td></tr>
<tr><td>史抄</td><td>√</td><td>√</td></tr>
<tr><td>故事</td><td>√</td><td>√</td><td>√</td><td>√</td><td>√</td></tr>
<tr><td>职官</td><td>√</td><td>√</td><td>√</td><td>√</td><td>√</td></tr>
<tr><td>刑法</td><td>√</td><td>√</td><td>√</td><td>√</td><td>√</td></tr>
<tr><td>地理</td><td>√</td><td>√</td><td>√</td><td>√</td><td>√</td></tr>
<tr><td>时令</td><td>√</td><td>√</td><td>√</td><td>√</td><td>√</td></tr>
<tr><td>谱牒（谱系）</td><td>√</td><td>√</td><td>√</td><td>√</td><td>√</td></tr>
<tr><td>目录</td><td>√</td><td>√</td><td>√</td><td>√</td><td>√</td></tr>
<tr><td rowspan="7">子部</td><td>儒家</td><td>√</td><td>√</td><td>√</td><td>√</td><td>√</td></tr>
<tr><td>道家</td><td>√</td><td>√</td><td>√</td><td>√</td><td>√</td></tr>
<tr><td>法家</td><td>√</td><td>√</td><td>√</td><td>√</td><td>√</td></tr>
<tr><td>名家</td><td>√</td><td>√</td><td>√</td><td>√</td><td>√</td></tr>
<tr><td>墨家</td><td>√</td><td>√</td><td>√</td><td>√</td><td>√</td></tr>
<tr><td>纵横家</td><td>√</td><td>√</td><td>√</td><td>√</td><td>√</td></tr>
<tr><td>杂家</td><td>√</td><td>√</td><td>√</td><td>√</td><td>√</td></tr>
</table>

续表

部类	学者	孔建国（55类）	杨寄林（55类）	桂罗敏（56类）	余庆蓉（57类）	刘振华（57类）
	小说家	√	√	√	√	√
	农家	√	√	√	√	√
	阴阳家	√				√
	天文	√	√[①]	√	√	√
	历算（历谱）	√	√	√	√	√
	五行	√	√	√	√	√
	占筮	√	√	√	√	√
	形法	√	√	√	√	√
	兵书	√	√	√	√	√
	医家	√	√	√	√	√
	房中	√		√		√
	神仙	√	√[②]	√	√	√
	释氏	√	√	√	√	√
	类书	√	√	√	√	√
	杂艺术	√	√	√	√	√
集部	赋诗	√	√	√	√	√
	别集	√	√	√	√	√
	诗集	√	√	√	√	√
	歌词	√	√	√	√	√
	章奏	√	√	√	√	√
	总集	√[③]	√	√	√	√
	文史		√	√	√	√

表2-4中，诸家在分类上的分歧主要存在于“谥法”“伪史”“霸

① “天文”后有注释：“自此以迄刑法，统以‘阴阳’之目。”

② “神仙”后有注释：“其前虚列房中。”

③ “文史”附于“总集”。

史”“史评”“史抄”“阴阳家”“房中”“文史”诸类的有无与分合的问题上。在确定《经籍考》的类目时，笔者认为马端临在《文献通考自序》中的说法不能轻易被否定，因此本书的讨论是基于经部13类、史部14类、子部22类及集部6类这个前提进行的。另外，《文献通考》的版本应该用保存原貌程度较高的旧本为宜。

经部是否含“谥法”一类？从中华再造善本所影印的西湖书院本《文献通考》的目录来看，经部目录标目中不但没有“谥法”一类，也没有谶纬一类，著录有谥法及谶纬之书的卷一百八十八只标有“仪注”。所以单凭目录是无法判断的。《经籍考》著录各小类，遵循先辑录小序，再呈现各代史志所载该类图书数量，再著录各图书条目，辑录解题的流程。从这一原则来考察即可发现，八部谥法图书著录在“中兴礼书”条目之后，既无小序又无各志所载图书数。而谶纬类则首一行顶格书写“谶纬”二字，次行引《隋书·艺文志》序，又引陈振孙相关按语，继而录《隋志》《唐志》《宋三朝志》《宋中兴志》所录谶纬之书的种数及卷数，自当单独成类。又，卷一百八十七首录《隋书·经籍志》仪注之序，继录各代史志所著图书数目，然而在“《宋志》又十部，三百八十三卷，元入礼门，今厘入仪注门”之后，即录了“《宋志》谥志十二家，一百七十四卷”作结尾，且下按语称：“谥者，国家送终之大典，今历代史志，俱以谥法入经解门，则伦类失当。今除《周公谥法》《春秋谥法》二项入礼门，而历代之谥法，则俱附于仪注之后，庶以类相从云。”[①] 则此可见《经籍考》中谥法是附于仪注而没有独立成类的。古人谥号的议定颁行有其规制仪程，故“以类相从”而附于仪注类后，但仪注类出现较晚，且《周公谥法》《春秋谥法》虽有托名著书成分，但

① 《文献通考》，第5476页。

周公制礼作乐,《春秋》微言垂范，不能仅比肩于后世记载制谥原则及仪程之书，且“谥法”又不独立设类，马端临有可能因之将此二书附于“礼”类之末。刘学伦先生认为按语中称谥法之书“附”于“仪注”之后，而不是像《周公谥法》《春秋谥法》二书称“入”“礼门”,“入”是归入,“附”是置于此类之后的意思；马端临这样操作是参考了王俭《七志》于七分法之外附录道经佛经的做法，所以“谥法”当独立成类。[①] 笔者以为，马端临在写此条按语时未必如刘先生这样严格地辨析“入”“附”二字含义，既用“附”字则说明其主体性、独立性是不够的。如果“谥法”独立成类，那《周公谥法》和《春秋谥法》亦是谥法书，何必要调整到礼类中去而不入谥法类呢?刘氏认为谥法成类，而“论语”“孟子”实为一类，其主要依据是“观《卷一百八十四·经籍考十一·经·论语孟子》的著录，马氏先征引《论语》类之《汉书·艺文志》和《隋书·经籍志》的《论语·小序》和《孟子》类的赵岐《孟子题辞》之语后，才征引四代史志著录的书籍数目和卷数”,而正史、编年、起居注等都是分别征述。[②] 诚如刘先生所言，“论语”“孟子”的序言和四代史志著录情况及图书条目的确没有彻底分开，但从西湖书院本《文献通考》来看，两者的序言部分之前都单独有一行，分别顶格书写“论语”“孟子”二字，所以马端临征引小序时还是有意识做了断开区别：罗列四代史志著录图书数目时先说“论语”汉、隋、唐、宋各多少家多少篇，后记“孟子”,没有记作“《汉志》论语十二家二百二十九篇孟子十一篇”这样的格式。在“孟子”小序中《赵氏题辞》之后，

---

① 刘学伦:《马端临及其〈文献通考·经籍考〉之文献学研究》,博士学位论文，台湾“中央大学”,2013年，第727页。

② 刘学伦:《马端临及其〈文献通考·经籍考〉之文献学研究》,博士学位论文，台湾“中央大学”,2013年，第723—724页。

有按语曰："按前史艺文志俱以论语入经类，孟子入儒家类。直斋陈氏《书录解题》始以《语》《孟》同入经类，其说曰：'自韩文公称孔子传之孟轲，轲死不得其传，天下学者咸曰孔孟。孟子之书，固非荀、杨以降所可同日而语也。今国家设科，《语》《孟》并列于经，而程氏诸儒训解二书常相表里，故合为一类。'今从之。"[①]据"合为一类""今从之"之语仿佛一看，马端临完全赞同《论语》《孟子》实为一类。但细究按语，前半段言前代史志将《论语》入经部，《孟子》入子部儒家类，后半段引陈氏"语孟"类之小序，所以"今从之"之"之"是表示将《孟子》入经部，还是将《论语》与《孟子》如《直斋书录解题》一样合为"语孟类"？这需要小心辨别。首先，不管是目录，还是卷一百八十四之卷首，在"经"字之下"论语""孟子"都是分开标注的，不像《直斋书录解题》直称"语孟类"。其次，《直斋书录解题》中有关《论语》与《孟子》的图书条目在"语孟"类中是混合编排的，而《经籍考》中两类图书的条目则相对集中排列。再次，《孟子》在宋神宗熙宁四年即由子部上升为相对于《周易》《诗》《书》《礼记》《周礼》《春秋》等正经的兼经，这种和《论语》并为兼经的地位，在朱子"四书"概念提出之后得到了强化。[②]《孟子》地位的上升，不单是学术问题，它与宋代新旧党争有直接关系，而经学从来就不可能脱离现实政治和国家意识形态的影响，所以以"经籍"一门呈现文化学术领域的因仍变化的《文献通考》，势必反映宋代经学上的这一重大变化。徐有富先生认为，某类学术的地位变化了，该类著作在目录中的位置也会有所调整，《孟子》在北宋被列为科举考试内容，所以南宋尤袤《遂初堂书

---

① 中华再造善本影印西湖书院本《文献通考》卷一百八十四，页二。

② 程苏东：《〈孟子〉升经考——并论两宋正经与兼经制度》，《中华文史论丛》2010年第3期。

目》就将《孟子》类书从子部附入经部《论语》类，而《直斋书录解题》类名是“语孟”类，表明《孟子》取得与《论语》相提并论的地位，《文献通考·经籍考》将《论语》与《孟子》分成两类，并各有类序，即表明《孟子》在元代的地位又有了提高。[①]因此，相对于“谥法”之书，“孟子”类书籍在《经籍考》中独立成类的可能性要高得多。“论语”“孟子”没有截然分开，或许是马端临有意为之，毕竟兼经与正经有别，而且刚上升为经的《孟子》与《论语》的关系又十分紧密。

史部类目的争议在于“伪史”“霸史”“史评”“史抄”是单独成四类，还是并作“伪史霸史”“史评史抄”两类。观西湖书院本《文献通考》卷二百卷首“史”字下标“伪史”“霸史”时二词连书，本卷第九页“右伪史霸史”，本卷末尾“右史评史抄”字样，则“伪史霸史”一类，“史评史抄”一类。

子部的类目争议在于“阴阳家”“房中”是否单独成类。“阴阳”“房中”，《经籍考》虽不著录图书条目，但都如其他类别一样辑录小序及前代史志所载家数篇卷信息，所以马端临实际上是承认它们的独立性的。至于何以设此虚类，后文会略作辨析。

集部的争议在“文史”是单独成类，还是附于“总集”之下。孔建国先生认为《经籍考》集部分类依陈振孙《直斋书录解题》，“但文史附总集类中”[②]。田凤台先生在讨论《经籍考》分类时也认为文史类是附于总集类的。[③]雷晓庆《〈文献通考·经籍考〉分类体系

① 徐有富：《〈文献通考·经籍考〉按语研究》，南京大学古典文献研究所编《古典文献研究》（第十三辑），凤凰出版社 2010 年版，第 474 页。

② 孔建国：《〈文献通考·经籍考〉研究》，硕士学位论文，台湾政治大学，1975 年，第 75 页。

③ 参见田凤台《古籍重要目录书析论》，台湾黎明文化事业股份有限公司 1990 年版，第 109 页。

得失略论》和杨寄林《〈文献通考·经籍考〉分类体系发覆》则直接罗列集部七小类。然检西湖书院本《文献通考》卷二百四十八之卷首，“集”字之下虽仅用小字标“总集”二字，但在辑录《隋书·经籍志》总集小序并隋唐宋三朝志所录总集篇卷之后，即另行顶格大字标“文史”，并辑录《宋三朝艺文志》《中兴艺文志》为小序以明“文史”之源流，继之以《唐志》《宋三朝志》《宋两朝志》《宋四朝志》《宋中兴志》所著录“文史”类图书之篇卷，且马端临辑录《宋三朝艺文志》称李充《翰林论》、刘勰《文心雕龙》等著作“前代志录，散在杂家或总集，然皆所未安。唯吴兢《西斋》有文史之别，今取其名而条次之”①，则马氏以总集与文史不能杂陈。所以总集和文史是各自独立成类的。朱自清先生认为：“诗文评的系统的著作，我们有《诗品》和《文心雕龙》，都作于梁代。可是一向只附在‘总集’类的末尾，宋代才另立‘文史’类来容纳这些书。这‘文史’类后来演变为‘诗文评’类。著录表示有地位，自成一类表示有独立的地位。”②“文史”独立成类在宋代目录书中已十分常见。

诗集、歌诗和章奏均无小序和总计两项，然诗集、章奏两类著录条目之前，马氏分别作了设类说明。《文献通考》卷二百四十二马端临引“陈氏曰：凡无他文而独有诗，及虽有他文，而诗集复独行者，别为一类”③；卷二百四十七马端临引“陈氏曰：凡无他文而独有章奏，及虽有他文而章奏复独行者，亦别为一类”④。

西湖书院本《文献通考》卷二百三十的卷首一节文字，其结构为：“《文献通考》卷之二百三十”—“经籍考”—“集”（顶格）—“吴

① 《文献通考》，第6672页。

② 朱自清：《诗言志辨·序》，《朱自清全集》，时代文艺出版社2000年版，第2143页。按，唐人吴兢《西斋书目》已设立“文史”类。

③ 《文献通考》，第6537页。

④ 《文献通考》，第6661页。

氏曰……"—"宋《两朝艺文志》曰……"—"晁氏曰……"—"赋诗"（顶格）—"《汉·艺文志》……"—"《隋·经籍志》曰……"—"《汉志》赋二十家三百六十一篇……《宋中兴志》楚词九家十二部三百四卷"—"别集"（顶格）—"《隋志》四百三十七部……《宋中兴志》一千一家一千二百六十六部一万七千四百二十六卷"。[①]观"集"字后辑录"吴氏曰""宋《两朝艺文志》曰""晁氏曰"三条文献，其主要内容在叙"集""别集""总集"之源流，实可视之为集部之大序。

《楚辞》之书，《隋志》、两《唐志》、《郡斋读书志》和《直斋书录解题》等历来公私目录都将其类命名为"楚辞"，而马端临命之为"赋诗"，此则在揭示其为整个集部之源头的特别意义。在辑录汉代此类作品的篇卷时，马端临记载"汉志赋二十家三百六十一篇，又赋二十一家二百七十四篇（入扬雄赋八篇），汉志赋又二十五家百三十六篇，又杂赋十二家三百三十三篇，汉志歌诗二十八家三百一十四篇"，所述正是《汉书·艺文志》中对屈原赋之属、陆贾赋之属、孙卿赋之属、杂赋之属及歌诗的图书数量统计。换言之，马端临将《汉书·艺文志·诗赋略》所录图书的家数篇数辑录于此，则赋诗类为集部初祖的意味就很明显了，结合上文所说集部大序，则马端临著录集部书时当充分考虑了学术源流的因素。刘学伦先生认为："马端临为了充分显现楚辞、别集两者在学术上的发展兴衰，才会将赋诗（楚辞）、别集两类之四代史志著录的书籍数目和卷数分别征引，并非将其分为二类耳。这和'《论语孟子》'之著录，意义是相同的。"[②]刘先生以为集部只有别集类而没有赋诗类。前已言及马端临在《经籍考》中注重学术源流，他在设置类目时也应该受此影响，既然如此，何以能弃

① 含省略号者为段落，其余的则为单行。

② 刘学伦：《马端临及其〈文献通考·经籍考〉之文献学研究》，博士学位论文，台湾"中央大学"，2013年，第736页。

源（“赋诗”）而存流（“别集”“总集”等）？又，赋诗（楚辞）类有小序、四代史志著录篇卷之数，且其类来自《汉书·艺文志》“诗赋”一略，若其不得立类，而史部却保留了曾存于《汉书·艺文志》中的而在《经籍考》中已无书可录的虚类“阴阳”“房中”，何以如此厚彼薄此？再看集类之“歌词”，没有小序和历代史志著录情况（或以为“歌词”时间晚，无法从别处辑录小序及前代史志统计的篇卷信息），也不像“诗集”和“章奏”类有关于设类依据的明确解说文字，马端临是否将其视为独立小类也值得推敲，且“歌词”中著录的是五代和宋朝的词，词又被称为“诗余”，将之附在“诗集”类之后也是很有可能的。因此，笔者以为在“赋诗（楚辞）”与“歌词”二者之间，“赋诗（楚辞）”独立成类的可能性要大一些。

现将《经籍考》五十五类名称罗列如下：

经部十三类：

1. 易；2. 书；3. 诗；4. 礼；5. 春秋；6. 论语；7. 孟子；8. 孝经；9. 经解；10. 乐；11. 仪注（谥法附）；12. 谶纬；13. 小学。

史部十四类：

1. 正史；2. 编年；3. 起居注；4. 杂史；5. 传记；6. 伪史霸史；7. 史评史抄；8. 故事；9. 职官；10. 刑法；11. 地理；12. 时令；13. 谱牒；14. 目录。

子部二十二类：

1. 儒家；2. 道家；3. 法家；4. 名家；5. 墨家；6. 纵横家；7. 杂家；8. 小说家；9. 农家；10. 阴阳；11. 天文；12. 历算；13. 五行；14. 占筮；15. 形法；16. 兵书；17. 医家；18. 房中；19. 神仙；20. 释氏；21. 类书；22. 杂艺术。

集部六类：

1. 赋诗；2. 别集；3. 诗集（歌词附）；4. 章奏；5. 总集；6. 文史。

《经籍考》在部类上袭用四部分类法，但在小类上却是根据图书的实存状况和作者对图书性质的理解作了调整。为了更好地了解小类设立情况的变化，现参考孔建国先生硕士学位论文《〈文献通考·经籍考〉研究》第四章所列《经籍考》与前代四部分类目录分类对照表①，并采入《汉书·艺文志》②，列表 2-5③。

表 2-5 十一种史志目录小类设置对照

	汉志	隋志	旧唐志	新唐志	崇文目	国史志	中兴志	晁《志》	尤《目》	陈《录》	经籍考
经									1. 经总		
	1. 易	1. 易	1. 易	1. 易	1. 易	1. 易	1. 易	1. 易	2. 周易	1. 易	1. 易
	2. 书	2. 书	2. 书	2. 书	2. 书	2. 书	2. 书	2. 书	3. 尚书	2. 书	2. 书
	3. 诗	3. 诗	3. 诗	3. 诗	3. 诗	3. 诗	3. 诗	3. 诗	3. 诗	3. 诗	3. 诗
	4. 礼	4. 礼	4. 礼	4. 礼	4. 礼	4. 礼	4. 礼	4. 礼	4. 礼	4. 礼	4. 礼
	5. 乐	5. 乐	5. 乐	5. 乐	5. 乐	6. 乐	9. 乐	5. 乐	6. 乐		10. 乐
	6. 春秋（史附）	6. 春秋	6. 春秋	6. 春秋	6. 春秋	5. 春秋	5. 春秋	6. 春秋	7. 春秋	5. 春秋	5. 春秋
	8. 孝经	7. 孝经	7. 孝经	7. 孝经	7. 孝经	7. 孝经	7. 孝经	7. 孝经		6. 孝经	8. 孝经

① 孔建国先生在制表时对所用《崇文总目》《国史志》《中兴志》有注释说明："《崇文总目》今无全本，兹据钱东垣等辑释本；《国史志》《中兴志》今亦无全本，兹据赵士炜辑本。"

② 《汉书·艺文志》虽不是四部分类法，但作为我国首部史志目录，对后世影响甚大，况且《经籍考》"以四代史志列其目"，而《汉志》为四代史志之首，故在小类确定上对《经籍考》有影响，故采入表。《汉书·艺文志》中六《略》之下的各小类，在本表中据小类属性散入经、史、子、集四部，以便观察各目录小类的因袭变改情况。《兵书略》《数术略》《方技略》均合入子部，为与《诸子略》区别，小类序号分别以［1］、(1) 和①三种形式编定。

③ 在本表表头中《汉书·艺文志》简称为"汉志"，《隋书·经籍志》为"隋志"，《旧唐书·经籍志》为"旧唐志"，《新唐书·艺文志》为"新唐志"，"《崇文总目》"为"崇文目"，《宋九朝国史艺文志》(《太祖太宗真宗三朝志》《仁宗英宗两朝志》《神宗哲宗徽宗钦宗四朝志》)为"国史志"，《宋中兴国史艺文志》为"中兴志"，晁公武《郡斋读书志》为"晁《志》"，尤袤《遂初堂书目》为"尤《目》"，陈振孙《直斋书录解题》为"陈《录》"，《文献通考·经籍考》为"经籍考"。

续表

	汉志	隋志	旧唐志	新唐志	崇文目	国史志	中兴志	晁《志》	尤《目》	陈《录》	经籍考
	7. 论语	8. 论语	8. 论语	8. 论语	8. 论语	8. 论语	6. 论语	8. 论语	8. 论语(孝经、孟子附)	7. 语孟	6. 论语
											7. 孟子
经		9. 谶纬	9. 谶纬	9. 谶纬		11. 谶纬	11. 谶纬			9. 谶纬	12. 谶纬
			10. 经解	10. 经解		9. 经解	8. 经解	9. 经解		8. 经解	9. 经解
			11. 诂训								
	9. 小学	10. 小学	12. 小学	11. 小学	9. 小学	10. 小学	10. 小学	10. 小学	9. 小学	10. 小学	13. 小学
											11. 仪注(谥法附)
		1. 正史	1. 正史	1. 正史	1. 正史	1. 正史	1. 正史	1. 正史	1. 正史	1. 正史	1. 正史
							4. 别史			2. 别史	
		2. 古史	2. 编年	2. 编年	2. 编年	2. 编年	2. 编年	2. 编年	2. 编年	3. 编年	2. 编年
		3. 杂史	4. 杂史	4. 杂史	4. 杂史	4. 杂史		4. 杂史	3. 杂史	7. 杂史	4. 杂史
		4. 霸史	3. 伪史	3. 伪史	5. 伪史	14. 霸史	16. 霸史	5. 伪史	6. 伪史	6 伪史	6. 伪史霸史
									7. 国史		
									8. 本朝杂史		
史									9. 本朝故事		
									10 本朝杂传		
		5. 起居注	5. 起居注	5. 起居注	3. 实录	3. 起居注	3. 起居注	3. 实录	11. 实录	4. 起居注	3. 起居注
										5. 诏令	
		6 旧事	6. 故事	6. 故事		6. 故事	6. 故事		4. 故事	8. 典故	8. 故事
		7. 职官	7. 职官	7. 职官	6. 职官	7. 职官	7. 职官	7. 职官	12. 职官	9. 职官	9. 职官
		8. 仪注	9. 仪注	9. 仪注	7. 仪注	9. 仪注	9. 仪注	8. 仪注	13. 仪注	10. 礼注	
		9. 刑法	10. 刑法	10. 刑法	8. 刑法	10. 刑法	11. 刑法	9. 刑法	14. 刑法	13. 法令	10. 刑法

续表

	汉志	隋志	旧唐志	新唐志	崇文目	国史志	中兴志	晁《志》	尤《目》	陈《录》	经籍考
史		10. 杂传	8. 杂传	8. 杂传记	12. 传记	8. 传记	8. 杂传	11. 传记	5. 杂传	12. 传记	5. 传记
		11. 地理	13. 地理	13. 地理	9. 地理	13. 地理	15. 地理	10. 地理	18. 地理	16. 地理	11. 地理
		12. 谱系	12. 谱牒	12. 谱牒	10. 氏族	12. 谱牒	13. 谱牒	12. 谱牒	15. 姓氏	14. 谱牒	13 谱牒
		13. 簿录	11. 目录	11. 目录	13. 目录	11. 目录	12. 目录	13. 目录	17. 目录	15. 目录	14. 目录
					11. 岁时		14. 时令			11. 时令	12. 时令
						5. 史抄	5. 史抄	6 史评	16. 史学		7. 史评史抄
							10. 谥法				
子	1. 儒家	1. 儒家	1. 儒家	1. 儒家	1. 儒家	1. 儒家	1. 儒家	1. 儒家	1. 儒家	1. 儒家	1. 儒家
	2. 道家	2. 道家	2. 道家	2. 道家	2. 道家	2. 道家	2. 道家	2. 道家	3. 道家	2. 道家	2. 道家
	4. 法家	3. 法家	3. 法家	3. 法家	3. 法家	3. 法家	3. 法家	3. 法家		3. 法家	3. 法家
	5. 名家	4. 名家	4. 名家	4. 名家	4. 名家	4. 名家	4. 名家	4. 名家		4. 名家	4. 名家
	6. 墨家	5. 墨家	5. 墨家	5. 墨家	5. 墨家	7. 墨家	5. 墨家	5. 墨家		5. 墨家	5. 墨家
	7. 纵横家	6. 纵横家	6. 纵横家	6. 纵横家	6. 纵横家	8. 纵横家	6. 纵横家	6. 纵横家		6. 纵横家	6. 纵横家
	8. 杂家	7. 杂家	7. 杂家	7. 杂家	7. 杂家	9. 杂家	7. 杂家	7. 杂家	2. 杂家	8. 杂家	7. 杂家
	9. 农家	8. 农家	8. 农家	8. 农家	8. 农家	10. 农家	9. 农家	8. 农家	5. 农家	7. 农家	9. 农家
	10. 小说家	9. 小说	9. 小说	9. 小说	9. 小说	11. 小说家	8. 小说家	9. 小说	8. 小说	9. 小说家	8 小说家
	[1]兵权谋、[2]兵形势、[3](兵)阴阳、[4]兵技巧	10. 兵家	12. 兵书	12. 兵书	10. 兵家	15. 兵家	16. 兵家	13. 兵家	6. 兵书	12. 兵书	16. 兵书
	(1)天文	11. 天文	10. 天文	10. 天文占数	16. 天文占数	12. 天文家	10. 天文	10. 天文	7. 数术(天文、历议、五行、阴阳、卜筮、形势附)		11. 天文家

续表

	汉志	隋志	旧唐志	新唐志	崇文目	国史志	中兴志	晁《志》	尤《目》	陈《录》	经籍考
子	(2)历谱	12. 历数	11. 历算	11. 历算	17. 历数	13. 历算家	11. 历谱	11. 星历		13. 历象	12. 历算
					12. 算数						
	3. 阴阳家										10. 阴阳家
	(4)蓍龟、(5)杂占				15. 卜筮		14. 杂占			15. 卜筮	14 占筮
	(6)形法						15. 形法			16. 形法	15. 形法
	(3)五行	13. 五行	13. 五行	13. 五行	18. 五行	14. 五行家	12. 五行	12. 五行		14. 阴阳家①	13. 五行
							13. 蓍龟				
			14. 杂艺术	14. 杂艺术	13. 艺术	17. 杂技术	21. 杂艺术	15. 艺术	9. 杂艺	19. 杂艺	22. 杂艺术
	①医经、②经方	14. 医方	17. 医术	17. 医术	14. 医书	16. 医家	17. 医家	16. 医家	12. 医书	17. 医书	17. 医家
			16. 经脉	16. 明堂经脉							
	③房中										18. 房中
			15. 事类	15. 类书	11. 类书	18. 类书	20. 类书	14. 类书	11. 类书	20. 类书	21. 类书
	④神仙	(道经)			19. 道书	3. 神仙家	18. 神仙家	17. 神仙		10. 神仙	19 神仙
		(佛经)			20. 释书	4. 释家	19. 释家	18. 释书	4. 释家	11. 释氏	20. 释氏
									10. 谱录		
										18. 音乐	

① 孔建国先生所拟表中此“阴阳家”类在“历象”类下两格，与《汉志》和《经籍考》中的“阴阳家”类处于同一行中。鉴于《直斋书录解题》此类所录与《经籍考》“五行”类所录图书一致（后有论及），故移至此格。

续表

	汉志	隋志	旧唐志	新唐志	崇文目	国史志	中兴志	晁《志》	尤《目》	陈《录》	经籍考
集	1. 屈原赋之属 2. 陆贾赋之属 3. 孙卿赋之属 4. 杂赋	1. 楚辞	1. 楚辞	1. 楚辞			1. 楚辞	1. 楚辞		1. 楚辞	1. 赋诗
		2. 别集	2. 别集	2. 别集	2. 别集	1. 别集	2. 别集	2. 别集	1. 别集	3. 别集	2. 别集
		3. 总集	3. 总集	3. 总集	1. 总集	2. 总集	3. 总集	3. 总集	3. 总集	2. 总集	5. 总集
					3. 文史	3. 文史	4 文史	4. 文说	4. 文史	7. 文史	6. 文史
									2. 章奏	6. 章奏	4. 章奏
	5. 歌诗								5. 乐曲	5. 歌词	歌词(附于诗集)
										4. 诗集	3. 诗集

有学者认为《经籍考》分类体系的确立主要依据晁、陈二氏之书。昌彼得、潘美月即认为《经籍考》的分类“大抵依据陈振孙《直斋书录解题》，但于经部增谥法，而分论、孟为二，并将史部礼注改为仪注，子部音乐改名乐类列于经部；史部删去别史、诏令，而增史评史抄一门；子部多房中，分历象为天文、历算二门而已”[①]；刘石玉也认为“它取则的旧目包括《汉书·艺文志》《隋书·经籍志》到新、旧唐志、宋四朝国史艺文志等一大批史志书目以及官录宋《崇文总目》等等，但其印范规模的主要蓝本还应该说是宋陈振孙《直斋书录解题》和晁公武《郡斋读书志》两部私家解题书目”[②]。《经籍考》的分类与《直斋书录解题》的非常相似，其中“诗集”“章奏”二类，确实是参照陈氏书目而立，然而有些类目设置却并不相同。乐类之书一般都被置于经部，而陈振孙却放在子部的倒

① 昌彼得、潘美月:《中国目录学》，文史哲出版社 1986 年版，第 180 页。

② 刘石玉:《〈文献通考·经籍考〉分类探析》,《四川图书馆学报》1987 年第 2 期。

数第二位。陈氏曰："刘歆、班固虽以《礼》《乐》著之六艺略，要皆非孔氏之旧也，然《三礼》至今行于世，犹是先秦旧传。而所谓《乐》六家者，影响不复存矣。窦公之《大司乐章》既已见于《周礼》，河间献王之《乐记》亦已录于《小戴》，则古乐已不复有书。而前志相承，乃取乐府、教坊、琵琶、羯鼓之类，以充乐类，与圣经并列，不亦悖乎！晚得郑子敬氏《书目》独不然，其为说曰：仪注、编年，各自为类，不得附于《礼》《春秋》，则后之乐书，固不得列于六艺。今从之，而著于子录杂艺之前。"①《经籍考》则对陈氏之法加以修正："按古者《诗》《书》《礼》《乐》，皆所以垂世立教，故班史著之《六艺》，以为经籍之首。流传至于后世，虽有是四者，而俱不可言经矣。故自唐有四库之目，而后世之所谓书者入史门，所谓诗者入集门，独礼、乐则俱以为经，于是以历代典章、仪注等书厕之《六典》《仪礼》之后，历代乐府、教坊诸书厕之《乐记》《司乐》之后，猥杂殊甚。陈氏之言善矣！然乐者，国家之大典，古人以与礼并称，而陈氏《书录》则置之诸子之后而侪之于技艺之间，又太不伦矣。虽后世之乐不可以拟古，然既以乐名书，则非止于技艺之末而已。况先儒释经之书，其反理诡道，为前贤所摈斥者，亦沿经之名，得以入于经类，岂后世之乐书，尽不足与言乐乎？故今所叙录，虽不敢如前志相承，以之拟经，而以与'仪注'、'谶纬'并列于'经解'之后，史、子之前云。"② 又，陈《录》"礼注"入子部，而《经籍考》与之相应的"仪注"则在经部；《经籍考》中有谥法、阴阳家、房中和史评史抄各类，而陈《录》则无，故将刘知几《史通》系于文史类中。陈《录》于史部设别史一门，《经籍考》则无之。笔者认为，马端临设定《经籍考》的分类体系时，同时考虑

① 《直斋书录解题》，第399页。

② 《文献通考》，第5456—5457页。

到了保存旧观和随时变改两个方面，而并非对某一家书目的模仿或对几家书目的调和折中。

首先，《经籍考》在确定类目时注意保存前代史志目录之旧观。

保留“阴阳”“房中”二类。阴阳家类自从《汉志》于《诸子略》内设立之后，唯陈《录》和《经籍考》设有此类。房中类自《汉志·方技略》后，则仅有《经籍考》保留此类。陈《录》阴阳家类收录图书三十三部，而《经籍考》“阴阳”“房中”二类均不著录图书，唯在抄录类序时保留了对“阳阳家者流”和“房中者”的解释及传家、篇数统计，属于虚列小类。值得注意的是，《经籍考》阴阳家类的设立与陈《录》无涉。陈《录》有阴阳家类而无五行类，现将陈《录》阴阳家类所录与《经籍考》五行类所录作一对比[①]。

表 2–6 陈《录》阴阳家类与《经籍考》五行类著录图书对照

<table>
<tr><th>陈《录》阴阳家类</th><th>《经籍考》五行类</th></tr>
<tr><td>1.《景祐遁甲玉函符应经》二卷</td><td>4.《景祐遁甲玉函符应经》二卷</td></tr>
<tr><td>2.《景祐太一福应集要》十卷</td><td>5.《景祐太一福应集要》十卷</td></tr>
<tr><td>3.《阴阳二遁图局》一卷并《杂诀》</td><td rowspan="4">6.《阴阳二遁图局》一卷并《杂诀》
《三元立成图局》二卷
《遁甲八门机要》一卷
《太乙淘金歌》一卷</td></tr>
<tr><td>4.《三元立成图局》二卷</td></tr>
<tr><td>5.《遁甲八门机要》一卷</td></tr>
<tr><td>6.《太一淘金歌》一卷</td></tr>
<tr><td>7.《遁甲选时图》二卷</td><td>7.《遁甲选时图》二卷</td></tr>
<tr><td>8.《广济阴阳百忌历》二卷</td><td>34.《广济阴阳百忌历》二卷</td></tr>
<tr><td>9.《三历会同》十卷</td><td>35.《三历会同》十卷</td></tr>
<tr><td>10.《万历会同》三卷</td><td>36.《万历会同》三十卷</td></tr>
<tr><td>11.《弹冠必用》一卷</td><td>37.《弹冠必用》一卷</td></tr>
<tr><td>12.《三历撮要》一卷</td><td>38.《三历撮要》一卷</td></tr>
</table>

① 书名前的序号依据各条在原书此类中的条目顺序。

续表

陈《录》阴阳家类	《经籍考》五行类
13.《阴阳备用》十二卷	39.《阴阳备用》十二卷
14.《珞琭子》一卷	10.《珞琭子三命》一卷
	11.《珞琭子疏》五卷
15.《壶中赋》一卷	14.《壶中赋》一卷
16.《源髓歌》六卷、《后集》三卷	15.《源髓歌》六卷、《后集》三卷
17.《太一命诀》一卷	16.《太乙命诀》一卷
18.《五星命书》一卷	20.《五星命书》一卷
19.《五星三命指南》十四卷	21.《五星三命指南》十四卷
20.《聿斯歌》一卷	22.《聿斯歌》一卷
21.《灵台三十六歌》一卷	23.《灵台三十六歌》一卷
22.《五星六曜约法》一卷	24《五星六曜约法》一卷 《洞微歌》一卷 《紫宙经》一卷
23.《洞微歌》一卷	
24.《紫宙经》一卷	
25.《四门经》一卷	25《四门经》一卷
26.《青罗立成历》一卷	26.《青罗立成历》一卷
27.《罗计二隐曜立成历》一卷	27.《罗计二隐曜立成历》一卷
28.《诸家五星书》一卷	28.《诸家五星书》一卷
29.《遁甲八门命诀》一卷	29.《遁甲八门命诀》一卷
30.《信斋百中经》一卷	30.《信斋百中经》一卷
31.《怡斋百中经》一卷	31.《怡斋百中经》一卷
32.《五行精纪》三十四卷	32.《五行精纪》三十四卷
33.《三辰通载》三十四卷	33.《三辰通载》三十四卷
	1.《广古今五行志》三十卷
	2.《遁甲万一诀》一卷
	3.《遁甲经》一卷
	8.《秤星经》三卷
	9.《周易十二论》一卷
	12.《李虚中命书》三卷
	13.《河图》、《天地二运赋》一卷

续表

陈《录》阴阳家类	《经籍考》五行类
	17.《五命秘诀》一卷
	18.《鲜鹗经》十卷

从表2–6中可以看出，陈《录》收入阴阳家类的图书在《经籍考》中全部被放在了五行类中，陈《录》不设五行一类，故阴阳类即相当于《经籍考》五行类。《经籍考》五行类比陈《录》阴阳家类多出的十种书，均可在晁公武《郡斋读书志》五行类中找到。所以《经籍考》是依据《汉志》而保留阴阳和房中两种类目的，而五行类中具体的图书条目的拟定则可能参考了晁《志》和陈《录》。

五行、卜筮、形法复各自为类。《汉志》中五行、卜筮和形法之书均入数术略，而阴阳类入诸子略。陈振孙以为“阴阳之与术数，似未有以大异也，不知当时何以别之，岂此论其理，彼具其术邪”。后来清人章学诚著书言：“《七略》以兵书、方技、数术为三部，列于诸子之外者，诸子立言以明道，兵书、方技、数术皆守法以传艺，虚理实事，义不同科故也。至四部而皆列子类矣。南宋郑寅《七录》，犹以艺、方技为三门[①]，盖亦《七略》之遗法。”[②]陈氏以《汉志》所载阴阳家类二十一家之书皆已不存，无法考究，所以隋、唐以来的子部遂不设阴阳一家，“至董逌《藏书志》始以星占、五行书为阴阳类”，故依董书而“稍增损之，以时日、禄命、遁甲等备阴阳一家之阙，而其他术数各自为类”。这就出现了上文所见陈《录》阴阳家类的图书全见于《经籍考》五行类的状况。马端临认为陈氏关于阴阳与数术关系密切的说法是正确的，但对陈氏将时日、禄命

① 陈振孙《书录解题》著录郑寅《郑氏书目》七卷，解题称“莆田郑寅子敬以所藏书为《七录》，曰经，曰史，曰子，曰艺，曰方技，曰文，曰类”，则“艺、方技”实为两类。

② ［清］章学诚著，叶瑛校注:《文史通义校注》，中华书局1985年版，第985页。

诸书入阴阳类以备前史之阙的做法并不赞同，于是反驳道："然时日、禄命、遁甲独非术数乎？其所谓'术数各自为类'者，曰卜筮、曰形法，然此二者独不本于阴阳乎？"阴阳一类书已久佚，"隋唐间已不能知其名义，故无由以后来所著之书续立此门"，所以马端临据《汉志》列其类目，然而不著录图书。至于五行、蓍龟、杂占、形法之书则仍从《汉志》旧例，对此马端临以按语作了如是说明："《隋书》《唐书》及《宋九朝史》，凡涉乎术数者，总以五行一门包之，殊欠分别。独《中兴史志》乃用班《志》旧例，以五行、占卜、形法各自为门，今从之。"①

将集部"楚辞"类更名为"赋诗"类。《经籍考》赋诗类所录作品有《楚辞》十七卷、《楚辞释文》一卷、《补注楚辞》十七卷、《考异》一卷、《重编楚辞》十六卷、《续楚辞》二十卷、《变离骚》二十卷、《楚辞赘说》四卷、《楚辞集注》八卷、《辩证》二卷、《楚辞后语》六卷、《龙冈楚辞说》五卷、《新校楚辞》十卷、《翼骚》一卷、《洛阳九咏》一卷，所引小序出自《汉书·艺文志》诗赋略和《隋书·经籍志》楚辞类。《汉志》诗赋略作品又细分为屈原赋之属、陆贾赋之属、荀卿赋之属、杂赋和歌诗五类。五类之所以聚于一略，兼因能于微言中阐大义。刘师培认为："写怀之赋屈原以下二十家是也。骋辞之赋陆贾以下二十一家是也。阐理之赋荀卿以下二十五家是也。写怀之赋其源出于《诗经》，骋辞之赋其源出于纵横家，阐理之赋其源出于儒道两家。"②屈原之赋有"恻隐古诗之义"，而其后之宋玉、唐勒，至汉之相如、子云，"竞为侈丽闳衍之词，没其风谕之义"，正所谓"诗人之赋丽以则，辞人之赋丽以淫"。后世之楚辞一类，实本屈原赋之属而来。命类为"楚辞"，丧失了《汉志》"诗

① 《文献通考》，第6087—6088页。

② 陈国庆：《汉书艺文志注释汇编》，中华书局1983年版，第185页。

赋”名所含的赋为诗之流裔这层意义，马端临效法《汉志》，将类名定为“赋诗”，标示屈赋为古诗之流变，具有讽喻的教化功能，或以此实现宣扬阐道继绝的目的。

其次，随时适变，调整类目。

马端临根据当朝图书的数量和自己对各类图书性质的理解，在前代公私书目分类的基础上对《经籍考》的类目作了适当的调整。这种调整可分为两类：一类是在同一部类之中调整，一类是在不同部类间调整。

先说在同一部类中作了适当调整的小类。

上文已经谈到，在经部当中，音乐类图书在上列各书目分类表中除陈《录》外，其余九种目录均置之于礼类之后，马端临认同陈振孙的看法，以为后世乐府、教坊之乐教化意义被削弱，不当与先代《乐记》诸书并列，但他不同意陈氏将之从经部降入子部，而是仍将此类留在经类，只是排列的位次降到了经解类之后。

表中目录史部杂史类和杂传（传记）类图书历来分隔，而马氏将传记类上调至杂史类之后，加按语解释：“杂史、杂传，皆野史之流，出于正史之外者。盖杂史，纪、志、编年之属也，所纪者一代或一时之事；杂传者，列传之属也，所纪者一人之事。然固有名为一人之事，而实关系一代一时之事者，又有参错互见者。前史多以杂史第四，杂传第八，相去悬隔，难以参照，今以二类相附近，庶便检讨云。”①

整合“伪史”“霸史”类与“史评”“史抄”类。《隋志》《宋国史志》《宋中兴志》中有“霸史”类而无“伪史”类。《旧唐志》、《新唐志》、《崇文总目》、晁《志》、尤《目》和陈《录》有“伪史”类

① 《文献通考》，第5649页。

却无“霸史”类。《隋书・经籍志》曰：“自晋永嘉之乱，皇纲失驭，九州君长，据有中原者甚众。或推奉正朔，或假名窃号，然其君臣忠义之节，经国字民之务，盖亦勤矣。而当时臣子，亦各记录。后魏克平诸国，据有嵩、华，始命司徒崔浩，博采旧闻，缀述国史。诸国记注，尽集秘阁。尔朱之乱，并皆散亡。今举其见在，谓之霸史。”[①]“伪史”一类始于《旧唐书》，然而其《经籍志》并未加以说明，《经籍考》也没有引用其他材料加以解释。就所录图书来看，此类多记动荡时期各地林立的小朝廷的历史，所以与《隋志》所言“霸史”十分相近。杨寄林先生认为和《文献通考》将《通典・边防门》改为《四裔考》并置于全书之末的意图一样，马端临集合晁、陈二目史部伪史类图书，在“伪史”类名之外，“复承《隋志》加标霸史，二名骈立，两类兼具，这在历代书目中绝无仅有，适可见出马氏同理学先儒遥相呼应，以华夏正统斥九州方国，以中央集权反封建割据的政治倾向性”[②]。史抄的产生过程，正如章学诚《校雠通义・宗刘篇》所言：“唐后史家，无专门别识，抄撮前人史籍，不能自擅名家；故《宋志》艺文史部，创为史抄一条，亦不得已也。嗣后学术，日趋苟简，无论治经业史，皆有简约抄撮之工；其始不过便一时之记忆，初非有意留青，后乃父子授受，师弟传习，流别既广，巧法滋多。”[③]所以史抄多详节图书，或抄撮，合编为册。至于史抄作为类别出现的时间，四库馆臣也有所论述。《四库全书总目》卷六十五曰：“帝魁以后书，凡三千二百四十篇，孔子删取百篇。此史抄之祖也。《宋志》始自立门。”[④]刘石玉先生认为“《经籍考》首次

① 《隋书》，第964页。

② 杨寄林：《〈文献通考・经籍考〉分类体系发覆》，刘乃和主编：《洪皓马端临与传统文化》，中国青年出版社1997年版，第198页。

③ ［清］章学诚著，叶瑛校注：《文史通义校注》，中华书局1985年版，第958页。

④ ［清］永瑢等：《四库全书总目》，中华书局1965年版，第577页。

在书目中使用并确立史抄一目作为类名”，其独立成类是因为马端临考虑到“这类图书的产生和滋繁仅从汉代算起，到宋末也发展了一千多年，但始终没有在书目中找到它的归宿与位置”[①]，故增设此类。马端临在《经籍考》卷二十二曾明言“右史抄。《隋》《唐志》史部皆无此门，附在杂史。《宋志》方别立史抄门”，但马氏所说的《宋志》并非元人所修《宋史》的《艺文志》，而是他在《经籍考》中经常引用的《宋三朝志》《宋两朝志》《宋四朝志》《宋中兴志》的省称，所以在马端临之前即已有史抄一类，而刘先生则误以《宋志》为《宋史・艺文志》，故立已说而驳《四库全书》与章氏。《宋志》特立史抄一门，晁《志》则立史评类，尤《目》则以史学类与之对应，陈《录》干脆不立此类。张舜徽先生对设立史抄类的必要性也提出了质疑，并提出设书抄一类附于类书类后的设想：“自《宋志》创立史抄一门，后之编书目者因之。章学诚则谓抄撮之工，仍世益盛，或儒或墨，初不限于史部，宜别立书抄一目，附史抄后，以统摄之，论者服其卓识。舜徽以为别立书抄是也，谓宜附史抄之后则非也。盖昔人治学缜密，于群书莫不提要钩玄，从事抄撮，而以宋人为最勤。若魏了翁抄撮群经注疏以成《九经要义》，洪迈于群书皆有节本，自经、子至前汉皆曰法语，自后汉至唐皆曰精语，此其荦荦大者，其他小书短册，更不可胜数（若吕祖谦《读诗记》之类，皆由抄辑而成）。虽著录之家，各归本类，而门目遥隔，不相关涉，非所以辨章学术，考正得失也。窃意宜立书抄一门，附于类书之末，以统录古今抄撮之编，俾学者可由此考见先儒治学之规，裨益于后世实大。且史之为体，原以撰集旧事，与经子立言垂训者异趣，论者徒知荀悦《汉纪》、袁枢《纪事本末》抄撮《汉书》《通鉴》而成，

① 刘石玉：《〈文献通考・经籍考〉分类探析》，《四川图书馆学报》1987年第2期。

不知班氏《汉书》本于司马迁、刘歆诸家之书为多，司马《通鉴》亦采辑十七史以及杂记小书而无所遗，亦何往而非抄袭，以其错综排比，整炼而有翦裁，故能自成一家言耳。爰据斯义以尚论古史，则非特《汉书》为抄，《史记》亦抄，《春秋》《尚书》亦抄。下观宋世诸儒所为书，则非特《通鉴》为抄，即《通志》亦抄，《文献通考》亦抄。他若历朝正史，无不根据实录整齐排比而后成书，亦犹之抄辑也。然则总史部之书，抄撮者居其强半，将安用别立史抄一目乎？”[①] 史评一类首见于晁《志》，然而其后的尤《目》和陈《录》并未设置此类。晁《志》史评类所录之书，陈《录》或入编年类，或入集部文史类。比如唐人刘知几的《史通》，陈《录》就将它收在文史类，与诗话作品放在一起，二者显然是不相侔合的。

神仙（道教）、释氏之书，《崇文总目》、《宋中兴志》、晁《志》都置之于子部最后，《新唐书》附二类图书入子部道家内，《国史志》放在道家之后，《遂初堂书目》子部第三类为道家，第四类为释家。以上诸目中二类宗教书的位置均大大前移，与儒家靠近。陈《录》也把二类排在子部二十类图书中的第十、第十一类。释道书的前移，与唐宋以来思想界儒、释、道三家合流不无关系。《经籍考》对此二类也作了调整，将二类置于类书和杂艺术之前，位于子部倒数三、四位，调整幅度很小，与《孟子》由子部入经部的调整相比，反差则更强烈。马氏对道释二家的贬抑，由《经籍考》中《道藏书目》条下的按语中可见一斑，然而面对释道二家思想在很大程度上影响着世人生活的现实，马氏对二类图书的地位，也不得不提高一些。

提升“诗集”“章奏”类的地位。诗集一类，从目录级位上讲，一般与文集并列，从属于别集。章奏一类，常被视为个人作品，存

① 张舜徽:《广校雠略》，华中师范大学出版社 2004 年版，第 59—60 页。

于集部，章学诚曰："四部既分，集林大畅。文人当诰，则内制外制之集，自为编矣。宰相论思，言官白简，卿曹各言职事，阃外料敌善谋，陆贽《奏议》之篇，苏轼进呈之策，又各著于集矣。……大抵前人著录，不外别集总集二条，盖以一人文字观也。"[①]尤袤《遂初堂书目》、陈振孙《直斋书录解题》则将章奏一类提升到与别集等同的地位，陈氏也把诗集单独分类，与别集同列。《经籍考》将集部分为七类，客观上改变了因宋人文烦，诗集、章奏数量急增致使传统楚辞、总集、别集三分之下别集过度膨胀的局面，使各类更为均衡。又，宋代词人众多，好手如云，他们的词集在《直斋书录解题》中已单独成类，名为"歌词"。马端临继承了陈氏单独排列词集的做法，但把词集紧附于"诗集"类之后，并不单立"歌词"一类。

次说不同部类间的类目调整。

经部增设"孟子"类。《孟子》入经，在唐代以后。在《经籍考》卷十一孟子类序中，马端临引赵岐《孟子题辞》曰："秦焚经籍，其书号为诸子，得不泯绝。孝文时《论语》《孝经》《孟子》《尔雅》皆置博士，后罢传记博士，独立《五经》而已。"则《孟子》在汉文帝时由诸子之书进而与《论语》等并列为传记并置博士，地位已提升到经子之间。"五代时，蜀主孟昶命毋昭裔楷书《易》《书》《诗》《三礼》《春秋三传》《论语》《孟子》十一经，刻石，是为蜀石经。宋太宗翻刻之，是为北宋石经。此十一经中，无《孝经》《尔雅》二书，而《孟子》独列入焉。是朱子定四书以前，《孟子》已正式列入经部矣。"[②]但是《孟子》在目录书中被列入经部的时间，还要稍晚一些。尤袤《遂初堂书目》把其与《孝经》一起附于论语类，

① ［清］章学诚著，叶瑛校注：《文史通义校注》，中华书局1985年版，第41页。

② 蒋伯潜：《十三经概论》，上海古籍出版社1983年版，第613页。

《孟子》类著作就由子部升入经部。陈振孙《直斋书录解题》中有语孟类,《孟子》已经与《论语》比肩,并且出现于类名之中。马氏有按语称:“按前史《艺文志》俱以《论语》入经类,《孟子》入儒家类,直斋陈氏《书录解题》始以《语》《孟》同入经类。其说曰:‘自韩文公称孔子传之孟轲,轲死,不得其传。天下学者咸曰孔、孟。孟子之书,固非荀、扬以降所可同日语也。今国家设科取士,《语》《孟》并列于经,而程氏诸儒训解二书常相表里,故今合为一类。’今从之。”马端临所谓“今从之”,是对将《孟子》入经的分类之法表示赞同。《经籍考》将在陈《录》的基础上将语孟类一分为二,《孟子》单列成类,则进一步提高了《孟子》的地位。马氏之所以作出这种调整,在于“自韩愈作《原道》,提出了尧、舜、禹、汤、文武、周公、孔子、孟子一脉相传的‘道统’谱系,孟子其人其书的地位日趋显赫,经过二程特别是朱熹的竭力表彰和尊崇,乃与《论语》相提并论,反映到目录上,遂由子部儒家跻身于经部,且在《孝经》之上”①。

将“仪注”“谥法”二类由史部调整入经部。仪注一类,从《隋志》《旧唐志》《新唐志》《崇文总目》到晁公武《读书志》、尤袤《遂初堂书目》,均被置于史部,陈振孙《直斋书录解题》史部则名之为“礼注”。马端临首先对经部礼类部分图书的归类作了调整。在《经籍考》礼类总计“《汉志》:凡《礼》十三家,五百五十五篇”之下,马氏有按语:“三代之礼,其流传于汉世,《周官》《仪礼》《戴记》三书而已,《艺文志》所述皆三书也。然其末则以《古封禅群祀》二十二篇、《封禅议对》十九篇、《汉封禅群祀》三十六篇、《议奏》三十八篇继之,而皆以为《礼》家。按封禅,秦、汉之事,

① 杨寄林:《〈文献通考·经籍考〉分类体系发覆》,刘乃和主编:《洪皓马端临与传统文化》,中国青年出版社1997年版,第197页。

难厕其书于礼经之后，今析入仪注门，凡削四家，一百一十五篇云。”[①] 又，“《钟鼎款识》二十卷”条后马端临按曰：“《考古图》诸书晁氏以入小学门，陈氏以入书目门，皆失其伦类。既所考者古之礼器，则礼文之事也，故厘入仪注门。”[②] 仪注类补充入部分图书后，马氏又将其整类放在乐类之后，原因与将乐类附于经解类之后相似。谥法成类，首见于《宋中兴艺文志》史部。马端临按语曰：“谥者，国家送终之大典，今历代史志，俱以《谥法》入《经解》门，则伦类失当。今除《周公谥法》《春秋谥法》二项入《礼》门，而历代之《谥法》，则俱附于《仪注》之后，庶以类相从云。”

二、《经籍考》图书具体归类分析

马端临在著录图书时，不只是对《经籍考》整部书的分类体系作了调整，而且对个别图书的归类也作了一番考量和调整。《经籍考》所著录图书在《经籍考》、陈《录》、晁《志》[③]、《新唐志》、《隋志》和《汉志》六书目中的归类差异情况如表 2–7 所示。

表 2–7 六种史志书目图书归类差异对照

序号	书名	经籍考	书录解题	读书志	新唐志	隋志	汉志	备注
1	焦氏易林十六卷	易	占筮	易	五行			《经籍考》解题中注明见占筮门
2	古三坟书一卷	书	书	经解类				《读书志》：三坟书七卷
3	东莱书说十卷	书	书					袁本《读书志》附志有书说六卷，入经解类

① 《文献通考》，第 5330 页。

② 《文献通考》，第 5500 页。“《考古图》诸书”指《经籍考》中《考古图》《博古图说》《宣和博古图》《钟鼎款识》四书。

③ 以衢本为依据。

续表

序号	书名	经籍考	书录解题	读书志	新唐志	隋志	汉志	备注
4	蔡九峰书集传	书						袁本《读书志》附志有书集传六卷，入经解类
5	丧礼极义一卷	礼			仪注类			
6	孔子家语	论语	儒家	论语	论语	论语	论语	
7	赵岐注孟子十四卷	孟子	语孟	儒家	儒家	儒家	儒家、兵阴阳	《汉志》中儒家类有十一篇，兵阴阳中有一篇
8	经典释文	经解	经解	小学	经解			
9	经史释题	经解			目录			《新唐志》为二卷
10	五经文学三卷	经解	经解		小学			
11	经典分毫正字	经解			小学			
12	九经字样	经解	经解		小学			
13	群经音辨	经解	经解	小学				
14	独断	仪注	礼注	经解				
15	江都集礼一百四卷	仪注			仪注	论语		
16	开宝通礼二百卷	仪注		礼				
17	太常因革礼	仪注		礼				《读书志》著录为一百卷
18	考古图十卷	仪注	目录	小学				
19	博古图说十一卷	仪注	目录					
20	宣和博古图三十卷	仪注	目录					
21	钟鼎款识二十卷	仪注		小学				

续表

序号	书名	经籍考	书录解题	读书志	新唐志	隋志	汉志	备注
22	谥别十卷	谥法			经解	论语		《新唐志》为“沈约谥例十卷”,《隋志》为“谥法十卷”
23	谥法四卷	谥法		礼	经解	论语		《读书志》为“沈贺谥法四卷”,《新唐志》为“谥法三卷”,《隋志》为“谥法五卷,贺琛”
24	续古今谥法十四卷	谥法			经解			
25	嘉祐谥法三卷	谥法	经解	礼				《书录解题》作“嘉祐谥”
26	六家谥法	谥法	经解					《书录解题》记为二十卷
27	集谥总录一卷	谥法		礼				
28	政和修定谥法	谥法	经解					《书录解题》记为六卷
29	易乾凿度二卷	谶纬	谶纬	易				
30	坤凿度二卷	谶纬		易				
31	坤灵图一卷 通卦验二卷	谶纬		易				
32	尔雅三卷	小学	小学	小学		论语	孝经	《隋志》记为五卷
33	小尔雅一卷	小学	小学	小学	小学	论语	孝经	《汉志》记为一篇
34	释名八卷	小学	小学		小学	论语		
35	墨薮十卷	小学	杂艺	小学				《书录解题》记为一卷
36	隶释二十七卷 隶续二十一卷	小学	目录					
37	法帖要录十卷	小学	杂艺					

续表

序号	书名	经籍考	书录解题	读书志	新唐志	隋志	汉志	备注
38	金壶记	小学	杂艺					书法类图书在《书录解题》中入杂艺类
39	蒙求三卷	小学	类书	类书				
40	补注蒙求八卷	小学	类书					
41	左氏蒙求三卷	小学		类书				蒙求图书在《读书志》中入类书类
42	童蒙训一卷	小学	儒家					
43	少仪外传二卷	小学	儒家					
44	辨志录一卷	小学	儒家					
45	小学书四卷	小学	儒家					
46	南史八十卷 北史一百卷	正史	别史	杂史	正史			
47	唐纪四十卷	编年		史评				《读书志》为“注唐纪十卷”
48	绍运图一卷	编年	编年	杂史				
49	穆天子传	起居注	起居注	传记	起居注	起居注		
50	唐创业起居注三卷	起居注	起居注	编年	起居注			
51	唐高祖实录二十卷	起居注	起居注	实录				《读书志》中题为实录者均入实录类，不设起居注类
52	建康实录二十卷	起居注	杂史	实录	杂史			
53	西汉诏令十二卷	起居注	诏令					《书录解题》中题名有“诏令”“制草”者入诏令类
54	汲冢周书十卷	杂史	书		杂史			
55	西京杂记二卷(一作六卷)	杂史	传记	杂史	故事、地理	旧事		《书录解题》记为六卷。《新唐志》两存

续表

序号	书名	经籍考	书录解题	读书志	新唐志	隋志	汉志	备注
56	东观汉记十卷	杂史	传记		正史	正史		《新唐志》记为一百二十六卷,《隋志》记为一百四十三卷
57	高氏小史一百二十卷	杂史	别史	杂史				《书录解题》记作一百三十卷
58	古史六十卷	杂史	别史	史评				
59	大唐说纂四卷	杂史	小说					
60	景龙文馆记八卷	杂史	传记		杂史			
61	唐年小录八卷	杂史	传记		故事			
62	开元天宝遗事四卷	杂史	传记	传记				《书录解题》记作两卷
63	国史补三卷	传记	杂史	杂史				《读书志》记作两卷
64	幸蜀记三卷	传记		传记	杂史			《读书志》作两卷,《新唐志》作一卷
65	次柳氏旧闻一卷	传记	杂史	杂史	杂史			《经籍考》传记类所录图书在《书录解题》、《读书志》和《新唐志》中多入杂史类
66	四夷朝贡录八卷	传记	杂史		地理			
67	桂苑丛谈一卷	传记		杂史	小说			
68	唐余录六十卷	传记	别史	杂史				《书录解题》作“唐余录史三十卷”
69	唐末泛闻录一卷	传记	传记	杂史				
70	王氏日记八十卷	传记	杂史					《书录解题》作“王氏日录八十卷”
71	四明尊尧集一卷	传记	典故					

续表

序号	书名	经籍考	书录解题	读书志	新唐志	隋志	汉志	备注
72	汉武内传二卷	传记		传记		杂传		
73	高士传十卷	传记	传记	传记	杂传	杂传		《隋志》记作六卷
74	襄阳耆旧记五卷	传记	传记	杂传	杂传			
75	闽川名士传三卷	传记	传记	传记	杂传			《书录解题》《新唐志》均记作一卷
76	补江总白猿传一卷	传记	小说	传记	小说			
77	安禄山事迹三卷	传记	杂史		杂史			
78	相国邺侯家传十卷	传记		传记	杂传			
79	吴湘事迹录一卷	传记		传记	故事			
80	牛羊日历一卷	传记	传记		小说			
81	异域归忠传二卷	传记	传记		杂传			
82	蛮书十卷	传记	传记		地理			
83	东家杂记二卷	传记	典故	传记				
84	青塘录一卷	传记	传记	地理				《读书志》记作两卷
85	乘轺录一卷	传记	传记	伪史				
86	华阳国志十二卷（一百二十卷）	伪史霸史	杂史	伪史	伪史	霸史		《书录解题》记作二十卷，《新唐志》十三卷，一百二十卷者不知何据
87	九州春秋九卷	伪史霸史	杂史		杂史	杂史		《隋志》记作十卷
88	刘氏史通二十卷	史评史抄	文史	史评	总集			

续表

序号	书名	经籍考	书录解题	读书志	新唐志	隋志	汉志	备注
89	史通析微十卷	史评史抄	文史	史评	总集			
90	史例三卷	史评史抄	文史		总集			
91	通鉴释文三十卷	史评史抄	编年					
92	通鉴前例一卷 修书帖一卷三十六条四图共一卷	史评史抄	编年					
93	通鉴问疑一卷	史评史抄	编年					
94	读史管见三十卷	史评史抄	编年					
95	通鉴论笃三卷	史评史抄	编年					
96	史记音义二十卷	史评史抄	正史	正史				
97	史记索隐三十卷	史评史抄	正史	史评	正史			
98	附索隐史记一百三十卷	史评史抄	正史					
99	史记正义二十卷	史评史抄	正史		正史			
100	陈伯宣注史记八十七卷	史评史抄			正史			
101	迁史删改古书异辞十二卷	史评史抄	类书					
102	汉书问答五卷	史评史抄			正史			

续表

序号	书名	经籍考	书录解题	读书志	新唐志	隋志	汉志	备注
103	三刘汉书标注六卷(一作一卷)	史评史抄	正史	正史				《读书志》为“三刘汉书一卷”
104	唐书直笔新例四卷	史评史抄	正史					
105	唐书列传辩证二十卷	史评史抄	正史					
106	新唐书略二十五卷	史评史抄	别史					
107	唐鉴二十卷	史评史抄	编年					《书录解题》记作十二卷
108	五代史纂误五卷	史评史抄	正史	史评				
109	贞观政要十卷	故事	典故	杂史	杂史			《书录解题》无故事类
110	通典二百卷	故事	典故	类书	类书			
111	唐会要一百卷	故事	典故	类书				
112	五代会要三十卷	故事	典故	类书				
113	三朝国朝会要一百五十卷	故事		类书				
114	六朝国朝会要三百卷	故事	典故	类书				
115	节国朝会要十二卷	故事		类书				
116	三朝圣政录十卷	故事		杂史				《读书志》为“三朝政录二十卷”
117	仁宗政要四十卷	故事		杂史				
118	神宗宝训二十卷	故事		杂史				

续表

序号	书名	经籍考	书录解题	读书志	新唐志	隋志	汉志	备注
119	景德会计录六卷	故事	典故	仪注				
120	皇祐会计录六卷	故事	典故	仪注				
121	本朝事实三十卷	故事	典故	仪注				袁州本《读书志》附志入类书类
122	钱谱十卷	故事		类书				
123	续钱谱十卷	故事		类书				
124	泉志十五卷	故事	杂艺					
125	浸铜要略一卷	故事	杂艺					
126	冶金录一卷	故事	杂艺					
127	中台志十卷	职官		职官	杂传			
128	《百官公卿表》一百四十五卷(书录解题作十五卷)	职官	编年	职官				《书录解题》记作十五卷,《读书志》作一百四十二卷
129	职林二十卷	职官	职官	类书				
130	玉笥山记一卷	地理			道家			
131	大唐西域记十二卷	地理	地理		道家			
132	荆楚岁时记四卷	时令	时令	农家	农家			《书录解题》记作六卷,《新唐志》作一卷
133	玉烛宝典十二卷	时令	时令		农家	杂家		
134	岁华纪丽四卷	时令	时令	农家	农家			《书录解题》记作七卷,《新唐志》作二卷
135	保生月录一卷	时令		农家	农家			

续表

序号	书名	经籍考	书录解题	读书志	新唐志	隋志	汉志	备注
136	金谷园记一卷	时令	时令		农家			
137	秦中岁时记一卷	时令	时令		农家			
138	辇下岁时记一卷	时令		农家				
139	千金月令三卷	时令	时令		农家			
140	国朝时令十二卷	时令	时令	农家				
141	阴符玄机一卷	道家	兵书		道家			
142	管子二十四卷	法家	法家	法家	法家	法家	道家	《汉志》记作八十六篇
143	晏子春秋十二卷	墨家	儒家	墨家	儒家	儒家	儒家	《新唐志》和《隋志》均记作七卷,《汉志》记作《晏子》八篇
144	战国策十三卷	纵横家	杂史	纵横家	杂史	杂史	春秋	《书录解题》记作三十卷,《读书志》作三十三卷,《新唐志》作三十二卷,《隋志》作三十二卷,《汉志》作三十三篇
145	范子计然十五卷	杂家			农家			
146	仲长子昌言	杂家			儒家	杂家		《新唐志》记作十卷
147	正训十卷	杂家			儒家	杂家		《新唐志》记作二十卷,《隋志》作二十卷
148	女诫一卷	杂家	杂家		杂传	儒家、总集		《隋志》并存于两类
149	孙子十卷	杂家	杂家		道家	道家		《新唐志》《隋志》均记作十二卷。作者孙绰

续表

序号	书名	经籍考	书录解题	读书志	新唐志	隋志	汉志	备注
150	瑞应图十卷	杂家	杂家			五行		《隋志》记作三卷
151	事始三卷	杂家	杂家	杂家	小说家			
152	造化权舆六卷	杂家	杂家		小说家			
153	刊误二卷	杂家	杂家		小说家			
154	伸蒙子三卷	杂家	杂家		儒家			
155	孔氏杂说记一卷	杂家	杂家	小说家				
156	湘素杂说十卷	杂家	杂家	小说家				《书录解题》和《读书志》均为“缃素杂记”
157	神异经一卷	小说家	小说家		道家	地理		《新唐志》记作两卷
158	十洲记一卷	小说家	传记	道家	地理			
159	洞冥记四卷拾遗一卷	小说家	小说家	传记	道家	杂传		《读书志》作五卷,《隋志》作一卷
160	周、卢注博物志十卷卢氏注六卷	小说家	小说家、杂家	小说家	小说家	杂家		《书录解题》《新唐志》《隋志》为“博物志十卷”
161	王子年拾遗记十卷	小说家	小说家	传记	杂史	杂史		
162	续齐谐记一卷	小说家	小说家		小说家	杂传		
163	朝野佥载三卷	小说家	小说家	小说家	杂传			
164	冥报记二卷	小说家	小说家		小说家	杂传		
165	封氏见闻记五卷	小说家	小说家	小说家	杂传			《书录解题》记为两卷。《新唐志》作“封氏闻见记”

续表

序号	书名	经籍考	书录解题	读书志	新唐志	隋志	汉志	备注
166	平泉草木记一卷	小说家		农家				
167	尚书故实一卷	小说家	小说家	小说家	杂传			
168	碧云騢一卷	小说家	小说家	杂史				
169	竹谱一卷	农家	农家	农家	农家	谱系		
170	酒谱一卷	农家	杂艺					《书录解题》中制酒产茶之书均入杂艺类
171	茶经三卷	农家	杂艺	农家	小说家			《书录解题》作一卷
172	煎茶水记一卷	农家	杂艺	农家	小说家			
173	星簿赞历一卷	天文	历象					《书录解题》不设天文类、历算类
174	景祐遁甲玉函符应经二卷	五行	阴阳					《书录解题》无五行类
175	八神筮法二卷	占筮		五行				《读书志》有占筮书入五行类,此表不具载
176	青囊补注三卷	形法		五行				《读书志》有形法之书入五行类,表不具载
177	相马经	形法		艺术	农家	五行		《新唐志》记作三卷
178	相牛经一卷	形法	形法	艺术	农家	五行		
179	相鹤经一卷	形法	形法		农家	五行		
180	尉缭子五卷	兵书	兵书	兵书	兵家	杂家	杂家	《隋志》记作六卷
181	阃外春秋十卷	兵书	兵书		杂史			

续表

序号	书名	经籍考	书录解题	读书志	新唐志	隋志	汉志	备注
182	修城法式条约二卷	兵书	法令					
183	育骏方三卷	医家		艺术				
184	相马经一卷	医家		艺术				
185	真诰十卷	神仙	神仙	神仙	道家			
186	周易参同契三卷	神仙	神仙		五行			《新唐志》记作两卷
187	韦注西升经二卷	神仙			道家			《新唐志》无神仙类
188	坐忘论一卷	神仙	道家	神仙	道家			
189	天隐子一卷	神仙	道家					
190	列仙传二卷	神仙	神仙	传记	道家	杂传		
191	神仙传	神仙		传记	道家	杂传		
192	仙苑编珠	神仙		类书				
193	王氏神仙传四卷	神仙	神仙	传记				
194	降圣记五十卷	神仙		传记				
195	集仙传十二卷	神仙	神仙			杂传		
196	道藏书目	神仙		书目				
197	金刚般若经一卷	释家	释氏		道家			《新唐志》佛道书均入道家类
198	释迦氏谱十卷	释家		谱牒				
199	高僧传六卷	释家		传记	道家	杂传		
200	高僧传十四卷	释家		传记	道家	杂传		

续表

序号	书名	经籍考	书录解题	读书志	新唐志	隋志	汉志	备注
201	续高僧传三十卷	释家		传记	道家			
202	求法高僧传二卷	释家		传记	道家			
203	比丘尼传四卷	释家		传记	道家			
204	僧宝传三十二卷	释家	释氏	传记				《书录解题》记作三十卷
205	开元释教录三十卷	释家		书目				
206	释书品次录一卷	释家	目录、释氏					《书录解题》并存于两类
207	法宝标目十卷	释家	目录					
208	语丽十卷	类书	类书		杂家	杂家		
209	小名录三卷	类书		类书	杂传			
210	投壶经一卷	杂艺术		艺术	杂艺	兵家		
211	文房四谱五卷	杂艺术	杂艺	类书				
212	墨谱一卷	杂艺术		类书				
213	砚谱二卷（又名北海公砚录）	杂艺术	杂艺	类书				
214	古鼎记一卷	杂艺术		类书				
215	印格一卷	杂艺术		类书				
216	香谱一卷	杂艺术	杂艺	类书				

续表

序号	书名	经籍考	书录解题	读书志	新唐志	隋志	汉志	备注
217	九章算经九卷	杂艺术		艺术	历算			
218	算经一卷	杂艺术			历算	历数		《隋志》记作两卷
219	求一算经一卷	杂艺术		艺术	历算			
220	算经三卷	杂艺术	杂艺		历算	历数		《新唐志》作一卷,《隋志》作两卷
221	将作营造法式三十四卷	杂艺术	法令	职官				
222	象棋一卷又棋势二卷	杂艺术		艺术	杂艺	兵家		《读书志》著录“象棋”,《新唐志》和《隋志》著录“棋势”

由此可见，各家书目在归类问题上存在明显分歧，其主要表现在以下几个方面。

1. 伪书、注解辨误类图书（经—注）的归类存在分歧

《经籍考》经部“书”类《古三坟书》一卷，《郡斋读书志》记作《三坟书》七卷，归入经解类。晁氏记书名时无“古”字，其解题称“《七略》不载《三坟》，《隋志》亦无之，世皆以为（张）天觉伪撰，盖以比李筌《阴符经》云”[1]，马氏也以《古三坟书》为伪经。伪经非真，但内容与经书重合度很高，故亦得入经解类。

经部中研究、注解经书的著作有与经书本身归入同类者，如《周易物象释疑》入易类、《毛诗正义》入诗类，而经解类中所著录的作品往往涉及诸经，非囿于一经。然《经典释文》《九经字样》《群经音辨》诸书，《经籍考》以其为解经之作入经解类，有史志目录却

① 《郡斋读书志校证》，第144页。

着眼于注音释义而视之为小学书。

《经籍考》史部史评史抄类中，《史记音义》《三刘汉书标注》在《读书志》《书录解题》中入正史类，《史记索隐》《史记正义》在《新唐志》《书录解题》中入正史，《附索隐史记》一百三十卷、《唐书直笔新例》、《唐书列传辩证》、《五代史纂误》在《书录解题》中入正史，《陈伯宣注史记》《汉书问答》在《新唐志》中入正史。上列诸书都是注释、研究《史记》《汉书》等正史的著作，马氏归入史评史抄。《通鉴释文》《通鉴前例》《通鉴问疑》《读史管见》[①]《通鉴论笃》五种图书以《资治通鉴》为研究对象，《直斋书录解题》因《资治通鉴》为编年体史书而将此五种书归入编年类，依附于《资治通鉴》，《经籍考》则均入史评史抄类。造成上述分类分歧，既因对注释类图书的性质有不同理解，也因分类体系本身存在差异。

2. 图书性质相近而难于区分

马端临说："夹漈言古今编书所不能分者五[②]，可以订历代艺文志之失。所谓'见名不见书，看前不看后'者，尤足以究其所失之源。然愚尝考之，经录犹无此患，而莫谬乱于史。盖有实故事而以为杂史者，实杂史而以为小说者。又有《隋志》以为故事，《唐志》以为传记，《宋志》以为杂史者。若一一考订，改而正之，则既不欲以臆见改前史之旧文，且所录诸书，盖有前史仅存其名，晚学实未尝见其书者，则亦无由知其编类之得失，是以姑仍其旧。而于所录先儒议论诸书本末，则必详加考订，俾以类相从，而不尽仍前史之旧云。"[③]虽然传记、杂史、故事、小说等类书不易区分，致使各家书目

① 胡寅《读史管见》主要以孔孟思想、先王之政来评论《通鉴》所记史事，属于借史学为理学张目的书。

② 即传记、杂家、小说、杂史、故事五类。

③ 《文献通考》，第5651页。

归类时常出现差异，但《经籍考》此等图书的归类往往同于《读书志》或《书录解题》，而与《新唐志》《隋志》相异。

3. 图书属性交叉，道、艺取舍相异

每一个目录的分类体系本质上代表了一套价值和意义系统，所以传统目录势必蕴含编目者的思想倾向。在归类的过程中判断图书性质的视角不同，即会造成此种图书被归入不同小类的情况。《汉志》中有《蹴鞠》二十五篇，被归入《兵书略》的兵技巧类。蹴鞠就是足球的前身，颜师古曰："鞠以韦为之，实以物，蹴蹋之以为戏也。蹴鞠，陈力之事。故附于兵法焉。"[①]颜师古的解释含有本质与用途两层意思：一是蹴鞠本身是踢鞠的一种游戏，即本质；二是在这种游戏中能锻炼体力和技巧，从而提高军事素质，这是在讲用途。《汉志》在归类《蹴鞠》时，关注其用途。《论语·述而》："子曰：志于道，据于德，依于仁，游于艺。"[②]大道的达成就在于礼、乐、射、御、书、数诸艺的操练之间，所以这些活动就包含道、艺双重属性。在图书归类中，也会面临这样的问题。《经籍考》经部谶纬类《坤凿度》、《坤灵图》一卷和《通卦验》二卷，《读书志》均归入易类。子部兵书类《修城法式条约》，《书录解题》归入法令类。子部杂艺术类《将作营造法式》，《读书志》入职官类，《书录解题》入法令类。杂艺术类《投壶经》《棋势》，《隋志》归入兵家类。《易》明变易之理，流于术而成为专主预言的谶纬。法式条约，即行动的准则规程，正可入法令类；而所修之城可做军事防御，所以又入兵书类；修建营造有专人主管，所以《将作营造法式》又被归入职官类。投壶、下棋本是娱乐才艺，而又能在活动的同时锻炼技能或智谋，所以又可入兵家。上列各书归类之所以出现差异，就在于编目

① 陈国庆：《汉书艺文志注释汇编》，中华书局1983年版，第197页。

② ［清］刘宝楠著，高流水点校：《论语正义》，中华书局1990年版，第257页。

录者对于道、艺的取舍不同。

《荆楚岁时记》“以录荆楚岁时风物故事，自元日至除日，凡二十余事”；《玉烛宝典》十二卷“以《月令》为主，触类而广之，博采诸书，旁及时俗，月为一卷”；《岁华纪丽》四卷“分四时十二月节序，以事实为偶俪之句附著之”；又有《保生月录》《金谷园记》《千金月令》等书，《经籍考》均归入时令类，而《读书志》或《新唐志》则归入农家类。之所以归类不同，皆因这些书既涉及年月、四时，又讲到各时节的物候、农事。古代制酒产茶是农家之事，故《经籍考》将《酒谱》《北山酒经》《茶经》《煎茶水记》《试茶录》等书归入农家类，而《书录解题》视之为一种工艺，故录入杂艺类。

《经籍考》形法类有为相墓而作的《八五经》，世传为葬书之学的《青囊补注》，画山水之形成图的《拨砂经》等书，《读书志》不设形法而归入五行类，皆因古代风水之学含阴阳五行思想。《经籍考》形法类又有《相马经》《相牛经》《相鹤经》，都是一些通过看验动物身形、骨骼、毛色等外形特征以断其优劣的书；《读书志》以相牛相马为一种技能而与图画、投壶、算术、象棋、双陆等一起归入艺术类；《新唐志》以马、牛等与农家生活关系密切，故将其归入农家类；《隋志》又以之入五行类。不管是风水还是动物，所相的对象是它们的形与势，故《经籍考》设形法类以统辖诸书，并下按语申说：“晁、陈二家书录，以医、相牛马及茶经、酒谱之属，俱入杂艺术门，盖仍前史之旧。今以医、相牛马之书名附医方、相术门，茶酒经、谱附种植，入农家门，其余技艺则自为此一类云。”①

但凡图书都可从内容和形式两方面来审视判断。《经籍考》因《列仙传》《神仙传》《降圣记》《高僧传》《续高僧传》《比丘尼传》《僧

① 《文献通考》，第6273—6274页。

宝传》《道藏书目》《开元释教录》《释迦氏谱》等都是揭示不同时期宗教发展状况、记载宗教人物生平故事及道法传承谱系的书目，故将之归入神仙或释家类，而《读书志》则从形式着眼，将其纳入传记类、书目类或谱牒类中。《经籍考》释家类《释书品次录》和《法宝标目》二书，《书录解题》归入目录类。

《晏子春秋》一书，各家书目历来置于儒家，而《经籍考》归入墨家。马端临在解题中引用柳宗元《辩晏子春秋》曰：

> 司马迁读《晏子春秋》，高之，而莫知其所以为书。或曰晏子为之而人接焉，或曰晏子之后为之，皆非也。吾疑其墨子之徒有齐人者为之。墨好俭，晏子以俭名于世，故墨子之徒尊著其事，以增高为己术者。且其旨多尚同、兼爱、非乐、节用、非厚葬久丧者，是皆出墨子。又非孔子，好言鬼事。非儒、明鬼，又出墨子。其言问枣及古冶子等，尤怪诞（《晏子春秋》曰："公孙栖、田开疆、古冶子事景公，勇而无礼，晏子言于公，馈之二桃，曰三子计功而食之云。公孙栖、田开疆曰：'吾勇不若子，功不逮子，取桃不让，是贪也；然而不死，无勇也。'皆反其桃，契领而死。古冶子曰：'二子死之，吾独生，不仁。'亦契领而死。"）。又往往言墨子闻其道而称之，此甚显白者。自刘向、歆，班彪、固父子，皆录之儒家中。甚矣，数子之不详也！盖非齐人不能具其事，非墨子之徒则其言不若是。后之录诸子书者，宜列之墨家。非晏子为墨也，为是书者，墨之道也。[①]

① 《文献通考》，第5974—5975页。

《晏子春秋》一书乃后人记晏子行事、谏诤之言。柳子厚之辩，从《晏子春秋》的思想内容入手，指出书中论调多与墨家主张相同，而《汉志》以来诸书目归类此书时则着眼于书名及晏子此人，与郑樵所说“见名不见书”之弊相似，所以马氏从柳宗元之说。

4. 小类设置不同及类名含义变化

《经籍考》有故事类，陈氏《书录解题》与之对应的则是典故类，《书录解题》有阴阳类而无五行类，有历象类而无天文、历算类；《经籍考》有神仙类，《新唐志》与之对应的是道家类；晁氏《读书志》设实录类而无起居注类，故命名为实录的图书，如《唐太宗实录》，都入实录类而非起居注类，而实录与起居注两类之间还是有差别的。马氏按语：“实录即是仿编年之法，唯《唐志》专立实录一门[①]，《隋史》以实录附杂史，《宋志》以实录附编年，今从《宋志》。”[②]而《宋中兴志》下有注曰：“本志元以实录、日历俱入编年，今除实录入编年外，以日历附于起居注。”[③]《经籍考》将李焘等所编《高宗日历》一千卷归入起居注类，与《宋中兴志》合。王氏《挥麈录》后录卷一曰：“徐敦立语明清云：‘凡史官记事，所因者有四：一曰时政记，则宰执朝夕议政，君臣之间奏对之语也；二曰起居注，则左右史所记言动也；三曰日历，则因时政记、起居注润色而为之者也，旧属史馆，元丰官制属秘书省国史案，著作郎、佐主之；四

---

① 《隋志》《旧唐志》《新唐志》《宋国史志》《宋中兴志》《直斋书录解题》《经籍考》史部均有起居注一类，《崇文总目》《郡斋读书志》《遂初堂书目》则有与之对应的实录类。《隋志》中实录数量稀少，入杂史类。《旧唐志》中如《高祖实录》《太宗实录》附于起居注后，入起居注类。《新唐志》起居注后实录二十八部集中单列，实录后又有诏令十一部集中单列。晁《志》实录类中没有杂入起居注。陈《录》起居注类除开端的《穆天子传》六卷、《唐创业起居注》五卷外，后面是实录和诏令。《经籍考》起居注类与陈《录》高度相似，只是在诏令前加入日历“《高宗日历》一千卷”，另外实录和诏令条目数比陈《录》稍多。

② 《文献通考》，第5558页。

③ 《文献通考》，第5559页。

曰臣僚墓碑行状，则其家之所上也。’”[①]可知将日历归入起居注类并无甚不妥。又，不管是诏令入起居注门、实录附于编年之后，还是将杂史类与杂传类由分隔的状态调整为前后紧邻，其改动的主要依据和立足点均在于图书内容、性质的相似性。关于实录和起居注的区别张舜徽先生有精审辩说：

自《隋志》于史部辟起居注一门，而《唐志》因之，《旧唐书》且并实录入起居注，论者遂目为一物，而其实非也。考唐初自起居注外，别有实录，名近而体例不同。《贞观政要》卷七曰：“贞观十三年，褚遂良为谏议大夫，兼知起居注。太宗问曰：‘卿比知起居，书何等事，大抵于人君得观见否？朕欲见此注记者，将却观所为得失，以自警戒耳。’遂良曰：‘今之起居，古之左右史，以记人君言行，善恶毕书，庶几人主不为非法，不闻帝王躬自观史。’”“贞观十四年，太宗谓房玄龄曰：‘朕每观前代史书，彰善瘅恶，足为将来规诫，不知自古当代国史何因不令帝王亲见之？’对曰：‘国史既善恶毕书，庶几人主不为非法，止应畏有忤旨，故不得见也。’太宗曰：‘朕意殊不同古人，今欲自看国史者，盖有善事，固不须论，若有不善，亦欲以为鉴诫，使得自修改耳。卿可撰录进来。’玄龄等遂删略国史，为编年体，撰高祖、太宗实录各二十卷，表上之。”据此，可知起居注但记人君言行，而实录则由删录国史而成，体之弘纤不同，而为用亦异。《旧唐书》以实录附起居注，非也。唯实录与起居注俱为编年体，自不得别为门类，《文献通考》从《宋志》之例，而置于编年之末，其例较安。考《隋志》著录古史三十四部，

① ［宋］王明清：《挥麈录》，上海书店出版社2001年版，第53页。

> 内有《献帝春秋》十卷（袁晔撰），殆亦后世实录之类。然则实录、起居注合于编年，又不自《宋史》始矣。《四库总目》并起居注于编年，是也；而置实录于别史，则伦类不侔矣。[1]

马氏又曰："《唐志》特立诏令一门，历代史皆无之。按古者左史记言，右史记动，后来官制中起居郎、起居舍人即左右之任也，故以诏令并入起居注门，庶从其类云。"[2]《书录解题》设有诏令一类，著录书名含"诏令""制草"。

除了上述因对应类目名称不同而出现的归类差异外，目录之间还有因类名的内涵变化而引起外延变化，从而出现归类存在差异的情况。《经籍考》经部小学类《补注蒙求》《两汉蒙求》，《书录解题》均入类书类；《童蒙训》《少仪外传》《辨志录》《小学书》，《书录解题》均入儒家类。蒙求类图书在《读书志》中入类书类。所谓蒙求书，即用于教授小孩的启蒙读物。马端临在《经籍考》所录"《蒙求》三卷"下引晁、陈二氏解题曰：

> 晁氏曰：唐李瀚撰。纂经传善恶事实类者，两两相比为韵语，取《蒙卦》"童蒙求我"之义名其书，盖以教学童云。
>
> 陈氏曰：本无义例，信手肆意，杂袭成章，取其韵语易于训诵而已。今举世诵之，以为小学发蒙之事。[3]

蒙求书杂取经传中善恶故事，类集对比，并用韵语。因其资料源于经传，故或入儒家类；又因其在编排形式上往往采用以类相从之

---

① 张舜徽:《广校雠略》，华中师范大学出版社2004年版，第58页。

② 《文献通考》，第5559页。

③ 《文献通考》，第5548页。

法，故又有入类书类者；而《经籍考》均归入小学类。小学本是字书、训诂、音韵之学，而南宋朱熹著有《小学书》四卷。马氏引《朱子语录》曰："修身之法，小学备矣。后生初学，且看小学之书，这个是做人底样子。学之小大虽不同，而其道则一。小学是事，如事君、事父、事兄、处友等事，大学是发明此事之理。游倪曰：自幼既失小学之序，愿授大学。先生曰：授大学甚好，也须把小学书看，只消旬日工夫。"[①] 朱子将小学定义为儿童洒扫、应对、进退及读书写字等礼、乐、射、御、书、数之事，与大学讲求发明事中之理以修身治国相对应。朱子将教育分为小学和大学两个阶段，蕴含着理学中事与理的对应关系，被大力提倡，故此种小学观念流布开来，影响甚大，马氏《经籍考》所设小学一类，即取朱子"小学"概念的内涵，故将蒙求图书乃至书法书籍包括在内。书法类图书在《书录解题》中入杂艺类，而马氏曰："以字书入小学门，自《汉志》已然，历代史志从之，至陈直斋所著《书录解题》，则以为书品、书断之类，所论书法之工拙，正与射御同科，特削之，俾列于杂艺，不以入经录。夫书虽至于钟、王，乃游艺之末者，非所以为学，削之诚是也。然六经皆本于字，字则必有真行草篆之殊矣，且均一字也，属乎偏旁音韵者则入于小学，属乎真行草篆者则入于杂艺，一书而析为二门，于义亦无所当矣。故今并以入小学门，仍前史旧云。"[②] 故《阁本法帖》《兰亭考》《书苑菁华》等书均入《经籍考》小学类。

总的来看，《经籍考》所分类别众多且整个体系较为完备，所以绝大多数图书的归类是合理的。在对图书类别作重大调整的地方，马氏往往会用按语加以说明。这些按语将在下文相关章节中进行逐条罗列、分析。

① 《文献通考》，第 5550 页。
② 《文献通考》，第 5548 页。

第四节 《经籍考》的互著法

一、《经籍考》中重复出现[①]的条目罗列分析

《经籍考》中，有些图书被多次著录。有的学者以之为互著，有的学者则倾向于将它们看作重复著录。本书先重点考察《经籍考》中重复出现的条目在马端临、陈振孙、晁公武目录书中的归类情况，并摘录马端临所辑录的解题，将这些信息列入表 2-8，再具体作进一步分析。

表 2-8 《经籍考》重复出现条目一览

序号	卷次	条目	归类			《经籍考》解题
			马	陈	晁	
1	175	《焦氏易林》十六卷	易			说见占筮门。
	220	《焦氏易林》十六卷	占筮	卜筮	易	晁氏曰：汉天水焦延寿传《易》于孟喜，此其所著书也。…… 陈氏曰：又名《大易通变》。唐会昌景寅，越五云溪王俞序。凡四千九十六卦，其辞假出于经史，其意雅通于神祇。盖一卦可以变六十四也。旧见沙随程迥所记，南渡诸人以《易林》筮国事，多奇验。……
2	179	陈氏《诗解》二十卷	诗		诗	晁氏曰：陈少南撰，凡二十卷。
	179	陈鹏飞《诗解》二十卷	诗	诗		陈氏曰：不解殷、鲁二《颂》，以为《商颂》当阙，而《鲁颂》可废。

① 本书中“重复出现”一词只叙述某图书在某目录中多次出现的事实，而不作是非判断，“重复著录”指某一目录中因失误而多次著录同一种图书；“互著”指在同一目录中将具有两个或两个以上主题的图书，在分类编目时著录于两个或两个以上的相关类目之中。

续表

序号	卷次	条目	归类			《经籍考》解题
			马	陈	晁	
3	181	《丧服加减》	礼			《崇文总目》:凡一卷,不著撰人名氏。杂记服制增损,文无伦次。[1]
	187	《丧服加减》一卷	仪注			《崇文总目》:不著撰人名氏。杂记服制增损,文无伦次。
4	185	《经典释文》三十卷	经解	经解		《崇文总目》:唐陆德明撰。德明为国子博士,以先儒作经典音训,不列注传,全录文颇乖详略。又南北异区,音读罕同,乃集诸家之读《九经》《论语》《老》《庄》《尔雅》者,皆着其翻语,以增损之。 陈氏曰:唐陆德明撰。自《五经》《三传》《古礼》之外,及《孝经》《论语》《尔雅》《庄》《老》,兼解文义,广采诸家,不但音切也。或言陆,吴人,多吴音,综其实未必然。按前世《艺文志》列于经解类,《中兴书目》始入之小学,非也。
	190	《经典释文》三十卷	小学		小学	晁氏曰:唐陆德明撰。德明名元朗,以字行。释《易》《书》《诗》并《三礼》《三传》《孝经》《论语》《尔雅》《老》《庄》,颇载古文及诸家同异。德明盖博极群书也。
5	185	《群经音辨》七卷	经解	经解		陈氏曰:丞相真定贾昌朝子明撰。康定中,侍讲天章阁所上,凡五门。
	190	《群经音辨》七卷	小学		小学	晁氏曰:皇朝贾昌朝撰。先是,大臣稽古不过秦、汉,引经义议政,盖自昌朝始。此书以古文多通借音诂,乃辨正之,凡五门。
6	186	《玉台新咏》十卷	乐		乐	晁氏曰:陈徐陵纂。唐李康成云:"昔陵在梁世,父子俱事东朝,特见优遇。时承华好文,雅尚宫体,故采西汉以来词人所著乐府艳诗,以备讽览,且为之序。"
	248	《玉台新咏》十卷	总集	总集		陈氏曰:陈徐陵孝穆集,且为作序。 后村刘氏曰:徐陵所序《玉台新咏》十卷,皆《文选》所弃余也。六朝人少全集,虽赖此书略见一二,然尚好不出月露,气骨不脱脂粉,雅人庄士见之废卷。昔坡公笑萧统之陋,以陵观之,愈陋于统。如沈休文《六忆》之类,其亵慢有甚于《香奁》《花间》者,然则自《国风》《楚辞》而后,固当继以选诗,不易之论也。

① 在《崇文总目》中入礼类,书阙。

续表

序号	卷次	条目	归类			《经籍考》解题
			马	陈	晁	
7	186	《玉台后集》十卷	乐		乐	晁氏曰：唐李康成采梁萧子范迄唐张赴二百九人所著乐府歌诗六百七十首，以续陵编，序谓“名登前集者，今并不录，唯庾信，徐陵仕周、陈，既为异代，理不可遗”云。 后村刘氏曰：郑左司子敬家有《玉台后集》，天宝间李康成所撰。自陈后主、隋炀帝、江总、庾信、沈、宋、王、杨、卢、骆而下二百九人，诗六百七十首，汇为十卷。与前集皆徐陵所遗落者，往往其时诸人之集尚存，其中多有佳句。
	248	《玉台后集》十卷	总集	总集		陈氏曰：唐李康成撰。 后村刘氏曰：郑左司子敬家有《玉台后集》，天宝间李康成所选。自陈后主、隋炀帝、江总、庾信、沈、宋、玉、杨、卢、骆而下二百九人，诗六百七十首，汇为十卷，与前集等，皆徐陵所遗落者，往往其时诸人之集尚存。天宝间，大诗人如李、杜、高适、岑参辈迭出，康成同时，乃不为世所称。若非子敬家偶存此编，则许多佳句失传矣。……
8	186	《乐府诗集》一百卷	乐		乐	晁氏曰：皇朝郭茂倩编次。取古今乐府，分十二门：郊庙歌辞十二，燕射歌辞三，鼓吹曲辞五，横吹曲辞五，相和歌辞十八，清商曲辞八，舞曲歌辞五，琴曲歌辞四，杂曲歌辞十八，近代曲辞四，杂谣歌辞七，杂乐府词十一，通为百卷，包括传记、辞曲，略无遗轶。
	248	《乐府诗集》一百卷	总集	总集		陈氏曰：太原郭茂倩集。凡古今号称乐府者皆在焉。其为门十有二，首尾皆无序文。《中兴书目》亦不言其人本末。按茂倩，侍读学士郭仲褒之孙，昭陵名臣也。本郓州须城人，有子曰源中、源明。茂倩，源中之子也，但未详其官位所至。
9	187	《咸镐故事》一卷	仪注		仪注	晁氏曰:唐韦慎微撰。纂长安自元日至除夜朝廷庆贺事。
	206	《咸镐故事》一卷	时令	时令		陈氏曰:韦慎微撰。其书与前大同小异，竟不知何人作也，末卷却有“神鬼大者号傩公母”一语。按《馆阁书目》，《秦中岁时记》一名《咸镐岁时记》。
10	193	《绍运图》一卷	编年	编年		陈氏曰：诸葛深通甫撰。元祐中人，亦未详爵里，其书颇行于世俗。
	197	《绍运图》一卷	传记		杂史	晁氏曰：未详何人撰。自伏羲至皇朝神庙，五德之传及记事，皆著于篇。

续表

序号	卷次	条目	归类			《经籍考》解题
			马	陈	晁	
11	197	《国史编年政要》四十卷、《国朝实录列传举要》十二卷、《皇朝宰辅拜罢录》一卷、《续百官公卿表》二十卷、《质疑》十卷[①]	传记			《中兴艺文志》:蔡幼学撰。幼学采国史、实录等书,为《国朝编年政要》以拟纪,起建隆讫靖康。又为《国朝实录列传》以拟传,起国初止神宗朝。又为《宰辅拜罢录》,起建隆尽绍熙,年经两官纬之,又以司马光《百官公卿表》起建隆讫治平,乃为《续表》,终绍熙,经纬如《宰辅图》,上方书年,记大事,下列官,详记除、罢、迁、卒月日,而大事止及靖康,后未及录,以拟表。又为《备志》以拟志,而未成。
	202	《续百官公卿》表二十卷、《质疑》十卷	职官	编年		陈氏曰:兵部尚书永嘉蔡幼学行之撰。续温公旧书,起熙宁,至靖康。《质疑》者,考异也。
12	198	《蛮书》十卷	传记	传记		陈氏曰:唐安南宣慰使樊绰记南诏事,咸通五年奏之。
	200	《云南志》十卷	伪史霸史		伪史	晁氏曰:唐樊绰撰。咸通中,南诏数寇边,绰为安南宣慰使,纂入诏始末、名号种族、风俗物产、山川险易、疆境接联闻于朝。
13	198	《西南备边录》一卷	传记	传记		陈氏曰:唐宰相李德裕文饶撰。太和中镇蜀所作,内州、县、城、镇兵食之数,大略具焉。
	206	《西南备边录》十三卷	地理			巽岩李氏曰:唐李德裕撰。今特存其第一卷,而《崇文总目》亦止载一卷,[②] 岂嘉祐以前已亡佚乎?德裕之深谋远虑,虽至今可用也,而所存止此,可惜哉!
14	198	《渚宫故事》五卷	传记	传记		陈氏曰:后周太子校书郎余知古[③]撰。载荆楚事,自鬻熊至唐末。本十卷,今止晋代,阙后五卷。
	205	《渚宫旧事》十卷	地理		地理	晁氏曰:唐知古[④]撰。自鬻熊至唐,江陵君臣人物事迹,史氏传记所载者,悉编次之。

① 《文献通考》中有些条目往往把一人的多种图书或具有特殊关系,如父子、师生关系的人的相关图书收在一个条目之中,为保持条目原貌,表格抄录条目时并不省去与两见之书无关的书名卷数。

② 今《崇文总目》中不见此书。

③ 《新唐书》卷五十八《艺文二》注文、《直斋书录解题》卷十五《汉上题襟集》条均言余知古为唐人。

④ 《郡斋读书志》和《宋史》所录的《渚宫旧事》均题为唐人余知古撰,故此处“知古”前当有“余”字。

续表

序号	卷次	条目	归类			《经籍考》解题
			马	陈	晁	
15	197	《顺昌录》一卷	传记		杂史	晁氏曰：绍兴十年，刘锜破女真于顺昌城下，其徒记其功云。
	199	《顺昌破敌录》一卷	传记	传记		陈氏曰：不著名氏。记刘锜信叔守御战胜本末。
16	199	《贾公谈录》一卷	传记	传记		陈氏曰：序言庚午衔命宋都，闻于补阙贾黄中。凡二十六条，而不著其名。别本题“清辉殿学士张洎”，盖洎江南奉使也。庚午实开宝三年。黄中，晋开运中以七岁为童子关关头，十六岁进士及第第三人。
	216	《贾氏谈录》一卷	小说家		小说家	晁氏曰：南唐张洎奉使来朝，录贾黄中所谈三十余事，归献其主。
17	199	《皇祐平蛮记》二卷	传记	传记		陈氏曰：殿中丞冯炳撰。记侬智高事。
	200	《皇祐平蛮记》一卷	伪史霸史		伪史	晁氏曰：皇朝冯炳撰。记侬智高叛，朝廷遣狄青平之。
18	199	《紫阳年谱》三卷	传记	传记		陈氏曰：朱侍讲门人通判辰州昭武李方子公晦撰。
	240	《晦庵集》一百卷《紫阳年谱》三卷	别集	别集		陈氏曰：侍讲文公新安朱熹元晦撰。年谱，李方子公晦所述，其门人也。 勉斋黄氏曰：周、程、张、邵之书，所以继孔、孟道统之传……程张门人祖述其学，所得有浅深，所见有疏密，先生既为之区别，以悉取其所长，至或识见小偏，流于异端者，亦必研穷剖析，而不没其所短。……
19	200	《辽四京记》	伪史霸史			陈氏曰：亦无名氏。曰东京、中京、上京、燕京。
	206	《辽四京记》一卷	地理	地理		陈氏曰：亦无名氏。曰东京、中京、上京、燕京。
20	200	《契丹疆宇图》一卷	伪史霸史			陈氏曰：不著名氏。录契丹诸夷地及中国所失地。
	206	《契丹疆宇图》一卷	地理	地理		陈氏曰：不著名氏。录契丹诸夷地及中国所失地。

续表

序号	卷次	条目	归类			《经籍考》解题
			马	陈	晁	
21	200	《西域志》十二卷	伪史霸史		伪史	晁氏曰：唐僧玄奘撰。玄奘西游天竺求佛书，既归，记其所历诸国风俗。其自序云：自黑领以西，皆土著，尚东左衽，务田畜，重财贿，嫁娶无礼，独天竺则异，别记于后云。或云玄奘译，大总持寺僧辩机撰。
	206	《大唐西域记》十二卷	地理	地理		陈氏曰：唐三藏法师玄奘译，大总持寺僧辩机撰。
22	200	《海外使程广记》三卷	伪史霸史			陈氏曰：南唐如京使章僚撰。使高丽所记海道及其国山川、事迹、物产甚详。史虚白为作序，称已未十月，盖本朝开国前一岁也。
	206	《海外使程广记》三卷	地理	地理		陈氏曰：南唐如京使章僚撰。使高丽，所记海道及其国山川、事迹、物产甚详。史虚白为作序，己未十月，盖本朝开国前一岁也。
23	200	《高丽图经》四十卷	伪史霸史			陈氏曰：奉议郎徐兢明叔撰。宣和六年，路允迪、傅墨卿使高丽，兢为之属，归上此书。物图其形，事为之说。今所刊不复有图矣。兢，铉之后。
	206	《高丽图经》四十卷	地理	地理		陈氏曰：奉议郎徐兢明叔撰。宣和六年，路允迪、傅墨卿使高丽，兢为之属，归上此书。物图其形，事为之说。今所刊不复有图矣。兢，铉之后，善篆书，亦能画，尝自题“保大骑省世家”“宣和书学博士”，又自号自信居士。
24	200	《南诏录》三卷	伪史霸史			陈氏曰：唐岭南节度巡官徐云虔撰。干符中，邕中遣云虔使南诏所作。上卷计山川风俗，后二卷纪行及使事。
	206	《南诏录》三卷	地理	地理		陈氏曰：唐岭南节度巡官徐云虔撰。干符中，邕州遣云虔使南诏所作。上卷记山川风俗，后二卷纪行及使事。
25	200	《至道云南录》三卷	伪史霸史		伪史	晁氏曰：皇朝辛怡显撰。蜀贼李顺既平，余党窜入云南，雷有终募怡显招出之。至道初归，因书其所历，成此书。陈氏曰：怡显入云南招李顺余党，因赐蛮酋告敕，而遂为此录。天禧四年自序称“左侍禁知兴化军”。或云此书妄也。余在莆田，视壁记无怡显名字，恐或然。
	206	《至道云南录》三卷	地理	地理		陈氏曰：左侍禁、知兴化军辛怡显撰。李顺之乱，余党有散入蛮中者，怡显往招安之，继驰赐蛮酋告敕而归，遂为此录。天禧四年自序。或云此书妄也。余在莆田，视壁记无怡显名字，恐或然。
26	200	《诸蕃志》二卷	伪史霸史			陈氏曰：福建提举市舶赵汝适记诸蕃国及物货所出。
	206	《诸蕃志》二卷	地理	地理		陈氏曰：福建提举市舶赵汝适记诸蕃国及物货所出。

续表

序号	卷次	条目	归类			《经籍考》解题
			马	陈	晁	
27	200	《两汉博闻》十二卷	史评史抄		史评	晁氏曰：皇朝杨侃纂。景德中，侃读两《汉书》，取其名数前儒解释为此书，以资涉猎者。侃尝编《职林》，此亦其类也。
	228	《两汉博闻》二十卷	类书	类书		陈氏曰：无名氏。或曰杨侃。
28	201	《翰林盛事》一卷	故事	典故		陈氏曰：唐剡尉常山张著处晦撰。记儒人盛事，自武德中，迄于天宝。首载张文成七登科者，即著之祖也。
	202	《翰林盛事》一卷	职官		职官	陈氏[1]曰：唐张著撰。记唐朝儒臣美事，凡三十八人。
29	201	《春明退朝录》三卷	故事	典故		陈氏曰：龙图阁学士常山宋敏求次道撰。所记多故实。其父宣献公绶居第在春明坊，如晁氏称昭德也。
	216	《春明退朝录》三卷	小说		小说	晁氏曰：皇朝宋敏求次道撰。多记国朝典故，其序云："熙宁三年予奉朝请于春明里，因纂所闻也。"
30	201	《辅弼名对》四十卷	故事	典故		陈氏曰：天禧中前进士刘颜编。自汉迄五代，为四十门。
	202	《辅弼名对》四十卷、《目录》一卷	职官		职官	晁氏曰：皇朝刘颜撰。纂西汉迄五代群臣应对之名者。汲黯有"天子置公卿辅弼之臣，宁令从谀承意，陷主不谊"之言，颜取以名其书。天圣初，冯元为侍讲，上之。颜常为令，坐事免，由是诏复其官。
31	202	《齐斋台谏论》二卷	职官	职官		陈氏曰：尚书霅川倪思正父撰。嘉定初更化，矫韩氏用事之弊，于是为论三篇，言为之鹰犬者，罪在台谏。已而其弊自若也，则又为续论六篇，言其情状益精详。凡为台谏之所以得所以失者，至矣，尽矣。
	247	《齐斋奏议》三十卷《掖垣缴论》四卷《银台章奏》五卷《台谏论》二卷《昆命元龟说》一卷	章奏	章奏		陈氏曰：倪思撰。
32	204	《洽闻记》三卷	地理		地理	晁氏曰：唐郑常撰。记郡国旧事，故附之地理类。
	215	《洽闻记》三卷	小说		小说	晁氏曰：唐郑常撰。记古今神异诡谲事，凡百五十六条。或题曰郑遂。

① 此"陈氏"当为"晁氏"，马端临误题。

续表

序号	卷次	条目	归类			《经籍考》解题
			马	陈	晁	
33	206	《顾渚山记》一卷	地理	地理		陈氏曰:唐陆羽鸿渐撰。乡邦不贡茶久矣,遗迹未必存也。
	218	《顾渚山记》二卷	农家		农家	晁氏曰:陆羽撰。羽与皎然、朱放辈论茶,以顾渚为第一。顾渚山在湖州,吴王夫差顾望,欲以为都,故以名山。
34	206	《岁时杂咏》、《续岁时杂咏》	时令	时令①		宣献公宋庠②及其孙刚叔撰。济北晁无咎补之作序曰……
	248	《岁时杂咏》二十卷	总集		总集	晁氏曰:皇朝宋绶编。宣献公昔在中书第三阁,手编古诗及魏、晋迄唐人岁时章什一千五百有六,厘为十八卷,今益为二十卷云。
35	207	《广川藏书志》二十六卷《书跋》十卷《画跋》五卷	目录	目录③		陈氏曰:徽猷阁待制东平董逌彦远撰。以其家藏书考其本末而为之论说,及于诸子而止。盖其本意,专为经设也。
	229	《广川画跋》五卷	杂艺术	杂艺		陈氏曰:董逌撰。
36	210	《忘筌书》一卷	儒家	儒家		陈氏曰:浦城潘植子醇撰。多言《易》,亦涉异端,凡五十一篇。此书载《鸣道集》为九十二篇,附见者又十有三,而《馆阁书目》又称七十七篇,皆未详。
	214	《忘筌书》二卷	杂家	杂家		陈氏曰:潘植子醇撰。新安所刻本凡八十二篇,与《馆阁书目》《诸儒鸣道集》及余家写本篇数皆不同。本已见儒家,而《馆目》置之杂家者,以其多用释、老之说故也。今亦别录于此。

---

① 《直斋书录解题》记书名作《岁时杂令》。

② "庠"字当作"绶"。宋庠谥元献,宋绶谥宣献。

③ 《直斋书录解题》目录类分别记作"《广川藏书志》二十六卷"和"《广川书跋》十卷、《画跋》五卷"两个条目。

续表

序号	卷次	条目	归类			《经籍考》解题
			马	陈	晁	
37	214	《资暇集》三卷	杂家	杂家		陈氏曰：唐李匡文济翁撰。
	215	《资暇》三卷	小说		小说	晁氏曰：唐李匡义[①]济翁撰。序称世俗之谈，类多讹误，虽有见闻，默不敢证，故着此书。上篇正误，中篇谭原，下篇本物，以资休暇云。
38	214	《致理书》十卷	杂家[②]		杂家	晁氏曰：唐朱朴撰。乾宁中，为国子《毛诗》博士，论述时务五十篇上之。词如近时策断之类，迂缓不切，与马周所建明不啻天壤矣。昭宗善其言，用太宗擢周故事，拔为相，徒以益乱，可叹也。
	233	朱朴《致理书》十卷	别集		别集	晁氏曰：唐朱朴也。襄阳人。以三史举为门令。乾宁中，方士许岩士得幸禁中，言朴有经济才，帝幸石门召对，即拜谏议大夫、平章事。

① 《资暇集》作者之名，历来所记甚为歧异，或为“匡文”，或为“匡义”，或为“匡乂”。《四库提要辨证》卷十五：“嘉锡案：《郑堂读书记》卷五十四云：‘《资暇集》三卷，唐李匡文撰。匡文字济翁，郑惠王元懿五世孙，宰相夷简子，昭宗时官宗正少卿。诸家俱作“匡文”，唯袁本《读书志》作“匡乂”，衢本及马氏所重出者，俱作“匡义”，此则文与乂以字形相涉而伪，又因俗书義字作义，而伪作義也。考济翁之名匡文，见《唐书·宗室世系表》及《艺文志》史部编年类、谱牒类，与子部小说家类，凡四见，皆作“匡文”；又陆放翁《渭南文集》卷二十八跋此书，亦作“匡文”；王勉夫《野客丛书》引此书，则作“正文”（见卷十一“借书一鸱”条，按《演繁露》卷十一亦引作“李正文”，“借书鸱”条《事类赋》卷十五引作李文《资暇》，亦因避讳，而阙匡字也），盖避匡为正也。自晁氏始讹作“匡乂”（自注云，此据袁本），又讹作“匡義”（自注云，此马氏所据本），从此刻此书者皆作“匡乂”矣。书曰三人占则从二人之言，今济翁名匡文，不名匡乂，证据如此之多，吾从其多者为定论焉。’《提要》谓诸书作‘匡文’者误，谓其始末未详，得周氏此条，足订其误。然周氏所考济翁仕履，亦止据《唐书·世系表》及《艺文志》，今案《书录解题》卷八云：‘《李氏房从谱》一卷，唐洛阳主簿李匡文撰，时为图谱官。’又‘《圣唐偕日谱》一卷，前贺州刺史李匡文撰。’《唐会要》卷十六：‘中和元年，僖宗避贼成都，有司请享太祖以下十一室，太子宾客李匡乂建议。’合此三条观之，则其始末益详矣。”见于余嘉锡《四库提要辨证》，中华书局 1980 年版，第 868—869 页。

② 孙猛《郡斋读书志校证》卷第十八“朱朴致理书十卷”条下有注释曰：“此书衢本、袁本皆复出，袁本卷四中别集类作‘一卷’，当‘十卷’之误。袁本卷三上杂家类作‘十卷’。原本李富孙校语云：‘案此书已见杂家类，袁本、《通考》俱复出。卢氏《拾补》云，《唐志》本在杂家，不应在别集类。晁氏语两处不同。’袁录顾校本顾广圻校语：‘按複子部杂家，乃赵希弁误。衢本亦重。’按衢本重见卷十二。《新唐志》、《玉海》卷五十五引《中兴书目》《宋志》皆入杂家。”

续表

序号	卷次	条目	归类			《经籍考》解题
			马	陈	晁	
39	215	《古今同姓名录》一卷	小说	小说		陈氏曰：梁元帝撰。有陆善经者续之至五代时。
	228	《同姓名录》三卷	类书		类书	晁氏曰：梁元帝撰。纂类历代姓名人，成书一卷。唐陆善经续增广之。齐、梁间士大夫之俗，喜征事以为其学浅深之候，梁武帝与沈约征栗事是也。类书之起，当在此时，故以此录为首。
40	215	《唐语林》十卷	小说	小说		晁氏曰：未详撰人。效《世说》体，分门记唐世名言，新增《嗜好》等十七门，余皆仍旧。
	217	《唐语林》八卷	小说	小说		陈氏曰：长安王谠正甫撰。以唐小说五十家，仿《世说》分门三十五，又益十七，为五十二门。《中兴书目》十一卷，而阙《记事》以下十五门；又云本亦止八卷，而门目皆不阙。
41	222	《大观本草》三十一卷	医家	医书		陈氏曰：唐慎微撰，不知何人。仁和县尉艾晟作序，名曰《经史证类本草》。……旧经止一卷，药三百六十五种。陶隐居增《名医别录》亦三百六十五种，因注释为七卷。唐显庆又增一百十四种，广为二十卷，谓之《唐本草》。开宝中又益一百三十三种。蜀孟昶又尝增益，谓之《蜀本草》。及嘉祐中掌禹锡、林亿等重加校正，更为补注，以朱、墨书为之别，凡新旧药一千八十二种，盖亦备矣。今慎微颇复有所增益，而以墨盖其名物之上，然亦殊不多也。 石林叶氏曰：……盖《神农本草》外，杂取他书凡十六家云。
	222	《证类本草》三十二卷	医家		医书	晁氏曰：皇朝唐慎微纂。合两《本草》为一书，且集书传所记单方，附之于本条之下，殊为详博。
42	228	《古今刀剑录》一卷	类书		类书	晁氏曰：梁陶弘景撰。记古今刀剑。
	229	《古今刀剑录》一卷	杂艺术	杂艺		陈氏曰：梁陶弘景撰。

续表

序号	卷次	条目	归类			《经籍考》解题
			马	陈	晁	
43	234	晁文元公《道院别集》十五卷、《法藏碎金录》十卷、《耄智余书》三卷、《昭德新编》三卷、《理枢》一卷	别集		别集	晁氏曰：五世祖文元公也。讳迥，字明远，澶州人。……《法藏碎金》世传最广，先得之于赵郡苏符；《昭德新编》则得之于丹棱李焘；《道院集要①》则得之于知阆州王辅；《耄智余书》则得之于眉山程敦厚；《理枢》则得之于《渑池卷②》中。
	234	晁文元《道院集要》三卷	别集		别集	晁氏曰：宋朝王古编。其序云：文元晁公博观内书，不徒力行，复勤于撰述，以开导后学。其书曰《道院别集》，曰《自择增修百法》，曰《法藏碎金》，曰《随因纪述》，曰《耄智余书》。余尝遍阅之，以为名理之妙，虽白乐天不迨也。辄删去重复，总集精粹，以便观览云。古，元祐中侍从。……
	227	《道院集要》三卷	释家	释氏		陈氏曰：王古撰。以晁迥《法藏碎金》《耄智余书》删重集碎，别为此篇③。
	227	《法藏碎金》十卷	释家	释氏		陈氏曰：太子少傅晁迥撰。
	214	《耄智余书》三卷	杂家	杂家		陈氏曰：太子少保致仕澶渊晁迥德远撰。迥善养生，兼通释、老书，年至八十四，子孙多闻人。
	214	《昭德新编》一卷	杂家	杂家		陈氏曰：晁迥撰。"昭德"者，京师居第坊名也。晁氏子孙皆以为称。
44	232	《韩昌黎集》四十卷、《集外文》一卷	别集	别集	别集④	晁氏曰：韩愈字退之，南阳人。…… 陈氏曰：李汉序公文，言辱知最厚，且亲收拾遗文，无所失坠者，惧后之人伪妄，辄附益其中也。外有《注论语》十卷传学者，《顺宗实录》五卷列于史官，不在集中。今《实录》在《外集》。然则世所谓《外集》者，自《实录》外皆伪妄，或韩公及其婿所删去也。南阳者，唐东都之河阳，《春秋传》"晋于是始启南阳"者也。《新书》以为邓州，非是。方崧卿《年谱》辩之详矣。

① "集要"二字，《郡斋读书志》卷十九作"别集"。

② "卷"字，《郡斋读书志》卷十九作"集"。

③ "篇"字，《直斋书录解题》卷十二作"编"。

④ 《郡斋读书志》记其书名作《韩愈集》。

续表

序号	卷次	条目	归类			《经籍考》解题
			马	陈	晁	
44	232	《韩昌黎集》四十卷《外集》一卷《附录》五卷《年谱》一卷《举正》十卷《外抄》八卷	别集	别集		陈氏曰:《年谱》,洪兴祖撰。莆田方崧卿增考,且撰《举正》以校其同异,而刻之南安。《外集》但据嘉祐蜀本刘烨所录二十五篇,而附以石刻、联句、诗文之遗见于他集者。及葛峤刻柳文,则又以大庾丞韩郁所编注诸本号《外集》者,并考疑误,辑遗事,共为《外抄》刻之。
		《校定韩昌黎集》四十卷《外集》十卷	别集	别集		陈氏曰:晦庵朱侍讲熹以方氏本校定,凡异同定归一,多所发明,有益后学。《外集》皆如旧本,独用方本益大颠三书。愚按方氏用力于此集勤矣,《外集》删削甚严,而存此书,以见其邀速常语初无崇信之说,但欲明世间问答之伪,而不悟此书为伪之尤也。盖由欧公跋语之故。不知欧公自以《易大传》之名与己意合,从而实之。此自通人之一蔽,东坡固尝深辩之。然其谬妄,三尺童子所共识,不待坡公也。今朱公决以为韩笔无疑,方氏未足责,晦翁识高一世,而其所定者乃尔,殆不可解。今按《外集》第七卷曰“疑误”者,韩郁注云,潮州灵山寺所刻,末云“吏部侍郎、潮州刺史”者,非也。退之自刑部侍郎贬潮,晚乃由兵部为吏部,流俗但称韩吏部尔。其书盖国初所刻,故其谬如此。又潮本《韩集》不见有此书,使灵山旧有此,刻集时何不编入?可见此书之妄也。然其妄甚白,亦不待此而明。朱子《韩文考异序》曰:南安韩文出莆田方氏,近世号为佳本,予读之信然,然犹恨其不尽载诸本同异,而多折衷于三本也。原三本之见信,杭、蜀以旧阁、以官,其信之也则宜。然如欧阳公之言,韩文印本初未必误,多为校雠者妄改。亦谓如《罗池碑》改“步”为“涉”,《田氏庙》改“天明”为“王明”之类耳。观其自言,为儿童时得蜀本韩文于随州李氏,计其岁月,当在天禧中年。且其书已故敝脱略,则其摹印之日,与祥符杭本,盖未知其孰先孰后。而嘉祐蜀本又其子孙明矣。然而犹曰:“二十年间闻人有善本者,必求而改正之。”则固未尝必以旧本为是,而悉从之也。至于秘阁、官本,则亦民间所献,掌故令史所抄,而一时馆职所校耳。其所传者,岂真作者之手稿?而正之者,岂尽刘向、扬雄之伦哉?……是以予于此书,姑考诸本之同异而兼存之,以待览者之自择,区区妄意,虽或窃有所疑,而不敢偏有所废也。

续表

<table>
<tr><th rowspan="2">序号</th><th rowspan="2">卷次</th><th rowspan="2">条目</th><th colspan="3">归类</th><th rowspan="2">《经籍考》解题</th></tr>
<tr><th>马</th><th>陈</th><th>晁</th></tr>
<tr><td rowspan="2">45</td><td>232</td><td>《陆宣公奏议》十二卷</td><td>别集</td><td></td><td>别集[①]</td><td>晁氏曰：唐陆贽敬舆也。……旧《翰苑集》外有《榜子集》五卷，《议论集》三卷。元祐中，苏子瞻乞校正进呈，改从今名，疑是时裒诸集以成云。
陈氏曰：权德舆为之序，称《制诰集》十三卷，《奏草》七卷，《中书奏议》七卷。今所存者，《翰苑集》十卷，《榜子集》十二卷。序又称《别集》文、赋、表、状十五卷，今不传。东坡苏氏《乞校正陆贽奏议上进札子》曰：……</td></tr>
<tr><td>247</td><td>《陆宣公奏议》二十卷</td><td>章奏</td><td>章奏</td><td></td><td>陈氏曰：唐宰相嘉兴陆贽敬舆撰。又名《牓子集》（议论并见别集类）。</td></tr>
<tr><td rowspan="2">46</td><td>234</td><td>《富文忠札子集》六卷、《奏议》十二卷《安边策》</td><td>别集</td><td></td><td>别集</td><td>晁氏曰：宋朝富弼字彦国，河南人。天圣八年中制科。至和二年，召拜同中书门下平章事。元丰中卒，年八十。……晁以道为之序，其略曰：人孰不仰公使虏之功？上乃拜公枢密副使，而公力辞。至和之末，请立皇嗣之功，人或未闻。公于褒进司徒则一命而不避。公闻人语及北事，便变色若不欲闻者。至青州救灾之功，平居喜为人道之。石介尝以夔、契方公矣，而严事王沂公。荐士后至将相者多矣，而最喜刘概。数事皆世所罕知者。又曰：公于仁宗时，言犹雨露也。英宗时，言犹海潮也。神宗时，言犹凤鸣也。</td></tr>
<tr><td>247</td><td>《富文忠公札子》十六卷</td><td>章奏</td><td>章奏</td><td></td><td>陈氏曰：富弼撰。平生历官辞免陈情之文也。</td></tr>
<tr><td rowspan="2">47</td><td>240</td><td>《渭南集》三十卷、《剑南诗稿》《续稿》八十七卷</td><td>别集</td><td rowspan="2">别集</td><td></td><td>陈氏曰：华文阁待制山阴陆游务观撰。左丞佃之孙。……游才甚高，幼为曾吉父所赏识，诗为中兴之冠，他文亦佳，而诗最富，至万余篇，古今未有，故文与诗别行。渭南者，封渭南县伯。</td></tr>
<tr><td>245</td><td>《剑南诗稿》二十卷《续稿》六十七卷</td><td>诗集</td><td></td><td>陈氏曰：陆游务观撰。初为严州，刻所稿，止淳熙丁未。自戊申以及其终，当嘉定庚午，二十余年，为诗益多，其幼子子通，后守严州，续刻之，篇什富以万计，古所无也。后村刘氏曰：……</td></tr>
<tr><td rowspan="2">48</td><td>243</td><td>《断金集》一卷</td><td>诗集</td><td></td><td>别集</td><td>晁氏曰：唐李逢吉、令狐楚自未第至贵显所唱和诗也。后逢吉卒，楚编次之，得六十余篇。裴夷直名曰《断金集》，为之序。</td></tr>
<tr><td>248</td><td>《断金集》一卷</td><td>总集</td><td>总集</td><td>总集</td><td>晁氏曰：唐令狐楚、韩琪与李逢吉自为进士以至宦达所与酬唱诗什。开成初，裴夷直序之。</td></tr>
</table>

① 《郡斋读书志》记书名作《陆贽奏议》。

续表

序号	卷次	条目	归类			《经籍考》解题
			马	陈	晁	
49	230	《谢惠连集》五卷	别集		别集	晁氏曰：宋谢惠连也。元嘉七年为彭城王法曹行参军。十岁能属文，为《雪赋》，以高丽见奇。族兄灵运每见其新文，曰："张华重生，不能易也。"
	242	《谢惠连集》一卷	诗集	诗集		陈氏曰：宋司徒参军谢惠连撰。本集五卷，今唯诗二十四首。惠连得名早，轻薄多尤累，故仕不显，死时才三十七岁。
50	230	《阴铿集》一卷	别集		别集	晁氏曰：陈阴铿子坚也。……有集三卷，《隋志》已亡其二，今所存十数诗而已。杜少陵尝赠李太白诗，首云："李侯有佳句，往往似阴铿。"今观此集，白盖过之远矣。甫之慎许可乃如此。
	242	《阴铿集》一卷	诗集	诗集		陈氏曰：陈散骑常侍南平阴铿子坚撰。才三十余篇。杜子美云："李侯有佳句，往往似阴铿。"今考之，未见铿之所以似太白者，太白固未易似也。子美云尔，殆必有说。
51	233	《孟东野集》十卷(详见诗集)	别集	别集		陈氏曰：唐溧阳尉武康孟郊东野撰。集唯末卷有书二篇，赞一篇，余皆诗也。郊，贞元十二年进士。
	242	《孟东野诗集》十卷	诗集	诗集[①]	别集	晁氏曰：唐孟郊东野，湖州人。贞元十二年进士。调溧阳尉，辟为兴元参谋，卒。郊少隐嵩山，性介寡合，韩愈一见为忘形交。为诗有理致，然思苦涩。李观论其诗曰："高处在古无上，平处下顾二谢"云。张籍谥为贞曜先生。集，宋次道重编。先时，世传汴吴镂本，五卷一百二十四篇。周安惠本，十卷三百三十一篇。别本五卷，三百四十篇。蜀人蹇濬用退之赠郊句，纂成《咸池集》二卷，一百八十篇。自余不为编帙，杂录之，家家自异。次道总拾遗逸，摘去重复，若体制不类者，得五百十一篇，而十联句不与焉，一赞二书附于后。郊集于是始有完书。 颍滨苏氏曰：唐人工于为诗，而陋于闻道。孟郊尝有诗曰："食荠肠亦苦，强歌声无欢；出门如有碍，谁云天地宽。"郊，耿介之士，虽天地之大，无以安其身……李观盛称之，至韩退之亦谈不容口。甚矣，唐人之不闻道也！孔子称颜子"在陋巷，人不堪其忧，回也不改其乐"。与郊异也。

① 《直斋书录解题》"诗集"类中记"《孟东野集》一卷"。

续表

序号	卷次	条目	归类			《经籍考》解题
			马	陈	晁	
52	231	《杜审言集》十卷	别集		别集	晁氏曰：杜审言必简也。襄阳人，预之后裔。擢进士，恃才傲世，尝对武后，赋《欢喜诗》，后叹重其文。与李峤、崔融、苏味道为“文章四友”。集有诗四十余篇而已。[1]
	242	《杜必简集》一卷	诗集	诗集		陈氏曰：唐著作郎襄阳杜审言必简撰。工部之祖也。唐初沈、宋以来，律诗始盛行，然未以平仄失眼为忌。审言诗虽不多，句律极严，无一失黏者。甫之家传，有自来矣。然遂欲衙官屈、宋，则不可也。 杨诚斋序略曰：必简尝为吉州司户。今户曹赵君彦清旁搜远摭，得其诗四十二首，将刻枣以传；好诗且以为户厅之宝玉大弓，属予序之。余观必简之诗，若“牵丝紫蔓长”，即“水荇牵风翠带长”之句也……
53	231	《储光羲集》五卷	别集		别集	晁氏曰：唐储光羲也。鲁人。登开元十四年进士第。尝为监察御史，后从安禄山伪署，贼平贬死。
	242	《储光羲集》五卷	诗集	诗集		陈氏曰：唐监察御史鲁国储光羲撰。与崔国辅、綦毋潜皆同年进士。天宝末任伪官，贬死。顾况为集序。
54	231	《王昌龄诗》六卷	别集		别集	晁氏曰：唐王昌龄少伯也。江宁人。开元十五年进士，为秘书郎，又中宏词科。不护细行，贬龙标尉。以世乱，归乡里，为刺史闾丘晓所杀。昌龄工诗，缜密而思清，时谓王江宁云。
	242	《王江宁集》一卷	诗集	诗集		陈氏曰：唐龙标尉江宁王昌龄少伯撰。与常建俱开元十四年进士。二十二年选宏词，超绝群类。为汜水尉，不护细行，贬龙标。世乱还里，为刺史闾丘晓所杀。为诗绪密而思清。
55	231	《常建诗》一卷	别集		别集	晁氏曰:唐常建也。开元十五年进士。欧阳永叔尝爱“竹径通幽处，禅房花木深”之句，乃建诗也。
	242	《常建集》一卷	诗集	诗集		陈氏曰：唐盱眙尉常建撰。

① 《郡斋读书志》中所记《杜审言集》只有一卷。

续表

序号	卷次	条目	归类			《经籍考》解题
			马	陈	晁	
56	233	《孟东野集》十卷(详见诗集)	别集	别集		陈氏曰:唐溧阳尉武康孟郊东野撰。集唯末卷有书二篇,赞一篇,余皆诗也。郊,贞元十二年进士。
	242	《孟东野诗集》十卷	诗集		别集	晁氏曰:唐孟郊东野,湖州人。贞元十二年进士。调溧阳尉,辟为兴元参谋,卒。……集,宋次道重编。先时,世传汴吴镂本,五卷,一百二十四篇;周安惠本,十卷,三百三十一篇;别本五卷,三百四十篇。蜀人蹇濬用退之赠郊句,纂《咸池集》,二卷,一百八十篇。自余不为编帙,杂录之,家家自异。次道总拾遗逸,摘去重复,若体制不类者,得五百十一篇,四十联句不与焉。一赞二书附于后,郊集于是始有完书。 颍滨苏氏曰:……
57	231	《岑参集》十卷	别集		别集	晁氏曰:唐岑参,南阳人。……集有杜确序。
	242	《岑嘉州集》八卷	诗集	诗集		陈氏曰:唐嘉州刺史南阳岑参撰。文本之曾孙。天宝三载进士,为补阙左史郎官。与杜甫唱和。
58	231	《李嘉祐诗》二卷	别集		别集	晁氏曰:唐李嘉祐,别名从一,赵州人。天宝七年进士。为秘书正字,袁、台二州刺史。善为诗,绮靡婉丽,有齐、梁之风,时人以比吴均、何逊云。
	242	《李嘉祐集》一卷	诗集	诗集		陈氏曰:唐台州刺史李嘉祐从一撰。天宝七载进士。亦号《台阁集》。李肇称其"水田飞白鹭,夏木啭黄鹂"之句,王维取之以为七言。今按此集无之。

对于表2–8所列图书在《经籍考》中重复出现的现象,学者或认为是互著,或认为是重复出现。为便于讨论,先略述互著之法的因由及特点,以分辨互著与重复出现的区别。

在目录中出现互著法之前,史书编写早已使用互见之法。西汉司马迁在《史记》中叙写人物时就创造性地使用了互见之法。"所谓'互见法',即是将一个人的事迹分散在不同的地方,而以其本传为主;或将同一件事分散在不同的地方,而以一个地方的叙述为主。"① 《史记》中的互见法具有史学和文学两方面的意义,既保持了历史叙

① 章培恒:《中国文学史》(上),复旦大学出版社1997年版,第214页。

述的真实性和完整性，又避免了重复，使人物形象鲜明、审美意味统一。在文献学中，也有与之相类似的处理材料的方法，即互著法，又称为互注。

纵观中国学术史，对目录书中的互著法作理论阐发的，当首推明代目录学家祁承㸁。祁氏在《澹生堂书目》之《庚申整书略例四则》中提出了"因""益""通""互"四法，其中的"通"和"互"，就是通常所说的别裁和互著。对于互著，祁氏作了如是论说："一曰互。互者，互见于四部之中也。作者既非一途，立言亦多旁及。有以一时之著述，而倏尔谈经，倏而论政；有以一人之成书，而或以摭古，或以征今，将安所取衷乎？故同一书也，而于此则为本类，于彼亦为应收；同一类也，收其半于前，有不得不归其半于后。如《皇明诏制》，制书也，国史之中固不可遗，而诏制之中亦所应入。如《五伦全书》，敕纂也，既不敢不尊王而入制书，亦不可不从类而入纂训。又如《焦氏易林》《周易占林》，皆五行家也，而易书占筮之内亦不可遗。……一部之中，名籍不可胜数，又安得概以集收，混无统类？故往往有一书而彼此互见，有同集而名类各分者，正为此也。"[①] 祁承㸁主张整理著录图书时须注意"互"的原则，主要因为有些图书内容庞杂、性质难定，所以在对图书进行分类时就要灵活处理，可以根据图书的不同属性，将一书分别著录在不同的部类，这样整个书目分类明确，著录也可略无遗漏。祁氏之论，乃是文献整理实践的经验之谈。

继祁承㸁之后，清代著名学者章学诚在其《校雠通义·互著第三》中对互著之法作了进一步的界说和阐述。"古人著录，不徒为甲乙部次计。如徒为甲乙部次计，则一掌故令史足矣。何用父子世业，

① ［明］祁承㸁:《庚申整书略例四则》,《澹生堂书目》,《续修四库全书》，上海古籍出版社 1995 年版，第 919 册，第 556—557 页。

阅年二纪，仅乃卒业乎？盖部次流别，申明大道，叙列九流百氏之学，使之绳贯珠联，无少缺逸，欲人即类求书，因书究学。至理有互通、书有两用者，未尝不兼收并载，初不以重复为嫌；其于甲乙部次之下，但加互注，以便稽检而已。古人最重家学。叙列一家之书，凡有涉此一家之学者，无不穷源至委，竟别其流，所谓著作之标准，群言之折衷也。如避重复而不载，则一书本有两用而仅登一录，于本书之体，既有所不全；一家本有是书而缺而不载，于一家之学，亦有所不备矣。"[①]在章氏看来，目录书绝不是简单的图书记账簿，它必须起到辨别学术源流、帮助后学求书究学的作用。人们在目录中部次甲乙，著录群书，使之"绳贯珠联"、脉络清晰、一目了然。然而在著录实践中，人们会发现并没有那么简单。有的图书一书可资两用，有的图书内容博杂，殊不易分。章氏即言："若就书之易淆者言之，经部《易》家与子部之五行阴阳家相出入，乐家与集部之乐府、子部之艺术相出入，小学家之书法与金石之法帖相出入，史部之职官与故事相出入，谱牒与传记相出入……若就书之相资者而论，《尔雅》与《本草》之书相资为用，地理与兵家之书相资为用，谱牒与历律之书相资为用，不特如郑樵之所谓性命之书求之道家，小学之书求之释家，《周易》藏于卜筮，《洪范》藏于五行已也。书之易混者，非重复互注之法，无以免后学之抵牾；书之相资者，非重复互注之法，无以究古人之源委。"[②]由此看来，目录书中使用互著法是十分必要的。

互著法于何时何书中被正式使用，是一个聚讼纷纭的问题。章学诚主张互著始于《七略》，其言曰："刘歆《七略》亡矣，其义例之可见者，班固《艺文志》注而已（班固自注，非颜注也）。《七略》

① ［清］章学诚著，叶瑛校注：《文史通义校注》，中华书局1985年版，第966页。
② ［清］章学诚著，叶瑛校注：《文史通义校注》，中华书局1985年版，第967—968页。

于兵书权谋家有《伊尹》《太公》《管子》《荀卿子》(《汉书》作《孙卿子》)《鹖冠子》《苏子》《蒯通》《陆贾》《淮南王》九家之书，而儒家复有《荀卿子》《陆贾》二家之书，道家复有《伊尹》《太公》《管子》《鹖冠子》四家之书，纵横家复有《苏子》《蒯通》二家之书，杂家复有《淮南王》一家之书。兵书技巧家有《墨子》，而墨家复有《墨子》之书。惜此外之重复互见者，不尽见于著录，容有散逸失传之文。然即此十家之一书两载，则古人之申明流别，独重家学，而不避重复著录，明矣。"① 吕绍虞先生则在《中国目录学史稿》中表达了不同的见解。他强调互著是一书在甲乙部次之下的重复著录，书名、作者和卷数（篇数）应该完全一样。"章氏一再以'十家之一书两载'来阐明《七略》互注之法"，没有注意到"《汉志·兵书略》中所省的不是十家的全书，而是有关军事方面的部分篇章或单行本"，"全书著录在这一类，而其中部分篇章或单行本又著录在有关的另一类里面"②，这不能算是重复互著。王重民先生也认为："章学诚认为刘歆在《七略》已经开创了互著别裁法的使用，后来经过班固的省并，以致散逸失传，这不能说是他的谦㧑，而实在是他的错觉。因为章学诚所指出《七略》中一些互著的例子，实际上都是别裁；而那些别裁，都是据'别出行世之本，故亦从而别裁之耳'，都不是有意识的使用别裁法，也就都不是别裁。"③同时，王重民先生又指出，"我国第一次有意识的使用互著法是第十四世纪初期马端临撰的《文献通考·经籍考》。第一次互著与别裁兼用的是1620年祁

① ［清］章学诚著，叶瑛校注:《文史通义校注》，中华书局1985年版，第966页。

② 吕绍虞:《中国目录学史稿》，丹青图书有限公司1986年版，第35页。

③ 王重民:《章学诚的目录学》,《中国目录学史论丛》，中华书局1984年版，第271—272页。

承爜编成的《淡生堂书目》。”[①] 王重民先生的观点被许多学者采纳。李瑞良指出，《经籍考》的一大贡献就是“运用了目录学上的互著法，并对这种方法有所阐释”[②]。刘石玉、严文儒、王国强、赵宣等也撰文表达了马端临编著《经籍考》时自觉地使用了互著法这一观点。

然而，有些学者并不太认同《经籍考》中使用了互著法。清钱大昕在《十驾斋养新录》卷十三“《文献通考》”条中说：“予读唐宋史艺文志，往往一书而重见，以为史局不出一手之弊。若马贵与《经籍考》，系一人所编辑，所采者不过晁、陈二家之说，乃亦有重出者。如陆德明《经典释文》三十卷，见卷百八十五经解类，又见卷百九十小学类；宋敏求《春明退朝录》五卷，见卷二百一故事类，又见卷二百十六小说类；郭茂倩《乐府诗集》一百卷，见卷百八十六乐类，又见卷二百四十八总集类；李匡文《资暇集》三卷，见卷二百十四杂家类，而卷二百十五又有李匡义《资暇》三卷，不知义与文乃字形相涉而讹也。唐慎微《大观本草》，与《证类本草》即一书，而误分为二，盖著作之家多不免此弊，彼此相笑，自昔然矣。”[③]清代校勘大家卢文弨也在《群书拾补·文献通考经籍校补》中罗列出十八种重复出现的图书，并分别在其下注明“重出”“某即此书也，置两处误”“已见前卷，此应删”“即前卷之某书，当并归一处”等字样。[④]温志拔撰文列出《经籍考》中二十四种重复出现的图书，认为其中只有三种属于互著。[⑤]

另外，武秀成在《陈振孙评传》中举《忘筌书》条为例说明

---

① 王重民：《章学诚的目录学》，《中国目录学史论丛》，中华书局 1984 年版，第 268—269 页。“淡”当作“澹”。

② 李瑞良：《中国目录学史》，台湾文津出版社 1993 年版，第 190 页。

③ ［清］钱大昕：《十驾斋养新录》，上海书店 1983 年版，第 310 页。

④ ［清］卢文弨：《群书拾补》，《丛书集成初编》本，商务印书馆 1935 年版，第 293—310 页。

⑤ 温志拔：《论〈文献通考·经籍考〉的重出与互著》，《图书馆理论与实践》2010 年第 10 期。

《直斋书录解题》早已采取了互著之法。张守卫又撰文进一步指出：“‘互著’与‘别裁’起源于南宋末年陈振孙编著的《直斋书录解题》，而不是前人认为的元马端临撰的《文献通考·经籍考》或明高儒编制的《百川书志》。”[①]因此，在《文献通考·经籍考》中两见的那些条目，究竟是因疏忽而重复著录，还是马氏有意识地使用了互著的方法？或者说重复出现的图书中哪些属于重著，哪些又是互著，二者数量多寡如何？笔者认为要回答这些问题，则需要具体分析上表 2–8 中所列之图书后方能作出恰当的判断。

我们先关注上面表格中第 1 条至第 43 条。其中某些条目中著录的两部书可能书名、卷数有差异，但实际上二者是同一部书。比如第 2 条，据马端临所引晁公武《郡斋读书志》(后或简称为晁《志》)解题，陈氏即陈少南，而少南是陈鹏飞的字。第 3 条中前书虽不标卷数，但马氏所引解题中明确说明该书“凡一卷”，且此条中二书的解题均引《崇文总目》，内容略同。第 10 条中马氏于传记类著录“《绍运图》一卷”时引晁氏解题虽曰“未详何人撰”，但据孙猛在《郡斋读书志校证》中所作考证，撰人实为诸葛深，此与编年类所著《绍运图》的撰者名氏相符。第 12 条中的“蛮书”，原作“晋书”，传世藏书本《文献通考》据陈振孙《直斋书录解题》(后或简称为“陈《录》”)卷七及《新唐书》卷五十八《艺文志》校改，而据马氏引晁公武、陈振孙二人解题，《蛮书》与《云南志》同为唐安南宣慰使樊绰记南诏风物，二者当是一书。第 13 条中地理类所著录的《西南备边录》虽标十三卷，而马氏解题引李焘语曰“今特存其第一卷，而《崇文总目》亦止载一卷”。第 14 条中二书作者即余知古，马氏引陈振孙解题称“本十卷，今止晋代，阙后五卷”。第 21

① 张守卫:《“互著”、“别裁”兼用始于〈直斋书录解题〉》,《图书情报工作》2009 年第 11 期。

条伪史霸史类《西域志》解题引晁公武语言“唐僧玄奘撰”，又称“或云玄奘译，大总持寺僧辩机撰”，地理类中《大唐西域记》的解题在作者问题上即采用了后一种说法。第37条二书解题中所言作者一为李匡文，一为李匡义，实则为同一人，余嘉锡先生《四库提要辨证》卷十五对此多有考论。第41条二书同为唐慎微撰，又据《大观本草》解题“仁和县尉艾晟作序，名曰《经史证类本草》”，则《大观本草》与《证类本草》虽相差一卷，实为一书。值得注意的是，第2条、第15条、第40条和第41条所录本是同一种书，又被置于同一小类之下，考虑到《经籍考》著录图书并不刻意区分版本的事实，则陈鹏飞《诗解》(陈氏《诗解》)、《大观本草》(《证类本草》)和《唐语林》、《顺昌录》(《顺昌破敌录》)四种图书在《经籍考》中当属重著，其余三十九种则属互著。

再看第44条至第58条。这15条所著录的图书均属于集部。整理第44条中的三个条目的来源，则第二、第三两个条目及解题均来自陈《录》，第一个条目解题同时引用晁、陈二家。第45条，陈《录》别集类有《陆宣公集》二十二卷，章奏类有《陆宣公奏议》二十卷，《经籍考》在第一个条目中解题引晁、陈和苏轼语，条目当从晁《志》别集类的《陆宣公奏议》十二卷条而来；《经籍考》在章奏类中引陈《录》解题，所以第二个条目参考的是陈《录》。第46条中，第一个条目主要参考晁《志》，第二个条目来自陈《录》。第47条中两个条目均来自陈《录》。第48条的《断金集》，晁《志》分隶别集、总集两类，陈《录》归在总集类，《经籍考》解题只引晁《志》，所以第48条当是承晁《志》之误而来。在诗集类“《李嘉祐集》一卷”的解题中，马端临引陈《录》之后，又另下按语：“右谢惠连、阴铿、杜审言、储光羲、王昌龄、常建、孟浩然、岑参、李嘉祐九家集，晁氏书录在别集门，所论已附在本门，此更不重具。”[①]晁《志》有别集类而无诗集类，所以第49条以下诸家集自当入别集类，而陈《录》另设诗集类，这些集子就从别集类中被分列出来。《经籍考》依据晁、陈二家，而别集类和诗集类均录有这十家的集子，显然，承晁《志》别集而来的十家集属于重著。在宋代的公私书目中，集部的分类呈现越分越细的趋势。比如晁《志》将集部分为别集、总集、文说三类；尤袤《遂初堂书目》与晁《志》文说类对应的是文史类，并多出章奏、乐曲两类；陈《录》与乐曲类相对应的是歌词类，较《遂初堂书目》多出诗集一类。《经籍考》在集部分类时接受的是陈《录》的分类方法。在诗集类开端，马端临引用陈振孙语以明《经籍考》确立诗集一类之渊溯："陈氏曰：'凡无他文而独有诗，及虽有他文，而诗集复独行者，别为一类。'"[②]由于历时性的集部分类差异导致图书重复出现和阐扬一书有两用的互著精神是不同步的。除了集部类目设定不同这一因素之外，第44条至第58条中还有因图书版次不同内容有多寡而导致的重复出现。以第44条为例。第44条三本书均在别集内，虽然其中都有《韩昌黎集》四十卷，但这四十卷只是书中的一部分，整体来看三部书的内容、多寡均不相同，它们不算是同一种书，当然与互著无关。总之，第44条至第58条所涉图书相互之间不存在互著关系。

《经籍考》所录图书中还有一些作者和书名也都相同，比如张芸叟：《画墁集》一卷（小说家类），《画墁集》一百卷（别集类）；朱松：《韦斋小集》十二卷（别集类），《韦斋小集》一卷（诗集类）；陈师道：《后山集》二十卷（别集类），《后山集》六卷（诗集类）；李之仪：《姑溪集》五十卷（别集），《姑溪集》一卷（歌词类）；秦观：《淮海集》三十卷（别集类），《淮海集》一卷（歌词类）；汪革：

① 《文献通考》，第6543—6544页。
② 《文献通考》，第6537页。

《青溪集》十卷（别集类），《青溪集》一卷（诗集类）；谢逸：《溪堂集》二十卷（别集类），《溪堂集》五卷（诗集类）；周邦彦：《清真集》二十四卷（别集类），《清真集》二卷（歌词类）。上述八家中，两组《画墁集》《韦斋小集》《后山集》《姑溪集》《青溪集》《溪堂集》均见于陈《录》，马端临在解题时均引用了陈《录》，可见它们在陈《录》中即已分属两类，图书内容自当不同，不存在前文那种因晁、陈二家分类差异而导致同一种书分入别集类和诗集类的情况，何况此处的八家都是宋人，他们的集子在当时保存得较好，不存在别集因文散佚而归入诗集类的可能。秦观《淮海集》，一为别集类，一为歌词类，二者篇卷相差甚大，不大可能是同一种书。因此，这八组图书当是因简单以作者字号、书斋等为集子命名以致书名重复，它们自然与互著无关。

二、《经籍考》图书互著原因分析

马端临在《经籍考》中著录图书时使用互著之法，其原因主要有以下两个。

（一）马端临在《经籍考》中力图保存前代书目图书分类旧貌

四库馆臣为《文献通考》撰写提要时指出，"《经籍考》卷帙虽繁，然但据晁、陈二家之目，参以诸家著录，遗漏宏多"[①]，为《郡斋读书志》提要时更称马端临作《经籍考》时完全依据晁氏《读书志》及陈氏《书录解题》"。四库馆臣之言虽有偏颇，但道出了一个事实：马端临在编撰《经籍考》时，十分倚重晁《志》和陈《录》两部私家目录。以史部为例，《经籍考》史部著录图书的条目共有946条，其中所涉图书仅见于晁《志》的有130条，仅见于陈《录》

① ［清］永瑢等：《四库全书总目》，中华书局1965年版，第697页。

的有532条，晁《志》和陈《录》同时著录的有107条，而《汉书·艺文志》、《隋书·经籍志》、《新唐书·艺文志》、晁《志》和陈《录》均无著录的仅31条。在全考3937个条目中，解题部分引晁《志》达1428次，引陈《录》2719次，引《崇文总目》184次。就图书分类而言，有时晁《志》将某书归入某一类，陈《录》将该书归入另一类，马端临则于两类中并录，被这样处理的图书有《焦氏易林》、《经典释文》、《群经音辨》、《玉台新咏》、《玉台后集》、《乐府诗集》、《咸镐故事》、《云南志》(《蛮书》)、《渚宫故事》(《渚宫旧事》)、《贾公谈录》(《贾氏谈录》)、《皇祐平蛮记》、《至道云南录》、《两汉博闻》、《翰林盛事》、《春明退朝录》、《辅弼名对》、《洽闻记》、《顾渚山记》、《岁时杂咏》、《资暇》(《资暇集》)、《同姓名录》(《古今同姓名录》)、《古今刀剑录》等。

这种并录前代目录书导致图书互著出现的情况，并不是由于机械照抄造成的，其根源在于图书的思想庞杂、图书性质难定，以致分类存在争议。对于这种处理方式，马端临是经过慎重思考的。马氏曾言："夹漈言古今编书所不能分者五，可以订历代艺文志之失。所谓'见名不见书，看前不看后'者，尤足以究其所失之源。然愚尝考之，经录犹无此患，而莫谬乱于史。盖有实故事而以为杂史者，实杂史而以为小说者。又有《隋志》以为故事，《唐志》以为传记，《宋志》以为杂史者。若一一考订，改而正之，则既不欲以臆见改前史之旧文，且所录诸书，盖有前史仅存其名，晚学实未尝见其书者，则亦无由知其编类之得失，是以姑仍其旧。"[①] 因图书性质难辨导致分类困难的问题在马端临之前的目录书中即已出现。在晁《志》中，《致理书》两存于杂家类和别集类，马氏照原样著录。《紫阳年

① 《文献通考》，第5651页。

谱》《台谏论》《广川画跋》《忘筌书》四种，陈《录》即已分录于两类，马氏于《经籍考》中略因其旧。

（二）马端临主动采用互著之法

章学诚《校雠通义·互著》曰：“古人著录，不徒为甲乙部次计。……至理有互通，书有两用者，未尝不兼收并载，初不以重复为嫌。”[①] 马端临在《经籍考》中即已体现出这种观念，他将陈《录》中置于地理类的《辽四京记》《契丹疆宇图》《高丽图经》《南诏录》《海外使程广记》《诸蕃志》于地理类和伪史霸史类同时著录，暗示了这些图书可以从地理和域外史两个方向研读。《西南备边录》一卷，陈振孙记于传记类；马端临除记于传记类外，又于地理类再次著录，记为十三卷，在解题中引李焘语指明“今特存其第一卷”。《丧服加减》于《崇文总目》属礼类，《经籍考》除礼类外又于仪注类中再录此书，两处解题均引《崇文总目》，内容略同。在这八种图书的归类问题上，马端临并不完全沿袭前人说法，而是将其分别著录于两类之中，这完全是在“书有两用”的观念之下有意为之的结果。

一般而言，编目者使用互著法编写目录，会在互著条目之间加上文字说明，以便读者稽检。然而《经籍考》中绝大多数两次著录的图书在解题中没有互著提示文字，但可以肯定的是，马端临在著录图书时确实使用了互著法，只是不如后世规范典型而已。其理由有三：其一，《经籍考》中存在典型的互著条目。易类和占筮类均著录《焦氏易林》十六卷，且易类此条的解题为“说见占筮门”，这条互著得到了学界认可。其二，《经籍考》解题中出现“但加互注，以便稽检”性质的文字。如子部杂家类“《忘筌书》二卷”条解题

① ［清］章学诚著，叶瑛校注：《文史通义校注》，中华书局 1985 年版，第 966 页。

引陈氏语："本已见儒家，而《馆目》置之杂家者，经其多用释、老之说故也。今亦别录于此。"其三，《文献通考》全书中常使用"参见法"。如《文献通考》卷四《田赋考》"历代田赋之制"下谈到十六国时期汉隐帝刘粲时三司使王章下令收取仓库"省耗"之事，引用了胡寅的评论。《国用考》(五)"蠲贷"下有"潞王即位，以刘昫判三司，钩考旧逋，必无可偿者请蠲之。诏长兴以前，户部及诸道逋租三百三十万石咸免之。贫民大悦，三司吏怨之"，马氏于其下有"致堂胡氏论，见《田赋考》"[①]。又，《文献通考》卷二十三《国用考》(一)之末"诏官受仓场头子钱之半"一句，马端临有注曰："头子钱本末，见《田赋门》。"[②]《经籍考》经部孟子类著录有"张无垢《孟子解》十四卷""张南轩《孟子说》十七卷""晦庵《孟子集注》《或问》各十四卷""石鼓《孟子答问》三卷""陈寿老《孟子纪蒙》十四卷"诸条，马氏自注曰"说并见《论语》条下"。子部"《禅宗金刚经解》一卷"条的解题中引用了苏辙语，马端临在引文之末有注"余见《楞严》条下"。作为一种行文方法的参见法，与互著法这种图书著录方法虽不相同，但是在"互注提示"这一点上，二者绝对是相通的。

耐人寻味的是，"《焦氏易林》十六卷"条在《经籍考》中处于所有互著条目之首，当具有暗示作用，但为什么后面的互著条目又没有严格按照这样的格式处理？赵宣曾判断《经典释文》《春明退朝录》等两见于《经籍考》但解题中无明确说明的也是一种互著方法，"原因在于其所引证的资料并不重复，所谓'重复'的目的正在

---

① 《文献通考》，第790页。
② 《文献通考》，第695页。

于互著"[1]。在这里，赵宣强调了图书虽两见，但解题内容并不重复。《经籍考》使用的是辑录体的解题方式，对于一书可二用、分类困难的图书，马氏已明言将"姑仍其旧"，如果像《焦氏易林》条一样，将所引晁、陈二家的解题放置于一个条目之下，而在另一条目下注明"说见某门"，这样处理带来的一个后果是，读者在《经籍考》中已看不出《焦氏易林》在晁《志》中属于易类，在陈《录》中属于卜筮类了。显然，这种客观上抹掉了前代书目的分类信息的处理方式与马端临的辑录原则是相违背的。

总之，造成《经籍考》所录图书有重复出现现象的原因，确实有重著和互著两种。全考互著图书三十九种，可分为因图书性质难定而存其于两类的被动互著和因"理有互通，书有两用"的主动互著两种情况。在图书互著过程中，囿于《文献通考》的编著方法和体例，绝大多数互著条目在解题时没有采用之后发展成熟的典型的互著说明形式，但目录互著法的宗旨已得到明确的体现，我们不能以其形式的不完备而否认《经籍考》已大量使用互著法的事实。

第五节 《经籍考》的著录依据分析

马端临在《文献通考自序》中称"汉、隋、唐、宋之史俱有《艺文志》，然《汉志》所载之书，以《隋志》考之，十已亡其六

① 赵宣:《〈文献通考·经籍考〉与〈玉海·艺文〉"互见"法比较》,《图书馆理论与实践》2008年第5期。

七，以《宋志》考之，隋唐亦复如是”，有鉴于书籍流传之难，亡佚之多，加上北宋官修目录《崇文总目》至南宋末其解题“止及经、史而亦多缺略，子、集则但有其名目而已”，晁氏《读书志》和陈氏《书录解题》“皆聚其家藏之书而评之”，这些图书目录都不能准确地反映当时图书的实际状况，故撰著《经籍》一考。[①]《经籍考》在类目的设置上借鉴汉、隋、唐、宋四代史志，在条目的著录方面又是如何操作的呢？四库馆臣认为“《经籍考》卷帙虽繁，然但据晁、陈二家之目，参以诸家著录，遗漏宏多”[②]，又在提要《郡斋读书志》时称“马端临作《经籍考》，全以是书及陈氏《书录解题》为据”[③]，则馆臣断定马氏作《经籍考》主要依赖晁、陈二家之书。《经籍考》的解题中辑录晁、陈二家解题之处甚多，这是清楚明确的，然而马氏厘定目录的条目时是否确如馆臣所说的那样如此地倚重二书，则有待于作进一步的考察。今以《经籍考》与《汉志》、《隋志》、《新唐志》[④]、《郡斋读书志》（衢本）和《直斋书录解题》比较，分析《经籍考》条目的著录来源和依据。

一、《经籍考》著录多书之条目的著录依据分析

在《经籍考》中绝大多数的条目都是一个条目著录一部图书，只有少数条目存在一个条目著录多部图书的情况，现将其列出，并

---

① 《文献通考自序》，第 15—16 页。

② ［清］永瑢等:《四库全书总目》，中华书局 1965 年版，第 697 页。

③ ［清］永瑢等:《四库全书总目》，中华书局 1965 年版，第 729 页。

④ 据《旧唐书・经籍志》序言称，唐代秘阁所藏图书在唐末时丧失殆尽，刘昫修纂《旧唐书・经籍志》时主要依据的是毋煚的《古今书录》，并未能反映有唐一代的藏书之盛况，故此处于唐志仅取《新唐志》。又，宋代所编三朝、两朝、四朝和中兴史志亡佚，《崇文总目》残缺不堪，故不选取。

以之与上举五部目录书的著录作简单比较[1]。

表 2-9 《经籍考》一个条目著录多种图书情况一览

序号	卷次	《经籍考》	陈《录》	晁《志》	《新唐志》	《隋志》	备注
1	175	王弼《易注》《略例》《系辞注》十卷	《周易注》六卷、《略例》一卷、《系辞注》三卷	《王弼周易》十卷	王弼《注》七卷 王弼、韩康伯《注》十卷	《周易十卷》魏尚书郎王弼注六十四卦六卷，韩康伯注系辞以下三卷，王弼又撰《易略例》一卷	韩康伯为王弼门人，《系辞注》附于王弼著作之后，以师承故
2	175	《石经周易》《周易指略例》共十一卷		《石经周易》十卷，《周易指略例》一卷			物质载体同
3	175	《宋咸易训》《易补注》《王刘易辨》	《易补注》十卷、又《王刘易辨》一卷	《宋咸易训》三卷			作者同。《经籍考》不标卷数
4	176	王介甫《易解》二十卷，龚原、耿南仲注《易》各二十卷	《易解》十四卷	王介甫《易义》二十卷，龚原注《易》二十卷，耿南仲注《易》二十卷			偕行场屋。解题取晁不取陈
5	176	晁以道《太极传》《外传》《因说》共八卷	《太极传》六卷、《外传》一卷、《因说》一卷	晁以道《太极传》《外传》《因说》共八卷			
6	176	《汉上易集传》《易图》《丛说》共十五卷	《汉上易传》十一卷、《丛说》一卷、《图》三卷	《朱子发易集传》十一卷、《易图》三卷、《丛说》一卷			

① 检书之后，得知此表所收图书与《汉志》无甚关涉，故表中不列《汉志》一栏。表中“卷次”一栏，依《文献通考》而定。

续表

序号	卷次	《经籍考》	陈《录》	晁《志》	《新唐志》	《隋志》	备注
7	176	梁谿《易传》内、外篇共十九卷	《梁谿易传》九卷、《外篇》十卷				
8	176	《先天易钤》、《太极宝局》二卷	《先天易钤》一卷	《先天易钤》、《太极宝局》二卷			
9	176	兼山《易解》二卷、《传家易说》十一卷	《传家易说》十一卷(郭雍)	《兼山易解》二卷(郭忠孝)			父子著作合于一条
10	176	《逍遥公易解》八卷、《疑问》二卷	《逍遥公易解》八卷、《疑问》二卷				
11	176	晦庵《易传易本义易学启蒙》,《传》十一卷、《本义》十二卷、《启蒙一卷》	《易传》十一卷、《本义》十二卷、《易学启蒙》一卷				条目中有重复
12	176	吕伯恭《古易》《音训》共十四卷	《古易》十二卷、《音训》二卷				
13	176	《沙随易章》十卷、《外编》一卷、《占法》一卷、《古易考》一卷	《沙随易章句》十卷、《外编》一卷、《占法》一卷、《古易考》一卷				
14	176	何万《易辨》三卷、《渊源录》三卷	《易辨》三卷、《渊源录》三卷				
15	176	林至《易禆传》二卷、《外篇》一卷	《易禆传》二卷、《外篇》一卷				
16	176	王炎《易笔记》《总说》共九卷	《易笔记》八卷、《总说》一卷				

续表

序号	卷次	《经籍考》	陈《录》	晁《志》	《新唐志》	《隋志》	备注
17	176	《真西山复卦说》一卷、《吴如愚准斋易说》一卷、《冯椅厚斋易学》	《西山复卦说》一卷 《准斋易说》一卷				
18	177	程大昌《禹贡论》《图》共四卷	《禹贡论》二卷、《图》二卷				
19	177	《书古经》《序》共五卷	《书古经》四卷、《序》一卷				
20	179	夹漈《诗传》《辩妄》共二十六卷	《夹漈诗传》二十卷、《辨妄》六卷				
21	179	晦庵《诗集传》《诗序辨说》共二十一卷	《诗集传》二十卷、《诗序辨说》一卷				
22	180	《古礼》十七卷、《释文》一卷、《识误》三卷	《古礼》十七卷、《释文》一卷、《识误》三卷				
23	180	《集释古礼》十七卷、《释宫》一卷、《纲目》一卷	《集释古礼》十七卷、《释宫》一卷、《纲目》一卷				
24	181	《周礼纲目》八卷、《摭说》一卷	《周礼纲目》八卷、《摭说》一卷				
25	181	张无垢《中庸说》六卷、《大学说》二卷(少仪解附)	张无垢《中庸说》六卷、《大学说》二卷(少仪解附)				
26	181	《大学章句或问》《中庸章句或问》各三卷	《大学章句》一卷、《或问》二卷、《中庸章句》一卷、《或问》二卷				

续表

序号	卷次	《经籍考》	陈《录》	晁《志》	《新唐志》	《隋志》	备注
27	181	《曲礼口义》二卷、《学记口义》二卷	《曲礼口义》二卷				卢校本《书录解题》有"《学记口义》二卷"
28	182	《春秋集传》《纂例》《辨疑》共十七卷	《春秋集传》、《纂例》十卷、《辨疑》七卷	《春秋微旨》六卷、《春秋辨疑》一卷 《春秋纂例》十卷			卷次不同
29	183	《春秋权衡》《意林》《刘氏春秋传》共三十四卷	《春秋传》十卷、《权衡》十七卷、《意林》一卷、《说例》一卷。	《春秋权衡》十七卷、《春秋意林》二卷、《春秋刘氏传》十五卷			卷数不一
30	183	王氏《春秋列国诸臣传》共六十三卷	《春秋列国诸臣传》五十一卷	《春秋列国诸臣传》五十一卷 《王氏春秋》十二卷			
31	183	《春秋皇纲论》《明例隐括图》共六卷	《春秋皇纲论》五卷、《明例隐括图》一卷				
32	183	《春秋后传》《补遗》共二十一卷	《春秋后传》二十卷、《补遗》一卷				
33	183	《春秋通训》《五礼例宗》共二十六卷	《春秋通训》十六卷、《五礼例宗》十卷				
34	183	胡文定《春秋传》《通例》《通旨》共三十二卷	《春秋传》三十卷、《通例》一卷、《通旨》一卷	《胡氏春秋传》三十卷			
35	183	石林《春秋传》《春秋考》《春秋谳》共七十二卷	《春秋传》十二卷、《考》三十卷、《谳》三十卷				

续表

序号	卷次	《经籍考》	陈《录》	晁《志》	《新唐志》	《隋志》	备注
36	183	《春秋经解》《本例例要》共十七卷	《春秋经解》十六卷、《本例例要》一卷				
37	183	《春秋正辞》《通例》共三十五卷	《春秋正辞》二十卷、《通例》十五卷				
38	183	夹漈《春秋传》《春秋考》《地名》共十四卷	夹漈《春秋传》十二卷、《考》一卷、《地名谱》十卷。				
39	183	《春秋经解》《指要》共十四卷	《春秋经解》十二卷、《指要》二卷				
40	183	止斋《春秋后传》《左氏章指》共四十二卷	《止斋春秋后传》十二卷、《左氏章指》三十卷				
41	183	《左传约说》《百论》共二卷	《左传约说》一卷、《百论》一卷				
42	184	王介甫《论语解》十卷、王元泽《口义》十卷、陈用之《论语》十卷		《王介甫论语解》十卷、《王元泽口义》十卷、《陈用之论语》十卷			王元泽为介甫子，陈用之为介甫徒
43	184	东坡《论语解》十卷、颍滨《论语拾遗》	《东坡论语传》十卷 《颍滨论语拾遗》一卷	《东坡论语解》十卷			马氏著录《论语拾遗》无卷数
44	184	《论语续解》《考异》《说例》共十二卷	《论语续解》十卷、《考异》《说例》各一卷				
45	184	《孟子音义》《正义》共十六卷	《孟子音义》二卷 《孟子正义》十四卷	《孟子音义》二卷			

续表

序号	卷次	《经籍考》	陈《录》	晁《志》	《新唐志》	《隋志》	备注
46	184	王安石、王雱、许允成《孟子解》共四十二卷		《王安石解孟子》十四卷、《王雱解孟子》十四卷、《许允成解孟子》十四卷			
47	184	晦庵《孟子集注》《或问》各十四卷	《论语集注》十卷、《孟子集注》十四卷 《论语或问》十卷、《孟子或问》十四卷				《直斋》有“孔孟”类
48	185	《三经义辩》《辩学》		《书义辨疑》一卷 《毛诗辨疑》一卷 《周礼义辨疑》一卷			杨时《三经义辩》,王居正《辩学》。马氏解题引《中兴艺文志》。王续杨著
49	186	《古乐府》《乐府古题要解》共十二卷		《古乐府》十卷,并《乐府古题要解》二卷	《乐府古题要解》一卷	《古乐府》八卷	卷数已不同
50	186	《阮咸金羽调》一卷、《降圣引谱》一卷					解题引《崇文总目》。《总目》有此二种
51	186	《阮咸谱》二十卷、《阮咸曲谱》一卷					解题引《崇文总目》。《总目》有此二种
52	186	《景祐乐府奏议》一卷、《皇祐乐府奏议》一卷	《景祐乐府奏议》一卷 《皇祐乐府奏议》一卷				
53	186	《补亡乐书》三卷、《大乐演义》三卷	《大乐演义》三卷	《补亡乐书》三卷			作者同,合二种

续表

序号	卷次	《经籍考》	陈《录》	晁《志》	《新唐志》	《隋志》	备注
54	186	《大晟乐书》二十卷、《雅乐图谱》	《大晟乐书》二十卷				陈氏解题："又有《图谱》一卷"
55	186	《琴操谱》十五卷、《调谱》四卷	《琴操谱》十五卷、《调谱》四卷				
56	187	《大飨明堂记》二十卷、《纪要》二卷	《大飨明堂记》二十卷、《纪要》二卷				
57	188	《伊川礼书补亡》《伊洛遗礼》					引龙川陈亮所作书序。《遗礼》附前书后
58	188	《吕氏乡约》一卷、《乡仪》一卷	《吕氏乡约》一卷、《乡仪》一卷				
59	188	《奉常杂录》一卷、《乐章》一卷	《奉常杂录》一卷、《乐章》一卷				
60	188	《周易纬稽览图》二卷、《是类谋》一卷、《辨终备》一卷、《乾元序制记》一卷、《坤灵图》一卷《通卦验》二卷	《易纬》七卷 《易稽览图》三卷 《易通卦验》二卷	《周易纬稽览图》二卷、《周易纬是类谋》一卷、《周易纬辨终备》一卷、《周易纬乾元叙制记》一卷、《周易纬坤灵图》一卷、《易通卦验》二卷			解题引晁、陈二家。陈氏解题仅引《易纬》条内容
61	190	《字说偏旁音释》一卷《字说叠解备检》一卷		《字说偏傍音释》一卷、《字说叠解备检》一卷			
62	190	《切韵指玄论》三卷、《四声等第图》一卷		《切韵指玄论》三卷、《四声等第图》一卷			

续表

序号	卷次	《经籍考》	陈《录》	晁《志》	《新唐志》	《隋志》	备注
63	190	《切韵义》一卷、《纂要图例》一卷	《切韵义》一卷、《纂要图例》一卷				
64	190	《隶释》二十七卷、《隶续》二十一卷	《隶释》一十七卷、《隶续》二十一卷				解题引《中兴艺文志》和陈氏《书录解题》
65	190	《唐史属辞》五卷、《南北史蒙求》十卷		《两汉蒙求》五卷、《唐史属辞》五①卷、《南北史蒙求》十卷			刘珏《两汉蒙求》单独一条。引陈氏曰:“未详撰人,皆交效李瀚。”
66	190	《赵氏家塾蒙求》二十五卷、《宗室蒙求》二卷、《幼学须知》五卷	《赵氏家塾蒙求》二十五卷、《宗室蒙求》三卷 《幼学须知》五卷				所记《宗室蒙求》卷数不一
67	190	《弟子职》等五书一卷	《弟子职》等五书一卷				
68	192	《南史》八十卷、《北史》一百卷	《南史》八十卷、《北史》八十卷	《南史》八十卷、《北史》一百卷	李延寿《南史》八十卷 李延寿《北史》一百卷		
69	193	《疑年谱》一卷、《年略谱》一卷(杂年号附)	《疑年谱》一卷、《年略谱》一卷、《杂年号》附				

① 宋杨杰《无为集》卷九有元祐年间所作《唐史属辞序》称程鹏彦升“采一代事迹,四言成文,两两相比,题曰《唐史属辞》,总成四卷”,《玉海》及《宋书·艺文志》亦记为程鹏著,共四卷。

续表

序号	卷次	《经籍考》	陈《录》	晁《志》	《新唐志》	《隋志》	备注
70	193	《思陵大事记》三十六卷、《阜陵大事记》二卷	《思陵大事记》三十六卷、《阜陵大事记》二卷				
71	193	《大事记》十二卷、《解题》十二卷、《通释》一卷	《大事记》十二卷、《解题》十二卷、《通释》一卷				
72	193	《纪年统论》一卷、《纪年备遗》一百卷	《纪年统纪论》一卷；				陈氏解题中提到《备遗》。马氏又引叶适《纪年备遗序》
73	193	《皇朝编年举要》三十卷、《备要》三十卷,《中兴编年举要》十四卷、《备要》十四卷	《皇朝编年举要》三十卷、《备要》二十卷、《中兴编年举要》十四卷、《备要》十四卷				《皇朝备要》卷数不同
74	194	《唐宣宗实录》三十卷《懿宗实录》二十五卷《僖宗实录》三十卷《昭宗实录》三十卷《哀帝实录》八卷	《宣宗实录》三十卷 《懿宗实录》二十五卷 《僖宗实录》三十卷 《昭宗实录》三十卷 《哀帝实录》八卷				引晁陈二氏解题,所引晁氏解题与袁本后志卷一所记合
75	194	《晋高祖实录》三十卷、《晋出帝实录》二十卷	《晋高祖实录》三十卷 《晋少帝实录》二十卷				陈氏二条合释。“少帝”,马氏记为“出帝”
76	196	《景命万年录》一卷、《艺祖受禅录》一卷		《景命万年录》一卷、《艺祖受禅录》一卷			

续表

序号	卷次	《经籍考》	陈《录》	晁《志》	《新唐志》	《隋志》	备注
77	197	《绍圣甲戌日录》一卷、《元符庚辰日录》一卷	《绍圣甲戌日录》一卷、《元符庚辰日录》一卷				
78	197	《金人背盟录》七卷、《围城杂记》一卷、《避戎夜话》一卷、《金国行程》十卷、《南归录》一卷、《朝野佥言》一卷		《金人背盟录》七卷、《围城杂记》一卷、《避戎夜话》一卷、《金国行程》十卷,《南归录》一卷、《朝野佥言》一卷			引晁、陈二氏解题
79	197	《靖康录》一卷、《靖康遗录》一卷	《靖康录》一卷 《靖康遗录》一卷				引陈氏解题时合二为一
80	197	《汴都记》一卷、《靖康野录》一卷、《痛定录》一卷	《汴都记》一卷 《靖康野录》一卷 《痛定录》一卷				引陈氏曰:"并不著撰人名氏。"
81	197	《国史编年政要》四十卷、《国朝实录列传举要》十二卷、《皇朝宰辅拜罢录》一卷、《续百官公卿表》二十卷、《质疑》十卷	《续百官公卿表》十卷、《质疑》十卷				《经籍考》总集类有"《续百官公卿表》十卷、《质疑》十卷"条
82	198	《古列女传》八卷、《续列女传》一卷	《古列女传》九卷	《古列女传》八卷、《续列女传》一卷	刘向《列女传》十五卷	列女传十五卷刘向撰	
83	199	《吕忠穆家传》一卷、《逢辰记》一卷、《遗事》一卷	《吕忠穆家传》一卷、《逢辰记》一卷、《遗事》一卷				

续表

序号	卷次	《经籍考》	陈《录》	晁《志》	《新唐志》	《隋志》	备注
84	199	《褒德集》二卷、《易学辨惑》一卷	《褒德集》二卷、《易学辨惑》一卷				
85	199	《岳飞事实》六卷、《辨诬》五卷	《岳飞事实》六卷、《辨诬》五卷				
86	199	《赵忠定行状》一卷、《谥议》一卷	《赵忠定行状》一卷、《谥议》一卷				
87	199	《倪文节言行录》三卷、《遗奏志状碑铭谥议》一卷	《倪文节言行录》三卷、《遗奏志状碑铭谥议》一卷				
88	199	《中兴登科小录》三卷、《姓类》一卷	《中兴登科小录》三卷、《姓类》一卷				
89	200	《阴山杂录》十六卷、《契丹录》一卷	《阴山杂录》十六卷 《契丹录》一卷				马氏合陈录二条为一条。后者为前书的首卷
90	200	《伪楚录》二卷、《伪齐录》二卷	《伪楚录》二卷 《伪齐录》二卷				马氏引陈氏曰：并不著名氏
91	200	《通鉴前例》一卷、《修书帖》一卷、《三十六条四图》共一卷	《通鉴前例》一卷、《修书帖》一卷、《三十六条四图》共一卷				
92	200	《新校史记》一百三十卷、《新校前汉书》一百卷、《新校后汉书》九十卷、《三史刊误》四十五卷					《总目》四书分列，前三条题“余靖等校正”。马氏解题引《总目》第四书之解题
93	200	《西汉史抄》十七卷、《两汉博议》十四卷					解题引《中兴艺文志》

续表

序号	卷次	《经籍考》	陈《录》	晁《志》	《新唐志》	《隋志》	备注
94	200	《五代史纂误》五卷、《杂录》一卷	《五代史纂误》五卷、《杂录》一卷	《五代史纂误》五卷			
95	201	《国玺传》一卷、《传国玺记》一卷	《国玺传》一卷、《传国玺记》一卷				
96	201	《西汉会要》七十卷、《东汉会要》四十卷	《西汉会要》七十卷、《东汉会要》四十卷				
97	202	《汉官仪》一卷、《续补》一卷	《汉官仪》一卷、《续补》一卷				
98	202	《汉官典仪》一卷、《续补》一卷	《汉官典仪》一卷、《续补》一卷	蔡质《汉官典仪》一卷	《汉官典职仪式选用》二卷		解题引陈氏曰
99	202	《官制》《学制》各一卷	《官制》、《学制》各一卷				陈氏曰：司马光撰
100	202	《翰林群书》三卷、《翰林遗事》一卷	《翰林遗事》一卷 《翰苑群书》三卷				马氏拼合陈氏两条解题
101	203	《律文》十二卷、《音义》一卷	《律文》十二卷、《音义》一卷				
102	203	《唐令》三十卷、《式》二十卷	《唐令》三十卷、《式》二十卷				
103	203	《断例》四卷、《元丰断例》六卷		《元丰断例》六卷 《断例》四卷			马氏合晁氏二条解题
104	203	《宣和军司马敕》十三卷、《令》一卷	《宣和军马司敕》十三卷、《令》一卷				

续表

序号	卷次	《经籍考》	陈《录》	晁《志》	《新唐志》	《隋志》	备注
105	203	《绍兴敕》十三卷、《令》五十卷、《格》三十卷《式》三十卷、《政和以后敕》十五卷		《绍兴敕》十二卷、《令》五十卷、《格》三十卷、《式》三十卷、《政和三年以后敕》十五卷			张守等受旨编修
106	203	《庆元敕》十二卷、《令》五十卷、《格》三十卷《式》三十卷、《目录》一百二十二卷、《随敕申明》十二卷,总二百五十六卷	《庆元敕》十二卷、《令》五十卷、《格》三十卷、《式》三十卷、《目录》一百二十二卷、《随敕申明》十二卷,总二百五十六卷				
107	203	《绍兴监学法》二十六卷、《目录》二十五卷、《申明》七卷、《对修厘正条法》四卷,共六十二卷	《绍兴监学法》二十六卷、《目录》二十五卷、《申明》七卷、《对修厘正条法》四卷,共六十二卷				
108	204	《嘉禾志》五卷、《故事》一卷	《嘉禾志》五卷、《故事》一卷				
109	205	《六朝事迹》二卷、《南朝宫苑记》二卷	《六朝事迹》二卷、《南朝宫苑记》二卷				不知作者名氏
110	205	《豫章职方乘》三卷、《后乘》十二卷	《豫章职方乘》三卷、《后乘》十二卷				
111	205	《盱江志》十、《续》十卷	《盱江志》十卷、《续》十卷				
112	205	《南安志》二十卷、《补遗》一卷	《南安志》二十卷、《补遗》一卷				

续表

序号	卷次	《经籍考》	陈《录》	晁《志》	《新唐志》	《隋志》	备注
113	205	《都梁志》八卷、《续》一卷	《都梁志》八卷 《续志》一卷				马氏合解题
114	205	《长沙志》五十二卷、《续志》十一卷	《长沙志》五十二卷 《续长沙志》十一卷				马氏合解题
115	205	《岳阳志甲》二卷、《乙》三卷	《岳阳志甲》二卷、《乙》三卷				
116	206	《岁时杂咏》[①]《续岁时杂咏》		《岁时杂咏》二十卷			祖孙合为一条。解题引晁无咎序
117	207	《唐相门甲族》《诸郡氏谱》共一卷	《唐相门甲族》《诸郡氏谱》共一卷				
118	207	《龙图阁瑞物宝目》《六阁书籍图画目》共一卷(玉宸殿书数附)	《龙图阁瑞物宝目》《六阁书籍图画目》共一卷(玉宸殿书数附)				
119	207	《广川藏书志》二十六卷、《书跋》十卷、《画跋》五卷	《广川藏书志》二十六卷 《广川书跋》十卷、《画跋》五卷				
120	207	《夹漈书目》一卷、《图书志》一卷	《夹漈书目》一卷、《图书志》一卷				
121	207	《集古系时录》十卷、《系地录》十一卷	《集古系时录》十卷、《系地录》十一卷				

表2–9所列《经籍考》条目之中，有些没有标明图书卷数，如

① 《经籍考》又将《岁时杂咏》单列入总集，记为二十卷。

第3条、第48条、第57条、第116条。马氏在第3条的解题中辑录了晁、陈二家之言而有所改易。陈《录》中交代了《易补注》为十卷，马氏即在引晁《志》时补记了《易训》"凡三卷"，引陈《录》时补记《易辨》"为一卷"；有的条目则几部图书合计卷数而不在条目中分别标明各书的卷数，如第1、2、5、6、7、12、16、18、19、20、21、28、29、30、31、32、33、34、35、36、37、38、39、40、41、44、45、46、49条。又有些条目在晁《志》、陈《录》中本是分开著录的，但马氏将其著录在一个条目下，如第3、9、17、30、43、45、48、52、66、74、75、79、80、89、90、100、103、113、114条。几部图书之所以能被置于一个条目中，往往在于这些图书之间具有某种联系。最常见的是将同一作者的性质相同的图书著录在一起，如第5条将晁以道易类之书《太极传》《外传》《因说》录在一条下。或者是某一图书和其续书、补遗之书放在一起，如第98条、第111条、第112条、第113条和第114条。又有将师徒、父子、祖孙、兄弟的同类图书著于一个条目之下，如第1条中韩康伯《系辞注》被置于王弼注易条目，是因为韩康伯是王弼的门人；第9条中郭雍《传家易说》与郭忠孝《兼山易解》收在一起，是因为郭忠孝与郭雍为父子关系；第42条中的作者，王安石和王雱是父子，陈用之是王安石的学生；第43条中，东坡与颍滨是兄弟关系。在子部墨家类,《经籍考》还把同为墨子弟子的著作《随巢子》和《胡非子》列入一个条目当中。

《经籍考》一个条目著录几种图书中出现的这几种情况，均能在它之前的目录中找到先例。《隋志》条目下的小字注中就时常记载有与之相类的亡佚之书，如《隋书》卷三十四有"《龟经》一卷"条，其下有小字注曰："晋掌卜大夫史苏撰。梁有《史苏龟经》十卷；《龟决》二卷，葛洪撰；《管郭近要诀》《龟音色》《九宫蓍龟序》各一卷；《龟卜要诀》《龟图五行九亲》各四卷；又《龟亲经》三十卷，周子曜撰。亡。”[①] 虽所注是相关的亡佚之书，但这种方式可以为后世提供某种启发。《新唐志》中有易类“王弼《注》七卷”条和“王弼、韩康伯《注》十卷”条，《书录解题》即已合著为“《周易注》六卷、《略例》一卷、《系辞注》三卷”；《新唐志》史部有“李延寿《南史》八十卷”条和“李延寿《北史》一百卷”条，《读书志》则将它们合著为一条“《南史》八十卷、《北史》一百卷”。宋有王介甫注《易》二十卷，龚原注《易》二十卷，耿南仲注《易》二十卷，《读书志》把它们著录为一条，晁氏在解题中指出其著录的依据是“偕行场屋”，即三种注疏皆流行于科举考场中。著录时不细分各书卷数的实例可在表2–9第5条所列《读书志》中找到：“晁以道《太极传》《外传》《因说》共八卷”，《经籍考》著录晁书与《读书志》完全相同。

二、《经籍考》著录一书之条目的著录依据分析

马端临在《文献通考自序》中说：“今所录先以四代史志列其目，其存于近世而可考者，则采诸家书目所评，并旁搜史传、文集、杂说、诗话。”这已经很清楚地交代了其撰著时的步骤：首先依据汉、隋、唐、宋四代史志确定《经籍考》的纲目门类，再著录存于近世可以考求的图书，其解题则是先引诸家书目，如宋四朝史志、《崇文总目》、晁《志》、陈《录》等，再旁取史传、文集序言、诗话评说等资料。《经籍考》解题时引目录书，其中引陈《录》达2719条，引晁《志》1428条，引《崇文总目》184条，引《中兴艺文志》43条，引《两朝志》6条。可见用以概括介绍图书基本情况的

---

① 《隋书》，第1032页。

解题部分主要取自前三种目录。据徐小蛮校点本统计,《直斋书录解题》现存条目 3092 条；据孙猛校证本统计，衢本《郡斋读书志》有 1496 个条目，加上袁本的《附志》，则有 1967 个条目。在绝大多数情况下,《经籍考》在一个条目中同部目录只引一次，而解题时全《考》一个条目只引一家的达 2851 条，其中引陈《录》2008 条，引晁《志》843 条。《经籍考》引晁、陈二书共计 4147 条，其中 2851 条是一条解题对应一个条目，则还有 1296 条解题来自既引晁《志》又引陈《录》的条目中，这样的条目则有 648 条。所以，在《经籍考》3937 个条目中，有 3499 个条目所著录的图书或存在于晁《志》，或存在于陈《录》，或同时存在于这两部目录之中。这样看来，虽然现在不能说《经籍考》的条目主要是直接抄撮晁、陈二书而来，但是可以肯定的是,《经籍考》著录图书的范围，与晁、陈二书的著录范围非常相近，考虑到表 2-9 中《经籍考》的条目有将陈《录》原书中两条或多条合为一个条目、引用解题时也相应地将原书几条解题拼合为一条的情况，则其著录图书范围的相似性将会更高。

为了确证这种相似性，本书将扩大条目对比的范围，以《经籍考》史部著录的 946 个条目为对象，考察这些图书在《直斋书录解题》《郡斋读书志》《新唐书・艺文志》《隋书・经籍志》《汉书・艺文志》中的著录情况[①]，结果发现《经籍考》的 946 个条目有 756 条能在《直斋书录解题》中找到，有 314 条能在《郡斋读书志》中找到，有 143 条能在《新唐书・艺文志》中找到，有 26 条能在《隋书・经籍志》中找到，有 3 条能在《汉书・艺文志》中找到。这些相同的条目在《书录解题》《读书志》《新唐志》《隋志》《汉志》中的分布情况如表 2-10 所示。

① 因时代变迁可能引起图书名称和篇卷的变化，所以统计相同条目数的时候忽略了各书著录时的卷数差异。

表 2–10 《经籍考》史部条目见于前此书目数量统计

条目范围	数量
仅见于《书录解题》的条目	532 条
仅见于《读书志》的条目	130 条
仅见于《新唐志》的条目	13 条
《书录解题》和《读书志》同时著录的条目	107 条
《书录解题》和《新唐志》同时著录的条目	48 条
《书录解题》和《隋志》同时著录的条目	1 条
《读书志》和《新唐志》同时著录的条目	13 条
《读书志》和《隋志》同时著录的条目	1 条
《新唐志》和《隋志》同时著录的条目	1 条
《书录解题》《读书志》《新唐志》同时著录的条目	46 条
《书录解题》《读书志》《隋志》同时著录的条目	1 条
《书录解题》《新唐志》《隋志》同时著录的条目	5 条
《书录解题》《新唐志》《汉志》同时著录的条目	1 条
《读书志》《新唐志》《隋志》同时著录的条目	1 条
《书录解题》《读书志》《新唐志》《隋志》同时著录的条目	12 条
《书录解题》《读书志》《新唐志》《隋志》《汉志》同时著录的条目	3 条
《书录解题》《读书志》《新唐志》《隋志》《汉志》均无著录的条目	31 条

从表 2–10 中我们看到，除了仅见于《新唐志》的 13 条和《新唐志》《隋志》同时著录的 1 条外，《经籍考》史部其他 932 条条目均可见于晁《志》或陈《录》，考虑到今日所见《直斋书录解题》乃是四库馆臣辑本之补正本，则史部条目的相似度可能会更高。

在讨论《经籍考》分类时，陈《录》五行类（与《经籍考》阴阳家类对应）的条目全见于《经籍考》阴阳家类，而阴阳家类不见于陈《录》的条目则又全能在晁《志》中找到；陈《录》条目与《经籍考》对应条目相比，卷数一致，唯有两条中的“太一”，《经籍考》中作“太乙”，另“《珞琭子》”条《经籍考》作“《珞琭子三命》”。现在以史部地理类为考察对象，如表 2-11① 所示。

表 2-11 《经籍考》史部地理类图书见于《直》《郡》《唐》《隋》《汉》五目情况一览

序号	经籍考	直斋书录解题	郡斋读书志	解题引用	马《考》与五家比对				
					直	郡	唐	隋	汉
1	《山海经》十八卷	1.《山海经》十八卷	（1）《山海经》十八卷	晁、陈	●	●	◐	◐	◐
2	《山海图经》十卷		（2）《山海经图》十卷	晁		◐			
3	《水经》四十卷	2.《水经》三卷、《水经注》四十卷	（3）《水经》四十卷	晁、陈	◐	●	◐	◐	◐
4	《十道志》十三卷	5.《唐十道四蕃志》十卷	（4）《十道志》十三卷	晁、陈	◐	●	◐		
5	《唐十道图》一卷	3.《唐十道图》一卷		陈	●				
6	《元和郡县志》四十卷	4.《元和郡县志》四十卷		陈	●		◐		
7	《太平寰宇志》二百卷	6.《太平寰宇记》二百卷	（7）《太平寰宇志》二百卷	晁、陈	◐	●			
8	《图经》		（8）《图经》	晁		●			
9	《九域志》十卷	7.《元丰九域志》十卷	（9）《九域志》十卷	晁、陈	◐	●			
10	《舆地广记》三十八卷	8.《舆地广记》三十八卷	（10）《舆地广记》三十八卷	晁、陈	●	●			
11	《春秋地谱》十二卷		（12）《春秋地谱》十二卷	晁		●			
12	《洽闻记》三卷		（13）《洽闻记》三卷	晁		●			

① 表中《经籍考》各条按书中顺序排序，《直斋书录解题》和《郡斋读书志》两栏中条目前的序号也是它们在各自原书地理类中的序号。“马《考》与五家比对”栏中，全同《经籍考》的用●表示，书名或卷数有差异的用◐表示。

续表

序号	经籍考	直斋书录解题	郡斋读书志	解题引用	马《考》与五家比对				
					直	郡	唐	隋	汉
13	《职方机要》四十卷		(15)《职方机要》四十卷	晁		●			
14	《地理指掌图》一卷	9.《地理指掌图》一卷		陈	●				
15	《历代疆域志》十卷	10.《历代疆域志》十卷		陈	●				
16	《舆地纪胜》二百卷	11.《舆地纪胜》二百卷		陈	●				
17	《舆地图》十六卷	12.《舆地图》十六卷		陈	●				
18	《皇朝方域志》二百卷	13.《皇朝方域志》二百卷		陈	●				
19	《六合掌运图》一卷	161.《六合掌运图》一卷		陈	●				
20	《燕吴行役记》二卷	25.《燕吴行役记》二卷		陈	●		◐		
21	《南行记》三卷		(18)《南行记》三卷	晁		●			
22	《江行录》一卷	26.《江行录》一卷		陈	●				
23	《三辅黄图》三卷	18.《三辅黄图》二卷	(14)《三辅黄图》三卷	晁、陈	◐	●	◐		
24	《长安志》十卷	16.《长安志》二十卷	(20)《长安志》十卷	晁、陈	●	●			
25	《河南志》二十卷	15.《河南志》二十卷	(21)《河南志》二十卷	晁	●	●			
26	《关中记》一卷	17.《关中记》一卷		陈	●				
27	《长安图记》一卷	19.《长安图记》一卷		陈	●				
28	《雍录》十卷	20.《雍录》十卷		陈	●				
29	《游城南记》一卷		(33)《游城南记》一卷	晁		●			
30	《洛阳伽蓝记》三卷	21.《洛阳伽蓝记》五卷	(17)《洛阳伽蓝记》三卷	晁、陈	◐	●	●	●	
31	《洛阳名园记》一卷	22.《洛阳名园记》一卷	(35)《洛阳名园记》一卷	晁、陈	●	●			

续表

序号	经籍考	直斋书录解题	郡斋读书志	解题引用	马《考》与五家比对				
					直	郡	唐	隋	汉
32	《东京记》三卷	14.《东京记》三卷	(19)《东京记》三卷	晁、陈	●	●			
33	《东京梦华录》一卷[①]			陈					
34	《邺中记》一卷	23.《邺中记》一卷		陈	●			◐	
35	《相台志》十二卷		(22)《相台志》十二卷	晁		●			
36	《晋阳事迹杂记》十卷	24.《晋阳事迹杂记》十卷		陈	●				
37	《临安志》十五卷	27.《临安志》十五卷		陈	●				
38	《吴兴杂录》七卷			陈			●		
39	《吴兴统纪》十卷	28.《吴兴统记》十卷		陈	●				
40	《吴兴志》二十卷	29.《吴兴志》二十卷		陈	●				
41	《苏州图经》六卷	30.《苏州图经》六卷		陈	●				
42	《吴郡图经续记》三卷	31.《吴郡图经续记》三卷		陈	●				
43	《吴地记》一卷	32.《吴地记》一卷		陈	●				
44	《吴郡志》五十卷	33.《吴郡志》五十卷		陈	●				
45	《镇江志》三十卷	34.《镇江志》三十卷		陈	●				
46	《新定志》八卷	35.《新定志》八卷		陈	●				
47	《嘉禾志》五卷《故事》一卷	36.《嘉禾志》五卷、《故事》一卷		陈	●				
48	《毗陵志》十二卷	37.《毗陵志》十二卷		陈	●				
49	《越州图经》九卷	38.《越州图经》九卷		陈	●				
50	《会稽志》二十卷	39.《会稽志》二十卷		陈	●				
51	《会稽续志》八卷	40.《会稽续志》八卷		陈	●				
52	《赤城志》四十卷	41.《赤城志》四十卷		陈	●				

① 《经籍考》在此条及后面的“《吴兴杂录》七卷”、“《北户杂记》三卷”、“《南行录》一卷”、“岭表异录》三卷”条中，均辑录了陈氏的解题，可见陈书原来曾著录了此三书，因残缺而不见于今本《直斋书录解题》。

续表

序号	经籍考	直斋书录解题	郡斋读书志	解题引用	马《考》与五家比对				
					直	郡	唐	隋	汉
53	《赤城续志》八卷	42.《赤城续志》八卷		陈	●				
54	《赤城三志》四卷	43.《赤城三志》四卷		陈	●				
55	《四明志》二十一卷	44.《四明志》二十一卷		陈	●				
56	《明越风物志》七卷		(24)《明越风物志》七卷	晁		●			
57	《永嘉谱》二十四卷	45.《永嘉谱》二十四卷		陈	●				
58	《永宁编》十五卷	46.《永宁编》十五卷		陈	●				
59	《东阳志》十卷	47.《东阳志》十卷		陈	●				
60	《括苍志》七卷	48.《括苍志》七卷		陈	●				
61	《括苍续志》一卷	49.《括苍志续》一卷		陈	◐				
62	《信安志》十六卷	50.《信安志》十六卷		陈	●				
63	《信安续志》二卷	51.《信安续志》二卷		陈	●				
64	《建康志》十卷	52.《建康志》十卷		陈	●				
65	《续建康志》十卷	53.《建康续志》十卷		陈	◐				
66	《六朝事迹》二卷《南朝宫苑记》二卷	54.《六朝事迹》二卷、《南朝宫苑记》二卷		陈	●				
67	《姑孰志》五卷	55.《姑孰志》五卷		陈	●				
68	《新安志》十卷	56.《新安志》十卷		陈	●				
69	《秋浦志》八卷	57.《秋浦志》八卷		陈	●				
70	《秋浦新志》十六卷	58.《秋浦新志》十六卷		陈	●				
71	《南康志》八卷	59.《南康志》八卷		陈	●				
72	《桐汭新志》二十卷	60.《桐汭新志》二十卷		陈	●				
73	《豫章职方乘》三卷《后乘》十二卷	61.《豫章职方乘》三卷、《后乘》十二卷		陈	●				
74	《浔阳志》十二卷	62.《浔阳志》十二卷		陈	●				
75	《宜春志》十卷	63.《宜春志》十卷		陈	●				

续表

序号	经籍考	直斋书录解题	郡斋读书志	解题引用	马《考》与五家比对				
					直	郡	唐	隋	汉
76	《宜春传信录》三卷		(30)《宜春传信录》三卷	晁		●			
77	《袁州孚惠庙录》一卷		(32)《袁州孚惠庙录》一卷	晁		●			
78	《盱江志》十卷《续》十卷	64.《盱江志》十卷、《续》十卷		陈	●				
79	《富川志》六卷	65.《富川志》六卷		陈	●				
80	《南安志》二十卷《补遗》一卷	66.《南安志》二十卷、《补遗》一卷		陈	●				
81	《广陵志》十二卷	67.《广陵志》十二卷		陈	●				
82	《楚州图经》二卷	68.《楚州图经》二卷		陈	●				
83	《永阳志》三十五卷	69.《永阳志》三十五卷		陈	●				
84	《吴陵志》十卷	70.《吴陵志》十卷		陈	●				
85	《高邮志》三卷《续修》十卷	71.《高邮志》三卷、《续修》十卷		陈	●				
86	《都梁志》八卷《续》一卷	72.《都梁志》八卷；73.《续志》一卷		陈	◐				
87	《合肥志》四卷	74.《合肥志》四卷		陈	●				
88	《同安志》十卷	75.《同安志》十卷		陈	●				
89	《历阳志》十卷	76.《历阳志》十卷		陈	●				
90	《黄州图经》四卷《附录》一卷	77.《黄州图经》四卷、《附录》一卷		陈	●				
91	《齐安志》二十卷	78.《齐安志》二十卷		陈	●				
92	《濠梁志》三卷	79.《濠梁志》三卷		陈	●				
93	《无为志》三卷	80.《无为志》三卷		陈	●				
94	《襄阳志》四十卷	81.《襄阳志》四十卷		陈[1]	●				
95	《襄沔记》三卷	82.《襄沔记》三卷		陈	●		●		

① 《经籍考》此条的解题中脱“陈氏曰”。

续表

序号	经籍考	直斋书录解题	郡斋读书志	解题引用	马《考》与五家比对				
					直	郡	唐	隋	汉
96	《渚宫旧事》十卷		(16)《渚宫旧事》十卷	晁		●			
97	《房州图志》三卷	83.《房州图志》三卷		陈	●				
98	《义阳志》八卷	84.《义阳志》八卷		陈	●				
99	《长沙志》五十二卷《续志》十一卷	85.《长沙志》五十二卷;86.《续长沙志》十一卷		陈	●				
100	《长沙风土碑》一卷	87.《长沙土风碑》一卷		陈	◐				
101	《衡州图经》三卷	88.《衡州图经》三卷		陈	●				
102	《零陵志》十卷	89.《零陵志》十卷		陈	●				
103	《零陵记》十五卷		(28)《零陵记》十五卷	晁		●			
104	《春陵图志》十卷	90.《春陵图志》十卷		陈	●				
105	《九疑考古》二卷	91.《九疑考古》二卷		陈	●				
106	《清湘志》六卷	92.《清湘志》六卷		陈	●				
107	《武昌志》三十卷	93.《武昌志》三十卷		陈	●				
108	《武昌土俗编》二卷	94.《武昌土俗编》二卷		陈	●				
109	《郧城志》十二卷	95.《郧城志》十二卷		陈	●				
110	《岳阳志甲》二卷《乙》三卷	96.《岳阳志甲》二卷、《乙》三卷		陈	●				
111	《岳阳风土记》一卷	97.《岳阳风土记》一卷		陈	●				
112	《辰州风土纪》六卷	98.《辰州风土记》六卷		陈	●				
113	《成都古今记》三十卷	99.《成都古今集记》三十卷	(23)《成都古今记》三十卷	晁[①]	◐	●			
114	《续成都古今集记》二十三卷	100.《续成都古今集记》二十二卷		陈	●				

① 晁《志》中此条的解题是“右皇朝赵抃编。抃自庆历至熙宁凡四入蜀，知蜀事为详，摭其故实，以类相从，分百余门”。《直斋书录解题》中的解题为“知府事信安赵抃阅道撰。清献自庆历将漕之后，凡四入蜀，知蜀事为详，故成此书。熙宁七年也”，马氏辑录晁氏解题时依据陈氏之语在末尾附入了“时熙宁七年”五字。

续表

序号	经籍考	直斋书录解题	郡斋读书志	解题引用	马《考》与五家比对				
					直	郡	唐	隋	汉
115	《剑南须知》十卷[①]			巽岩李氏					
116	《蜀记》一卷		(25)《蜀记》一卷	晁		●			
117	《蜀记》二卷	101.《蜀记》二卷		陈	●				
118	《梁益志》十卷	102.《梁益记》十卷	(26)《梁益志》十卷	晁	◐	●			
119	《蜀三神祠碑文》五卷		(31)《蜀三神祠碑文》五卷	晁		●			
120	《嘉州志》二卷		(34)《嘉州志》二卷	晁		●			
121	《长乐志》四十卷	103.《长乐志》四十卷		陈	●				
122	《闽中记》十卷	104.《闽中记》十卷		陈	●		●		
123	《建安志》二十四卷《续志》一卷	105.《建安志》二十四卷、《续志》一卷		陈	●				
124	《清源志》七卷	106.《清源志》七卷		陈	●				
125	《延平志》十卷	107.《延平志》十卷		陈	●				
126	《清漳新志》十卷	108.《清漳新志》十卷		陈	●				
127	《鄞江志》八卷	109.《鄞江志》八卷		陈	●				
128	《莆阳志》十五卷	110.《莆阳志》十五卷		陈	●				
129	《武阳志》十卷	111.《武阳志》十卷		陈	●				
130	《晋江海物异名记》三卷	112.《晋江海物异名记》三卷		陈	●				
131	《广州图经》二卷	113.《广州图经》二卷		陈	●				
132	《南越志》七卷	114.《南越志》七卷		陈	●		◐	◐	
133	《番禺杂记》一卷	115.《番禺杂记》一卷		陈	●				

① 《宋史》卷二百零三著录有“宋如愚剑南须知十卷”，明曹学佺《蜀中广记》卷九十三《著作记》之史部录有《剑南须知》十卷，亦引巽岩李氏之解说，惜李焘著作多数不存，无处检寻。

续表

序号	经籍考	直斋书录解题	郡斋读书志	解题引用	马《考》与五家比对				
					直	郡	唐	隋	汉
134	《番禺纪异》五卷		(29)《番禺记异》五卷	晁		◐			
135	《北户杂记》三卷			陈			●		
136	《桂林志》一卷	116.《桂林志》一卷		陈	●				
137	《桂林风土记》一卷	117.《桂林风土记》一卷		陈	●		◐		
138	《桂海虞衡志》二卷	118.《桂海虞衡志》二卷		陈	●				
139	《高凉志》七卷	119.《高凉志》七卷		陈	●				
140	《南行录》一卷			陈					
141	《岭表异录》三卷			陈			●		
142	《邕管杂记》一卷	120.《邕管杂记》一卷		陈	●				
143	《岭外代答》十卷	121.《岭外代答》十卷		陈	●				
144	《南方草木状》一卷	122.《南方草木状》一卷		陈	●				
145	《黄岩志》十六卷	123.《黄岩志》十六卷		陈	●				
146	《旌川志》八卷	124.《旌川志》八卷		陈	●				
147	《泾川志》十三卷	125.《泾川志》十三卷		陈	●				
148	《新吴志》二卷	126.《新吴志》二卷		陈	●				
149	《乐清志》十卷	127.《乐清志》十卷		陈	●				
150	《修水志》十卷	128.《修水志》十卷		陈	●				
151	《连川志》十卷	129.《连川志》十卷		陈	●				
152	《历代宫殿名》一卷	130.《历代宫殿名》一卷		陈	●				
153	《五岳诸山记》一卷	131.《五岳诸山记》一卷		陈	●				
154	《王屋山记》一卷	132.《王屋山记》一卷		陈	●				
155	《华山记》一卷	133.《华山记》一卷		陈	●				
156	《西湖古迹事实》一卷	134.《西湖古迹事实》一卷		陈	●				

续表

序号	经籍考	直斋书录解题	郡斋读书志	解题引用	马《考》与五家比对				
					直	郡	唐	隋	汉
157	《青城山记》一卷	135.《青城山记》一卷	(5)《青城山记》一卷	晁	●	●			
158	《峨嵋志》三卷		(27)《峨眉志》三卷	晁		●			
159	《茅山记》一卷	136.《茅山记》一卷		陈	●				
160	《幕阜山记》一卷	137.《幙阜山记》一卷		陈	◐				
161	《豫章西山记》一卷	138.《豫章西山记》一卷		陈	●				
162	《玉笥山记》一卷	139.《玉笥山记》一卷		陈	●		●		
163	《湘中山水记》三卷	140.《湘中山水记》三卷		陈	●				
164	《天台山记》一卷	141.《天台山记》一卷		陈	●				
165	《顾渚山记》一卷	142.《顾渚山记》一卷		陈	●				
166	《庐山记》五卷	143.《庐山记》五卷	(6)《庐山记》五卷	晁	●	●			
167	《续庐山记》四卷	144.《续庐山记》四卷		陈	●				
168	《九华拾遗》一卷	145.《九华拾遗》一卷		陈	●				
169	《九华总录》十八卷	146.《九华总录》十八卷		陈	●				
170	《武夷山记》一卷	147.《武夷山记》一卷		陈	●				
171	《霍山记》一卷	149.《霍山记》一卷		陈	●				
172	《罗浮山记》一卷	148.《罗浮山记》一卷		陈	●				
173	《雁山行记》一卷	150.《雁山行记》一卷		陈	●				
174	《庐阜纪游》一卷	151.《庐阜纪游》一卷		陈	●				
175	《何氏山庄次序本末》一卷	152.《何氏山庄次序本末》一卷		陈	●				
176	《湘江论》一卷	153.《湘江论》一卷		陈	●				
177	《海涛志》一卷	154.《海涛志》一卷		陈	●				
178	《太虚潮论》一卷	155.《太虚潮论》一卷		陈	●				
179	《海潮图论》一卷	156.《海潮图论》一卷		陈	●				

续表

序号	经籍考	直斋书录解题	郡斋读书志	解题引用	马《考》与五家比对				
					直	郡	唐	隋	汉
180	《潮说》一卷	157.《潮说》一卷		陈	●				
181	《西南备边录》十三卷	《西南备边录》一卷(传记类)		巽岩李氏[①]	◐		●		
182	《西南备边志》十二卷	158.《西南备边志》十二卷		陈	●				
183	《北边备对》六卷	159.《北边备对》六卷		陈	●				
184	《南北攻守类考》六十三卷	160.《南北攻守类考》六十三卷		陈	●				
185	《海外使程广记》三卷	162.《海外使程广记》三卷		陈	●				
186	《大唐西域记》十二卷	163.《大唐西域记》十二卷		陈	●		●		
187	《南诏录》三卷	164.《南诏录》三卷		陈	●		●		
188	《至道云南录》三卷	165.《至道云南录》三卷	《至道云南录》三卷(伪史类)	陈	●	●			
189	《契丹疆宇图》一卷	166.《契丹疆宇图》一卷		陈	●				
190	《辽四京记》一卷	167.《辽四京记》一卷		陈	●				
191	《高丽图经》四十卷	168.《高丽图经》四十卷		陈	●				
192	《诸蕃志》二卷	169.《诸蕃志》二卷		陈	●				

由表2-11马氏引解题情况、晁《志》与陈《录》现存条目、《经籍考》条目在陈《录》、晁《志》、《新唐志》、《隋志》和《汉志》

① 巽岩李氏曰："唐李德裕撰。今特存其第一卷，而《崇文总目》亦止载一卷，岂嘉祐以前已亡佚乎？德裕之深谋远虑，虽至今可用也，而所存止此，可惜哉！"陈振孙录为一卷，其解题曰："唐宰相李德裕文饶撰。太和中镇蜀所作。内州县、城镇、兵食之数，大略具矣。"陈氏归之入传记类，《新唐志》与《通志》均录为十三卷，入兵书类。

中的存亡对比三项内容来看，马端临在著录地理类的图书时，确如四库馆臣所言，主要依据的是陈《录》和晁《志》，其中只有《剑南须知》和《西南备边录》两条据李焘而录。又，《经籍考》和《直斋书录解题》两者条目的顺序比较对应，所以马氏至少在著录地理类时是以陈《录》为基础补充他书而来的。

《经籍考》虽然甚为借重晁、陈二氏之书，但从所录的条目来看，马氏对二书的利用主要还是视之为索骥之图。经检书比对，笔者发现虽然《经籍考》的多数条目与《书录解题》或《读书志》相同，但三书间有些条目在著录时还是存在差别。

第一，卷数不同。

（1）《经籍考》记载的图书卷数少于晁、陈二氏书目所记卷数。《经籍考》经部易类有"《易证坠简》一卷"，此书《直斋书录解题》记为两卷；"石徂徕《易解》五卷"，《书录解题》则录为石介"《周易解义》十卷"；《经籍考》经解类有吕祖谦的"《丽泽论说集录》七卷"，《书录解题》记为十卷；史部王洙、欧阳修等所修"《三朝圣政录》十卷"，《读书志》记作"《三朝政录》二十卷"。

（2）《经籍考》记载的图书卷数多于晁、陈二氏书目所记卷数。《经籍考》易类著录"陆秉《周易意学》十卷"[①]，《书录解题》记为六卷；郑庠"《诗古音辨》二卷"，《书录解题》作一卷；史部游师雄"《元祐分疆录》三卷"，《书录解题》作二卷。

（3）《经籍考》不记卷数而晁、陈二目记有卷数。《经籍考》经部书类有"《梅教授书集解》"条，《直斋书录解题》记作"《梅教授书集解》三册"；乐类冯元等"《景祐广乐记》"条，陈《录》作"《景祐广乐记》八十卷"。

① 郑樵《通志》亦作十卷。

第二，书名不同。

（1）《经籍考》条目有作者项而陈氏书目则无。《经籍考》书类“林少颖《拙斋书集解》五十八卷”，《书录解题》作“《拙斋书集解》五十八卷”；诗类“项安世《毛诗前说》一卷”，《书录解题》作“《毛诗前说》一卷”；论语类“曾吉甫《论语义》二卷”，《书录解题》语孟类作“《论语义》二卷”。

（2）《经籍考》称作者用姓字，而晁、陈二氏书目称姓氏。《经籍考》诗类“王景文《诗总闻》二十卷”条，《书录解题》记作“《王氏诗总闻》三卷”；论语类范祖禹“范醇夫《论语说》十卷”条，《读书志》记作“《范氏论语说》十卷”；尹焞“尹彦明《论语解》十卷”条，《读书志》作“《尹氏论语义》十卷”。

（3）晁、陈二氏书目所录书名中含“图”者，而《经籍考》则无。《经籍考》易类李觏“《删定易论》一卷”条，《书录解题》作“《删定易图论》一卷”；礼类项安世“《周礼丘乘说》一卷”，《书录解题》作“《周礼丘乘图说》一卷”；仪注类宋绶“《天圣卤簿记》十卷”条，《书录解题》礼注类记作“《天圣卤簿图记》十卷”。

（4）三书条目中书名相异的其他类型。三书中所录条目的书名甚至有互不相同者。《经籍考》诗类“苏子由《诗解》二十卷”，《书录解题》作“《诗解集传》二十卷”，《读书志》作“《苏氏诗解》二十卷”；孝经类“司马君实《古文孝经指解》一卷”条，《书录解题》作“《古文孝经指解》一卷”，《读书志》作“《温公古文孝经指解》一卷”。《经籍考》小学类范镇“《宋朝蒙求》二卷”条，《书录解题》作“《本朝蒙求》三卷”。礼类王安石“《新经周礼义》二十二卷”条，《书录解题》作“《周礼新义》二十二卷”。

诸目所记图书卷数有差异，说明这些图书在流传中卷数存在变化，马氏著录图书时并不拘泥于晁、陈二书所录，而是根据当时图书面貌而定。至于《经籍考》中的书名方面，结合上文分析条目格式的情况可知，马氏著录图书时书名没有在《经籍考》中统一格式，而是表现出一定的随意性。

总而言之，马端临在著录图书条目时，主要依据陈《录》、晁《志》和《崇文总目》等几部书目，并偶尔参考史传和宋人文集[①]，按图索骥，确定条目，再加以适当的编排、剪裁，终成《经籍考》，并与《文献通考》全书文字材料多辑取他书的特点相吻合。

《经籍考》在目录类著录了晁公武的《郡斋读书志》，而不录《直斋书录解题》。1946年11月20日陈乐素先生在《大公报·文史周刊》上发表《〈直斋书录解题〉作者陈振孙》，文章指出："马端临《通考》所以能据陈氏说者，殆以父相廷鸾出自牟子才之门，牟氏既与直斋有同朝之好，晚年又卜居霅川，事见牟巘《陵阳集》卷十七《题施东皋南园图后》；牟氏与直斋不乏晤会机缘，故马氏遂得间接有其书目。卢文弨《抱经堂文集》卷九《书录解题跋》谓贵与于《通考》目录一门不将陈氏书载入，难免纰漏之讥；余谓马《考》于直斋事迹略无记载，尤为可惜也。"[②]按陈乐素先生的推测，马氏间接获得陈《录》。至于《经籍考》目录类没有著录陈《录》，究竟是有意遗漏，还是另有其他原因，则有待更深入地研究。

---

① 《经籍考》卷六十二《王容季文集》下有马氏按语："侯官三王之文，盖宗师欧公者也。其大家正气，当与曾、苏相上下，故南丰推服其文，而深悲其早世。然晁、陈二家书录，并不收入，《四朝国史艺文志》仅有《王深父集》，才十卷，则止有曾序所言之半，而子直、容季之文无传焉，亦不能知其卷帙之多少，可惜也。"马氏著录《王深父文集》二十卷，《王子直文集》和《王容季文集》并无卷数，显然是据曾巩文集中所存的为王氏三兄弟文集所作之序而来。

② 陈乐素：《〈直斋书录解题〉作者陈振孙》，陈振孙著，徐小蛮、顾美华点校：《直斋书录解题》，上海古籍出版社1987年版，第691—692页。

第三章 《文献通考·经籍考》解题研究

解题是一部优秀、实用的目录文献的核心组成部分。本章旨在分析《经籍考》解题的体例、源流和特点，并希望借此了解马端临在学术思想、政治立场、史学观念等方面的见解。

第一节 辑录体目录解题方法的确定

一般而言，目录之“目”指篇目或书目；“录”则指解题，或称叙录、提要，是目录中用以揭示图书内容、背景和思想内涵的部分。中国的目录之书源远流长，《隋书·经籍志》史部簿录类之小序曰：“古者史官既司典籍，盖有目录，以为纲纪，体制堙灭，不可复知。孔子删书，别为之序，各陈作者所由。韩、毛二诗，亦皆相类。汉时刘向《别录》、刘歆《七略》，剖析条流，各有其部，推寻事迹，疑则古之制也。自是之后，不能辨其流别，但记书名而已。”[①]就体

---

① 《隋书》，第992页。

制而言，中国古代目录第一种成熟的体制是刘向、刘歆所创的叙录体。余嘉锡先生认为：“叙录之体，源于书叙，刘向所作书录，体制略如列传，与司马迁、扬雄自叙大抵相同。其先淮南王安作《离骚传叙》，已用此体矣。”[①]叙录体目录以目“条其篇目”，以叙“撮其指意”，姚名达先生在论述刘向写定叙录时概括出八条义例：著录书名和篇目；叙述雠校之原委；介绍著者之生平与思想；说明书名之含义、著书之原委及书之性质；辨别书之真伪；评论思想或史事之是非；叙述学术源流；判定书之价值。[②]向、歆之后，魏秘书郎郑默制《中经》，晋秘书监荀勗又因《中经》而更著《新簿》，目分四部，“但录题及言，盛以缥囊，书用缃素。至于作者之意，无所论辩”[③]。南朝王俭撰《七志》，分图书为七类，以道、佛之书附于后，“然亦不述作者之意，但于书名之下，每立一传”[④]。王俭《七志》所用的解题方式，被人们称为传录体解题，以与刘向叙录体相区别。至于传录体之后目录解题的新形态，则到宋末元初才真正形成，即辑录体解题。

成熟的辑录体目录解题方式始于元代马端临《文献通考·经籍考》，目前学界对此并无异议。清代学者孙诒让在《温州经籍志序例》中指出“至于篇题之下，眘移叙跋，目录之外，采证群书，《通考》经籍一门，实创兹例”[⑤]，但学者对马氏辑录体解题的渊源滥觞，则有不同看法。王重民先生认为：“僧祐的《出三藏记集》是采取了我国目录学方法中以反映各种参考资料，扩大解题或提要作用的一部富有创造性的专科目录，后来马端临的《文献通考·经籍考》、朱

① 余嘉锡:《目录学发微》，中国人民大学出版社 2004 年版，第 38 页。
② 姚名达:《中国目录学史》，上海古籍出版社 2002 年版，第 33—37 页。
③ 《隋书》，第 906 页。
④ 《隋书》，第 907 页。
⑤ ［清］孙诒让:《温州经籍志》，《续修四库全书》第 918 册，第 129 页。

彝尊的《经义考》，又变通了僧祐的做法，发展成为辑录体的解题目录。”[①] 王先生的观点得到很多人的认同和发展，李瑞良先生认为：“这种辑录体裁始创于梁僧祐《出三藏记集》辑录佛典书序的《总经序》，这是辑录体的先驱。”[②] 而杨寄林先生认为：“其实马端临同《记集》并无任何瓜葛，《经籍考·子部·释氏类》不载该书，仅收僧祐《释迦氏谱》即其明证。”[③] 陈仕华先生也认为：“探讨辑录体解题之起源，历来学者以《出三藏记集》为辑录体解题之源起，此说乃强为附会。当与其时发展成熟之集解、类书等文献类型，及当时读书求实求博之精神、史学会通思想等皆有关联。”[④]

《出三藏记集》是我国第一部保存完整的佛经目录书。僧祐撰写此书深受东晋道安法师《综理众经目录》的影响，校点本《出三藏记集》的序言指出僧祐“一方面继承其依时代纪录译人译经、各地失译经、疑经和注经四种类型的目录，另一方面又增加了不同译本的异译经、多卷本单卷本失译经、抄经、伪经等目录，并分别注明其存佚。此外，他又在整理经藏的过程中，搜集大量序文和题记，并撰写一部分翻译家及佛教学者的列传，融佛典目录、译经文献、译人传记于一炉（体），以译经为中心，相互联系，构成一部综合而完整的佛教书录”[⑤]。不过，与典型的目录书相比，《出三藏记集》还是略显庞杂而零乱，在卷六至卷十一中保存的大小乘经律论之序言和题记，大部分是翻译经文时现场所写的序言、后记，往往

---

① 王重民：《中国目录学史论丛》，中华书局1984年版，第72页。

② 李瑞良：《中国目录学史》，台湾文津出版社1993年版，第189页。

③ 杨寄林：《四部群书“纪著作本末”的深层内涵——〈文献通考·经籍考〉辑录体解题探微》，《山西师大学报》（社会科学版）2003年第3期。

④ 陈仕华：《〈文献通考·经籍考〉辑录体解题引文之研究》，李浩、贾三强主编：《古代文献的考证与诠释》，上海古籍出版社2006年版，第139页。

⑤ ［梁］释僧祐著，苏晋仁、萧炼子点校：《出三藏记集·序言》，中华书局1995年版，第4—5页。

交代译经的缘起和经过，可谓译经史上宝贵的原始记录。《出三藏记集》所录序跋与书目无对应关系，不同于辑录体于各书之下抄录序文，紧扣对应，使见其目者，借序跋而能揭示其书。只有如此才实现了目录解题的旨意。而把众多序跋集录在一起，西晋荀勖《杂撰文章家集序》十卷即为先例，不待僧祐《记集》。所以《出三藏记集》虽引序跋，然而辑为一处，与著录书籍不相对应，这种行为是为保存文献，非为解释文献。其后的《历代三宝记》和《开元释教录》，虽也引序跋，但此是针对译经人而引，非为解释经书而引，与辑录体解题目录还是有所区别，辑录体解题目录，不当取法于释家目录。[①]对于佛经目录中所集序跋，余嘉锡先生已有准确判断："释僧祐、道宣、智昇之徒为佛书作目录，皆为译著之人作传记。盖其体制摹拟儒家，故与王、阮不谋而合矣。"[②]和辑录体相比，这些佛经目录倒是更接近于传录体。

杨寄林先生认为《文献通考·经籍考》既然著录僧祐之书有《释迦氏谱》而无《出三藏记集》，则马端临不可能借鉴《出三藏记集》中辑录众经序跋之法，那么《经籍考》所用的辑录体目录解题方法是如何而来的？要明了这一问题，首先要将聚焦于《经籍》一考的目光拉远一些，从《文献通考》全书角度来审视这个问题。作为二十四考之一的《经籍考》，在体例上必须遵从《文献通考》全书的著书体例，也就是"文—献—考"的叙述结构。循着这一结构，我们不难发现，《经籍考》中所著录的图书条目即是"文"，主要由四代史志而定；解题内容则属于"献"，材料辑录的来源主要是晁公武《郡斋读书志》、陈振孙《直斋书录解题》、《崇文总目》、《中兴

① 陈仕华：《类书与辑录体解题》，《海峡两岸古典文献学学术研讨会论文集》，上海古籍出版社2002年版，第36—38页。

② 余嘉锡：《目录学发微》，中国人民大学出版社2004年版，第41页。

艺文志》等宋代官私书目，及朱熹、刘克庄、李焘、洪迈、叶梦得、叶适、高似孙、苏轼、周必大、郑樵、欧阳修等宋代臣僚名流之议论言谈。从史料性质和作用来看，《经籍考》中所著录的图书条目及条目之下所辑录的解题，符合马端临在《文献通考自序》中对“文”与“献”的定义。在本书第一章讨论《文献通考》的汇集编纂之法时即已谈到，马端临在全书的著录过程中都坚持使用辑录经史会要、百家传记，以及“当时臣僚之奏疏”“近代诸儒之评论”“名流之燕谈”“稗官之纪录”以成“文”“献”，并就“载诸史传之纪录而可疑，稽诸先儒之论辨而未当者”著以己意以成为“考”，而这种著书之法与南宋中后期的学术风气及马端临的家学渊源——读书之法有莫大的关系。因此，在目录学视野中的辑录体目录解题之法在典制通史《文献通考》中即是“献”的史料辑纂之法。《经籍》一考所具有的目录学和史学的双重特性决定了其不可能采用叙录或传录的解题之法，而依据《文献通考》全书体例只能用辑录的解题之法。

第二节 《经籍考》目录解题的义例

就文献性质和来源而言，《经籍考》解题主要由三部分组成，一是马端临自撰的解题，二是马氏辑录自他书的资料，三是“著己意”而附于后的按语。就数量而言，解题中辑录自他书的内容占绝大部分，故《经籍考》的解题方式被称为辑录体解题。

马端临撰写的解题可分为两类，一类是整条（段）解题完全由马端临撰写完成，如《文献通考》卷一八七“《汉旧仪》四卷”条的解题“卫敬仲撰。《隋志》四卷，今本止三卷”；卷二百四十八“《楚汉逸书》八十二篇”条的解题“豫章洪刍编。宋玉、司马相如、司马迁、董仲舒、贾谊、枚乘、路乔如、公孙诡、邹阳、公孙乘、羊胜、中出上胜、淮南王安、班婕妤、王褒、刘向、刘歆、扬雄、班固凡十九家，叙其可考而读者，共八十二篇”；卷二百三十五“《王深父文集》二十卷”条首段解题“王回深父，福州侯官人。举进士中第，为亳州卫真县主簿。卒于治平二年，年四十三”，上举均属此类。一类是先有部分内容——多数是介绍作者基本信息——出于马氏之手，继之则引用其他文献，如卷二百三十八“《西山老文集》二十四卷”条解题“豫章胡直孺少汲撰。绍兴中，仕至刑部尚书。孙鸿庆序略曰：公少工于诗，语出惊人，鲁直一见，击节叹赏，指示佳处数十语，表而出之。他文称是，笔力雄赡，所为赋颂、表启、记序、铭赞之属，盖数万言，如行云流水，自然成文”[①]。马端临先简略介绍胡直孺，接着就直接引用孙鸿庆的序言。又，卷二百三十“《靖节诗注》四卷”条：

> 赠端明殿学士番阳汤文清公汉撰。以《述酒》一篇为晋恭帝哀词。盖刘裕既受禅，使张伟以毒酒酖帝，伟自饮而卒，乃令兵人逾垣进药，帝不肯饮，兵人以被掩杀之，故哀帝诗托名“述酒”。其自序云：“陶公诗精深高妙，测之愈远，不可漫观也。不事异代之节，与子房五世相韩之义同。既不为狙击震动之举，又时无汉祖者可托以行其志，故每寄情于首阳、易水之间。又以《荆轲》继《二疏》《三良》而发咏，所谓‘拊己有深

① 《文献通考》，第 6485 页。

怀，履运增慨然’者，读之亦可以深悲其志也已。平生危行言孙，至《述酒》之作，始直吐忠愤，然犹乱以廋辞。千载之下，读者不省为何语，是此翁所深致意者，迄不得白于后世，尤可以使人增欷而累叹也！余窃窥见其旨，因加笺释，以表暴其心事。及他篇有可以发明者，并著之。又按诗中言本志少，说固穷多。夫唯忍于饥寒之苦，而后能存节义之闲，西山之所以有饿夫也。世士贪荣禄，事豪侈，而高谈名义，自方于古人，余未之信也。”①

汤汉字伯纪，与马端临同为饶州人。《宋史·儒林·汤汉传》记其曾“求补外，以秘阁修撰知福州”，而马廷鸾《碧梧玩芳集》卷六正有《汤汉除秘阁修撰知福州制》一文。故马端临对汤汉应相当熟悉。由于《靖节诗注》成书较晚，《直斋书录解题》不得著录，故马氏先介绍其姓字里地，继说汤汉于陶诗《述酒》的理解，而引汤氏自序以明汤氏解陶诗时所寄寓的心志。

《经籍考》辑录各家内容占全考篇幅的绝大部分，此处不再举例说明，而马氏的按语拟在下一节专门讨论。在此探讨一下《经籍考》包括自撰和按语在内的所有解题内容的义例。

马端临在《文献通考自序》中概述《经籍》一考时曾明言：“凡议论所及，可以纪其著作本末，考其流传之真伪，订其文理之纯驳者，则具载焉。”综观《经籍考》解题，确可用“纪著作本末”“考流传真伪”“订文理纯驳”等来加以总概。细而究之，《经籍考》解题之义例，可概述如下。

① 《文献通考》，第 6308 页。

一、解题首段概述图书基本情况

（一）引用其他书目以作概说

《经籍考》的绝大多数条目都是首先引用《直斋书录解题》、《郡斋读书志》、《崇文总目》、《中兴艺文志》、高似孙《子略》等史志、书目的解题内容，对著录的图书作一基本介绍，即所谓“纪其著作本末”，让读者对图书各方面的情况有一个基本的了解。就内容而言，涉及某一方面或某几方面，以下略举数例加以说明。

1. 仅介绍作者

《文献通考》卷一百九十“《字通》一卷”条：

> 陈氏曰：彭山李从周肩吾撰。[①]

卷一百八十一“《中庸说》一卷”条：

> 陈氏曰：项安世撰。[②]

2. 注明书名异同、介绍版本

卷一百八十八“《乾坤凿》二卷”条：

> 陈氏曰：一作《坤凿度》。题包牺氏先文，轩辕氏演籀，苍颉修。晁氏《读书志》云：《崇文总目》无之，至元祐《田氏书目》始载，当是国朝人依托为之。[③]

---

① 《文献通考》，第 5540 页。
② 《文献通考》，第 5363 页。
③ 《文献通考》，第 5506 页。

《经籍考》前此三条即著录有“《坤凿度》二卷”条，仅引晁氏解题“题曰包牺氏先文，轩辕氏演；古籀文，苍颉修。按《隋》、《唐志》及《崇文总目》皆无之，至元祐《田氏书目》始载焉，当是国朝人依托为之”，二者内容略同。

卷一百九十“《附〈释文〉互注韵略》五卷”条：

陈氏曰：以监本增注而释之。[1]

3. 介绍作者及主要内容

卷一百八十六“张淡正《琴谱》一卷”条：

《崇文总目》：茅仙逸人张淡正撰。不详何代人。解琴指法。[2]

4. 主要陈述撰书缘由、过程

卷一百八十三“颍滨《春秋集传》十二卷”条：

晁氏曰：苏辙子由撰。大意以世人多师孙明复，不复信史，故尽弃三传，全以《左氏》为本。至其不能通者，始取二《传》、啖、赵。自熙宁谪居高安，至元符初，十数年矣，暇日辄有改定，卜居龙川，而书始成。[3]

卷一百八十五“《三经义辩》《辩学》”条：

---

① 《文献通考》，第 5539 页。
② 《文献通考》，第 5463 页。
③ 《文献通考》，第 5398 页。

《中兴艺文志》:《三经义辩》,杨时撰;《辩学》,王居正撰。居正为举子时,不习王氏《新经》《字说》,流落十余年,时出《义辩》示之,曰:“吾举其端,子成吾志。”居正感厉,首尾十载,为《三经辩学》。凡安石父子言不合道者,悉正之。绍兴间于上前论安石释经无父无君处,上正色曰:“是岂不害名教。”居正退序上语,系《辩学》书首,上之,与时《义辩》并列秘府。自是天下不复言王氏学矣。①

5. 侧重介绍篇卷、款式

卷一百八十一“《大戴礼》十三卷”条:

晁氏曰:汉戴德纂,亦河间王所献百三十一篇,刘向校定,又得《明堂阴阳记》三十三篇,德删其烦重,为八十五篇。今书止四十篇,其篇目自三十九篇始,无四十三、四十四、四十五、六十一四篇,有两七十四,盖因旧阙录之。每卷称“今卷第几”,题曰“九江太守戴德撰”。按九江太守圣也,德为信都王太傅,盖后人误题。②

6. 阐明学术源流

卷一百八十九“《说文解字》三十卷”条:

晁氏曰:汉许慎纂,李阳冰刊定。伪唐徐铉再是正之,又

① 《文献通考》,第5450页。
② 《文献通考》,第5363页。

增加其阙字。[1]

7. 详细交代所集资料来源

卷一百八十三“《春秋会义》二十六卷”条：

晁氏曰：皇祐间进士杜谔集《释例》《繁露》《规过》《膏肓》《先儒同异篇》《指掌碎玉》《折衷》《指掌议》《纂例》《辩疑》《微指》《摘微》《通例》《胡氏论》《笺义》《总论》《尊王发微》《本旨辩要》《旨要》《集议》《索隐》《新义》《经社》三十余家成一书，其后仍断以己意。虽其说不皆得圣人之旨，然使后人博观古今异同之说，则于圣人之旨，或有得焉。[2]

（二）自撰解题或引用史书、文集等作说明

《经籍考》中所收录的图书有些出于晁、陈等诸家书目之外，或马氏认为诸家书目所论不足以突出该书面貌、特点的，马氏即自撰解题，或引相关序文及后世评说等方面的文献以作首段解题。马氏自撰解题的情况上文已述及，下面就引用序文及史传的情况各举一例略加说明。

《文献通考》卷一百八十三“《春秋权衡》《意林》《刘氏春秋传》共三十四卷”条：

刘敞原父撰。其自序曰：刘子作《春秋权衡》。《权衡》之书始出，未有能读者。自序其首曰：“权，准也；衡，平也。物虽重，必准于权；权虽移，必平于衡。故权衡者，天下之公

① 《文献通考》，第5520页。
② 《文献通考》，第5401页。

器也，所以使轻重无隐也，所以使低昂适中也。察之者易知，执之者易从也。不准，则无以知轻重；不平，则轻重虽出不信也。”故权衡者，天下之至信也。凡议《春秋》，亦若此矣。《春秋》，一也，而传之者三家，是以其善恶相反，其褒贬相戾，则是何也？非以其无准失轻重邪？且昔者董仲舒、江公、刘歆之徒，盖常相与争此三家矣，上道尧、舜，下据《周礼》，是非之议，不可胜陈，至于今未决，则是何也？非以其低昂不平邪？故利臆说者害公义，便私学者妨大道，此儒者之大禁也。诚准之以其权，则童子不欺；平之以其衡，则市人不惑，今此新书之谓也。虽然，非达学通人，则亦必不能观之矣。耳牵于所闻，而目迷于所习，恐怀见破之私意，而无从善服义之公心，故亦譬之权衡矣。或利其寡而视权如赢，或利其多而视权如缩，若此者，非权衡之过也，人事之变也。

晁氏曰：《权衡》论《三传》之失，《意林》叙其解经之旨，《刘氏传》其所解经也。如“桓无王”“季友卒”“胥命”“用郊”之类，皆古人所未言。

石林叶氏曰：刘原甫知经而不废传，亦不尽从传。据义考例，以折衷之，经传更相发明，虽间有未然，而渊源已正。今学者治经不精，而苏、孙之学近而易明，其失者不能遽见，故皆信之。而刘以其难入，则或诋以为用意太过，出于穿凿。彼不知经，无怪其然也。

陈氏曰：原甫始为《权衡》，以平三家之得失，然后集众说，断以己意，而为之《传》。《传》所不尽者，见之《意林》。其《传》用《公》《穀》文体，《说例》凡四十九。[1]

---

① 《文献通考》，第 5396—5397 页。

这一条目的解题部分依次引用了刘敞、晁公武、叶梦得、陈振孙四家之说。按照引其他书目作为首段概说之惯例，此条中应以晁氏之说排第一，然而《经籍考》却置刘氏自序于首段。《经籍考》的排序，并不是因为刘氏自序的时间较其他三家为早，因为马氏所引诸家文献之间并非简单地以时间先后为序排列。“《唐月令》一卷”条中引“晁氏曰”居前而“《宋三朝国史艺文志》”在后，晁氏《读书志》为私修书目，吕夷简《宋三朝国史艺文志》乃官修史志，且晁氏晚于吕氏一百余年。“陈无己《后山集》二十卷”条的解题依次辑录了晁氏、石林叶氏、《朱子语录》、《复斋漫录》、陈氏共五家之说，陈氏之说居于最末；“《周礼》十二卷”条则引用了晁氏、陈氏、《朱子语录》、颍滨苏氏、五峰胡氏之说，并在最后加了按语，两个条目中都引用了陈氏和《朱子语录》，然而二者的排序先后并不一致。“《淮南子》二十一卷”条中“高氏《子略》”排在第三位，“陈氏”排在第五位，而“《世说新语》十卷《重编世说》十卷”条中“陈氏”排在第二位，而“高氏《纬略》”排在第三位。“《类篇》四十九卷”条依次引用晁氏、陈氏书目和颍滨苏氏之序，显然苏辙早于晁、陈。因此，马端临置刘敞自序于晁氏之说之前，意在强调作为“天下之公器”的“权衡”的重要作用。据于“权衡”，生活中可使童子不欺，市人不惑；学术上可使臆说者不得害公义，私学者不得妨大道。《春秋》之学，以孔子编修《春秋》发轫，后有公羊、穀梁、左氏三传，或重理、谶，或详史实。及至宋代，众论纷纭，晁公武以为杜预《春秋左氏经传集解》“发明甚多，古今称之，然其敝则弃经信传”，王安石则以为《春秋》经实为断烂朝报，郑樵《通志》以为“左氏世为楚史，亲见官书，其讹差少，然有所讹，从文起。公、穀，汉之经生，唯是口传，其讹差多，然有所讹，从音起。以此辩之，了无滞碍”[1]。叶适序徐潮州《春秋解》略曰：“笺传之学，唯《春秋》为难工。经，理也；史，事也；《春秋》名经而实史也，专于经则理虚而无证，专于史则事碍而不通，所以难也。”[2] 杜谔《春秋会义》集诸家之说达三十余家，并断以己意，此正有权衡之意。因为善知权衡，刘氏方能评议三家得失，进而“集众说，断以己意，而为之《传》。《传》所不尽者，见之《意林》”，故刘敞《春秋权衡》《春秋传》《意林》三书以权衡为基础、为关键，故马氏在首段引刘氏自序阐明权衡之大义，向读者开示刘氏著作的意义所在。晁氏解题介绍三书的主题；叶梦得称颂了刘氏能够经、传结合，相互发明；陈氏之语与晁氏略近，但点出了《权衡》在三书中的重要性。综观四家之言，显然刘氏序言直披义理，于理解刘氏三书尤为重要。晁、陈、石氏三家之言则从三书内容、关系和刘氏所采方法等方面加以补充、说明。

卷一百七十九“韩婴《诗外传》共十卷”条：

> 本传：婴，孝文时为博士，景帝时至常山太傅。推诗人之意，而作《内外传》数万言。其语颇与齐、鲁间殊，然归一也。
>
> 晁氏曰：《汉志》本十篇，《内传》四，《外传》六。隋止存《外传》，析十篇。其及经盖寡，而遗说往往见于他书，如“逶迤”“郁夷”之类，其义与《毛诗》不同。此书称《外传》，虽非其解经之深者，然文辞清婉，有先秦风。
>
> 容斋洪氏《随笔》曰：《艺文志》有《韩家诗经》《韩故》《内传》《外传》《韩说》五书。今唯存《外传》十卷，庆历中，将作监主簿李用章序之，命工刊刻于杭。其末又题云：“蒙

① 《文献通考》，第5406页。
② 《文献通考》，第5409页。

文相公改正三千余字。”予家有其书，首卷第二章，载孔子南游适楚，见处子佩瑱而浣，乃令子贡以微词三挑之，以是说《诗·汉广》游女之章，其谬戾甚矣。他亦无足言。

陈氏曰：今所存唯《外传》，而卷多于旧（旧六卷，今十卷），盖多杂说，不专解《诗》。不知果当时本书否也。[1]

马氏引晁、洪、陈三家文字时有所改动。检《郡斋读书志》“《韩诗外传》十卷”条，晁氏解题首有“右汉韩婴撰。婴，燕人”数语。《直斋书录解题》“《韩诗外传》十卷”条解题原为“汉常山太傅燕韩婴撰。案《艺文志》有《韩故》三十六卷，《内传》四卷，《外传》六卷，《韩说》四十一卷，今皆亡。所存唯《外传》，而卷多于旧，盖多记杂说，不专解《诗》。果当时本书否也？”马氏引洪迈《容斋续笔》时将“孔子南游适楚”后二百二十余字的描写对话的文字概括为叙事性文字“见处子佩瑱而浣，乃令子贡以微词三挑之”。无论晁《志》还是陈《录》，其解题对韩婴其人及著作本末的交代均较为简略，故马氏首引《汉书·儒林传·韩婴》的开头部分，以明韩婴生平及韩诗与同立于学官的齐诗、鲁诗之异同，特地申明韩婴解诗亦“推诗人之意”，此点于汉代解《诗》分齐、鲁、韩、毛四家而后世多论各家优劣的学术背景之下显得十分重要。马端临删改晁、陈二家解题是避免重复，改《容斋续笔》以免烦琐，实际上在整合文献。

二、解题次引书目、诸儒评论、文集等加以补充、说明、辨析

虽然《经籍考》中多数条目都只有一段解题，但在有些条目之

① 《文献通考》，第5315—5316页。

下马氏却引用了多家文献。“伊川《易传》十卷”条的解题由《程子》序、《遗书》、伊川以《易传》示门人曰、朱子曰、程子高弟尹公尝谓、又曰、又曰、《文公说易》[①]、马氏按语、晁氏曰、马氏按语、陈氏曰等十二段话组成，是《经籍考》解题中引用史料种数最多的一条。《经籍考》解题所引文献丰富多样，涉及图书的内容、创作、流传和影响等多个方面，现检《经籍考》解题内容，概括马氏解题的义例如下。

（一）补充作者生平、性格

《文献通考》卷一百八十六“《琵琶故事》一卷”条：

> 晁氏曰：未详何人所纂。
>
> 陈氏曰：段安节撰。[②]

卷一百九十《经籍考十七》“《复古编》二卷”条：

> 晁氏曰：吴兴道士张有谦中撰。有自幼喜小篆，年六十成此书，三千言。据古《说文》以为正，其点画之微，转侧从横，高下曲直，毫发有差，则形声顿异。自阳冰前后名人，格以古文，往往而失。其精且博如此。
>
> 陈氏曰：有工篆书，专本许氏《说文》，一点画不妄错。林中书摅母《魏国夫人墓道碑》，有书之，“魏”字从山，摅以为非，有曰：“世俗以从山者为‘巍’，不从山者为‘魏’，非也，其实二字皆当从山，盖一字而二音尔。《说文》所无，手可断，字不可易也。”摅不能强。晚著此书，专辨俗体之讹，手自

① 解题中未标明出处，现存于《文公说易》卷十九。

② 《文献通考》，第5463页。

书之。陈了斋为之序。[1]

陈氏解题，道出了张有在学术上的严谨态度和为人刚正不阿的品行，使晁氏笔下呈现的学术水平高超的张氏形象得到进一步丰满，对于读者读书时知人论世颇有帮助。

卷二百二十三“《食治通说》一卷”条：

陈氏曰：东虢娄居中撰。临安药肆“金药臼”者，有子登第，以恩得初品官。赵忠定丞相跋其后。书凡十六篇，大要以为食治则身治，此上工医未病之一术也。

赵丞相《序》略曰：君自幼业医，至是历八十一寒暑矣。钱唐行都多贵人，君未尝出谒。卿相王侯之家屡迎之不可致。每旦肩舆至药肆，群儿已四集，悲啼叫号，嚣然满室，君皆调护委曲。坐良久，徐起枚视之，一以至之，先后为序。辄为言：儿本无疾，爱之者害之也。如言儿下利时，此为脾虚，乳食过伤所致，唯苦节其乳食，微以参、术药温其胃即愈矣。而爱之者曰：儿数利，气且乏，非强食莫补其所丧。于是胃虚不能摄化，其气重伤，参、术弗效，增以姜、附，姜、附不已，重以金石，而儿殆矣。胡不以身喻之，方吾曹盛壮时，日食二升米饭，几不满欲，一日意中微不佳，则粒米不堪向口，何况儿乎？予每视君持药欲授时，必谆谆为人开说，口几欲破。又为纸囊贮药，各著其说于上，使归而勿忘焉。[2]

首引陈氏之语虽已言及作者娄居中及其医学思想，但是比较简

① 《文献通考》，第5534页。

② 《文献通考》，第6160页。

略抽象。在赵丞相之序中，娄居中的音容笑貌、性情医德则跃然纸上。序中又以医治小儿下利为例，用个案形象生动地阐述了陈氏解题中所概括的《食治通说》的医学思想：食治则身治。可见马氏在陈振孙的解题之后，继以赵序，绝非画蛇添足。

（二）说明著书背景、过程，图书性质和价值

《文献通考》卷二百三“《刑统》三十卷”条：

> 晁氏曰：皇朝窦仪以尚书判大理寺，与法官苏晓、奚屿、张希护等修定。古者议事以制，使民不知所争也。后世铸刑书，使民知所避也。虽若不同，所以为民之意则一。然议事以制者，委重于人；铸刑书者，委重于法。委重于人，则上之人将轻重由心以虐其下；委重于法，则下之人将征于书以慢其上。其为失也亦均。要之以人行法，不使偏重，然后为得耳。
>
> 陈氏曰：初，范质既相周，建议律条繁广，轻重无据，特诏详定，号《大周刑统》，凡二十一卷。至是重加详定，建隆四年颁行。[①]

陈氏解题原文在“初”之前还有“判大理寺燕山窦仪可象详定”一句，马端临为避与晁氏解题重复，所以删去。马氏引陈氏解题说明了《刑统》一书实际上是据《大周刑统》详加考定而成的情况，同时交代了该部法令施行的时间。陈氏解题涉及窦仪等修书的参照背景与生效日期，这是对晁氏解题必要的补充。

---

① 《文献通考》，第5816页。

卷二百一“《续会要》三百卷”条：

陈氏曰：监修仙井虞允文并甫等上。自绍兴十年编修，起元丰元年，讫靖康之末，乾道六年书成。

巽岩李氏序略曰：徽宗初诏王觌、曾肇续编元丰至元符，寻复诏起治平四年，止崇宁五年，凡四十年。二书皆弗克成。政和末，有司独上《帝系》《后妃》《吉礼》三类，总一百一十卷。其书则通章得象、王珪所编，稍益以熙宁后事。而此三类外，皆未皇暇。运遭百六，史记放绝。光尧寿圣太上皇帝甚悯焉，绍兴九年诏馆职续编，三十一年又降趣旨。然阙简破牍，掇落匪易。皇帝陛下纂修洪绪，敷时绎思，更命宰相提举，阅再岁乃克成书。断自神宗之初，讫于靖康之末，凡六十年。总三百卷，分二十一类，六百六十六门。窃惟五朝大政，前书备载，类仍旧章，鲜所开创。逮神、哲、徽、钦之御世，因时适变，道与前异。大抵革于熙宁，复于元祐，旋革于绍圣，又复于元符，再革，遂臻崇、观、政、宣之丰豫，以及靖康。六十年间，业广事详，方策所记，视前倍蓰。今兹缀集于零落散亡之余，十仅得其六、七，诚不足允符神旨。然科条粗举，部类各分，礼、乐、兵、财之大原，儒术、刑法之要指，取贤敛才之品式，设官分职之制度，九州之别合，四夷之服叛，概见于斯。凡厥讨论，尚或有取。[1]

马氏于陈氏解题之后，复引李焘序，既详细说明了《续会要》的成书过程，又对该书的内容和价值有所评述，实有补于陈氏解题。

① 《文献通考》，第5773页。

卷二百七“《崇文总目》六十四卷”条：

晁氏曰：皇朝王尧臣等撰书。景祐中，诏张观、李若谷、宋庠取昭文、史馆、集贤、秘阁书刊正讹谬，条次之，凡四十六类，计三万六百六十九卷。康定三年，书成，尧臣及提举官聂冠卿、郭稹加阶邑，编修官吕公绰、王洙、刁约、欧阳修、杨仪、陈经各进秩有差。《国史》谓书录自刘向至毋煚所著皆不存，由是古书难考，故此书多所谬误。

陈氏曰：时撰定诸儒皆有论议，欧公《文集》颇见数条。今此唯六十六卷之目耳，题云绍兴改定。

夹漈郑氏曰：《崇文总目》，众手为之。其间有两类极有条理，古人不及，后来无以复加也。道书一类有九节，九节相属而无杂糅。又杂史一类，虽不标别，然分上下二卷，即为二家，不胜冗滥。及睹《崇文》九节，正所谓大热而濯以清风也。杂史一家，《隋》《唐》二志皆不成条理，今观《崇文》之作，贤于二志远矣。此二类往往是一手所编，惜乎当时不尽以其书属之也。

又曰：《崇文总目》出新意，每书之下，必著说焉。据标类自见，何用更为之说？且为之说也已自繁矣，何用一一说焉？至于无说者，或后书与前书不殊者，则强为之说，使人意怠。且《太平广记》者，乃《太平御览》别出。《广记》一书，专记异事，奈何《崇文》之目所说不及此意，但以谓博采群书，以类分门。凡是类书，皆可博采群书，以类分门，不知《御览》之与《广记》又何异？《崇文》所释，大概如此，举此一条，可见其他。[①]

《崇文总目》解题所引三家之中，晁氏论及编纂者、编纂过程和该书的缺点；陈氏则谈论编纂者对《崇文总目》均有论议文字，并以欧阳修为例加以说明；郑樵则评论《崇文总目》，分析其优劣所在，所论详尽明确。

（三）详析书名、篇名、卷数

《文献通考》卷二百“《北辽遗事》二卷”条：

> 晁氏曰：不题撰人，盖辽人也。记女真灭辽事。序云：辽国自阿保机创业于其初，德光恢廓于其后，吞灭诸蕃，割据汉界，南北开疆五千里，东西四千里，戎器之备，战马之多，前古未有。子孙继统二百三十余年。迨至天祚失御，女真称兵，十二年间，举国土崩。古人谓“得之难而失之易”，非虚言耳。
>
> 陈氏曰：燕山史愿撰。一名《金人亡辽录》。[②]

上引陈氏解题，既补作者信息，又讲明了该书的又一书名。陈氏指书别名，非止一处，称《三刘汉书标注》又有本题《公非先生刊误》，《三朝圣政录》初名《太平故事》，都是补晁氏解题之阙。又，卷一百八十五《经籍考十二》“《白虎通德论》十卷”条，马端临引晁、陈二氏解题以明汉章帝集诸儒于白虎观讲论五经异同并班固撰《通德论》事，又引洪氏《容斋随笔》论及战国至汉代诸儒训释《六经》之著作书名往往简雅，或曰故，或曰微，或曰通，《白虎通》《风俗通》正属此类。

① 《文献通考》，第5877页。

② 《文献通考》，第5741页。

卷一百八十五“《七经小传》三卷”条：

> 晁氏曰：皇朝刘敞原甫撰。其所谓《七经》者，《毛诗》《尚书》《公羊》《周礼》《仪礼》《礼记》《论语》也。元祐史官谓：“庆历前学者尚文词，多守章句注疏之学，至敞始异诸儒之说，后王安石修《经义》，盖本于敞。”公武观原甫说“伊尹相汤伐桀，升自陑”之类，《经义》多剿取之，史官之言不诬。
>
> 陈氏曰：前世经学大抵祖述注疏，其以己意言经，著书行世，自敞倡之。唯《春秋》既有成书，而《诗》《书》《三礼》《论语》见之《小传》，又《公羊》《左氏》《国语》三则附焉，故曰《七经》。[1]

晁、陈二家对刘敞改变宋代经学风气的事均有叙及，但《七经小传》中的“七经”所含之书，晁公武认为有《毛诗》《尚书》《春秋公羊传》《周礼》《仪礼》《礼记》《论语》七种，陈氏则以为七经中因《春秋》已成书别行，故实止《诗》、《书》、三《礼》和《论语》共六经，而《公羊》《左氏》《国语》的三则札记乃附丽其中，《公羊》不得独为一经。陈氏解题把存在的问题清楚地摆了出来。四库馆臣为《七经小传》作提要言：“敞有《春秋传》，已著录。是编乃其杂论经义之语。其曰‘七经’者，一《尚书》，二《毛诗》，三《周礼》，四《仪礼》，五《礼记》，六《公羊传》，七《论语》也。然《公羊传》仅一条，又皆校正《传》文衍字，于《传》义无所辨正，后又有《左传》一条、《国语》一条，亦不应独以《公羊》标目。盖敞本欲作《七经传》，唯《春秋》先成。凡所札记，已编入

① 《文献通考》，第 5449 页。

《春秋传》《意林》《权衡》《文权》《说例》五书中。此三条一校衍字，一论都城百雉，一论禘郊祖宗报，于经文无所附丽，故其文仍在此书中。其标题当为《春秋》，故得兼及《外传》。传写者见第一条为《公羊》，第二条末亦有‘公羊’字，遂题曰《公羊》而注曰‘《国语》附’，失其旨矣。”[①] 馆臣以为七经中易《公羊》为《春秋》，则可兼及经、传，名实相应，但《春秋传》已别行，馆臣所议有所重复。如果移《公羊》《左氏》二条入《春秋传》，除《国语》条，易《七经小传》为《六经小传》，这样改动虽做到了名副其实，但又失刘氏著作原貌。

卷一百八十一“《芸阁礼记解》十六卷”条：

> 晁氏曰：吕大临与叔撰。与叔师事程正叔，《礼》学甚精博，《中庸》《大学》尤所致意也。
>
> 陈氏曰：按《馆阁书目》作一卷，止有《表记》《冠》《昏》《乡》《射》《燕》《聘义》《丧服四制》，凡八篇。今又有《曲礼》上下、《中庸》、《缁衣》、《大学》、《儒行》、《深衣》、《投壶》八篇。此晦庵朱氏所传本，刻之临漳射垛书坊，称《芸阁吕氏解》，即其书也，《读书目》始别载之。[②]

陈氏解题引《馆阁书目》和朱熹传本辨篇名、卷数。《礼记》篇目众多，单篇别行也不少。马氏解题引晁、陈之解题，有助于读者了解《礼记解》一书的具体内容。

---

① ［清］永瑢等:《四库全书总目》，中华书局1965年版，第270页。

② 《文献通考》，第5360页。

卷二百十三"《风俗通义》十卷"条：

晁氏曰：汉应劭撰。劭字仲远，奉之子。笃学，博览多闻。灵帝时举孝廉，仕至泰山太守。撰《风俗通》，以辩物名号，释时嫌疑。文虽不典，世服其洽闻。自序云："风者，天气有寒暖，地形有阴阳，泉水有美恶，草木有刚柔。俗者，含血之类，象而生之。千里不同风，百里不同俗。"

陈氏曰：《唐志》二十卷，今唯存十卷，余略见庾仲容《子钞》。[1]

卷一百九十三"《通历》十卷"条：

晁氏曰：唐马总撰。纂太古十七氏、中古五帝三王，及删取秦、汉、三国、晋、十六国、宋、齐、梁、陈、元魏、北齐、后周、隋世纪兴灭，粗述其君贤否，取虞世南《略论》分系于末，以见义焉。

陈氏曰：书本十卷，止于隋代。今书直至五代，增五卷者，后人所续也。[2]

上引两条陈氏解题均指明图书的卷数差异。《风俗通义》一书，《隋志》《旧唐志》《新唐志》均作三十卷，《宋史·艺文志》作十卷。陈氏记《唐志》作二十卷，不知何据？陈《录》中《子钞》和《风俗通义》同入类书。《子钞》三十卷，"所取诸子之书百有五家，其

① 《文献通考》，第5990页。
② 《文献通考》，第5597页。

间颇有与今世见行书不同者，而亡者亦多矣”[①]。该书抄有《风俗通义》部分内容，然四库馆臣在《御定子史精华》目录后即下按语称庾仲容《子钞》世无传本，其文散见于《永乐大典》中。陈《录》中《通历》作十五卷，解题原文在“后人所续也”之后还有“晁公武《志·续通历》十卷，孙光宪撰。太祖朝尝诏毁其书”，而所增五卷，不知何人所作。古今图书，篇卷时有增损。南朝萧绎著《古今同姓名录》一卷，唐陆善经增广至三卷。《永乐大典》本则为两卷，与晁、陈二目不同。又，《经籍考》引陈氏“《古今同姓名录》一卷”条解题曰：“梁元帝撰。有陆善经者续之至五代时。”晁《志》和四库本《古今同姓名录》均指陆善经为唐人。唐开元年间有陆善经，《新唐书》载其与修《开元礼》，此人又曾注《孟子》《文选》，然盛唐之人不能续书至五代。

卷一百八十五“《演圣通论》六十卷”条：

《崇文总目》：皇朝秘书监致仕胡旦撰。以《易》《诗》《书》《论语》先儒传注得失参糅，故作论而辩正之。《易》百篇，《书》五十六篇，《诗》七十八篇，《论语》十八篇，凡二百五十二。天圣中献之。

晁氏曰：其所论《易》十六卷，《书》七卷，《诗》十卷，《礼记》十六卷，而《春秋》论别行。天圣中，尝献于朝，博辩精详，学者宗焉。

陈氏曰：《易》十七，《书》七，《诗》十，《礼记》十六，《春秋》十，其第一卷为目录。旦，太平兴国三年进士第一人，恃才轻躁，累坐摈斥。晚尤黩货，持吏短长，为时论所薄。然

① 《直斋书录解题》，第305页。

其学亦博矣。[①]

《崇文总目》以篇计，晁、陈二家以卷计，数量有所不同，陈氏说“第一卷为目录”，此目录当是《易》类百篇十六卷的目录，否则陈氏不得题为“《易》十七”。陈氏评论胡旦指明为人恃才贪货的缺点和为学博闻的优点，较晁氏所评更加全面。

（四）陈述版本、校书事

《文献通考》卷一百九十三“《汉纪》三十卷”条：

巽岩李氏曰：某家有写本一，印本一，写本不记其时，而印本乃天圣间益州市所摹刻者。大抵皆差误，而印本尤甚，衍文助语乱布错置，往往不可句读，或又增以子注音切，并非所当有。而近岁江、浙印本，号为曾经校雠，其实与天圣市刻相似，间用班固《书》窜改悦语，而又非固《书》本文。[②]

马端临为《汉纪》解题时，先录晁氏，又录陈氏，继而引巽岩李氏之语。李氏家藏《汉纪》有写、刻二本，二本面貌借此得初知大概。

卷二百“《五代史纂误》五卷《杂录》一卷”条：

晁氏曰：皇朝吴缜撰。凡二百余事，皆欧阳永叔《新五代史》抵牾舛讹也。按《通鉴考异》证欧阳《史》差误，如庄宗还三矢事之类甚众，今此书皆不及之，特证其字之脱错而已。又善本未必皆然。

---

① 《文献通考》，第5449页。
② 《文献通考》，第5593页。

陈氏曰：宇文时中守吴兴，郡庠有二史板，遂取二书刻之，后皆取入国子监。初，郡人思溪王氏刻《藏经》，有余板，以刊二史置郡庠。中兴，监书多阙，遂取其板以往。今监本是也。[①]

晁氏解题评图书内容，陈氏解题则言监本来历。吴缜对欧阳修所著《新唐书》和《新五代史》均有纠谬辨误之作，晁氏对该书评价不高，后世对其作二书的动机也多有争论，而余敏辉认为从校勘学的角度来看，吴缜著作应当值得肯定："他提出的'校勘之职'的独到见解，至今仍有现实的指导意义；他所完善的本校法，缜密科学，现已成为重要的校勘方法之一；他撰专书而不是夹在注释中，系统而不是零碎地稽评当代名家欧、宋之作'正史'，同时，细分门目，使史书考订带上条理类例的特点，又有开导风气的意义；他的校勘成果，后人广泛加以利用，实为《新唐书》《新五代史》的有功之臣。"[②]

《文献通考》卷二百三十一"《李翰林集》二十卷"条后马氏引陈振孙解题曰："《唐志》有《草堂集》二十卷，李阳冰所录也。今按阳冰序文但言十丧其九，而无卷数。又乐史序文称《李翰林集》十卷，别收歌诗十卷，校勘为二十卷。又于馆中得赋、序、书、表、赞、颂等，亦为十卷，号为《别集》。然则三十卷者乐史所定也。家藏本不知何处本，前二十卷为诗，后十卷为杂著，首载阳冰、史及魏颢、曾巩四序，李华、刘全白、范传正、裴敬碑志，卷末又载《新史》本传，而《姑孰十咏》《笑矣悲来》《草书》三歌行亦附焉，复著东坡辩证之语，其本最为完善。别有蜀刻大小二本，卷数亦同，而首卷专载碑序，余二十三卷歌诗，而杂著止六卷。有宋敏求

① 《文献通考》，第5755页。

② 余敏辉：《吴缜的校勘学成就》，《史学史研究》1998年第2期。

后序，言旧集歌诗七百七十六篇，又得王溥及唐魏万本，同裒唐类诗诸编，洎石刻所传，广之，无虑千篇，以《别集》、杂著附其后，曾巩盖因宋本而次第之者也。以校旧藏本，篇数如其言，然则蜀本即宋本也邪？末又有元丰中毛渐题，云'以宋公编类之勤，曾公考次之详，而晏公又能镂板以传于世'，乃晏知止刻于苏州者。然则蜀本盖传苏本，而苏今不复有矣。"[①]宋代版刻事业兴盛，宋人校书也勤，比如上面提到的曾巩，《经籍考》"《新序》十卷"条下引晁氏解题中即有"世传本多亡阙，皇朝曾巩子固在馆中日，校正其讹舛，而缀缉其放逸，久之，《新序》始复全"[②]，"《说苑》二十卷"条后所引晁氏解题又有"曾子固校书，自谓得十五篇于士大夫家，与《崇文》旧书五篇合为二十篇，又叙之"[③]。"《礼阁新仪》三十卷"条下引曾巩序曰："《礼阁新仪》三十篇，韦公肃撰。记开元以后至元和之变礼。史馆、秘阁及臣书皆三十篇，集贤院书二十篇，以参相校，史馆及秘阁及臣书多重复，其篇少者八，集贤院书独具。然臣书有目录一篇，以考其次序，盖此书本三十篇，则集贤院书虽具，然其篇次亦乱。既正其脱谬，因定著从目录，而《礼阁新仪》三十篇复完。"[④]从这些解题中我们可以窥见宋代学者校书成绩之一斑。

（五）辨别图书疑误

《文献通考》卷一百八十九"《方言》十三卷"条后分别辑有《崇文总目》、晁氏、陈氏、洪氏《容斋随笔》共四家的文献资料，其中陈氏称该书"首题《輶轩使者绝代语》，末载《答刘歆书》，具详著书本末"，而洪迈则认为《方言》并非扬雄所作，其理由是

① 《文献通考》，第 6331 页。

② 《文献通考》，第 5901 页。

③ 《文献通考》，第 5902 页。

④ 《文献通考》，第 5480 页。中华书局标点本《曾巩集》（1984 年版，第 181 页）"校"后有"雠"字，"史馆"后无"及"字。

“雄自序所为文,《汉史》本传但云:‘经莫大于《易》,故作《太玄》;传莫大于《论语》,作《法言》;史篇莫善于《苍颉》,作《训纂》;箴莫善于《虞箴》,作《州箴》;赋莫深于《离骚》,反而广之;辞莫丽于相如,作《四赋》。’雄平生所为文尽于是矣,初无所谓《方言》。《汉艺文志》小学有《训纂》一篇。儒家有雄所序三十八篇,注云‘《太玄》十九,《法言》十三,《乐》四,《箴》二’。杂赋有雄赋十二篇,亦不载《方言》。观其《答刘子骏书》称‘蜀人严君平’,按君平本姓庄,汉显宗讳庄,改曰严。《法言》所称‘蜀庄沈冥’‘蜀庄之才之珍’‘吾珍庄也’,皆本字,何独至此书而曰严?又子骏只从之求书,而答云‘必欲胁之以威,陵之以武,则缢死以从命也’,何至是哉!既云成帝时子骏与雄书,而其中乃云孝成皇帝,反复抵牾。又书称‘汝、颍之间’,先汉人无此语也,必汉、魏之际好事者为之云”[1]。对于洪迈的质疑,清代四库馆臣辩之甚详:“后汉许慎《说文解字》,多引雄说,而其文皆不见于《方言》。又慎所注字义,与今《方言》相同者,不一而足,而皆不标扬雄《方言》字。知当慎之时,此书尚不名《方言》,亦尚不以《方言》为雄作,故马、郑诸儒未尝称述。至东汉之末,应劭始有是说。”“魏晋以后,诸儒转相沿述,皆无异词。唯宋洪迈《容斋随笔》,始考证《汉书》,断非雄作。然迈所摘刘歆与雄往返书中,既称在成帝时,不应称孝成皇帝一条,及东汉明帝始讳庄,不应西汉之末即称庄遵为严君平一条,则未深中其要领。考书首‘成帝时’云云,乃后人题下标注之文,传写舛讹,致与书连为一,实非歆之本词,文义尚厘然可辨。书中载杨、庄之名,不作严字,实未尝预为明帝讳。其严君平字,或后人传写追改,亦未可知。皆不足断是

① 《文献通考》,第5518—5519页。

书之伪。”“考雄《答歆书》，称‘语言或交错相反，方复论思，详悉集之。如可宽假延期，必不敢有爱’云云。疑雄本有此未成之书，歆借观而未得，故《七略》不载，《汉志》亦不著录。后或侯芭之流收其残稿，私相传述。阅时既久，不免于辗转附益。”“雄及刘歆二书，据李善《文选注》引‘悬诸日月不刊之书’句，已称《方言》。则自隋唐以来，原附卷末。”[①]洪氏之辩疑虽不甚严密，但马氏引之于《方言》的解题之中，则使书中存在的问题得到了凸显。四库馆臣撰写提要时直接针对洪氏之言分析辩驳，《经籍考》不可谓无功。

卷一百九十六“《元和朋党录》一卷”条：

晁氏曰：唐马永易记牛、李朋党始末。自牛僧孺试贤良，迄令狐绹去位。

陈氏曰：池州石埭县尉维扬马永易明叟撰。自元和三年牛、李对策，以至大中十三年令狐绹罢相，唐朋党本末具矣。永易尝著《唐职林》《实宾录》等书，崇、观、政和间人也。又有马永卿大年者，从刘元城游，大观三年进士，当是其群从。《馆阁书目》以永易为唐人，大误也。[②]

陈氏定马永易为宋人，以纠晁氏及《馆阁书目》之误。这一论断得到清四库馆臣及现代学者的认同，孙猛《郡斋读书志校证》目录中“《元和朋党录》一卷”条的作者项处即记有“原题唐马永易，今考定为宋人”。

卷一百九十六“《建隆遗事》一卷”条：

① ［清］永瑢等:《四库全书总目》，中华书局 1965 年版，第 340 页。
② 《文献通考》，第 5669—5670 页。

晁氏曰：皇朝王禹偁记太祖事。按太祖崩时，赵普已罢为河阳节度使，卢多逊亦是太宗太平兴国元年始除平章事，今云"上将晏驾前一日，召赵、卢入宫"，其谬甚矣。世多以其所记为然，恐不足信也。

王氏《挥麈录》曰：《建隆遗事》，世称王元之所述，其间率多诬谤之词。至于称赵普、卢多逊受遗诏昌陵，尤为舛缪。案《国史》，韩王以开宝六年八月免相，至太平兴国六年九月，始再秉衡钧。当太祖升遐时，普政在外，何缘前一日与卢丞相同见于寝邪？称太祖长子德昭为南阳王，又误矣，初未尝有此事。元之当时近臣，又秉史笔，岂不详知？且载《秦王传》中云云，安有淳化三年而见《三朝国史·秦王传》邪？可谓乱道。此特人托名为之。又案元之自有《小畜集》，《序》及《三黜赋》与《国史》本传俱云："淳化二年，自知制诰舍人贬商州。至道二年，自翰林学士黜守滁上。咸平二年，守本官知齐安郡。"而此序年月次序悉皆颠错，其伪也明矣！

巽岩李氏曰：世传王禹偁所记《建隆遗事》十三章，考其章句，大抵不类禹偁平日之文。其七章、十三章，鄙悖益可骇，幸而史官弗信，然学士大夫不习朝廷之故者，犹以禹偁所作私信之。余常反复证验，力排其诬，决知其不出于禹偁矣。盖禹偁，世所谓名贤者，而数以直道废，故群不逞辄假借窜寄，谓世可欺。殊不知普实爱重禹偁，而禹偁于普尤拳拳也。普遗稿四六表状，往往见禹偁集，盖禹偁代作也。彼小人乌得识之！

陈氏曰：其记陈桥驿前戒誓诸将事，元出熙陵。而序文云："近取实录，入禁中亲自笔削。"然则此书之作，诚有谓也。《邵氏闻见录》亦尝表而出之，而或者亦辩此书之伪，当考。[1]

晁、陈二氏书目于《建隆遗事》的作者存疑，王氏、李氏则以为绝非王禹偁所作，乃是后人伪托。陈氏解题中于“辩此书之伪”后原有“是见于王明清《挥麈录》者，尤有据”，则陈氏亦十分怀疑此书作者的真实性。宋李大性《典故辩疑》也认为此书非王禹偁所作。

（六）叙述授受、源流

《文献通考》卷一百七十六“伊川《易传》十卷”条：

晁氏曰：朱震言颐之学出于周敦颐，敦颐得之穆修，亦本于陈抟，与邵雍之学本同。然考正叔之解，不及象数，颇与胡翼之相类。景迂云胡武平、周茂叔同师润州鹤林寺僧寿涯，其后武平传其学于家，茂叔则授二程。与震之说不同。

按：伊川之学出自濂溪，此先儒通论也。而晁、朱之说以为濂溪所师，本于希夷及一僧，则固老、释之宗旨矣，此论未之前闻。[2]

马氏引晁公武解题，又加按语辨以己意，均在论说伊川先生程颐的易学渊源。又，“《汉上易集传》《易图丛说》共十五卷”条后引晁氏曰：“朱震子发撰。自谓其学以程颐为宗，和会邵雍、张载之论，合郑玄、王弼之学为一云。”引陈氏曰：“《汉上经筵表》中具述源流，云：‘陈抟以《先天图》传种放，放传穆修，穆修传李之才，之才传邵雍。放以《河图》《洛书》传李溉，溉传许坚，许坚

① 《文献通考》，第5675—5676页。

② 《文献通考》，第5245页。

传范谔昌，谔昌传刘牧。穆修以《太极图》传周敦颐，敦颐传程颢、程颐。是时张载讲学于二程、邵雍之间。故雍著《皇极经世书》，牧陈天地五十有五之数，敦颐作《通书》，程颐著《易传》，载造《太和》《三两》等篇。臣今以《易传》为宗，和会雍、载之论，上采汉、魏、吴、晋，下逮有唐及今，包括异同，庶几道离而复合。'盖其学专以王弼尽去旧说，杂以庄、老，专上文辞为非是，故其于象数颇加详焉。序称九卷，盖合《说》《序》《杂卦》为一也。"[①] 古人为学讲究师承家法，于关乎人伦、家国的经学尤其如此，解题中对学术授受、源流的交代，方便了后世的学术史研究。

（七）评论是非、品评高低

《经籍考》所引解题中，又有关于人事、文章的是非判断，但马氏往往正反意见两存，少有直接评论。如《文献通考》卷一百八十一《经籍考八》"《新经周礼义》二十二卷"条：

晁氏曰：皇朝王安石介甫撰。熙宁中，设经义局，介甫自为《周官义》十余万言，不解《考工记》。按秦火之后，《周礼》比他经最后出，论者不一，独刘歆称为周公致太平之迹，郑氏则曰周公复辟后，以此授成王，使居雒邑，治天下；林孝存谓之黩乱不验之书，何休亦云六国阴谋之说。昔北宫锜问孟子周室班爵禄之法，孟子以谓诸侯恶其害己，灭去其籍，则自孟子时已无《周礼》矣，况经秦火乎！孝存、休非之，良有以也，不知刘、郑何所据而言，然又自违异不同。王莽尝取而行之，敛财聚货，渎祀烦民，冗碎诡异，离去人情远甚。施于文则可观，措于事则难行，凡莽之驯致大乱者，皆以此。……至于介

① 《文献通考》，第5251—5252页。

甫，以其书理财者居半，爱之，如行青苗之类皆稽焉，所以自释其义者，盖以其所创新法尽傅著之，务塞异议者之口，后其党蔡卞、蔡京绍述介甫，期尽行之，圜土方田，皆是也。周，姬姓，故其女曰王姬，其臣如宋、齐之女，亦不曰姬，而各氏其姓，曰子氏，曰姜氏。赵，嬴姓，京乃令帝女称帝姬。噫！至于姓亦从焉，何其甚也。久之祸难并起，与莽曾无少异，殆《书》所谓“与乱同事”者邪！

陈氏曰：其序言“自周衰至今，历载千数，而太平之遗迹扫荡殆尽，学者所见，无复全经。于是时，乃欲训而发之，臣诚不自揆，知其数也，以训而发之之为难，又知夫立政造事，追而复之之为尤难”。新法误国，于此可推其原矣。熙宁八年，诏颁之国子监，且置之义解之首。[1]

神宗熙宁年间王安石当政变法，在政府机构、税赋制度、科举制度、军队和水利等方面大刀阔斧地推行新政，后因保守派的强烈反对，加之新法实施过程中用人不当等因素，变法失败。王氏的变法，在当时和后世引起无数争议。王安石认为“欲一道德则修学校，欲修学校则贡举法不可不变”。王氏父子撰著《易》《诗》《周礼》三经新义，一时科场以之为准则，晁氏为《新经尚书》解题称，“王雱元泽撰。熙宁时颁是书于学官，用以取士，或少违异，辄不中程，由是独行于世六十年，而天下学者喜攻其短，自开党禁，世人罕称焉”[2]。上引晁、陈二家对王氏以新注《周礼》为变法的理论依据均提出批评。杨时有《三经义辩》《书义辨疑》《周礼辨疑》，王居正有《辩学》，孙谔有《洪范会传》，专攻王氏学之缺漏。然而亦有宗

① 《文献通考》，第 5352 页。

② 《文献通考》，第 5283—5284 页。

王氏学者，马端临在“《二典义》一卷”条下引陈氏曰：“陆佃农师撰。佃为王氏学，长于考订。”[①] 王昭禹有《周礼详解》四十卷，“其学皆宗王氏新说”[②]。马希孟有《礼记解》七十卷，亦宗王氏。马氏于攻讦或宗从王氏之学的图书，均一一著录。在《新经尚书》下，马端临还引用了《朱子语录》：“荆公不解《洛诰》，但云其间煞有不可强通处，今姑择其可晓者释之。今人多说荆公穿凿，他却有如此处。后来人解《书》，却须要尽解。王说伤于凿，然其善亦有不可掩处。”[③] 朱熹的话，则有一分为二的态度。关于对王学的评论，《经籍考》的解题中还有不少。这种评说史事或历史人物的内容，是马氏所辑录解题中的重要组成部分，我们借此可窥见当时的士风民议。

卷二百三十七“《唐子西集》十五卷”条：

晁氏曰：唐庚字子西，眉山人。登进士第。早受知于张天觉。天觉为相，擢京畿提举常平，且欲用为谏官。天觉去位后，言者谓子西常宣言有“一网打尽”之语，贬惠州。大观五年，会赦北归。

陈氏曰：张商英拜相，子西作内前行，坐贬惠州，归蜀而卒。其文长于议论，所著《名治》《存旧》《正友》《议赏》诸论皆精确。

雁湖李氏曰：唐子西文采风流，人谓为小东坡。

刘夷叔曰：唐子西善学东坡，量力从事，虽少，自成一家。其诗工于属对，缘此遂无古意，然其品在少游上。

后村刘氏曰：子西诸文皆高，不独诗也。其出稍晚，使及

① 《文献通考》，第 5287 页。
② 《文献通考》，第 5353 页。
③ 《文献通考》，第 5284 页。

坡门，当不在秦、晁之下。

竹溪林氏曰：唐子西学东坡者也，得其气骨而未尽其变态之妙，间有直致处。然无一点尘俗，亦佳作也。[1]

晁氏解题之后，陈氏称唐庚作文长于议论，而李壁、刘望之、刘克庄、林希逸诸家均以为其学出自东坡，并对唐庚作出了很高的评价。五家之言，尽言子西之才。

在有些条目之下，马端临所引文献之丰富，解题涉及范围之广泛，是前此的叙录体和传录体解题方式所不能比拟的。比如在“《史记》一百三十卷”条之下，马氏就依次引用了晁氏、陈氏、李方叔《师友读书记》、《朱子语录》、东莱吕氏、夹漈郑氏、马廷鸾诸家言论，交代了司马迁继父志著书、著书时间、《史记》体例、褚少孙补著、史迁思想与才识、《史记》书法、史迁对汉武帝的讥刺、后世对史迁的褒贬等。马氏的解题即可视为较为完善的《史记》导读。又，集部“黄鲁直《豫章集》三十卷《别集》十四卷”条下先引晁氏解题言其“幼警悟，读书五行俱下，数过辄记”、与苏轼的交往和“编隶宜州以死”的结局，继引其《家传》中“公既孤，从舅尚书李公公择学。公择尝过家塾，见其书帙纷错，因乱抽架上书问之，无不通，大惊，以为一日千里”事以补充晁氏语，并言及苏轼对黄庭坚的推赞及黄氏自号山谷道人事，末又引《史赞》称颂黄氏的文学成就，直言“山谷自黔州以后，句法尤高，笔势放纵，实天下之奇作，自宋兴以来，一人而已”[2]。在马氏关于黄氏著作的解题中，《家传》和《史赞》条都很有价值。元人所修《宋史》卷四百四十四《文苑六》中有《黄庭坚传》，开篇介绍黄氏幼时读书事即与晁《志》

---

① 《文献通考》，第 6457 页。

② 《文献通考》，第 6443—6444 页。

和《家传》合，然传尾没有《经籍考》所录《史赞》或相似语句，而马氏所录《史赞》的前半截又见于宋何谿汶《竹庄诗话》卷十六，文字略同。黄庭坚卒于宋徽宗崇宁年间，马氏所引之《史》很可能即是李焘等所修神宗、哲宗、徽宗、钦宗《四朝国志》，然而此书已亡，马氏所引正可视为其逸文。

总而言之，《经籍考》的解题广纳群说，根据所录图书的性质和价值对其作者、创作、主旨、特点和后人的接受等诸多方面进行了相应的揭示。这种辑录体的解题方式，使《经籍考》发挥了目录书的功用，实现了马氏欲“俾览之者如入群玉之府，而阅木天之藏。不特有其书者，稍加研穷，即可以洞究旨趣；虽无其书者，味兹题品，亦可粗窥端倪，盖殚见洽闻之一也”的目的，同时解题又有保存文献之功和指示读者读书之法、开拓读者视野之能。

根据上文对《经籍考》的义例分析，《文献通考》并非如章学诚所言，是抄拢众说而无独断、无己见的类书。其理由有二：一是图书解题所引各家评说并非孤立无序的堆积，这些史料在使用时经过了精心的剪裁和安排。解题中首段文献往往是对该书的基本介绍，后续文献是对前述某一问题的充实、例证，或者是对未论及的相关问题进行补充，故各条文献在同一图书解题之下是相互呼应、紧密联系的，并非如类书只在同一类目下简单罗列。又，被《经籍考》大量征引的《郡斋读书志》和《直斋书录解题》二书目之间，本来就有密切关系，陈振孙在解题中多次明确引用晁氏解题，显然陈氏撰写解题时参考过晁氏之书，晁、陈二家之间存在着某种呼应关系。二是马端临对解题中所涉问题时时加附按语，发表自己的意见，这在下一节将集中讨论，故马氏在撰书中并非无决断之能，无取舍之功。马端临在《经籍考》中虽然大量引用晁、陈二书目中的解题，但在具体使用时又时常根据行文需要剪裁文字，而且马氏对晁、陈二家的解题并非不加分辨地通通“拿来”，对有些无甚发明的条目，也是弃而不用的。比如，卷一百七十五《经籍考二》“《易举正》三卷”条就没有引陈氏解题。陈氏解题原文为“唐苏州司户参军郭京撰。自言得王弼、韩康伯手写真本，正其讹谬，凡一百三十五条。如《坤》初六象‘履霜，阴始凝也’，多‘坚冰’二字；《屯》六三象‘以从禽也’，阙‘何’字；《颐》‘拂经’，当作‘拂颐’；《坎》卦‘习坎’上当有卦名之类，皆于义为长”[①]，其中“手写真本”前的内容，马氏所引《崇文总目》已有，“一百三十五条”则所引晁氏解题已有，且晁文之下所引洪迈《容斋随笔》中列举了二十处讹误，远详于陈氏所举。所以为避免重复，马端临在这里舍弃了陈氏这条解题。

第三节 《经籍考》的按语

前面已经谈到，《文献通考》全书采用文、献、考（按）的结构顺序组织材料，马氏按语“可分为三个层次，一为‘按’，多反映其独到的见解；二以‘初’或‘先是’开始，说明史事原委；三多标‘右’于文首，对前面排列的史料作一小结”[②]。所以，马氏按语不仅包括有着“按”这一明显标志的评说之语，还包含一些用以说明、总结的语句，以及注释性的文字。在《经籍考》中，不管在总叙、

① 《直斋书录解题》，第7页。

② 王瑞明：《马端临评传》，南京大学出版社2001年版，第305—306页。

小序，还是所辑录的解题之后，都有不少马端临所下的按语，四库馆臣称其“按语亦多能贯穿古今，折衷至当。虽稍逊《通典》之简严，而详赡实为过之。非郑樵《通志》所及也”[①]。这些按语，有自己的层次和功用，对此学者们已有不少论述。杨寄林先生认为马氏按语虽主要针对文化典籍和学术流别的具体问题而发，但析殊会同，可将其概括为五类，即断真伪、定是非、究异同、辨妍媸和存疑义。[②]曹金发、董杰二位先生则将《文献通考·经籍考》的按语分为六类：溯源探流类、解释说明类、评价议论类、存疑待考类、考证辨析类以及综合类。[③]徐有富先生认为按语是书目编撰者表达对某类书或某部书的看法的主要方式，它对我们认识图书与书目的编撰者是大有帮助的，并举出“关于分析”“关于辨伪”“关于论学”“关于评书”“关于志疑解惑”的按语为例，加以分析论证。[④]连凡先生将《经籍考》中马端临的按语分作四类加以讨论：一是关于“撰者及书目的考辨”的按语；二是关于“分类体系与书籍归类的调整”的按语；三是关于“历代学术传承与各家学术源流”的按语；四是关于“书籍与学术的考辨”的按语。[⑤]从上述诸位先生对马氏按语的分类研究中我们可以看清马氏按语的主要功用，本书不再对其进行分类概括，而是摘录《经籍考》中的按语作出自己的分析。

---

① ［清］永瑢等：《四库全书总目》，中华书局1965年版，第697页。

② 杨寄林：《〈文献通考·经籍考〉马氏按语初探》，《晋阳学刊》1988年第5期。

③ 曹金发、董杰：《试析〈文献通考·经籍考〉中的按语——兼与杨寄林先生商榷》，《中国矿业大学学报》（社会科学版）2008年第4期。

④ 徐有富：《〈文献通考·经籍考〉按语研究》，南京大学古典文献研究所编《古典文献研究》（第十三辑），凤凰出版社2010年版，第473—486页。

⑤ 连凡：《〈文献通考·经籍考〉研究》，武汉大学出版社2018年版，第216—286页。

一、《总叙》按语分析

1.《文献通考》卷一百七十四《经籍考一》有：

按：古书之流传于今者唯《六经》,《六经》之前，则《三坟》《五典》《八索》《九邱》是已。《周官》外史掌三皇五帝之书，则国家之所职掌者此也。楚左史倚相能读《三坟》《五典》《八索》《九邱》，则学士大夫之所诵习者此也。今其书亡，而其义则略见于孔氏《尚书》之序，故录之以为经籍之始。《索隐史记·三皇纪》言："《春秋纬》称自开辟至于获麟，凡三百二十七万六千岁，分为十纪，凡世七万六百年。一曰九头纪，二曰五龙纪，三曰摄提纪，四曰合雒纪，五曰连通纪，六曰序命纪，七曰循蜚纪，八曰因提纪，九曰禅通纪，十曰疏仡纪。"则上古之书盖不可胜计，然其说荒诞，故无取焉。[①]

此则按语是针对前面引自孔安国《尚书序》中之文而言。《尚书序》认为文籍始于伏牺氏画八卦、造书契，其后有《三坟》《五典》《八索》《九邱》之书，然而均不见流传。《经籍考·总叙》意在梳理历代图籍的概貌、传存与兴衰，故当首先确定书籍历史的起点。马氏认为,《六经》之前的典籍《三坟》《五典》《八索》《九邱》已不传，唯《尚书序》"伏牺、神农、黄帝之书，谓之《三坟》，言大道也。少昊、颛顼、高辛、唐、虞之书，谓之《五典》，言常道也。至于夏、商、周之书，虽设教不伦，雅诰奥义，其归一揆，是故历代宝之，以为大训。八卦之说，谓之《八索》，求其义也。九州岛之志，谓之《九邱》。邱，聚也。言九州岛所有，土地所生，风气

① 《文献通考》，第5183页。

所宜，皆聚此书也”之语对这些上世帝王遗书有所解说，故开篇即引用《尚书序》来交代远古时期的图书概况。对于《索隐史记·三皇纪》所记从创世至鲁哀公公元前481年春西狩获麟共历二百二十六万七千岁的渺远历史，马氏以为其说荒诞不经，故图籍之事，自伏牺造书契之后的《三坟》《五典》开始说起。

2. 卷一百七十四《经籍考一》有：

> 按：成周之时，自太史以至小行人，皆掌官府之典籍者也，其名数亦多。今除《宝训》及《太平六典》之外，亦无可考者矣。①

在引述《周官》中关于太史、小史、内史、外史、御史和小行人的职责的叙述之后，马氏下了这条按语，指出所举诸官均有记载之责、保存之功，同时也强调了周朝可考之书仅有《宝训》和《太平六典》。

3. 卷一百七十四《经籍考一》有：

> 按：庄生之时，六籍未经秦火，其书具在也，而诸子百家，各以其说舛驰而淆乱之，是以有“暗而不明，郁而不发”之忧。周以荒唐谬悠之言著书，盖亦百家之一也，而此段议论诚醇正，无异圣贤之格言。东坡谓庄子盖助孔子者，于此见之。所谓“后之学者，不幸不见天地之纯、古人之大体，道术将为天下裂”，似逆知将有坑焚之祸，而深悲之矣。呜呼！②

① 《文献通考》，第5184页。
② 《文献通考》，第5187页。

《总叙》述孔子整理前代典籍之后，即引《礼记·经解》和《庄子·开下篇》以说明六经明道，合而不同的特点。《礼记·经解》曰：“孔子曰：入其国，其教可知也。其为人也，温柔敦厚，《诗》教也；疏通知远，《书》教也；广博易良，《乐》教也；絜静精微，《易》教也；恭俭庄敬，《礼》教也；属辞比事，《春秋》教也。故《诗》之失，愚；《书》之失，诬；《乐》之失，奢；《易》之失，贼；《礼》之失，烦；《春秋》之失，乱。其为人也，温柔敦厚而不愚，则深于《诗》者也；疏通知远而不诬，则深于《书》者也；广博易良而不奢，则深于《乐》者也；絜静精微而不贼，则深于《易》者也；恭俭庄敬而不烦，则深于《礼》者也；属辞比事而不乱，则深于《春秋》者也。”①《庄子·天下篇》亦曰：“古之人其备乎！配神明，醇天地，育万物，和天下，泽及百姓，明于本数，系于末度，六通四辟，小大精粗，其运无乎不在。其明而在数度者，旧法世传之史尚多有之。其在于《诗》《书》《礼》《乐》者，邹鲁之士搢绅先生多能明之。《诗》以道志，《书》以道事，《礼》以道行，《乐》以道和，《易》以道阴阳，《春秋》以道名分。其数散于天下而设于中国者，百家之学时或称而道之。天下大乱，贤圣不明，道德不一，天下多得一察焉以自好。譬如耳目鼻口，皆有所明，不能相通。犹百家众技也，皆有所长，时有所用。虽然，不该不遍，一曲之士也。判天地之美，析万物之理，察古人之全，寡能备于天地之美，称神明之容。是故内圣外王之道，暗而不明，郁而不发，天下之人各为其所欲焉以自为方。悲夫，百家往而不反，必不合矣！后世之学者，不幸不见天地之纯，古人之大体，道术将为天下裂。”②马氏所引上述两则文字材料，都区分了《诗》《书》《礼》《乐》《易》《春秋》的特

---

① 《礼记注疏》，阮元校刻：《十三经注疏》，中华书局 1980 年版，第 1609 页。

② ［清］郭庆藩著，王孝鱼点校：《庄子集释》，中华书局 2004 年版，第 1067—1069 页。

性和功用，且所论较为相似[①]。而《庄子·天下篇》则又有补充论说六经和引起下段“焚书坑儒”这一话题的功用。孔建国先生对这条按语作了如是评论：“此称扬《庄子·天下篇》之议论，以为盖助孔子，无异圣贤之格言；末谓庄周似逆知坑焚之祸，未免附会。”[②]

《天下篇》以为，古人能使万物运周畅达，百事和顺自如，其重要原因在于能“明于本数，系于末度”，即洞悉世界的根本法则而以之维系和贯穿于对具体事物的规定之中，此即道与道术。后世竟进之心勃发，贪欲日增，烦扰纷争日起，“天地之纯”与“古人之大体”皆已丧失。“其‘道术’之散裂，约分了三大部分：一是‘其明而在数度者，旧法世传之史尚多有之’；二是‘其在于《诗》《书》《礼》《乐》者，邹鲁之士搢绅先生多能明之’；三是‘散于天下而设于中国者，百家之学时或称而道之’。由此可见，‘百家往而不返’者，乃‘道术’散裂之后的一个极小的部分而已。而更值得注意的是，此后所叙墨、道诸家，乃是‘道术将为天下裂’后的‘百家之学’而已！”[③]大道有一个由“道”而“道术”而“法术”的演变，“百家之学”只是“时或称而道之”，已然成为“道术”之流裔，其于多含“数度”（本数末度）的“旧法世传之史”，于多明《诗》《书》《礼》《乐》中之“数度”（即《礼记·经解》中所记孔子对六经的辨析，《庄子·天下篇》亦略论及）的搢绅先生，则决然不顾。所以马端临有“庄生之时，六籍未经秦火，其书具在也，而诸子百家，各以其说舛驰而淆乱之，是以有‘暗而不明，郁而不发’之忧”之叹。书在，贤者在，而诸子百家为一己之学说的成立而各执一端，

① 马叙伦认为，《天下篇》中“《诗》以道志”等六句疑为古之注文，后传写误入正文。若原委诚如马叙伦所言，则不能排除作注者受到了《礼记·经解》影响的可能。

② 孔建国：《〈文献通考·经籍考〉研究》，硕士学位论文，台湾政治大学，1975年，第42页。

③ 谢祥皓：《庄子导读》，巴蜀书社1988年版，第332页。

标新立说，舛驰淆乱纯然大道，使之“暗而不明，郁而不发”。道术为天下裂，后世执政者、学者如欲得见先代天地自然之纯然与治世民风之大体，只能依凭古之法、史、六经和遗世硕学，而秦之焚书坑儒，则绝天下之望，令人扼腕。端临说庄子“似逆知将有坑焚之祸”而深悲之，既是因自己处宋亡之际，为存学术、继绝学而孜孜苦著《文献通考》，因而对庄周“道术将为天下裂”感叹的深度认同，对其心境的真切体验，同时也为我们认识历代图籍存亡和学术的变迁指出了一个典型的例子。孔建国先生认为马端临对庄周的评说有附会之嫌，是拘泥于对“逆知”神通的否定。马氏之叹，实则是就庄周阐说道术流衍之精妙而发，并非着意强调庄生是神通异士。

马氏又言：“周以荒唐谬悠之言著书，盖亦百家之一也，而此段议论诚醇正，无异圣贤之格言。东坡谓庄子盖助孔子者，于此见之。”庄生说理多用寓言，其语多“谬悠之说，荒唐之言，无端崖之辞”，行文汪洋恣肆，然马氏却认为上引《天下篇》中一段话一改《庄子》语言的一贯风格，与儒家圣贤醇正温和之言相似，简直是在阐说孔教。马端临早年师从精于朱子学的曹泾，笃志儒学，所以他以儒家为中心来思考问题则不足为怪，然而应当注意，孔子辨六经意在诲人遵从先王之教，庄子说六经在于明道术之散裂。又，《天下篇》在《庄子》一书中居于外篇之中，或有后学补缀掺杂之虞。故马氏引东坡“庄子盖助孔子”之论，或为率尔而发。

4. 卷一百七十四《经籍考一》有：

> 按：秦虽出自于西戎，然自非子、秦仲以来，有国于丰、岐者数百年。春秋之时，盟会聘享，接于诸侯，《秦誓》纪于《书》，《车邻》《小戎》之属列于《诗》，其声名文物盖蔼然先王之遗风矣。今下令焚《诗》《书》，而曰“史官非秦记皆烧之”，

则《秦誓》《秦风》亦秦记也，独非《诗》《书》乎？李斯者，袭流血刻骨之故智，而佐之以人头畜鸣之伪辩，固世所羞称者。然斯学于荀卿，卿之道，盖祖述六经，宪章仲尼者也，是其初亦自儒者法门中来。然则始皇既非声教不通之编夷而骤有中华，李斯亦非椎朴少文之俗物而盲处高位，今乃以焚灭经籍、坑戮儒生为经国之远猷者，其说有二：曰愧，曰畏。愧则愧其议己也，畏则畏其害己也。自载籍以来，《诗》《书》所称桀有暴德而天下归殷，纣有暴德而天下归周，幽、厉有暴德而周室东迁，浸微浸灭，五霸迭兴，七雄分据。始皇既已习闻其说矣，今虽诿曰"德兼三皇，功过五帝"，而其所行，则袭桀、纣、幽、厉之迹耳，夫岂不自知之？而儒者记纂，明以语人曰如是而兴，如是而亡，不啻烛照，数计龟卜而示后来以轨范。盖始皇之所愧而畏者此也。自夫子历聘列国，孟氏以儒术游于诸侯，思济天下之溺而引时君于当道者，至拳拳也；虽不肯枉道以求售，然思济天下之溺，至拳拳也。继而苏、张之徒，专以口舌干时君，虽其所持者诡遇之术，妾妇之道，与孔、孟之学如黑白薰莸之相反，然其汲汲皇皇、求以用世之意则类也。而范雎之于魏冉，蔡泽之于范雎，皆逞其辩口，扼其吭而夺之位。于是士生斯时，皆以读书游说为可以得志而取高位。李斯亦以说客进身者也，故韩非入秦，以策干始皇，则忌而诛之。天下岂无尚如非者欲睨其后乎？盖李斯之所愧而畏者此也。《诗》、《书》、百家语之在人间者焚之，其在博士官者存之，盖亦知其本不可废也。罢侯置守者，私其土地于己也；焚书而独存博士官者，又欲私其经术于己也。主相之心，务欲灭经籍以愚天下，峻法律以威天下，而使之"莫予毒"，以为巩固不拔之计。然陈胜、项梁、项籍、刘季之徒，本非有祖述汤武、弘济苍生之夙志，俱以罹于禁网，遁迹亡命，出万死不顾一生之计，奋梃而起，以成土崩瓦解之势。赵高熏腐小丑，亦非有文墨词辩，足以倾动上听；徒以少习深文，依于忮忍，故陷扶苏、蒙恬，戮诸公子，夷李斯，如出一律。盖犯法而作乱者，陈、吴、刘、项也，倚法而作奸者，赵高也。然则隳秦七庙而具斯五刑者，非《诗》《书》也，乃秦之法律也。

秦以儒者为博士，每国家有大事，则下博士议之。然因淳于越进议封建，而下焚书之令；因卢生辈窃议时事，而下坑儒之令。盖此二事者，皆激于博士之正论。然则其所进用者，必皆得面谀顺指如周青臣、叔孙通辈，然后能持禄苟免耳。稍引古义，持正论，则批逆鳞，触奇祸。是书虽存而实亡，博士官虽设而实废矣。又按《史记》言：始皇闻卢生窃议亡去，大怒，曰："吾前收天下书，不中用者尽去之。悉召文学方术士甚众，欲以兴太平，求奇药。今闻韩众去不报，徐市等费以巨万计，终不得药，徒奸利相告日闻。"然则始皇所谓不中用者，所焚之六籍是也；所谓召文学方术士求奇药者，所存之医药卜筮等书是也。然六籍虽厄于煨烬，而得之口耳所传，屋壁所藏者，犹足以垂世立教，千载如一日也。医药、卜筮、种树之书，当时虽未尝废锢，而并未尝有一卷流传于后世者。以此见圣经贤传，终古不朽，而小道异端，虽存必亡，初不以世主之好恶而为之兴废也。①

此则按语评秦焚书坑儒及影响。《经籍考》在"文"的部分引《史记·秦始皇本纪》中李斯上书言焚书语及始皇制曰"可"，继又

① 《文献通考》，第5188—5190页。

在“献”的位置引陈余谓孔鲋之语和郑樵《通志》卷七十一《校雠略第一》中《秦不绝儒学论》的两段文字，最后加以己意，详尽辩说。古来对秦焚书口诛笔伐者不计其数，马氏所引则一反常态，主张先秦书籍的大量亡佚的主要原因并不在秦火。

魏人陈余谓孔鲋曰：“秦将灭先王之籍，而子为书籍之主，其危哉！”子鱼曰：“吾为无用之学，知吾者唯友。秦非吾友，吾何危哉？吾将藏之以待其求，求至，无患矣。”陈余以为，孔鲋为孔子之后，必为保存图书而抗秦令，故而身陷险境。孔鲋则认为六经儒术倡仁义、讲求修身行礼，首先是向内之学，若要使经籍传之后世，必赖尊崇儒学、孜孜以求的后学，故只要将书籍暂时藏起来就行了，不必在法治之秦逆势宣讲儒学。从孔鲋的回答中可以体会到，书籍的传存，当靠崇文之世、爱书之士。

夹漈郑氏《秦不绝儒学论》主要有两个观点：一是秦朝时“未尝废儒，而始皇所坑者，盖一时议论不合者耳”；二是秦焚书乃“一时间事耳，后世不明经者，皆归之秦火”。由此，郑樵有“秦人焚书而书存，诸儒穷经而经绝”之叹。

人们论及焚书，多归因为始皇欲钳制舆论以专制，愚昧黔首以安政。马端临在按语中指出，秦之有焚书坑儒之举，在于君臣之“愧”与“畏”，虽知诗书载籍本不可废，而“愧则愧其议己也，畏则畏其害己也”，终用其极。而在议论嬴政和李斯君臣二人的丑行中，马氏在郑樵等人的基础上，进一步分析书亡之因：有些书所记乃医药、卜筮、种树之书，此乃小道异端，虽存必亡；有些读书人自甘堕落，沦为利禄之徒，不能稍引古义持正论，故“书虽存而实亡”。孔孟思济天下之溺至诚，但不肯枉道以求售；李斯虽受学于荀子，但其时皆以读书游说为得志意取高位的手段，李斯终以说客进身，儒学不被依重。而秦汉得意者如周青臣、叔孙通辈，皆面谀顺指，再无学者之正气直谏，故古来知识分子身上含蕴的独立之精神、自由之意志已不存，书籍则徒具其形了。在《总叙》最后，马氏引苏东坡《李氏山房藏书记》“悦于人之耳目而适于用，用之而不敝，取之而不竭，贤不肖之所得各因其才，仁智之所见各随其分，才分不同而求无不获者，唯书乎！自孔子圣人，其学必始于观书。……而后生科举之士，皆束书不观，游谈无根”之语[①]，以警贮书而不读者。“束书不观，游谈无根”之宋人，与秦汉时那些使“书虽存而实亡”的游说谀顺的读书人，相似之处甚为明确。世道推移，无怪马氏在上一条按语中对庄子“道术将为天下裂”之叹有如此深沉的回应。宋人议论生风，对于先秦图籍的亡佚已不再一味归咎于秦火。郑樵、马端临之后，元代方回所续《古今考》中《萧何尽收秦丞相府图籍文书》曰：“吕东莱谓所烧者天下之书，博士官所职固自若也。萧何独收图籍而遗此，惜哉。回谓始皇焚书四年而身死，二世立三年而秦亡。七年之间，天下常读书之人，老师宿儒存者宜不为少，屋壁之藏不止一泗上孔氏。……萧何，刀笔之吏也，其能收丞相御史府图籍文书，已是见识过人远甚，特博士官所职不遑收取，致为项羽所焚，而后天下无副本。……张良亦号为人杰，然乃专尚老氏之学，故于儒学亦漫不加意。”[②]汉初尚黄老之学，上层对儒学不甚在意。夏良胜《中庸衍义》卷三“汉惠帝四年除挟书律”条曰：“陈李雅曰：秦人重禁文学，不得挟书，无道极矣。高祖入关，约法三章，悉除苛法，而挟书之律独承秦弊，至惠帝始除，是高帝恶闻诗书之习不减于秦也。使入关之初，天下既平之后，能弛此禁，则遗书散没往往复出，孔壁虽坏而全书不亡，然则高帝不事诗书，

① 《文献通考》，第5212页。

② ［宋］魏了翁著，方回续：《古今考》，《四库全书》第853册，第197—198页。

其害乃甚于秦之焚书也。”[①]后世对萧何的责难，以清李光地之言尤为典型，《榕村语录》卷二十二有言：“人但知焚书者李斯，不知萧何不为无罪。何原是吏，故从入关，止知收图籍为钱粮兵马计，经书皆置不问，至项羽一炬乃尽澌灭。”马端临以为小道异端之书虽存必亡，不以世主之好恶而为之兴废也。然圣经贤传之兴废，却与世主之好恶和朝廷的文化政策都有相当关系，顾炎武所谓“秦以焚书而五经亡，本朝以取士而五经亡。今之为科举之学者，大率皆帖括熟烂之言，不能通知大义者也”之语[②]，正就此而言。

综观马氏此条按语中对秦焚书坑儒的独特理解，可见马端临对书籍于世道人心的作用理解十分透彻，而于图籍之存亡亦有妙解，其文含寓着尊儒气息。

5. 卷一百七十四《经籍考一》有：

> 右《北史·儒林传》序，言南北诸儒明经传授学术之详，最为明备，故录于此。[③]

此条中虽没有“按”字，然而确为马氏按语，此当属于王瑞明先生所说的马氏按语中说明事情原委的第二层次的按语。在《经籍考·总叙》“文”的部分中，马氏引用了《尚书序》、《周礼》、《礼记·经解》、《庄子·天下篇》、《史记·秦始皇本纪》、《西汉书·儒林传》序、《西汉书·艺文志》序、《后汉书·儒林》和《隋书》等文献中的内容。在引用中，或明示材料来源，或抽取书中文字加以

① ［明］夏良胜：《中庸衍义》，《四库全书》第715册，第346页。

② ［清］顾炎武著，黄汝成集释，栾保群、吕宗力校点：《日知录集释》，上海古籍出版社2006年版，第9页。“本朝”之“本”字，四库本《日知录》作“明”。

③ 《文献通考》，第5200页。

剪裁连缀，但均不加按语说明。此处引用《北史·儒林传》序“汉世，郑玄并为众经注解，服虔、何休，各有所说……南人约简，得其英华；北学深芜，穷其枝叶。考其终始，要其会归，其立身成名，殊方同致矣”一节却特意用一条按语加以说明，马氏的用意何在？书中《北史·儒林传》序一段之前，叙隋秘书监牛弘上表请开献书之路，并大段节引《隋书》所载牛氏表中关于自孔子以来经籍的著录情况及书之五厄的内容。《儒林传》与《隋书》中这两段紧邻文字，从段首书写空格形式和段落内容判断，均当是属于“献”的地位，引用牛氏上书相关文字，显然是在对“隋文帝开皇三年，秘书监牛弘表请分遣使人，搜讨异本。每书一卷，赏绢一匹，校写既定，本即归主。于是民间异书，往往间出”一段所谓“文”的补充。而所引《北史·儒林传》一节讲的是“南北诸儒明经传授学术”的情况，与前文交代北魏、北齐、北周和隋朝积书与后文所说隋朝造屋分类藏书的内容不甚一致。然而自古学术授受、发展与书籍修撰、流存有着极大的关系，所以马端临在这里引述《北史·儒林传》序亦有必要，所加按语则有说明、提示功用。张承宗认为：“在《经籍考·总叙》征引《北史·儒林传序》云‘南人约简，得其英华；北学深芜，穷其枝叶’后，他加按语，称赞这段文字‘言南北诸儒明经传授学术之详，最为明备，故录于此’。这种选录文献的价值取向，反映了马端临推重南学的学术旨趣，表达了宋末元初备受民族压迫的汉族知识分子的共同心理，寄托了他的爱国情思。”[①]周圣智认为《经籍考·总叙》旨在“让读者熟悉自远古至南宋，历朝书籍整

① 张承宗：《〈文献通考·经籍考〉的学术价值》，刘乃和主编：《洪皓马端临与传统文化》，中国青年出版社 1997 年版，第 221 页。

理、藏书量及关于图书思维的演变发展”[①]，我们不应从民族意识角度去理解马氏引《北史・儒林传》序言的行为。

6. 卷一百七十四《经籍考一》有：

> 右历代收书之数，藏书之所，备见前志。而叶氏、王氏所言，又近代士大夫藏书之大概也。坡翁一记，可以警蓄书而不读者，故并载焉。[②]

此条未见“按”字，情况同上。宋前各朝收书、藏书情况均可见于史志，而马端临撰书之时并无完备、通贯的有宋一朝之史志，故于近代藏书大概，引私家著述加以说明。

二、《小序》及图书总计中的按语分析

《汉志》在各类图书著录完毕之后，以“凡某类几家，几篇（卷）”在数目上总结、统计该类，继以小序对该类之学的学术源流加以论说。此一形式为隋唐以来历代正史史志效法。《经籍考》各小类中先出类序，继列四代史志中对该类图书的数目总计，再著录条目，辑录解题。马氏著书，多依前代史志、书目，并力存旧观，然亦时时调整众书分类异同，著己意于总计和小序内的按语之中。

1. 卷一百八十《经籍考七》有：

> 《汉志》：凡《礼》十三家，五百五十五篇。按三代之礼，其流传于汉世，《周官》《仪礼》《戴记》三书而已，《艺文志》

① 周圣智：《论马端临〈文献通考〉及其在今日的意义》，《中国文化研究所学报》第48卷，2008年，第140页。

② 《文献通考》，第5213页。

所述皆三书也。然其末则以《古封禅群祀》二十二篇、《封禅议对》十九篇、《汉封禅群祀》三十六篇、《议奏》三十八篇继之，而皆以为《礼》家。按封禅，秦、汉之事，难厕其书于礼经之后，今析入《仪注》门。凡削四家，一百一十五篇云。[①]

马端临认为《汉志》所录记秦汉封禅礼仪之四家一百一十五篇不得与经书比肩，归之仪注类。《经籍考》不但对《汉志》礼类四家进行重新安排，而且对宋人所修史志也作了相应的调整。按语之后，即是“《隋志》：一百三十六部，一千六百二十二卷（通计亡书，二百一十一部，二千一百八十六卷）。《唐志》：六十九家，九十六部，一千八百二十七卷（失姓名七家，元行冲以下不注录十六家，二百九十五卷）。《宋三朝志》：四十部，一千五十六卷（内十一部入《仪注》门）。《宋两朝志》：三部，五十二卷（内一部入《仪注》门）。《宋四朝志》：二十五部，三百六十七卷（内一部入《仪注》门）。《宋中兴志》：六十四家，九十一部，一千二百六十五卷”[②]。其中，括号内“通计亡书，二百一十一部，二千一百八十六卷”与“失姓名七家，元行冲以下不注录十六家，一百九十五卷”均是《隋志》和《唐志》原有的注文，而《宋三朝志》《四朝志》《两朝志》《中兴志》均是记当朝图书概况，非录历代之书，当无关于亡佚的注文，且其余各类的总计处引此四志时均无括号小注，故此处所称“内十一部入《仪注》门”“内一部入《仪注》门”诸语很可能是马端临所注，三条注文正与前此按语互相呼应。据此调整情况，我们可窥见马氏有尊崇、整肃经部的意图。

---

① 《文献通考》，第5330页。

② 《文献通考》，第5330—5331页。

2. 卷一百八十二《经籍考九》有：

《汉志》：凡《春秋》二十三家，九百四十八篇（省《太公史》四篇）。按：班固《七略》无史门，故以古来及秦、汉之史附于《春秋》之末。后世史书渐多，故志艺文者，以史自为一部，难以厕之圣经之后矣。故今析班《志》春秋略内《世本》十五篇，至《汉大年记》五篇入史门，凡削九家，四百一十一篇云。①

3. 卷一百八十四《经籍考十一》有：

按：前史《艺文志》俱以《论语》入经类，《孟子》入儒家类，直斋陈氏《书录解题》始以《语》《孟》同入经类。其说曰：自韩文公称孔子传之孟轲，轲死，不得其传。天下学者咸曰孔孟，孟子之书，固非荀、扬以降所可同日语也。今国家设科，《语》《孟》并列于经，而程氏诸儒训解二书，常相表里，故合为一类。今从之。②

4. 卷一百八十六《经籍考十三》有：

按：古者《诗》《书》《礼》《乐》，皆所以垂世立教，故班史著之《六艺》，以为经籍之首。流传至于后世，虽有是四者，而俱不可言经矣。故自唐有四库之目，而后世之所谓《书》者入史门，所谓《诗》者入集门，独《礼》《乐》则俱以为经，于是以历代典章、仪注等书厕之《六典》《仪礼》之后，历代乐

① 《文献通考》，第 5372 页。
② 《文献通考》，第 5429—5430 页。

府、教坊诸书厕之《乐记》《司乐》之后，猥杂殊甚。陈氏之言善矣！然乐者，国家之大典，古人以与礼并称，而陈氏《书录》则置之诸子之后，而侪之于技艺之间，又太不伦矣。虽后世之乐不可以拟古，然既以乐名书，则非止于技艺之末而已。况先儒释经之书，其反理诡道，为前贤所摈斥者，亦沿经之名，得以入于经类，岂后世之乐书，尽不足与言《乐》乎？故今所叙录，虽不敢如前志相承，以之拟经，而以与仪注谶纬并列于经解之后，史、子之前云。①

5. 卷一百八十七《经籍考十四》有：

按：谥者，国家送终之大典，今历代史志，俱以谥法入经解门，则伦类失当。今除《周公谥法》《春秋谥法》二项入礼门，而历代之谥法，则俱附于仪注之后，庶以类相从云。②

6. 卷一百九十一《经籍考十八》有：

《汉志》：九家，四百一十一篇（元附《春秋》，今厘入史门）。按：班孟坚《艺文志》，《七略》无史类，以《世本》以下诸书附于《六艺略·春秋》之后。盖《春秋》即古史，而《春秋》之后，唯秦、汉之事，编帙不多，故不必特立史部。后来传代既久，史言渐多，而述作之体亦不一，《隋志》史之类已有十三门，唐以后之志皆因之。然《汉志》所录《世本》以下九书，《隋志》则以《太史公书》入正史门，《战国策》《楚汉春

---

① 《文献通考》，第 5456—5457 页。

② 《文献通考》，第 5476 页。

秋》入杂史门，而其余诸书，则后学所不尽见，无由知其合入何门矣，故姑以此九者尽置之正史之首云。[①]

7. 卷一百九十一《经籍考十八》有：

按：实录即是仿编年之法，唯《唐志》专立实录一门，《隋史》以实录附杂史，《宋志》以实录附编年，今从《宋志》。[②]

8. 卷一百九十一《经籍考十八》有：

《唐志》：诏令十一部，三百五卷（失姓名十家，温彦博以下不著录十一家，二百二十二卷）。按：《唐志》特立诏令一门，历代史皆无之。按古左史记言，右史记动，后来官制中起居郎、起居舍人，即左、右之任也。故以诏令并入起居注门，庶从其类云。[③]

9. 卷一百九十五《经籍考二十二》有：

按：杂史、杂传，皆野史之流，出于正史之外者。盖杂史，纪、志、编年之属也，所纪者一代或一时之事；杂传者，列传之属也，所纪者一人之事。然固有名为一人之事，而实关系一代一时之事者，又有参错互见者。前史多以杂史第四，杂传第八，相去悬隔，难以参照，今以二类相附近，庶便检讨云。[④]

---

① 《文献通考》，第 5557 页。
② 《文献通考》，第 5558 页。
③ 《文献通考》，第 5559 页。
④ 《文献通考》，第 5649 页。

10. 卷一百九十五《经籍考二十二》有：

按：夹漈言古今编书所不能分者五，可以订历代艺文志之失。所谓“见名不见书，看前不看后”者，尤足以究其所失之源。然愚尝考之，经录犹无此患，而莫谬乱于史。盖有实故事而以为杂史者，实杂史而以为小说者。又有《隋志》以为故事，《唐志》以为传记，《宋志》以为杂史者。若一一考订，改而正之，则既不欲以臆见改前史之旧文，且所录诸书，盖有前史仅存其名，晚学实未尝见其书者，则亦无由知其编类之得失，是以姑仍其旧。而于所录先儒议论诸书本末，则必详加考订，俾以类相从，而不尽仍前史之旧云。[①]

11. 卷一百九十五《经籍考二十二》有：

右史抄。《隋》《唐志》史部皆无此门，附在杂史。《宋志》方别立史抄门。[②]

12. 卷二百十九《经籍考四十六》有：

按：陈氏之说固然矣，然时日、禄命、遁甲独非术数乎？其所谓“术数各自为类”者，曰卜筮，曰形法，然此二者独不本于阴阳乎？盖班史《艺文志》阴阳家之后，又分五行、卜筮、形法，各自为类。今班《志》中五行、卜筮、形法之书虽不尽

① 《文献通考》，第 5651 页。
② 《文献通考》，第 5651 页。

存，而后世尚能知其名义，独其所谓阴阳家二十一种之书，并无一存，而《隋史》遂不立阴阳门。盖隋、唐间已不能知其名义，故无由以后来所著之书续立此门矣。然《隋书》《唐书》及《宋九朝史》，凡涉乎术数者，总以五行一门包之，殊欠分剔。独《中兴史志》乃用班《志》旧例，以五行、占卜、形法各自为门，今从之。①

上述小序和总计部分中的按语讨论的都是《经籍考》的分类或归类，或交代类目中某些具体条目的调整，或说明新增类目的缘由，或标注某些类别在全考中位置顺序的调整。从这些按语中可以看出，马端临在设置类目时既注意继承前代史志分类的经验，遵从班固《汉志》旧例，又根据宋代图书的现状，对类目进行调整和增加；既大力整顿经部，将封禅之书降入仪注类，将乐府、教坊之书列于经解之后，又抬高《孟子》一类的地位，使之独立于经部之中。总之，这些按语充分反映了马氏对各类图书价值的评判观点。关于《经籍考》在部类设置方面的变化及其因由，本书在讨论分类问题时已多有交代，故此处从略。

三、解题中的按语分析

1.《文献通考》卷一百七十五《经籍考二》经部易类“《归藏》三卷”条：

按：《连山》《归藏》，乃夏、商之《易》，本在《周易》之前。然《归藏》，《汉志》无之；《连山》，《隋志》无之。盖二

① 《文献通考》，第6087—6088页。

书至晋、隋间出，而《连山》出于刘炫之伪作，《北史》明言之；度《归藏》之为书，亦此类耳。夹漈好奇，独尊信此二书与古《三坟》书，且咎世人以其晚出而疑之。然殊不知《毛氏诗》《左氏春秋》《小戴氏礼》与《古文尚书》《周官六典》，比之当时，皆晚出者也；然其义理，其文辞，一无可疑，非二《易》《三坟》之比，不谓之《六经》，可乎？故今叙二《易》，不敢遽指为夏、商之书，姑随其所出之时，置之汉之后、唐之前云。[①]

古代占卜有象、数二法，以灵龟蓍草定休咎祸福。夏易《连山》、殷易《归藏》、文王《周易》，三书中《周易》代有传袭，不绝如缕。《连山》《归藏》，所出较晚，汉志不载，学者或以为是伪书。夹漈郑樵验以文质之变，以为二书必真。马端临于郑说后加按语驳郑说。《北堂书钞》引桓谭《新论》称，“《连山》藏于兰台，《归藏》藏于太卜”[②]。则《汉志》漏记。宋洪迈《容斋续笔·蓍龟卜筮》就《左传》所记懿氏占、成季卜等有“然亦安知非《连山》《归藏》所载乎”[③]的推测。“史传《连山》《归藏》两部已佚的古老筮占书，非出后人杜撰，确是有其由来的，《连山》在商代甲骨文筮占材料中见其踪迹，《归藏》则有湖北江陵王家台出土秦简证其为伪，两者有本自远古传说及夏商周三代的筮占材料。”[④]二书的存在也得到了传世与出土两种文献的证实，马氏此条按语有误。

---

① 《文献通考》，第5226页。

② ［唐］虞世南著，［明］陈禹谟补注：《北堂书钞》，《四库全书》第889册，第492页。

③ ［宋］洪迈著，孔凡礼点校：《容斋随笔》，中华书局2005年版，第311页。

④ 宋镇豪：《谈谈〈连山〉和〈归藏〉》，《文物》2010年第2期。

2. 卷一百七十六《经籍考三》经部易类“伊川《易传》十卷”条：

按：伊川之《易》，精于义理，而略于卜筮、象数，此固先儒之说，然愚尝以为《易》之象数、卜筮，岂出于义理之外。盖有此理，则有此象，有此数。而卜筮之说，其所谓趋吉避凶，惠迪从逆云者，又未尝不一出于义理。平时本诸践履，则观象玩辞，此义理也。一旦谋及卜筮，则观变玩占，亦此义理也。初不必岐而二之。然言出圣贤之口，则单辞片语，皆有妙理；假借旁通，悉为至教。往往多借《易》以明理，初不拘于说《易》也，自夫子而然矣。何也？“君子学以聚之，问以辨之，宽以居之，仁以行之”，为《乾》九二而言也。而《乾》之九二，岂有学问宽仁之义乎？“日往则月来，月往则日来，日月相推而明生焉；寒往则暑来，暑往则寒来，寒暑相推而岁成焉”，为《咸》九四而言也。而《咸》之九四，岂有岁时代谢之义乎？盖其初因讲《易》，遂借《易》以言理，言理虽精，而于《易》此卦此爻之旨则远矣。如程子因“君子豹变”而发为“自暴、自弃”之论，因“君子得舆”而发为“《匪风》《下泉》”之论，亦是意也。晦庵所谓“不看本文，自成一书”者是已。[①]

马氏此条按语围绕“程《易》言理甚备，象数却欠在”之语而发，以为象、数与义理同在，占筮活动是将象数背后的义理推及于日常生活中的具体事物，一种理对应一类象数，具体占筮则又是此类中之偶然一次，故既精于义理，而于象数则亦当有会于心。马氏之言，与程子“有理而后有象，有象而后有数”和晦庵《朱子语类》

① 《文献通考》，第5244—5245页。

卷九五“未有天地之先，毕竟也只是理。有此理，便有此天地”有内在的相通性。但马氏批评伊川、程、朱，说他们“借《易》以言理，言理虽精”，而与《易经》的卦爻辞本意已相去甚远。马氏所论甚为中肯。

3.“伊川《易传》十卷”条：

> 按：伊川之学出自濂溪，此先儒通论也。而晁、朱之说以为濂溪所师本于希夷及一僧，则固老、释之宗旨矣。此论未之前闻。①

“伊川《易传》十卷”条中有两则按语。此则按语是针对解题所引晁氏之语而发。“晁氏曰：‘朱震言颐之学出于周敦颐，敦颐得之穆修，亦本于陈抟，与邵雍之学本同，然考正叔之解，不及象数，颇与胡翼之相类。景迂云胡武平、周茂叔同师润州鹤林寺僧寿涯，其后武平传其学于家，茂叔则授二程。与震之说不同。’”②“朱震言程颐之学出于周敦颐而本于陈抟，晁景迂又说周敦颐师事润州鹤林寺僧寿涯，故有“老、释之宗旨”之论，杨寄林先生对其作了评论：“朱说不诬，晁说也接触到理学开山周敦颐思想渊源之所自。出入于释老而反求诸六经，这是理学家构筑各自哲学体系的共同路数，濂洛关闽概莫能外，不过又都讳莫如深罢了。马氏云云，颇带几分为贤者讳的味道。”③但从具体的历史时代角度审视，似也不可苛责马氏。

---

① 《文献通考》，第5245页。

② 《文献通考》，第5245页。

③ 杨寄林：《〈文献通考·经籍考〉马氏按语初探》，《晋阳学刊》1988年第5期。

4. 卷一百七十七《经籍考四》经部书类“《古文尚书》十三卷”条：

按：《汉·儒林传》言孔氏有《古文尚书》，孔安国以今文读之。《唐·艺文志》有《今文尚书》十三卷，注言玄宗诏集贤学士卫包改古文从今文。然则汉之所谓古文者科斗书，今文者隶书也。唐之所谓古文者隶书，今文者世所通用之俗字也。隶书，秦、汉间通行，至唐则久变而为俗书矣，何《尚书》犹存古文乎？盖安国所得孔壁之书，虽为之传，而未得立于学官。东京而后，虽名儒亦未尝传习，至隋、唐间方显，往往人犹以僻书奥传视之，缮写传授者少，故所存者皆古物，尚是安国所定之隶书，而未尝改以从俗字，犹今士大夫蓄书之家有奇异之书，世所罕见者，必是旧本，且多古字是也。噫！百篇之《书》，遭秦火而亡其半，所存者五十八篇，而其间此二十五篇者，书虽传，而字复不谐于俗。传于汉者为科斗书，传于唐者为隶书，皆当时之人所罕习者。盖出自孔壁之后，又复晦昧数百年，而学者始得以家传人诵也。①

马氏此则按语，主要在阐说晁氏解题。晁氏曰：“汉孔安国以隶古定五十九篇之《书》，盖以隶写籀，故谓之隶古。其书自汉迄唐，行于学官。明皇不喜古文，改从今文，由是古文遂绝。陆德明独存其一二于《释文》而已。皇朝吕大防得本于宋次道、王仲至家，以校陆氏《释文》，虽小有异同，而大体相类。观其作字奇古，非字书傅会穿凿者所能到。学者考之，可以知制字之本也。”② 马端临释汉代古文为蝌蚪文、今文为隶书，释唐人所称古文为隶书、今文为俗

① 《文献通考》，第5282页。
② 《郡斋读书志校证》，第51—52页。

书，纯从字体而言，并不涉及古文、今文学的意义层面。这种区分，反映出马氏治学细致严谨。

5. 卷一百七十七《经籍考四》经部书类“《古三坟书》一卷”条：

> 按：夫子所定之《书》，其亡于秦火，而汉世所不复见者，盖杳不知其为何语矣。况《三坟》已见削于夫子，而谓其书忽出于元丰间，其为谬妄可知。夹漈好奇而尊信之，过矣。又况详孔安国《书序》所言，则《坟》《典》，《书》也，盖百篇之类也；《八索》，《易》也，盖彖、象、文言之类也。今所谓《三坟》者，曰《山坟》《气坟》《形坟》，而以为《连山》《归藏》《坤乾》之所由作，而又各有所谓大象、六十四卦，则亦是《易》书，而与百篇之义不类矣，岂得与《五典》并称乎？[①]

此条按语系辨伪。孔安国《尚书序》曰：“伏牺、神农、黄帝之书，谓之《三坟》，言大道也。”《六经》之前的《三坟》《五典》，悠远缈绝，传闻而已。晁氏、陈氏和石林叶氏均以之为伪，郑樵以为《连山》《归藏》《周易》即本之于《山坟》《气坟》《形坟》，则《三坟》为占筮书，与论八卦之说的《八索》又同为一类，不可入书类。而论《连山》《归藏》《坤乾》，源于夏、商、周之说比源于伏牺、神农、黄帝之说似更为可靠。马氏所论极是。《经义考》卷七十二《三皇五帝之书》条引《中兴书目》和杨时、黄震等人语均言《古三坟书》之伪。朱彝尊又有按语曰：“外史所掌三皇、五帝之书，若许行为神农之言，列子称黄帝之书皆是，岂必《三坟》《五典》哉？以《三坟》《五典》实三皇、五帝之书，本于伪孔安国《书序》也。观

① 《文献通考》，第 5286 页。

杜氏注《左传》,《坟》《典》《邱》《索》，第云‘皆古书名’，未尝定为三皇、五帝之书，足以证其非矣。至于《三坟》伪书，人知其谬，以郑渔仲之博洽，独信之不疑，毋乃过与？”[①]朱氏辨《三坟书》之伪，当是承马氏辨伪而来。

6. 卷一百七十八《经籍考五》“《诗序》”[②]后：

《诗》《书》之序，自史传不能明其为何人所作，而先儒多疑之。至朱文公之解经，则依古经文析而二之，而备论其得失，而于《诗·国风》诸篇之序，诋斥尤多。以愚观之,《书》序可废，而《诗》序不可废；就《诗》而论之,《雅》《颂》之序可废，而《十五国风》之序不可废……故复摭“述而不作”“多闻阙疑”之言，以明孔子删《诗》之意，且见古序之尤不可废也。[③]

此条按语讨论的话题有三：一是孔子删《诗》，二是尊、废《诗》序，三是朱熹的“淫诗”说。朱熹以为孔子未以礼义为标准删诗。司马迁说《诗》三百篇，夫子皆弦歌之，以求合于《韶》《武》之音，朱熹则认为：“史迁之说，则恐亦未足为据也。岂有哇淫之曲，而可以强合于《韶》《武》之音也邪？”马氏则认为《诗》是录是删，要以《诗》序为线索，“盖诗之见录者，必其序说之明白，而旨意之可考者也。其轶而不录者，必其序说之无传，旨意之难考，而不欲臆说者也。……作诗之人可考，其意可寻，则夫子录之，殆‘述而不作’之

① ［清］朱彝尊撰，林庆彰、蒋秋华、杨晋龙等编审，冯晓庭、陈恒嵩、侯美珍点校：《点校补正经义考》(第三册)，“中研院”文哲所筹备处，1997年版，第131页。

② 《诗序》虽处于诗类小序之中，但仅标出“诗序”二字，不录全文，且二字下面分别引《释文》、《后汉书·儒林传》、《隋志》、石林叶氏、朱子之说，并加按语，形式与《经籍考》中的条目无异，且诸家所辨与小序中其他按语主要论图书分类不同，故置“诗序”后的按语于此。

③ 《文献通考》，第5302—5311页。

意也。其人不可考，其意不可寻，则夫子删之，殆‘多闻阙疑’之意也”。《诗序》为何人何时所作，历来就有争论。《后汉书》、叶梦得、朱子均以之为卫宏作；《经典释文》以为大序是子夏所作，小序是子夏、毛公合作；《隋志》以为序为子夏作，而毛公与卫宏润色之。王洲明先生通过考察春秋时代“赋诗断章”、《孔子诗论》、孟子一派论诗和《毛诗故训传》四个时段当中的称《诗》和用《诗》情况，将前三个时段与《毛诗序》比较，认为《毛诗序》“是从先秦至秦末汉初，经过不断累积形成的通过论《诗》来体现儒家思想的一部经典；而秦汉之际的毛亨是形成这部著作的关键人物”[①]。马端临在驳斥宋《诗》学废序派代表朱熹时，所论条理极为清晰。朱子认为诗序非子夏所作，而是出于后人之手，去其神圣性，又言“今考其首句，则已有不得诗人之本意，而肆为妄说者矣”，再结合《诗经》中的具体篇目论说诗序之非而可废。马端临则首先讲到《诗序》作者不可考定的事实，这就摆脱了以《诗序》为子夏所作、有传圣人意的而过度政治化的解说诗义的窠臼。接着马端临鲜明地提出与朱子相反的观点：《书》序可废，而《诗》序不可废；就《诗》而论之，《雅》《颂》之序可废，而《十五国风》之序不可废。马氏认为，《书》直叙其事，《诗》除赋外，还有比兴之手法，如无解说传授，“孰能臆料当时指意之所归，以示千载乎”。针对朱子所持有些诗篇诗序所解有误的观点，马氏针锋相对地举出《黍离》《叔于田》《扬之水》《四牡》《采薇》等非有诗序则不能得正解。朱子以为《桑中》“乃淫奔者所自作。序之首句，以为刺奔，误矣”。马氏辩论道：“均一淫泆之词也，出于奔者之口则可删，而出于刺奔者之口则可录也。均一爱戴之辞也，出于爱叔段、桓叔者之口则可删，而出于刺郑庄、晋昭者之口则可录也……

① 王洲明：《关于〈毛诗序〉作期和作者的若干思考》，《文学遗产》2007年第2期。

今以文公《诗传》考之，其指以为男女淫泆奔诱，而自作诗以叙其事者，凡二十有四……序以为刺淫，而文公以为淫者所自作也……序本别指他事，而文公亦以为淫者所自作也。夫以淫昏不检之人，发而为放荡无耻之辞，而其诗篇之繁多如此，夫子犹存之，则不知所删何等一篇也……羞恶之心，人皆有之，而况淫泆之行，所谓不可对人言者……而夫子所不删者，其诗决非淫泆之人所自赋也。”[①] 马氏此则按语的论述可谓有的放矢、言之凿凿，是所有按语中十分精彩的一条。马端临在《经籍考》中称引朱子甚多，自身与朱子之学也有渊源，但在《诗序》问题上却对朱熹提出了尖锐的批评，这既体现了马氏尊古卫道之心，也反映了元初学界的一种风貌：“元代不少学者虽对朱熹诗经学进行了大力卫护，但当时学术界的尚实精神并未消亡，他们对《诗集传》也进行了不同程度的批判或修订。”[②] 周颖南认为“在元代朱子之学并未一统天下，即使被定为科举考试的教科书，不参加科举的学者并不信服，并且公开批评它的错误”[③]。这些都说明当时的学界并不盲从权威，而马氏此条按语，也值得今天治《诗经》者重视。

7. 卷一百七十九《经籍考六》“夹漈《诗传》《辩妄》共二十六卷”条：

> 按：夹漈专诋《诗序》，晦庵从其说，所谓“事无两造之辞，则狱有偏听之惑”者，大意谓《毛序》不可偏信也。然愚以为譬之听讼，《诗》者，其事也；《齐》《鲁》《韩》《毛》则证验之人也。《毛诗》本书具在，流传甚久，譬如其人亲身到官，

---

① 《文献通考》，第 5303—5306 页。

② 程嫩生：《元代诗经学刍议》，《中州学刊》2008 年第 4 期。

③ ［新加坡］周颖南：《马端临〈文献通考·诗〉述略》，《第四届诗经国际学术研讨会论文集》，学苑出版社 2000 年版，第 369 页。

> 供指详明，具有本末者也。《齐》《鲁》《韩》三家，本书已亡，于他书中间见一二，而真伪未可知，譬如其人元不到官，又已身亡，无可追对，徒得之风闻道听，以为其说如此者也。今舍《毛诗》而求证于《齐》《鲁》《韩》，犹听讼者以亲身到官所供之案牍为不可信，乃采之于傍人传说，而欲以断其事也，岂不误哉。[1]

《经籍考》此条书录之下首引郑氏自序为解题，明郑氏作《辩妄》之立意，继引陈氏驳郑氏之解题，终下按语支持陈氏。马氏此条按语精彩之处在于其说理方式。汉《诗》传有齐、鲁、韩、毛四家，后三家失传，毛诗独行。郑樵批评时人偏信毛诗，而马氏以听讼断案来比喻四家诗之是非真伪，以为三家诗已失传，他书所引一二无法与一直有传授的毛诗相比。用这个比喻讨论证据的真实可靠性，尤为生动贴切。

8. 卷一百八十《经籍考七》“《周礼》十二卷”条：

> 按：《周礼》一书，先儒信者半，疑者半。其所以疑之者，特不过病其官冗事多，琐碎而烦扰耳。然愚尝论之，经制至周而详，文物至周而备，有一事必有一官，毋足怪者。有如阍、阍、卜、祝，各设命官；衣、膳、泉、货，俱有司属。自汉以来，其规模之琐碎，经制之烦密，亦复如此，特官名不袭六典之旧耳，固未见其为行《周礼》，而亦未见其异于《周礼》也。独与百姓交涉之事，则后世唯以简易阔略为便，而以《周礼》之法行之，必至于厉民而阶乱，王莽之王田、市易，介甫之青

① 《文献通考》，第 5323 页。

苗、均输是也。后之儒者，见其效验如此，于是疑其为歆、莽之伪书而不可行；或以为无《关雎》《麟趾》之意，则不能行。愚俱以为未然。

盖《周礼》者，三代之法也，三代之时，则非直周公之圣可行，虽一凡夫亦能行之；三代而后，则非直王莽之矫诈、介甫之执愎不可行，而虽贤哲亦不能行。其故何也？盖三代之时，寰宇悉以封建，天子所治不过千里，公侯则自百里以至五十里，而卿大夫又各有世食禄邑，分土而治，家传世守。民之服食日用，悉仰给于公上，而上之人所以治其民者，不啻如祖父之于其子孙，家主之于其臧获。田土则少而授，老而收，于是乎有乡遂之官。又从而视其田业之肥瘠，食指之众寡，而为之斟酌区画，俾之均平（如上地家七人之类是也）。货财则盈而敛，乏而散，于是乎有泉府之官。又从而补其不足，助其不给，或赊或贷，而俾之足用。所以养之者如此。司徒之任，则自卿大夫、州长，以至闾胥、比长，自遂大夫、县正，以至里宰、邻长，岁终正岁，四时孟月，皆征召其民，考其德艺，纠其过恶，而加以劝惩。司马之任，则军有将，师有帅，卒有长。四时仲月，则有振旅治兵，茇舍大阅之法，以旗致民，行其禁令而加以诛赏。所以教之者如此。上下盖弊弊焉，察察焉，几无宁日矣。然其事虽似烦扰，而不见其为法之弊者，盖以私土子人，痛痒常相关，脉络常相属，虽其时所谓诸侯卿大夫者，未必皆贤。然既世守其地，世抚其民，则自不容不视为一体；既视为一体，则奸弊无由生，而良法可以世守矣。

自封建变而为郡县，为人君者宰制六合，穹然于其上，而所以治其民者，则诿之百官有司、郡守县令。为守令者，率三岁而终更，虽有龚、黄之慈良，王、赵之明敏，其始至也，茫然如入异境，积日累月，方能谙其土俗，而施以政令，往往期月之后，其善政方可纪，才再期而已及瓜矣。其有疲懦贪鄙之人，则视其官如逆旅传舍，视其民如飞鸿土梗，发政施令，不过授成于吏手，既授成于吏手，而欲以《周官》之法行之，则事烦而政必扰，政扰而民必病。教养之恩惠未孚，而追呼之苛娆已极矣，是以后之言善政者必曰事简。夫以《周礼》一书观之，成周之制未尝简也。自土不分胙，官不世守，为吏者不过年除岁迁，多为便文自营之计。于是国家之法制率以简易为便，慎无扰狱市之说，治道去太甚之说，遂为经国庇民之远猷。所以临乎其民者，未尝有以养之也，苟使之自无失其养，斯可矣。未尝有以教之也，苟使之自毋失其教，斯可矣。盖壤土既广，则志虑有所不能周；长吏数易，则设施有所不及竟。于是法立而奸生，令下而诈起，处以简靖，犹或庶几；稍涉繁伙，则不胜其渎乱矣。昔子产听郑国之政，其所施为者，曰“都鄙有章，上下有服，田有封洫，庐井有伍”，此俱《周官》之法也。然一年而舆人诵之曰：“孰杀子产，吾其与之。”三年而诵之曰：“子产而死，谁其嗣之？”按郑国土地褊小，其在后世则一郡耳。夫以子产之贤智，而当一郡守之任，其精神必足以周知情伪，其念虑必足以洞究得失，决不至如后世承流宣化者之以苟且从事也。而周制在当时亦未至尽隳，但未能悉复先王之旧耳。然稍欲更张，则亦未能遽当于人心，必俟磨以岁月，然后昔之谤讟者转而为讴歌耳。况贤不及子产，所莅不止一郡，且生乎千载之后。

先王之制久废，而其遗书仅存，乃不察时宜，不恤人言，而必欲行之乎，王介甫是也。介甫所行，变常平而为青苗，诿曰：“此《周官·泉府》之法也。”当时诸贤极力争之，苏长公之言曰："青苗虽云不许抑配，然其间愿请之户，必皆孤贫不济之人家。若自有赢余，何至与官交易？此等鞭挞已急，则继之逃亡；逃亡之余，则均之邻保。"苏少公之言曰："出纳之际，吏缘为奸法，不能禁钱入民手，虽良民不免非理费用。及其纳钱，虽富民不免违限。受责如此，则鞭笞必用，而州县多事矣。"是皆言官与民赊贷之非便也。

盖常平者，粜粜之法也；青苗者，赊贷之法也。粜粜之法，以钱与粟两相交易，似未尝有以利民，而以官法行之，则反为简便。赊贷之法，捐钱以予民，而以时计息取之，似实有以济民，而以官法行之，则反为繁扰。然粜粜之说始于魏文侯，常平之法始于汉宣帝，三代之时，未尝有此。而赊贷之法，则《周官·泉府》明言之，岂周公经制，顾不为其简易者，而欲为其繁扰者乎？谓《周礼》为不可信之书，则《左氏传》言郑饥，子皮以子展之命饩国人粟，户一钟；宋饥，司城子罕请于平公，出公粟以贷。使大夫皆贷，司城氏贷而不书；为大夫之无者贷，宋无饥人。齐陈氏以家量贷，而以公量收之。则春秋之时，官之于民，固有赊贷之事也。虽当时未尝取二分之息，如青苗之为，然熙宁诸贤所言，非病其取息之多也，盖以为贫者愿贷，贷与之而不能偿，则亏官；富者不愿贷，抑配予之，而并令保任贫者，代偿所逋，则损民。两无所益，固不若常平之交手相付，听从民便之，为简易两得也。然左氏所述郑、宋、齐之事，谓之善政，以为美谈，未尝见其有熙、丰之弊，何也？盖郑、宋、齐，列国也，其所任者，罕氏、乐氏、陈氏，则皆有世食禄邑，与之分土而治者也。介甫所宰者，天下也；其所任者，六七少年，使者四十余辈，与夫州县小吏，则皆干进徇时之徒也。然非郑、宋、齐之大夫尽贤，而介甫之党尽不肖也。盖累世之私土子人者，与民情常亲，亲则利病可以周知，故法虽繁，而亦足以利民。暂焉之承流宣化者，与民情常疏，疏则情伪不能洞究，故法虽简而犹惧其病民也。以青苗赊贷一事观之，则知《周礼》所载，凡法制之琐碎烦密者，可行之于封建之时，而不可行之于郡县之后。必知时适变者，而后可以语通经学古之说也。①

《周礼》一书，马氏分别引用了晁氏、陈氏、《朱子语录》、颖滨苏氏、五峰胡氏之言，而后加上按语，较各家所论为详。这一篇按语，洋洋洒洒二千余言，不仅对《周礼》这部经典的性质进行了论述，而且对封建制度的变迁、王安石变法的弊端所在等重大历史问题展开了有理有据的辨析，可视为一篇"封建论"，值得后人反复研读。

武帝之时，河间献王刘德开献书之路，得《周官》五篇，失《冬官》，募以千金而不得，遂取《考工记》以补其阙。《周官》为群儒排弃，而刘歆独以为周公致太平之迹，录之入《七略》。陈氏解题亦称"先儒固有疑于是书者，若林存孝以为武帝知《周官》末世渎乱不经之书，作十论七难以排弃之；何休亦以为六国阴谋之书"，其为先秦古书，似无可疑，然《周礼》六典与《书·周官》不合。苏辙认为《周礼》一书，秦汉诸儒"以意损益之者众矣，非周公之完书也"，并例举《周礼》不可信者三。五峰胡氏则主要比较了《书·周官》与《周礼》中职官之设及其职责之异，以证《周礼》非周公所作。《朱子语录》认为《周礼》所讲确为周朝法度，但不一定是周公亲笔所作，《周礼》所记或未尽行于周代。马端临并不

① 《文献通考》，第5343—5347页。

怀疑《周礼》，他认为《周礼》所记职事烦琐，是因为“经制至周而详，文物至周而备，有一事必有一官，毋足怪者”。汉宋诸儒之所以怀疑《周礼》非周公之书，马氏认为其主要原因在于王莽和王安石损益《周礼》之法而行政，结果是“厉民而阶乱”。王莽的复井田、行“五均六管”之法[①]，王安石行青苗、均输之法，改革的实际效果都不好，究其根本原因，乃在于不知时易则事异。周代时国家实行封建制，而秦朝以来变为郡县制，封建之下，诸侯公卿世守其土，私有其民，上下一体；郡县之制，守令频更，不晓民情，不惧民怨，如此等等。值得注意的是，马氏在按语中能够结合现实论史，分析王介甫行青苗、赊贷等法的弊端和施行中的失误并言之有理，最后以“必知时适变者，而后可以语通经学古之说也”作结，又超越了具体史事，显示了作为一名通晓历代典制的史家的卓越史识。如果将本条按语和《文献通考・封建考》合观，则可对马氏的中国古代封建制度论有更为全面的认识。

9. 卷一百八十二《经籍考九》“《春秋经》一卷”条：

> 按：《春秋古经》，虽《汉・艺文志》有之，然夫子所修之《春秋》，其本文世所不见，而自汉以来所编《古经》，则俱自三传中取出经文，名之曰正经耳。然三传所载经文，多有异同，则学者何所折衷？如“公及邾仪父盟于蔑”，《左氏》以为“蔑”，《公》《穀》以为“昧”，则不知夫子所书者曰“蔑”乎？曰“昧”乎？“筑郿”，《左氏》以为“郿”，《公》《穀》以为“微”，则不

① 五均是在长安以及洛阳、邯郸、临淄、成都等大城市设立五均司市师，管理市场。六管是由国家掌握盐、铁、酒、铸钱、赊贷等五项事业，不许私人经营；同时控制名山大泽，而对在名山大泽中采取众物的人课税。这些措施既限制了大商贾，又损害了于山泽中求生的下层百姓，势必遭到反对。

知夫子所书曰“鄟”乎？曰“微”乎？“会于厥慭”，《公》《穀》以为“屈银”，则不知夫子所书曰“厥慭”乎？曰“屈银”乎？若是者，殆不可胜数，盖不特“亥豕鲁鱼”之偶误其一二而已。然此特名字之讹耳，其事未尝背驰于大义，尚无所关也。至于“君氏”卒，则以为“声子”，鲁之夫人也；尹氏卒，则以为“师尹”，周之卿士也。然则夫子所书隐三年夏四月辛卯之死者，竟为何人乎？不宁惟是，《公羊》《穀梁》于襄公二十一年皆书孔子生。按《春秋》惟国君世子生则书之，“子同生”是也，其余虽世卿擅国政如季氏之徒，其生亦未尝书之于册。夫子，万世帝王之师，然其始生，乃郰邑大夫之子耳，《鲁史》未必书也。《鲁史》所不书，而谓夫子自纪其生之年于所修之经，决无是理也。而《左氏》于哀公十四年获麟之后，又复引经，以至十六年四月书仲尼卒，杜征南亦以为近诬。然则《春秋》本文其附见于三传者，不特乖异未可尽信，而三子以其意增损者有之矣。盖襄二十一年所书者，公、穀尊其师授而增书之也；哀十六年所书者，左氏痛其师亡而增书之也，俱非《春秋》之本文也。三子者，以当时口耳所传授者各自为传，又以其意之所欲增益者搀入之，后世诸儒复据其见于三子之书者，互有所左右而发明之，而以为得圣人笔削之意于千载之上，吾未之能信也。

《易》有彖象，本与卦爻为二，而王弼合之；《诗》《书》有序，本与经文为二，而毛苌、孔安国合之；《春秋》有三传，亦本与经文为二，而治三传者合之。先儒务欲存古，于是取其已合者复析之，命之曰古经。然彖象之与卦爻，序之与经，毛、孔、王三公虽以之混为一书，尚未尝以己意增损于其间，苟复析之，即古人之旧矣。独《春秋》一书，三传各以其说与经文参错，而所载之经文又各乖异。盖事同而字异者，“及邾仪父盟

> 于蔑”“于昧”之类是也；事字俱异者，“尹氏”“君氏”之类是也；元未尝书其事，而以意增入者，“孔子生”“孔丘卒”是也。然则自三传中所取出之经文，既有乖异，又有增益，遽指以为夫子所修之《春秋》，可乎？然择其差可信者而言之，则《左氏》为优。何也？盖《公羊》《穀梁》直以其所作传文搀入正经，不曾别出，而《左氏》则经自经而传自传。又杜元凯《经传集解》序文以为分经之年与传之年相附，则是左氏作传之时，经文本自为一书，至元凯始以《左氏传》附之经文各年之后，是《左氏传》中之经文可以言古经矣。然获麟而后引经以至仲尼卒，则分明增入，杜注亦自以为《春秋》本终于获麟，弟子欲记圣师之卒，故采《鲁史记》以续夫子之经，而终于此。然则既续之于获麟之后，宁保其不增益之于获麟之前，如《公》《穀》所书“孔子生”之类乎？是亦未可尽信也。[①]

此则按语，先论孔子所编《春秋》失传，汉儒自三传中抄出经文而名之曰正经，然既不能遽定三传间的增益和异同之是非，则后世诸儒所言孔子之意旨，“未之能信也”。三传之中，“择其差可信者而言之，则《左氏》为优”，但“亦未可尽信也”。马氏的判断，有史家的理性和审慎，非拘忌俗儒可比。他对《公》《穀》的批评、对《左传》的肯定，也带有史家独到的视角。

10. 卷一百八十二《经籍考九》“春秋决事比”条：

> 按：此即献帝时应劭所上仲舒《春秋断狱》，以为几焚弃于董卓荡覆王室之时者也。仲舒，通经醇儒，三策中所谓任德

① 《文献通考》，第5374—5376页。

> 不任刑之说，正心之说，皆本《春秋》以为言。至引“正谊不谋利，明道不计功”，以折江都王，尤为深得圣经贤传之旨趣。独灾异之对，引两观、桓、僖、亳社火灾，妄释经意，而导武帝以果于诛杀，与素论大相反，西山真公论之详矣。《决事比》之书，与张汤相授受，度亦灾异对之类耳。帝之驭下以深刻为明，汤之决狱以惨酷为忠，而仲舒乃以经术附会之。王、何以老、庄宗旨释经，昔人犹谓其罪深于桀、纣，况以圣经为缘饰淫刑之具，道人主以多杀乎！其罪又深于王、何矣！①

《春秋决事比》一书，《经义考》著录为《春秋决事》，亡，不记卷数，且注曰：“《汉志》作《公羊治狱》，《七录》作《春秋断狱》，新旧《唐书》作《春秋决狱》，《崇文总目》作《春秋决事比》”②，《崇文总目》解题又记为“于是作《春秋决疑》二百三十二事”。马氏在此痛陈董仲舒以灾异谶言释经，为以《春秋》决狱大开方便之门。董仲舒主张天人感应，言灾异在所难免，而马端临指其“以圣经为缘饰淫刑之具，道人主以多杀”，其罪深于桀、纣、王、何，让人不得不想到制度建设的重要性。桀、纣之虐，在一人一朝；典制若虐，则殃及天下苍生，祸延千载，又往往于无形中杀人，此则尤为惨酷。马氏于《文献通考》中综理历代典章沿革，于此当最有心得。此等按语，也反映出马氏对于人民和仁政深切的人文关怀。

11.“春秋决事比”条：

> 又按：《汉·刑法志》言：自公孙弘以《春秋》之义绳下，

---

① 《文献通考》，第5383页。

② ［清］朱彝尊著，林庆彰、蒋秋华、杨晋龙等编审，汪嘉玲、张惠淑、张广庆等点校：《点校补正经义考》(第五册)，“中研院”文哲所筹备处，1997年版，第557页。

> 张汤以峻文决理，于是见知腹诽之狱兴。《汤传》又言，汤请博士弟子治《春秋》《尚书》者补廷尉史。盖汉人专务以《春秋》决狱，陋儒酷吏，遂得以因缘假饰。往往见二传中所谓责备之说、诛心之说、无将之说，与其所谓巧诋深文者相类耳。圣贤之意，岂有是哉！常秩谓孙复所学《春秋》，商君法耳，想亦有此意。[①]

桓宽曰："故《春秋》之治狱，论心定罪。志善而违于法者免，志恶而合于法者诛。"[②]此正诛心之说，然腹诽之狱正其流弊。后世援引经典治事，往往不免比附，以至巧诋深文。马氏深叹后世扭曲圣贤之意，以文杀人。而在宋人好议，以六经注我的风气之下，马氏按语则尤其意味深长。

12. 卷一百八十四《经籍考十一》"何晏《论语注》十卷"条：

> 按：《齐论》多于《鲁论》二篇，曰《问王》《知道》。史称为张禹所删，以此遂无传。且夫子之言，禹何人而敢删之。然《古论语》与《古文尚书》同自孔壁出者，章句与《鲁论》不异，唯分《尧曰》"子张问"以下为一篇，共二十一篇，则《问王》《知道》二篇，亦孔壁中所无，度必后儒依仿而作，非圣经之本真。此所以不传，非禹所能删也。[③]

此条解题中马氏先引晁氏解题，提到张禹删去《齐论语》中《问王》《知道》两篇，后加按语反驳曰"非禹所能删也"。对于马氏的

---

① 《文献通考》，第 5383—5384 页。

② ［汉］桓宽著，王利器校注：《盐铁论校注》，中华书局 1992 年版，第 567 页。

③ 《文献通考》，第 5418 页。

判断，杨寄林先生认为："《齐论语》比《鲁论语》多出《问王》《知道》两篇，马氏猜度'必后儒依仿而作，非圣经之本真'，本来已经跨入了真理的大门，却又断言，非张禹所能删也，理由仅仅是：'夫子之言，禹何人而敢删之！'当时东莱布衣张霸伪造《百两尚书》都不在话下，张禹身为帝王师，兼通《齐》《鲁论》，合而考之，采获所安，删去《齐论》两篇'烦惑'之作，又何惧之有？"[①]曹金发、董杰撰文驳斥杨说，以为杨氏推理时本末颠倒："《隋书经籍志》认为，张禹删除了《问王》和《知道》两篇令人'烦惑'的经文，晁公武《郡斋读书志》基本上沿用这个说法……马端临说'且夫子之言，禹何人而敢删之'，是一种判断，是对《隋书经籍志》和《郡斋读书志》说法的直接反驳和否定，而不是陈述理由……马端临判断张禹未删《齐论》的根据，是古《论语》与《鲁论》只是在分篇上稍有出入，而章句相同，两者都没有《问王》《知道》二篇，因此断定此二篇为后人仿作，不是'圣经之本真'，'此所以不传'，也就是说这两篇不传的真正原因是仿作而非原文……退一步说，即便是此二篇经张禹之后而不传，也是因为它们本身为伪托之作，不是张禹根据个人意愿随意删的。这里，马端临强调的是书目本身真伪问题的重要性，而不是删削工作本身。"[②]何晏《论语集解叙》曰："安昌侯张禹本受鲁论，兼讲齐说，善者从之，号曰张侯论，为世所贵，苞氏[③]周氏章句出焉。古论唯博士孔安国为之训说，而世不传。至顺帝之时，南郡太守马融亦为之训说。汉末大司农郑玄就鲁论篇章考之齐、古，以为之注。"

---

① 杨寄林：《〈文献通考·经籍考〉马氏按语初探》，《晋阳学刊》1988年第5期。

② 曹金发、董杰：《试析〈文献通考·经籍考〉中的按语——兼与杨寄林先生商榷》，《中国矿业大学学报》（社会科学版）2008年第4期。

③ 即包咸。高华平先生在《论语集解校释》中有按语："'包'指包咸，东汉人，《后汉书·儒林传》有传。因为何晏之父名咸，因此避父讳不称'包咸'，并改'包'为'苞'。"（辽海出版社2007年版，第2页）

梁皇侃疏曰："禹初学鲁论，又杂讲齐论，于二论之中择善者抄集别为一论，名之张侯论也。""苞、周二人注张侯鲁论而为之分断章句也。""汉有马氏，亦注张禹鲁论也。"张禹之前，鲁论、齐论各有传授，互不相涉，禹采鲁、齐二论之善者以为张侯论，则张侯论是别于鲁论、齐论、古论之又一家，即《汉志》所著录的"鲁安昌侯说二十一篇"，在篇数上既不同于鲁论之二十篇，又不同于齐论之二十二篇。然而皇侃疏何晏之《叙》时直说"苞、周二人注张侯鲁论"，又以何晏文中"马融亦为之训说"之"之"为张侯论，将马融与包、周二氏并列，尔后《隋志》即有"张禹本授鲁论，晚讲齐论，后遂合而考之，删其烦惑，除去齐论《问王》《知道》二篇，从鲁论二十篇为定，号张侯论，当世重之，周氏包氏为之章句，马融又为之训"之说[①]。《后汉书·马融传》但记"注《孝经》、《论语》、《诗》、《易》、三礼、《尚书》、《列女传》、《老子》、《淮南子》、《离骚》"[②]，不明言注张侯论。又，马融若与包、周均注张侯论，何晏又为何在他们中间突然插入早于张禹的孔安国训说古论之事？如欲以张禹本学鲁论，故张侯论以鲁论为基础，采入齐论之善者，则张禹也不存在弃齐论二篇之事，因为鲁论本无此二篇，况张侯论实别于三家而自立，且篇数与鲁、齐二论不同，则张禹采有二篇之内容亦未可知。马融弟子北海郑玄又曾"就鲁论篇章考之齐、古，以为之注"，则至东汉末期齐论犹存。清朱彝尊在《经义考》卷二百十一《齐论语》条后加按语曰："《汉志》：'《论语》十二家：《齐》二十二篇，多《问王》《知道》。'如淳曰：《问王》《知道》皆篇名。说者谓是内圣外王之业，此附会也。《论语》二十篇皆就首章字义名篇，非有包括全篇之义，今《逸论语》见

① ［魏］何晏集解，［梁］皇侃义疏：《论语集解义疏》，《四库全书》第195册，第338页。《隋书》，第939页。

② ［宋］范晔：《后汉书》，中华书局1965年版，第1972页。

于《说文》《初学记》《文选注》《太平御览》等书，其诠玉之属特详，窃疑《齐论》所逸二篇，其一乃《问玉》，非《问王》也。考之篆法，三画正均者为王，中画近上者为玉，初无大异，因讹玉为王耳。王伯厚亦云：'《问王》疑即《问玉》，亶其然乎？'"[①]若如朱氏所言，则齐论流传得更为久远，二篇终不得传，非张禹之过。

13. 卷一百八十四《经籍考十一》"《论语正义》十卷"条：

> 按：《唐·艺文志》亦有贾公彦《论语疏》十五卷，当考。[②]

14. 卷一百八十七《经籍考十四》"曹褒《汉礼》"条：

> 按：三代之礼亡于秦。继秦者汉，汉之礼书，则前有叔孙通，后有曹褒。然通之礼杂秦仪，褒之礼杂谶纬，先儒所以议其不纯也。然自古礼既亡，今传于世者，唯《周官》《仪礼》《戴记》，而其说未备。郑康成于三书皆有注，后世之所欲明礼者，每稽之郑注，以求经之意。而郑注则亦多杂谶纬及秦、汉之礼以为说，则亦必本于通、褒之书矣。此三书者，《汉》《隋》《唐》三史《艺文志》俱无其卷帙，则其书久亡，故后世无述焉。然魏、晋而后，所用之礼，必祖述此者也。故摭二传中所言二家著述之旨，以为《仪注》之首。[③]

马氏以为后世用礼皆祖述叔孙通、曹褒二家，故于仪注类首列

---

① ［清］朱彝尊著，林庆彰、蒋秋华、杨晋龙等编审，张广庆、冯晓庭、许维萍等点校：《点校补正经义考》（第六册），"中研院"文哲所筹备处，1997 年版，第 591 页。

② 《文献通考》，第 5420 页。

③ 《文献通考》，第 5478 页。

叔孙通《朝仪》和曹褒《汉仪》，并在解题中首引二人本传。又，易类所录前三家为丁宽、孟喜、京房《易》，均首引本传，用意或同于此。

15. 卷一百八十八《经籍考十五》“《钟鼎款识》二十卷”条后：

按：《考古图》诸书晁氏以入小学门，陈氏以入书目门，皆失其伦类。既所考者古之礼器，则礼文之事也，故厘入仪注门。①

16. 卷一百九十《经籍考十七》“《书苑菁华》二十卷”条：

按：以字书入小学门，自《汉志》已然。历代史志从之，至陈直斋所著《书录解题》，则以为《书品》《书断》之类，所论书法之工拙，正与射御同科，特削之，俾列于杂艺，不以入经录。夫书虽至于钟、王，乃游艺之末者，非所以为学，削之诚是也。然《六经》皆本于字，字则必有真行草篆之殊矣，且均一字也，属乎偏旁音韵者则入于小学，属乎真行草篆者则入于杂艺，一书而析为二门，于义亦无所当矣。故今并以入小学门，仍前史旧云。②

17. 卷第二百一《经籍考二十八》“《三朝训鉴图》十卷”条：

按：《三朝宝训》一书，《直斋书录解题》以为宰相王曾奏请编修，成于天圣十年，凡三十卷。《挥麈录》以为章献命儒臣

① 《文献通考》，第5500页。
② 《文献通考》，第5548页。

所修，成于天圣初年，凡十卷。殊不相吻合。然《挥麈录》所言禁中刻本，且有绘图，则似即此《三朝训鉴图》十卷之书。然《直斋》以此书为庆历、皇祐时所修纂，则又与《挥麈录》所谓仁皇初年傅母辈侍上展玩之语深不合矣！当俟考订精者质之。[①]

此条按语牵涉《三朝宝训》，《经籍考》所著"《三朝宝训》三十卷"条解题辑《直斋书录解题》：

陈氏曰：翰林学士李淑等撰。天圣五年，监修国史青社王曾奏，乞用唐吴兢《贞观政要》故事，取三朝圣语、政事及臣僚奏对不入正史者，别为一书，与国史、实录并行。至十年，书成，诏以"宝训"为名。其后进读于迩英。今《馆阁书目》以为二十卷[②]，富弼所上者，非也，乃《政要》耳。[③]

王应麟《玉海》卷四十九"天圣三朝宝训"条曰："天圣五年十月乙酉，监修史王曾言唐史官吴兢于正史、实录外，录太宗与群臣问对之语为《贞观政要》，今欲采太祖、太宗、真宗实录、日历、时政记、起居注其间事迹不入正史者别为一书，与正史并行。从之。六年五月，曾奏委李淑修纂，宋绶、冯元看详。九年二月淑又奏直集贤院王举正同修。十年正月（原注：即明道元年）敕以《三朝宝

① 《文献通考》，第 5775—5776 页。

② 据《玉海》卷四十九"庆历三朝太平宝训"条，《中兴馆阁书目》所录实为《庆历三朝太平宝训》二十卷，该书初名《太平故事》，绍兴八年刊正增广，名为《政要释明策备》。《宋史》记为《三朝太平宝训》二十卷。疑因《馆阁书目》省称，致使陈振孙误以为《馆阁书目》所记为李淑等撰的《三朝宝训》三十卷。

③ 《文献通考》，第 5774—5775 页。

训》为名，明道元年二月癸卯书成，凡三十卷，监修国史吕夷简诣承明殿上进，赐编修官王举正、李淑章服，参详冯元、夏竦、监修吕夷简第赐器币。宝元二年十二月二十日诏侍读学士李淑就资善堂删整《三朝宝训》以备来春进读。闰十二月淑乞令丁度同修，诏可。康定元年四月十八日淑又言宝训欲先读第一卷政体，听断事。外却取第十三卷以后将帅边防夷狄事进读，庶几戎备边政早得敷启。庆历初，命侍臣即迩英、延义二阁与前史更读。”[①] 由此可以断定，《三朝宝训》三十卷成书于 1032 年 2 月。

马端临又在《三朝宝训》下录王明清《挥麈录》之语：

王氏《挥麈录》曰：仁宗即位方十岁，章献明肃太后临朝。章献素多知谋，分命儒臣冯章靖元、孙宣公奭、宋宣献绶等，采摭历代君臣事迹为《观文览古》一书，祖宗故事为《三朝宝训》十卷，每卷十事。又纂郊祀仪仗为《卤簿书[②]》三十卷，诏翰林待诏高克明等绘画之，极为精妙。叙事于左。令傅母辈日夕侍上展玩之，解释诱进。镂板于禁中。元丰末，哲宗以九岁登极，或有以其事启于宣仁圣烈皇后者，亦命取板摹印，仿此为帝学之权舆，分锡近臣及馆殿。时大父亦预其赐，明清家因有之。绍兴中为秦伯阳所取。[③]

据《宋史·仁宗本纪》，仁宗赵祯本是真宗第六子，由李宸妃于大中祥符三年（1010）生。章献皇后无子，取之以为己子。乾兴

① ［宋］王应麟:《玉海》(合璧本)，日本京都中文出版社 1977 年版，第 973 页。

② 四库本《挥麈录》、丛书集成本和 1961 年中华书局标点本均作《卤簿图》，此当是马氏误引。

③ 《文献通考》，第 5775 页。

元年（1022）真宗病逝，仁宗继位，章献垂帘听政，其时仁宗十三岁，非如王氏所记才十岁。章献太后于明道二年（1033）三月逝世，四月“帝始亲政，裁抑侥倖”[①]。故章献命儒臣修书事在章献垂帘听政，而王明清也并未明言修书事在仁宗继位时，故《玉海》记《三朝宝训》天圣五年始修，天圣十年成书之事当可信，修书时间并不存在马端临按语所说的龃龉不安之处，而修书卷数所记确不相同。又，宋王辟之《渑水燕谈录》卷八：“皇祐中，仁宗命待诏高克明辈画三朝圣迹一百事，人物才寸余，宫殿、山川、车驽、仪卫咸具。诏学士李淑等撰次序赞，为十卷，曰《三朝训鉴图》，镂板印贻大臣宗室。”[②]《玉海》卷三十二“皇祐三朝训鉴图序”条：“皇祐元年二月，内翰李淑、知制诰杨亿编纂成十卷，御制序。”[③]则《三朝训鉴图》当作于皇祐元年（1049），范祖禹《迩英留对札子》曰：“臣伏见仁宗皇帝庆历元年七月出御制《观文鉴古图记》以示辅臣。皇祐元年十一月御崇政，召近臣、三馆台谏官及宗室观《三朝训谏图》。”[④]则分十卷，每卷十事，高克明等作图的书当是《三朝训鉴图》，而非《挥麈录》所记的《三朝宝训》。然则王氏何以会记为《三朝宝训》十卷呢？《宋史》卷二百三记有仁宗《观文览古图记》十卷、《三朝训览图》十卷（仁宗制序）、李淑《三朝训览图》十卷、李淑《三朝训鉴图》十卷。李淑之书显然重记，元人修《宋史》不谨，“鉴”记作“览”。又，《王氏谈录》末附《编录观览书目》著录《观文鉴古图》（庆历四年）、《三朝训鉴图》（十卷，皇祐李淑）、《卤簿图记》（十卷，宋绶）。则章献太后主政时修《观文览古》、《三朝

---

① 《宋史》，第195页。
② ［宋］王辟之著，吕友仁点校：《渑水燕谈录》，中华书局1981年版，第92页。
③ ［宋］王应麟：《玉海》（合璧本），日本京都中文出版社1977年版，第657页。
④ ［宋］范祖禹：《范太史集》，《四库全书》第1100册，第247页。

宝训》三十卷，仁宗亲政后，于庆历年间有《观文览古图》（仁宗作记），皇祐元年有《三朝训鉴图》（仁宗作序，李淑等撰文，高克明等作图）。《卤簿图》三十卷成书当较早，由高克明等图画，宋绶作《卤簿图记》十卷，并将其分散配图，“叙事于左”，故“令傅母辈日夕侍上展玩之，解释诱进”的很可能是《卤簿图》一书。总之，《观文览古》《三朝宝训》《卤簿图》都是有图、记二种。王明清记其先人所言，或将《三朝宝训》和其图记《三朝训鉴图》记混了。

18. 卷第二百一《经籍考二十八》“《孝宗圣政》十二卷”条：

> 按：《孝宗圣政》，系陈止斋奉诏拟，御制序言。起初潜至内禅，掇其最，凡得六百四十一条，为五十卷。绍兴三年序。[①]

此条补陈振孙解题“亦书坊抄节，比前为稍详”。绍兴是宋高宗赵构的年号，绍兴三年为公元1133年，早于孝宗登基三十余年，陈止斋何得撰《孝宗圣政》？陈止斋卒于宋宁宗嘉泰二年（1202），终年六十七岁，历孝宗、光宗和宁宗三朝。《宋史·儒林·陈傅良传》：“绍熙三年，除起居舍人。明年，兼权中书舍人。”[②]则作序的当是宋光宗赵暴，时间在绍熙三年（1192）。

19. 卷第二百一《经籍考二十八》“《郑夹漈通志略》”条：

> 按：郑氏此书，名之曰《通志》，其该括甚大。卷首序论讥诋前人，高自称许，盖自以为无复遗憾矣。然夷考其书，则《氏族》《六书》《七音》等略，考订详明，议论精到，所谓出臣胸臆，非诸儒所得闻者，诚是也。至于《天文》《地理》《器

① 《文献通考》，第5781页。
② 《宋史》，第12887页。

服》，则失之太简，如古人器服之制度至详，今止樽罍一二，而谓之《器服略》可乎？若《礼》及《职官》《选举》《刑罚》《食货》五者，则古今经制甚繁，沿革不一，故杜岐公《通典》之书五者居十之八。然杜公生贞元间，故其所记述止于唐天宝。今《通志》既自为一书，则天宝而后，宋中兴以前，皆合陆续铨次，如班固《汉书》续《史记》武帝以后可也。今《通志》此五略，天宝以前则尽写《通典》全文，略无增损，天宝以后则竟不复陆续。又以《通典》细注称为己意，附其旁，而亦无所发明（《通志》此五略中所谓"臣按"云云，低一字写者，皆《通典》细注耳）。疏略如此，乃自谓"虽本前人之典，而亦非诸史之文"，不亦诬乎！夹漈讥司马子长全用旧文，间以里俗，采摭未备，笔削不遑。又讥班孟坚全无学识，专事剽窃，自高祖至武帝七世，尽窃迁书，不以为惭。至其所自为书，则不堪检点如此，然则著述岂易言哉！[①]

20. 卷第二百一《经籍考二十八》"《郑夹漈通志略》"条：

又按：此书刊本元无卷数，止是逐略分为一二耳。《中兴四朝艺文志》别史类载《通志》二百卷，其后叙述云：中兴初，郑樵采历代史及他书，自三皇迄隋，为书曰《通志》，仿迁、固为记、传，而改表为谱，志为略。则其为书似是节抄删正历代之正史，如高峻之《小史》、苏子由之《古史》，而非此二十略之书也。但二十略序文后言：于纪传，即其旧文从而损益，制诰书疏，置之别录。《唐书》《五代史》，本朝大臣所修，非微

① 《文献通考》，第5784—5785页。

> 臣敢议，故纪、传及隋。若礼乐刑政，务存因革，故引而至唐云。则亦略言其作书之意。岂彼二百卷者自为一书，亦名之曰《通志》，而于此序附言其意邪？或并二十略共为一书邪？当俟续考。[①]

郑樵《通志》全书200卷，其中帝纪18卷、后妃传2卷、年谱4卷、略51卷、世家列传载记125卷。本为纪传体通史，但其中总序和二十略为其精华所在，传统史学将其归入典章制度的政书。郑樵主张以会通思想著史，以类例方法治学，在典制史中首次列入艺文一略，于马氏当有启发，钱穆先生则直接断言："他的《经籍考》是根据郑樵的《艺文》《校雠》两略而来。"[②]又，《校雠略》开中国文献学理论研究之先河，《六书略》《七音略》所论精妙，于文字音韵学多有发明。《金石略》和《图谱略》则扩大了历史文献资料的范围。

这两则按语可以看作一个文献学大家对另一个文献学大家的理解和批评。马氏于解题首段引郑樵自序语句，即可在《通志》总序中找到，马氏在引用时集中于两处补出二十略的名称，增加了解题的信息量。又，第二条按语中"但二十略序文后言"之后所引"于纪传……至唐云"也见于总序，所以，马氏所著录的《通志略》的自序，很可能就是《通志总序》。稍长于马端临的刘壎在《隐居通议》卷三十一《夹漈通志》条中说："余自少闻闽中有大书一部，名曰《通志》……予思见其书而无繇，近大德岁间东宫有令下福州刊《通志》，于是益思见，终无繇也。游宦剑津，始获见《通志二十略》，乃兴化旧刊本，近三十册，或曰此《通志》之节略者尔，

① 《文献通考》，第5785页。
② 钱穆：《中国史学名著》，生活·读书·新知三联书店2000年版，第222页。

或曰此说非也，《通志》凡二百卷，为全书，而《二十略》者特传《志》中之一，所谓‘略’者，非节略之谓。……故赵必晔之跋直指为全史而不以为类书，其说谓《通志》以纪、传、表、志为例……又曰莆阳刻本二十略，然全史（指《通志》）未之见。则《志》自《志》,《略》自《略》也，予今仅见《二十略》，而其全《志》未睹，未敢轻于论议。”[①]《通志》在元初也只有稿本，初刻本是元至大本，但有两个印本，即至大印本和至治印本。[②]马端临未见过《通志》全书，只著录先一步印行的《通志略》，而据其自序知有二百卷者，故在按语之末发出疑问。

马氏于第一则按语中评论《通志》二十略，往往能指出问题所在，也体现了马氏精到的学术眼光。不过马氏用语尖锐，或为文人相轻故。第二条按语提到《中兴四朝艺文志》的别史类，乔衍琯先生说：“因《中兴艺文志》早已亡佚，所以后世便认定别史类是陈振孙的《书录解题》所创。根据马氏的按语，在陈氏之前的《中兴艺文志》便先有别史类了。”[③]

21. 卷二百二《经籍考二十九》史部职官“《百官公卿表》一百四十五卷”条：

按此序，则温公本书止十卷，巽岩《续编》推而广之，为一百四十二卷。晁氏所言乃巽岩续书，非温公本书也。陈氏以为未详者，是未见巽岩之书，然又以温公之书为十五卷，则不知其何所本也（晁氏在巽岩之前，安得见其书？所谓一百四十

① ［元］刘壎:《隐居通议》,《四库全书》第866册，第263—264页。

② 黎恩:《谈谈〈通志〉的几种版本》,《图书馆学刊》1983年第1期。

③ 乔衍琯:《〈通考·经籍考〉述略》,《“国立中央图书馆”馆刊》，新17卷第1期,1984年。

五卷者，决非巽岩之书也）。[①]

此书卷数各家所记不同，《经籍考》此书著录为一百四十五卷，而晁《志》著录为一百四十二卷[②]。按语先说晁氏所言为李焘续书，又小字注中说晁氏在李焘之前，于理不可能看到焘书，故晁氏所记不是李焘书，二语相矛盾。又，据孙猛先生考证，晁公武曾寓蜀，与焘交好，是很可能见到焘书的。岂《经籍考》小注有误，俟考。

22. 卷二百一十二《经籍考三十九》"《墨子》十五卷"条：

按：自夫子没而异端起，老、庄、杨、墨、苏、张、申、商之徒，各以其知舛驰，至孟子始辟而辟之。然观七篇之书，所以距杨、墨者甚至，而阔略于余子，何也？盖老、庄、申、商、苏、张之学，大概俱欲掊击圣人，鄙尧，笑舜，陋禹，而

① 《文献通考》，第5803页。

② 《郡斋读书志校证》第320页有孙先生校语："《经籍考》卷二十九'二'伪作'五'。此书卷数著录多异。苏轼《东坡七集·正集》卷三十六《司马光行状》云此书六卷，《经籍考》卷二十九载李焘《续百官公卿表自序》则云十卷，《书录解题》卷四编年类、《玉海》一一九引《中兴书目》、《宋志》卷二俱作十五卷。《读书志》独作一百四十二卷。《书录解题》云：'案晁氏《读书志》有一百四十二卷，未详。'按百四十二卷者实为李焘《续表》。据李焘《续百官公卿表自序》云，其家藏司马光《表》止七卷，焘取以厘析整治，续编至宣和，元符以前皆从《实录》，治平而止，又参诸正史，元符以后，不免有所传闻。总一百四十二卷。原本李富孙校语云：'李焘《续百官公卿表自序》言，《表》凡十卷，其《续编》一百四十二卷，当是后人编录之误。'误。《经籍考》马氏按语云：'晁氏在巽岩之前，安得见其书（指李焘《续编》），所谓一百四十五（当作"二"）者，决非巽岩之书也。'焘撰《续表》，在绍兴二十四年知成都双流县任上，至二十九年七月，翰林学士、国史修撰周麟之言：'左宣教郎、知双流县李焘尝著《续百官公卿表》九十卷，乞给笔札，录付史馆。'从之。（以上参见李心传《建炎以来系年要录》卷一八三、《宋会要辑稿·崇儒》五之三十六、《玉海》卷四十七、《民国双流县志》卷四）其时盖已成书。而公武自二十九年之后，尝闲居嘉定，孝宗隆兴二年又曾兼国史编修官，于其寓居之蜀地，于其供职之馆阁，均可能见到李焘《续表》，此其一。其次，公武与李焘交游甚密，其先祖所著《昭德新编》，即得之于焘（见本书卷十九《晁文元道院别集》条），公武墓志铭亦出焘之手（见《建炎以来系年要录》卷一五六）。综上所述，此条著录当公武亲手所撰，不必假后人之手而后可，唯焘书混光书而编之，公武盖以此题光名耳。"

> 自以其说胜。老、庄之蔑弃仁义礼法，生于愤世嫉邪，其语虽高虚可听，而实不可行，料当时亦无人宗尚其说，故邹书略不及之。苏、张之功利，申、商之刑名，大抵皆枉寻直尺，媚时取宠，虽可以自售，而乡党自好、少知义者亦羞称之。故孟子于二家之说，虽斥绝之而犹未数数然者，正以其与吾儒旨趣，本自冰炭薰莸，游于圣门之徒，未有不知其非者，固毋俟于辩析也。独杨朱、墨翟之言，未尝不本仁祖义，尚贤尊德，而择之不精，语之不详，其流弊遂至于无父无君，正孔子所谓"似是而非"，明道先生所谓"淫声美色，易以惑人"者，不容不深锄而力辩之。高氏《子略》之言得之矣，而其说犹未畅，愚故备而言之。韩文公谓"儒、墨同是尧、舜，同非桀、纣"，以为其二家本相为用，而咎末学之辩。呜呼！孰知唯其似同而实异者，正所当辩乎！[1]

马氏解《墨子》，分别引晁氏、高氏《子略》、巽岩李氏、陈氏之言，并断以按语。按语起句既言"自夫子没而异端起"，极辨儒家之外的诸子学说非义枉伪，与儒家旨趣冰炭不容。马氏又声援《子略》恶诸子各家"似是而非"，以为"其言近乎伪，行近乎诬，使天下后世人尽信其说，其害有不可胜者，是以不可不加辟也"的说法。韩愈提倡以文载道，然于《读墨子》中言："儒、墨同是尧、舜，同非桀、纣，同修身正心以治天下国家，奚不相悦如是哉？余以为辩生于末学，各务售其师之说，非二师之道本然也。孔子必用墨子，墨子必用孔子，不相用不足为孔、墨。"马氏以韩说为不然，认为儒墨似同实异，韩子不辨。春秋、战国之时，诸子各立新说，

① 《文献通考》，第5973页。

百家争鸣，儒学未独尊，只百家之一。后世儒者讥斥之言，与温柔敦厚悬隔。马端临于此按语言辞激烈，足见其尊儒、重儒的心态。儒学发展到理学时代，继加深刻。

23. 卷二百一十四《经籍考四十一》“《宋景文笔录》三卷”条：

> 按：二《笔录》卷数同，祁、庠又兄弟也，然则一书邪？二书邪？当考。①

后世名为《宋景文笔记》。晁氏记作宋祁作，《中兴艺文志》以为是“宋肇次其祖庠遗语”。《四库提要》曰：“今考书中称引莒公不一，莒公即庠，则此录为祁明矣。或肇所编又别一书，亦名笔录耳。”

24. 卷二百二十一《经籍考四十八》“《李卫公问对》三卷”条：

> 按：《四朝国史·兵志》，神宗熙宁间，诏枢密院曰：“唐李靖《兵法》，世无全书，杂见《通典》，离析讹舛，又官号物名，与今称谓不同，武人将佐，多不能通其意。令枢密院检详官与王震、曾旼、王白、郭逢原等校正，分类解释，令今可行。”岂即此《问答》三卷邪？或别有其书也？然晁、陈二家以为阮逸取《通典》所载附益之，则似即此书。然神宗诏王震等校正之说既明见于《国史》，则非逸之假托也。②

世传《李卫公问对》，或称《对问》为阮逸伪作之说，出自北宋何薳《春渚纪闻》，晁氏、陈氏解题均用其说，此说流传最广。

① 《文献通考》，第6001页。
② 《文献通考》，第6130页。

马氏引《四朝国史·兵志》介绍神宗朝曾官家整理、校正过李靖《兵法》，这又是一条线索，但后人少有引用。明胡应麟《少室山房笔丛》卷三一《四部正伪》曰："《李卫公问对》，其词旨浅陋猥俗，兵家最亡足采者，而宋人以列七经，殊可笑。旧咸以阮逸伪撰，谓老苏尝见其草本。按，逸所撰《中说》序及关朗《传》等文各可观，不应鄙野至是。此书不特非卫公，亦非阮逸，当是唐末、宋初俚儒村学，掇拾贞观君臣遗事、杜佑《通典》原文，传以闾阎耳口，武人不知书，悦其肤近，故多读之。"[①]《问对》非必李靖亲作，然杜佑《通典》即已略取，则是书唐来已有。《春渚纪闻》记阮逸尝示草本于苏洵，而马端临引国史志在神宗熙宁年间，时间靠后，亦不知王震等人所校理之本是否出于阮逸？然马氏按语辨伪，为后世保存了一条重要线索。

25. 卷二百二十五《经籍考五十二》"《太平经》一百七十卷"条：

按：道家之说，皆昉于后汉桓帝之时。今世所传经典符箓，以为张道陵天师永寿年间受于老君者是也。而《太平经》正出于此时。范史所书甚明，然隋以来《艺文志》道书中并不收入。至《宋中兴史志》方有之，然以为襄楷撰，则非也。今此经世所不见，独章怀太子所注《汉书》略及其一二，如楷疏中所谓"奉天地、顺五行"者。经中所言，亦浅易无甚高论。至所谓"兴国广嗣之术"，则不过房中鄙亵之谈耳。楷好学博古，于君昏政乱之时，能诣阙上书，明成瑨、李云之冤，指常侍、黄门之过，不可谓非高明杰特之士；而疏中独再三尊信此书，遂以来"违背经谊""假托神灵"之劾，几不免狱死，惜哉！然此

① ［明］胡应麟:《少室山房笔丛》，上海书店出版社 2009 年版，第 311 页。

经流传最古，卷帙最多，故附见于此。于吉者，后为孙策所杀。按顺帝至孙策据江东之时，垂七十年，而吉于顺帝时已为宫崇之师，则必非稚齿，度其死时，当过百岁，必有长生久视之术。然亦不能晦迹山林，以全其天年，而乃招集徒众，制作符水，袭黄巾、米贼之为以取诛戮，则亦不足称也。[①]

马氏说《宋中兴史志》记《太平经》为襄楷所撰，然《宋中兴史志》不传，唯《宋史·艺文志》因之著录为"襄楷《太平经》一百七十卷"。马氏于所引《后汉书·襄楷传》中加注语"于，姓。吉，名也。神书即今道家《太平经》也"，后即用按语讲明《太平经》的来历，驳斥以上书者襄楷为撰书者之说。又，所引《襄楷传》中虽提及于吉神书，但无孙策事，"按顺帝至孙策……不足称也"一段则似为评说前面按语中"于吉者，后为孙策所杀"所提及的于吉。"《郑夹漈通志略》"条中亦有两条按语，后者另起一行以"又按"标示。"《百官公卿表》一百四十五卷"条按语中的又存有小注形式，或当从小注形式。

26. 卷二百二十五《经籍考五十二》"《道藏书目》一卷"条：

按：道家之术，杂而多端，先儒之论备矣。盖清净一说也，炼养一说也，服食又一说也，符箓又一说也，经典科教又一说也。黄帝、老子、列御寇、庄周之书所言者，清净无为而已，而略及炼养之事，服食以下，所不道也。至赤松子、魏伯阳之徒，则言炼养而不言清静。卢生、李少君、栾大之徒，则言服食而不言炼养。张道陵、寇谦之之徒，则言符箓而俱不言炼养、

① 《文献通考》，第 6189—6190 页。

服食。至杜光庭而下，以及近世黄冠师之徒，则专言经典科教，所谓符箓者，特其教中一事。于是不惟清净无为之说略不能知其旨趣，虽所谓炼养服食之书，亦未尝过而问焉矣。然俱欲冒以老氏为之宗主而行其教。盖尝即是数说者而详其是非。如清净无为之言，曹相国、李文靖师其意而不扰，则足以致治；何晏、王衍乐其诞而自肆，则足以致乱，盖得失相半者也。炼养之说，欧阳文忠公尝删正《黄庭》，朱文公尝称《参同契》，二公大儒，攘斥异端不遗余力，独不以其说为非；山林独善之士以此养生全年，固未尝得罪于名教也。至于经典科教之说，尽鄙浅之言，庸黄冠以此逐食，常欲与释子抗衡，而其说较释氏不能三之一，为世患蠹，未为甚巨也。独服食、符箓二家，其说本邪僻谬悠，而惑之者罹祸不浅，栾大、李少君、于吉、张津之徒以此杀其身，柳泌、赵归真之徒以此祸人而卒自婴其戮，张角、孙恩、吕用之之徒遂以此败人天下国家。然则柱史五千言，曷尝有是乎？盖愈远而愈失其真矣。

朱文公尝言："佛家偷得老子好处，后来道家只偷得佛家不好处。譬如道家有个宝藏，被佛家偷去，后来道家却只取得佛家瓦砾，殊可笑。"愚尝因是说而推究之：仁义礼法者，圣贤之说也，老氏以为不足为，而主于清静。清静无为者，老氏之说也，佛氏以为不足为，而主于寂灭。盖清静者，求以超出乎仁义礼法；而寂灭者，又求以超出乎清静无为者也。然曰寂灭而已，则不足以垂世立教，于是缘业之说、因果之说、六根、六尘、四大、十二缘生之说，层见叠出，宏远微妙。然推其所自，实本老子高虚玄妙之旨，增而高之，凿而深之，遂自成一家之言。而后来之道经，反从而依仿之，然较其词采则鄙劣弥甚者。盖瞿昙设教最久，嘱付其徒亦甚至，又能鼓舞天下之文人才士以羽翼之，推原其旨意之所从来，而润色其辞语之所未备，故其为书博大奇伟，不可以浅窥。若老子，则其初固未尝欲以道德五千言设教也，羽人方士借其名以自重，而实不能知其说，于是就佛经脚跟下窃其绪余，作诸经忏，而复无羽翼润色之者，故无足观。盖佛袭老之精微，溯而上之，其说愈精微；道袭佛之粗浅，沿而下之，其说愈粗浅矣。然此论其蕴奥也。今之黄冠、释子，俱未尝究竟至此，而特以其科教之所谓济生度死、希求福利者行于世，而举世宗之，莫敢有异说。愚尝论之，二教所谓济拔幽途者，俱妄也，不足复议。至于祈求以希福之说，虽达生知命者所不为，然以理观之，则道教为优。何也？盖人受生于天地，禀气于阴阳五行，日月星辰实照临之，山川神祇实拥护之，则夫疾痛而呼吁，厄难而叩祈，首过雪愆，祈恩请福，而天地明神鉴其恳诚，为之悔祸降祥，则亦理之所有。虽曰道经中所谓天神地祇皆领之国家之祠官，为臣庶者不当僭有所祈，然子路曰“祷尔于上下神祇”，孟子曰“虽有恶人，斋戒沐浴则可事上帝”，则亦为臣庶而言。且古今异宜，礼亦因时而以义起。古者士唯一庙，今士庶莫不祀其高、曾；古者支子不祭，今无有不祀其先者；古者有丧不祭，今亦不然。先儒讲论及此，固未尝病其僭渎，而必欲复古之礼制也。则夫臣庶士民之家，苟有灾厄，而为之祈吁天地，醮祭星辰，黄冠师者斋明盛服，露香叩首，达其诚悃，乃古者祝史巫觋荐信鬼神之遗意，盖理之所有，而亦人情之所不能免也。至以三清为三炁，五方为五炁，九天为九炁，虽不能必其有无，然其说亦通，特不当指太清为老子，盖务尊其师而反流于僭妄耳。释流见道家科教之有是说也，乃从而效之，以其所谓诸佛菩萨者，美其名曰无量寿，曰消灾炽盛，曰救苦救难，而以为所求必得，所祷必应。

且佛氏所谓悲闵众生而为之导师者，不过欲其脱离三业而跻之十地，除去无明而纳之真如，忏悔于既往，觉悟于方来，以共成佛道耳，祸福之司，非其任也。彼方以空寂为贤，则岂复预灾祥吉凶之事？以色相为妄，则岂复歆供养香乳之奉？乃盛作庄严，仆仆亟拜，以希福利，不亦疏乎？然则二氏固互相仿效者也。理致之见于经典者，释氏为优，道家强欲效之，则只见其敷浅无味；祈祷之具于科教者，道家为优，释氏强欲效之，则只见其荒诞不切矣。[①]

此条按语首段介绍道教流派并予以评论。马氏指出道家的发展经历清静说、炼养说、服食说、符箓说和经典科教说等阶段，而从各时期道家的主张中可见道家的发展经历着一条由养心到养身，由学说到科仪的形而上至形而下的轨迹，这一过程是学派流衍为宗教的必然结果。在评论道教理论时，马氏颇多批驳言辞。次段阐明“理致之见于经典者，释氏为优”“祈祷之具于科教者，道家为优”。汤用彤先生说：“汉代佛教，养生除欲，以守一修定为方法，以清净无为住寿成道为鹄的。与《太平经》教，同为黄老道术之支流。安世高康僧会之学，虽亦探及人生原始，但重守意养气，思得神通，其性质仍上承汉代之道术。及至大乘般若之学兴，始于支谶，逮至支谦而颇盛。其说乃颇附合于五千言之玄理。”[②]马端临以佛家诸说，“实本老子高虚玄妙之旨，增而高之，凿而深之，遂自成一家之言”，其论颇有见地。马氏虽只作一条按语，但观点明确，说理至密，又以释道两相对比，不啻为一篇论文，这也显示了马氏于释道

① 《文献通考》，第 6203—6205 页。

② 汤用彤：《汉魏两晋南北朝佛教史》，《汤用彤全集》（第一卷），河北人民出版社 2000 年版，第 112 页。

二家的深刻理解。

27. 卷二百二十六《经籍考五十三》"《禅宗金刚经解》一卷"条:

按:经文言"以无为法而有差别",又言"一切有为法",语意相对,故误读作无为。然有即有为,无则不必言为矣。有为法而视同梦幻、泡影、露电,则终归于无而已。无与无为是两义。无为者,清净之谓也,老氏之说。无者,空寂之谓也,佛氏之说。①

马氏按语,就其所引苏辙之语"《金刚经》所谓'一切贤圣皆以无为法而有差别'者,谓以无而为法耳,非别有无为之法也。然自六祖以来,皆读作无为之法,盖僧家拙于文义耳"而发。探索误读原因,辨析"无"与"无为"二术语的差异。

28. 卷二百二十七《经籍考五十四》"《破邪论》二卷《甄正论》三卷"条:

按:《破邪》《甄正》二论,昭德《读书记》以为宣和焚毁,《藏》中多阙。然愚尝于村寺经藏中见其全文。《破邪论》专诋傅奕而并非毁孔、孟,所谓诐淫邪遁之辞,无足观者。《甄正论》讥议道家,如《度人经》"璇玑停轮"处,以为璇玑无停轮之理,使停轮至七日七夜,则宇宙颠错,而生人之类灭矣。"无极昙誓天"及"龙变梵度天"处,以为"昙"与"梵"二字出自佛书,佛法未入中国之前,经传中并无此二字,岂有天地名号而剽窃佛书字义乎?又如河上公《道德经章句》序言,汉文

① 《文献通考》,第6217页。

帝驾诣河上公问道，而河上公一跃腾云，帝知是神人，下辇稽首，从受《章句》二卷。以为《汉》《史》帝纪，车驾每出必书，何独不书驾诣河上公问道之事？且孝文好黄、老言，立渭阳五帝庙，则因新垣平，平一方士，其说至卑陋，帝尊宠之，而《史》亦备述之，河上公之事奇伟如此，何独见遗于班、马乎？乃羽人道士辈自创此说（大意如此，不能悉记其词语）。此论颇当，意必借笔于文学之士，沙门辈恐不能道也。[①]

孙猛先生校证晁《书》曰："两《唐志》有杜乂《甄正论》三卷，《新唐志》卷三又有玄嶷《甄正论》三卷。玄嶷书亦见明《释藏》（南辇北微）及《大正藏》卷五十二，三卷。法琳著《辩正论》八卷、《破邪论》二卷，见《大唐内典录》卷五著录，而未闻撰有《甄正论》，疑公武误署撰人。"[②]《开元释教录》卷九"甄正论三卷"条："沙门释玄嶷，俗姓杜，名乂。"[③]《宋高僧传》卷十七《唐洛京佛授记寺玄嶷传》："释玄嶷，俗姓杜氏。幼入玄门，才通经法，黄冠之侣推其明哲，出类逸群，号杜乂炼师。"[④]《新唐书》和《通志》均重复著录。马氏按语既纠正晁氏言焚毁事，又补其不介绍二书内容之失，但未能指出晁氏错署撰人，结尾处以为书必借笔于文学之士，则未必然，《新唐书》即录法琳文集三十卷，唐代诗僧皎然著《诗式》，对诗歌的风格、意境研究贡献卓著，此沙门辈笔力不亚于文学之士。

---

① 《文献通考》，第 6233—6234 页。

② 《郡斋读书志校证》，第 793 页。

③ ［唐］释智昇：《开元释教录》，《四库全书》第 1051 册，第 225 页。疑"又"为"乂"。

④ ［宋］赞宁：《宋高僧传》，中华书局 1987 年版，第 414 页。

29. 卷二百二十九《经籍考五十六》“《古画品录》一卷”条：

按：晁、陈二家书录，以医、相牛马及茶经、酒谱之属，俱入杂艺术门，盖仍前史之旧。今以医、相牛马之书名，附医方、相术门，茶酒经谱附种植，入农家门，其余技艺则自为此一类云。[①]

30. 卷二百三十一《经籍考五十八》“《陈子昂集》十卷”条：

按：陈拾遗诗语高妙绝出齐、梁，诚如先儒之论。至其他文，则不脱偶俪卑弱之体，未见其有以异于王、杨、沈、宋也。然韩吏部、柳仪曹盛有推许，韩言“国朝盛文章，子昂始高蹈”，柳言“备比兴著述二者而不怍”，则不特称其诗而已。二公非轻以文许人者，此论所未谕。本传载其《兴明堂》《建太学》等疏，其言虽美，而陈之于牝朝，则非所宜。史赞所谓“荐珪璧于房闼，以脂泽污漫之”，信矣。[②]

马端临认为陈子昂诗胜过文，而韩退之、柳仪曹对子昂的评论就诗而言方可，于文而有所拔高。马氏又批评陈子昂仕于则天朝，于人格有亏，显然是因为封建正统思想在作怪。陈氏文章，表启碑志为多。

31. 卷二百三十五《经籍考六十二》“《王容季文集》”条：

按：侯官三王之文，盖宗师欧公者也。其大家正气，当与

① 《文献通考》，第 6273—6274 页。
② 《文献通考》，第 6323—6324 页。

曾、苏相上下，故南丰推服其文，而深悲其早世。然晁、陈二家书录，并不收入，《四朝国史·艺文志》仅有《王深父集》，才十卷，则止有曾序所言之半，而子直、容季之文无传焉，亦不能知其卷帙之多少，可惜也。[①]

说明侯官王氏三兄弟文集存佚情况，同时也表明马氏未见原作，著录三王作品主要依据曾巩序文。

32. 卷二百四十二《经籍考六十九》“《李嘉祐集》一卷”条后：

右谢惠连、阴铿、杜审言、储光羲、王昌龄、常建、孟浩然、岑参、李嘉祐《九家集》。晁氏书录在《别集门》，所论已附在本门，此更不重具。[②]

综观以上所列解题中的按语，可以发现，马氏在按语中主要谈论了以下几方面的内容：一是详明作者信息，如在《太平经》条按语中指出“至《宋中兴史志》方有之，然以为襄楷撰，则非也”；在《伊川易传》条中说明程颐的学术特长及渊源。二是补充、辨正图书书名及相关概念、内容、价值，如《古文尚书》条中说明汉唐两代“古文”“今文”的不同含义，《禅宗金刚经解》条中辨“无”与“无为”之别，《三朝训鉴图》条中怀疑《三朝训鉴图》与《三朝宝训》同书异名；《破邪论》《甄正论》条按语补充二书的内容；《通志略》条中评图书价值如“考订详明，议论精到”“以《通典》细注称为己意，附其旁而无所发明，疏略如此”。三是说明图书归类，如《钟鼎款识》《书苑菁华》《古画品录》等条目下的按语即是如此。

① 《文献通考》，第 6428 页。
② 《文献通考》，第 6543—6544 页。

四是辨伪存疑，如《古三坟书》条以《古三坟书》为"谬妄"；《李卫公问对》条中以晁陈二氏仅论是否为阮逸伪造为非，并引史志说明官家曾校理此书；《宋景文笔录》条对晁陈二氏著录的书是同一书或分属宋祁、宋庠不能定而存疑。五是说明著录原因、依据，《王容季文集》条即属此类。六是评论思想、学术之是非，如《墨子》条和《道藏书目》条，此类下文将有所论说，故不赘言。

马端临说他写这本《文献通考》时所取资料有二，一来自"文"，一来自"献"。钱穆先生讲到这一点时就发起了感慨，说"书本写下，这是一部死的，而写这书本的人物，才是一个活的"[①]，读《经籍考》，就应该从文字中看出一个活的马端临来。马氏在解题时选择和辑录了不少资料，取舍之间一定体现着他的观念和判断，但这些比较隐晦。比如《经籍考》史部史评史抄类"《读史管见》三十卷"条：

陈氏曰：礼部侍郎建安胡寅明仲以《通鉴》事备而义少，故为此书。议论宏伟严正，间有感于时事。其于熙、丰以后接于绍兴权奸之祸，尤拳拳寓意焉。晦庵《纲目》亦多取之。

《朱子语录》：胡致堂议论英发，人物伟然。《读史管见》乃岭表所作，当时并无一册文字随行，只是记忆，所以其间有抵牾处。

南轩言《管见》专为秦桧设。岂有言天下之事，而专于一人者？先生曰：尽有好处，但好恶不相掩耳。又曰：致堂《管见》方是议论。《唐鉴》议论弱，又有不相应处，前面说一项事，末又说别处去。[②]

① 钱穆：《中国史学名著》，生活·读书·新知三联书店2000年版，第218页。
② 《文献通考》，第5746—5747页。

《读史管见》一书，陈振孙、朱熹对其评价都很好，但是清代四库馆臣却对它有所贬抑："案，胡安国之传《春秋》，于笔削大旨虽有发明，而亦颇伤于深刻，是以《钦定春秋传说汇纂》于其已甚之词，多加驳正，以持褒贬之平。寅作是书，因其父说，弥用严苛。大抵其论人也，人人责以孔、颜、思、孟；其论事也，事事绳以虞、夏、商、周。名为存天理、遏人欲、崇王道、贱霸功，而不近人情，不揆事势，卒至于窒碍而难行。王应麟《通鉴答问》谓'但就一事诋斥，不究其事之始终'，诚笃论也。又多假借论端，自申己说，凡所论是非，往往枝蔓于本事之外。"[①]看来馆臣并不喜欢胡寅这种用历史事实来为理学主张做注脚的行为。张元先生认为："马端临对胡寅《读史管见》采取肯定的态度，无疑是来自朱子对于此书的推许以及南宋以来逐渐流传普及的缘故。……朱子不同意张栻对《管见》的看法，马端临特别将这一句摘录《经籍考》中，就是采纳朱子的态度，反对赵与时、李心传、陈振孙所特别强调《管见》是为讥议秦桧而著的说法。"[②]这正是在文献选择中发表自己意见的一个典型例子。

在按语中，读者则能看到马端临最为直接的表达。首先，马端临既是一位精通典章制度的史学家，但又时时刻刻保持着一个儒家学者的立场，信守着儒家对历史的基本观念。在《经籍考》总叙谈到秦朝焚书坑儒时，马端临曾有长段按语，其结尾为"圣经贤传，终古不朽，而小道异端，虽存必亡，初不以世主之好恶而为之兴废也"，视医药、卜筮和种树之书为小道异端而以儒家书籍必传，这

---

① ［清］永瑢等：《四库全书总目》，中华书局 1965 年版，第 757—758 页。

② 张元：《马端临对胡寅史论的看法》，《宋史研究集》（第二十二辑），台湾"国立编译馆"1992 年版，第 335 页。

是一种典型的儒生论调。正是基于对儒家利益的维护，马氏对与儒学有观念冲突的学说往往予以痛责，以为老、庄之说虽高虚可听而实不可行，纵横、刑名之家枉寻直尺，媚时取宠；又在《道藏书目》条下斥道教之说为鄙浅之言，邪僻谬悠，用之则不但祸及个人，且能败人天下国家；佛家经典虽博大奇伟，但于祈祷科教，则荒诞不切。正是因为以儒家的尺度来衡量事物，故虽对陈子昂《兴明堂》、《建太学》二文的建言表示赞赏，但由于子昂是上陈于武则天的“牝朝”，就变得很不应该了。在马端临的眼里，先圣是崇高而不可质疑、冒犯的，他于何晏《论语注》一条的按语中主张张禹不删《问王》、《知道》二篇时说“夫子之言，禹何人而敢删之”，话语中表达出对孔子言论的尊崇景仰。在马端临身上，我们也可以看到既有崇法先王的儒家基本观念，又有随时变改、关心时政的思想。《文献通考》卷四十二《学校考三》中马氏有按语曰：“古人所谓中年考校，九年大成者，进德修业之事也。至汉人之补博士弟子员，则只限以通一经，而后授之官。唐人之法尚仿佛如此。至宋熙、丰后立三舍之法，则不过试之以浮靡之文，而诱之以利禄之途。”马氏于此卷又曾引吕祖谦之语：“大抵学校大意，唐、虞、三代以前不做官司看，秦、汉以后却做官司看了，所以后世之学不可推寻，求之唐、虞、三代足矣，秦、汉之事当束之不观。”则其法先王之意十分明显。在《周礼》条按语中，他说“《周礼》者，三代之法也，三代之时，则非直周公之圣可行，虽一凡夫亦能行之；三代而后，则非直王莽之矫诈、介甫之执愎不可行，而虽贤哲亦不能行”，马氏将之归因为封建变而为郡县之故。他的分析，充分强调了古今之变。

撇开维护儒家思想时的执拗，作为史家的马端临在著书立说时表现出了学者应有的严谨和独立。《论语正义》条按语“《唐·艺文志》亦有贾公彦《论语疏》十五卷，当考”，《三朝训鉴图》条按语“当俟考订精者质之”,《宋景文笔录》按语“二《笔录》卷数同，祁、庠又兄弟也，然则一书邪？二书邪？当考”，都显示了一种“知之为知之，不知为不知”的实事求是的态度，这种态度也符合孔子“君子于其所不知，盖阙如也”的训诫。儒家讲求为尊者、长者讳，马端临在《伊川易传》条的按语中也这样做过，但是在很多问题上，马氏坚持自己的意见。马氏虽然师从续传朱子之学的曹泾，并在《经籍考》中大量引用《朱子语录》，但在《诗序》的尊废问题上，则持相左意见。为此，马氏撰写了一个很长的按语对朱子所说逐点加以辩驳。

在《经籍考》的写作中，马端临还坚持对历史事物的参稽互察，以便探求会通因仍之道。前面我们已经提到条目互著和重著的问题，它既反映著录者图书分类的体系差异，又传递了不同时代不同个体对同一图书的性质的厘定情况。读者很容易注意到这中间所反映出的历史上图书分类的因革变易。又如在《春秋经》条的按语中，马端临比较了《春秋》三传在个别字词上的差异，又论三传对孔子的记载，指出公羊、穀梁“于襄公二十一年皆书孔子生”是决无道理的，《左传》于哀公十四年获麟后又引经书至十六年四月仲尼卒此则是由于“左氏痛其师亡而增书之也”。马氏又以《易》之彖象、卦爻，《诗》《书》的经文与序文合并为参照，指出在经传分合方面《左传》更能保持《春秋古经》的原貌，因而较《公羊》《穀梁》为优。通过比较考察，《春秋》经传的衍易情况得到了清楚的说明。

第四章 《文献通考·经籍考》的引书研究

本书中所谓的“引书”，范围包括马端临在《总叙》、《小序》、总计部分及解题中辑录引用的他人图书或篇章中的文献史料。《文献通考》一书，绝大部分文字都是引自他书，马氏加以适当的剪裁缀合，偶施按语。这种“述而不作”的行文方式，暗含着马氏的观点和立场，因此《经籍考》引用了哪些文献，如何使用这些文献，就成了领会《经籍考》的文献价值和马端临的学术思想的一把钥匙。

第一节 《经籍考》引书的数量分析

一、四部引书次数及各条目引书次数统计

张承宗先生认为《经籍考》著录自古迄宋“存于近世而可考”的图书约五千种。[①] 乔衍琯先生说：“《经籍考》一共收了多少书，

---

① 张承宗:《〈文献通考·经籍考〉的学术价值》，刘乃和主编:《洪皓马端临与传统文化》，中国青年出版社 1997 年版，第 214 页。

今约加合计，得四千种有奇。”[①]连凡先生“确定《经籍考》全文共有6074条引文，分别来自约140位撰者”[②]。诸家的数据差异，自与各家的统计范围和统计标准有直接因果关系。据笔者统计，《经籍考》有著录图书的目录条目3937条，著录图书四千二百余种[③]，而全考四部引书频率如表4–1所示：

表4–1 《经籍考》四部著录条目数与解题引书次数对照

部类	经	史	子	集
著录条目数	700	947	1091	1199
解题引书次数	1027	1178	1409	1643
平均每条引书次数	1.467	1.244	1.291	1.370

从表4–1我们可以看到，四部之中经部图书的解题引书最为频繁，这与历来学者对经部著作的普遍重视及相关论著更为丰富等因素有直接关系。次为集部，而史部解题引书频率最低。

又，《经籍考》中各个著录图书的条目在解题时所辑录的对该书解说的家数并不相同，如经部“《春秋穀梁传疏》十二卷”条只引了《崇文总目》中的一段，故计一条；“《穀梁传集解》十二卷”条则分别引用晁公武《郡斋读书志》和陈振孙《直斋书录解题》解题的内容，故计两条；“《春秋经》一卷”条引用陈振孙语、眉山李氏《古经后序》和马端临的按语[④]，故计三条；“《说文解字系传》四十卷”条则引用了“陈曰”“巽岩李氏序曰”“又《后序》曰”“又曰”[⑤]四段文字，故计作

① 乔衍琯：《〈通考·经籍考〉述略》，《“国立中央图书馆”馆刊》，新17卷第1期，1984年。

② 连凡：《〈文献通考·经籍考〉研究》，武汉大学出版社2018年版，第28页。

③ 凡在一个条目中列内外编、前后集、续补及目录、年谱者，均视为一种图书。

④ 马氏按语也是关于这个条目的一家之言，与全考各家语相比之下数量非常少，不会影响数据结构，故与其他各家同等计数。

⑤ “又曰”虽与前引资料出于同一个人甚至同一篇目，但为统计方便，也视为独立的一条。

四条文献。在全考 3937 个图书条目中，经部“张无垢《孟子解》十四卷”“张南轩《孟子说》十七卷”“晦庵《孟子集注》《或问》各十四卷”“石鼓《孟子问答》三卷”“陈寿老《孟子纪蒙》十四卷”5 条没有解题部分，经部易类“焦氏《易林》十六卷”条的解题是马氏的说明文字“说见占筮门”。解题时征引了他家文献的 3931 个条目之中，只引用一家解说资料的条目有 3105 条，条目占比约为 78.99%；引两家的有 556 条，约占 14.14%；引三家的有 161 条，约占 4.10%；引四家的有 63 条，约占 1.60%；引五家的有 22 条，引六家的有 11 条，引七家的有 9 条，引八家的有 1 条，引九家的有 2 条，引十二家的有 1 条。而只引了一家解说的 3105 个条目中，有 843 个条目引的是晁公武的《郡斋读书志》，有 2008 个条目引用的是陈振孙的《直斋书录解题》。在《经籍考》辑录两家解说的条目中，也有不少是辑录晁、陈二家之言。可见，《经籍考》的解题绝大部分是择取晁、陈二家书目的解题。

二、《经籍考》解题中的引用家数、次数统计[①]

为了弄清《经籍考》中究竟有多少次引用他书，各家文献引用频率又是如何，笔者对全考进行了数量统计，其结果如表 4–2 所示。

表 4–2 《经籍考》解题中引书家数、次数统计

序号	所引书名或人名	引用次数	引用时的段首标识
1	陈振孙	2719	陈氏《书录解题》曰、陈氏曰、陈氏又曰
2	晁公武	1428	晁氏《读书记》曰、晁氏曰
3	《崇文总目》[②]	184	《崇文总目》

① 在少数条目的解题之中，马端临以“又曰”的形式连续引用，在统计时此“又曰”也视为引用一次。序文中的统计也依此例。

② “引用时的段首标识”栏中的图书作者不止一人，及不明作者的图书，“所引书名或人名”栏均填书名。

续表

序号	所引书名或人名	引用次数	引用时的段首标识
4	朱熹	145	《朱子语录》、《语录》、朱子曰、朱子、朱子序曰、朱子自序曰、朱子《杂学辨》、《朱子文集》、《朱子语类》、朱文公尝言、朱子《答孙敬甫书》曰、朱子《答项平父书》曰、朱子《答张敬夫书》、朱子《读两陈谏议遗墨跋》、朱子《古史余论》、朱子《书张氏所刻潜虚图后》、又《与吕伯恭书》曰、又《杂学辨》曰、跋尾云、朱在过庭所闻
5	刘克庄	54	后村刘氏曰、后村刘氏、后村刘氏序曰、后村刘氏《总序》曰、后村刘氏墓志略曰[①]
6	李焘	47	巽岩李氏曰、巽岩李氏、巽岩李氏序曰、自序李焘、知遂宁李焘上言、知泸州李焘上言、礼部郎官李焘上言、巽岩李氏《遗稿序》、巽岩李氏进《长编》奏状、巽岩李氏序《孙氏齐民要术音义解释》曰、巽岩李氏又题、又《后序》曰、又曰、自为序略曰、眉山李氏《古经后序》曰
7	洪迈	42	容斋洪氏《随笔》曰、容斋洪氏曰、洪氏《容斋随笔》曰、野处洪氏题后曰
8	《中兴艺文志》	41	《中兴艺文志》
9	叶梦得	35	石林《自序》、石林叶氏曰、石林叶氏、石林叶氏集序曰、《石林诗话》曰、石林叶氏序略曰、石林自序《志愧集》曰、叶氏《过庭录》曰
10	叶适	32	水心叶氏曰、水心叶氏序曰、水心集序曰、水心序、水心叶氏墓志曰、水心《徐道晖墓志》略曰、水心墓志略曰、水心叶氏集序曰
11	高似孙	30	高氏《子略》曰、高氏《纬略》
12	苏轼	23	东坡苏氏曰、东坡序略曰、东坡曰、东坡苏氏《答刘沔书》曰、东坡苏氏《乞校正陆贽奏议上进札子》曰、东坡苏氏《上清储祥宫碑》、东坡苏氏《庄子祠堂记》曰、东坡苏氏《奏议序》曰、东坡苏氏集序略曰、东坡苏氏集序曰、东坡苏氏书后曰、东坡苏氏文集序曰、东坡谓浩然、东坡谓与可有四绝
13	周必大	23	周平园序曰、平园周氏曰、周平原序曰、平园周氏跋《文苑英华》后曰、平园周氏跋曰、周必大自序曰、周平园《题辞》略曰

① 马端临在解题中的这种表述是指刘克庄为所著录图书的作者所作的墓志铭。后皆如此。

续表

序号	所引书名或人名	引用次数	引用时的段首标识
14	郑樵	22	夹漈郑氏、夹漈郑氏曰、郑樵《论华梵》曰、《通志》自述曰、夹漈郑氏《天文略》曰、自序、自序略曰
15	欧阳修	21	欧阳公序略曰、欧阳氏序曰、《欧公诗话》曰、《欧阳公诗话》曰、欧阳公序其诗曰、欧阳公自序、欧阳氏《归田录》曰、欧阳氏《诗话》曰、欧阳氏序略曰、又《诗话》曰、《诗话》
16	曾巩	21	南丰曾氏序略曰、南丰曾氏序曰、南丰文集序曰、曾南丰序曰、南丰曾氏哀词曰、南丰曾氏文集序曰、南丰曾氏曰、南丰作集序曰、又为墓铭曰
17	周端朝[①]	17	周氏《涉笔》曰、西麓周氏曰、周氏《西麓涉笔》
18	黄庭坚	16	山谷黄氏曰、山谷序略曰、山谷跋、山谷黄氏、山谷黄氏《兰亭跋》曰、山谷黄氏《庞安常伤寒论后序》、山谷黄氏《小山集序》曰、山谷黄氏跋《绛》本《法帖》、山谷黄氏序、山谷又《跋欧阳元老诗》
19	杨万里	13	杨诚斋序略曰、诚斋序略曰、诚斋序、诚斋序其集曰、杨诚斋序、序略曰、《南海集序》、《荆溪集序》
20	苏辙	11	颍滨苏氏曰、颍滨序略曰、颍滨苏氏序曰、颍滨自序曰、颍滨苏氏
21	马廷鸾	11	先公曰、先公《仪礼注疏》序、先公序略曰、先君曰
22	胡寅	10	致堂胡氏、致堂胡氏序曰、致堂胡氏曰、致堂胡氏《崇正辩·序》曰、致堂胡氏《读史管见》曰、致堂胡氏《永宁院轮藏记》曰、致堂序略曰
23	柳宗元	9	柳子厚序略曰、河东柳氏《辩鹖冠子》曰、河东柳氏《辩列子》、河东柳氏《辩文子》、柳氏《辩鬼谷子》曰、柳氏《辩晏子春秋》曰、柳子厚后序曰、子厚序略曰
24	刘光祖	9	后溪刘氏序略曰、后溪刘氏后序曰
25	司马光	9	司马温公序略曰、司马公曰、司马光自序、司马温公《书心经后》曰、温公《记历年图后》曰、温公《说玄》曰、自序、公自序曰
26	王明清	9	王氏《挥麈录》曰

① 据《古籍整理研究学刊》2007年第1期仝卫敏《周氏〈涉笔〉考》一文而定周氏为周端朝。

续表

序号	所引书名或人名	引用次数	引用时的段首标识
27	真德秀	9	西山真氏跋曰、西山真氏集序曰、西山真氏序曰、西山真氏曰、真德秀序《辞命》曰、真德秀序《诗歌》曰、真德秀序《叙事》曰、真德秀序《议论》曰
28	陈师道	7	《后山诗话》、陈后山《拟御试武举策》曰、后山陈氏《白鹤观记》曰、后山陈氏曰、后山序曰
29	程颐	7	程子曰、程子序、伊川以《易传》示门人曰、《自序》
30	班固	6	《汉书》
31	宋《两朝志》	6	《两朝志》
32	陈亮	6	龙川陈氏《类次文中子引》曰、龙川陈氏序曰、陈同甫序之曰
33	林希逸	6	竹溪林氏曰
34	张舜民	6	张浮休评郭祥正诗、张浮休评曼卿诗、张浮休评欧阳永叔诗、张浮休评圣俞诗、张浮休评王介甫诗、张浮休评子瞻诗
35	程大昌	5	程氏《演繁露》
36	胡仔	5	《渔隐丛话》、苕溪《渔隐》曰
37	晁无咎	5	晁无咎、晁补之无咎自序、晁无咎补之作序曰、晁无咎序略曰
38	李壁	5	雁湖李氏跋、李壁季章序曰、雁湖李氏书后、雁湖李氏曰
39	李邴	5	云龛李氏序略曰
40	秦观	5	秦观自序、秦少游序略曰、少游秦氏曰、少游序略曰、序略曰
41	汪应辰	5	汪玉山序、汪玉山跋略曰、玉山汪氏曰
42	范晔	4	《后汉书》
43	《新唐书》	4	《新唐书》
44	陈傅良	4	止斋陈氏跋《尔雅疏》曰、止斋陈氏序略曰、止斋陈氏序曰、止斋自序曰
45	李廌	4	李方叔《师友谈记》、李方叔《师友读书记》曰
46	孙鸿庆	4	孙鸿庆序略曰、孙鸿庆序
47	王安石	4	王介甫序、王氏自序曰

续表

序号	所引书名或人名	引用次数	引用时的段首标识
48	《中兴国史志》	3	《中兴国史志》
49	韩愈	3	昌黎韩氏曰、昌黎韩愈《读鹖冠子》曰、韩文公《读仪礼》
50	刘禹锡	3	刘梦得序曰、刘禹锡序略曰、刘禹锡自言
51	宋祁	3	《宋氏笔记》、宋景文诸公在馆尝评唐人诗云、宋子京赞
52	杨复(朱熹弟子)	3	信斋杨氏序曰、杨氏曰
53	张耒	3	宛丘张氏跋《伤寒论》曰、宛丘张氏序略曰、文潜张氏曰
54	《漫叟诗话》	2	《漫叟诗话》
55	李大性(有《典故辨疑》)	2	李氏曰、自序略曰
56	李颀	2	《古今诗话》
57	李心传	2	《建炎以来朝野杂记》
58	刘敞	2	原父刘氏序略曰、《自序》
59	六祖慧能	2	六祖序
60	邵伯温	2	邵伯温《辨惑》
61	王质	2	王质景文自序略曰
62	项安世	2	项平甫跋、自序
63	许颉	2	许彦周《诗话》
64	杨时	2	龟山杨氏
65	曾慥	2	《百家诗》序云、曾氏自序略曰
66	张栻	2	南轩张氏自序曰、南轩张子曰
67	《北齐书》	1	《北齐书》
68	《北史》	1	《北史》
69	《二程遗书》	1	《遗书》

续表

序号	所引书名或人名	引用次数	引用时的段首标识
70	《复斋漫录》①	1	《复斋漫录》曰
71	《黄鲁直传赞》	1	《黄鲁直传赞》
72	赵某(《近思录》条引)	1	赵氏跋曰
73	《宋三朝国史艺文志》	1	《宋三朝国史艺文志》
74	《中兴艺文传》	1	《中兴艺文传》
75	毕仲询(《幕府燕闲录》)	1	《幕府燕谈》②
76	蔡沈	1	《自序》
77	蔡宽夫	1	《诗史》

① 《复斋漫录》的作者无考。王承略先生在《试论〈文献通考·经籍考〉的著录依据和著录方法》一文中说："按:《经籍考》著录黄畲《复斋漫稿》，疑即是书。又赵彦肃、陆九龄亦号复斋，究系何人，待考。"今检得宋阮阅《诗话总龟》和胡仔《苕溪渔隐丛话》均多次引用《复斋漫录》。胡仔《苕溪渔隐丛话·后集》卷三十六《本朝杂记下》中录有苏城阮阅于宣和五年（1123）《诗总》序。据刘孔伏《阮阅〈诗总〉始刻情况考》一文，胡仔在绍兴六年（1136）即知阮氏有此书，绍兴十八年（1148）于胡彦章处获得《诗总》抄本，而闽中更名为《诗话总龟》以梓行当在绍兴三十二年（1162）前后。所以复斋先生赵彦肃（孝宗乾道二年，即1166年进士）、陆九龄（1132—1180）和黄畲（朱熹弟子）均不可能是《复斋漫录》的作者。据《别号录》卷一，号复斋者有王秬嘉叟、王厚之、陆九龄、董琮玉振、李次鱼、黄畲子耕、丘义通济、陈宓师复、龚相、赵彦肃子钦。王厚之（1131—1204）、陈宓（1171—1226）、庆元年间进士董琮与朱熹友善的丘义应当排除。又，《经籍考》著录有龚相《复斋闲记》四卷、王秬《复斋制表》二卷。王秬为绍兴、乾道间名士，与陆游友善，绍兴十九年（1149）以右宣教郎幹办行在诸军审计司（《建炎以来系年要录》卷一五九），卒于1173年，以其活七十年计，则阮阅撰《诗总》时其年方二十，不至所作《复斋漫录》已为人所引用。龚相字圣任，陈长方《唯室集》卷二《送龚圣任序》称绍兴十年（1140）于吴兴见之于邮亭中，叙通家之谊。宣和六年（1124）进士王之道《相山集》中有两首与龚圣任的和诗，据此亦不能确定龚相即是《复斋漫录》的作者。

② 集部"杜荀鹤《唐风集》十卷"条下引，马氏引"《幕府燕谈》:杜荀鹤诗鄙俚近俗，唯宫词为唐第一……"马氏又在引文后自注曰:"此句欧公《诗话》以为周朴诗。"《渔隐丛话》前集卷二十三"杜荀鹤"条有"后又看《幕府燕闲录》云杜荀鹤诗鄙俚近俗，唯宫词为唐第一"等语，且《诗人玉屑》卷十六、《竹庄诗话》卷十三和《五代诗话》卷二均引作《幕府燕闲录》，故马氏此处所引书名不准确。又，《幕府燕闲录》的作者有的书作毕仲询，有的作毕仲荀，今从《宋书·艺文志》作毕仲询。

续表

序号	所引书名或人名	引用次数	引用时的段首标识
78	陈瓘	1	了翁陈氏曰
79	陈正敏	1	遁斋陈氏曰
80	杜预	1	杜元凯曰
81	范镇	1	《东斋记事》
82	矸轩程氏	1	矸[①]轩程氏曰
83	韩驹	1	韩子苍曰
84	胡安国	1	武夷胡氏曰
85	胡宏	1	五峰胡氏
86	黄榦	1	勉斋黄氏曰
87	黄庭坚后人	1	《家传》曰
88	晁迥	1	晁氏《法藏碎金》曰
89	孔安国[②]	1	后序曰
90	孔衍	1	博士孔衍言
91	李方子(字公晦，朱熹弟子)	1	李氏曰
92	李汉	1	李汉文集序略曰
93	李潜	1	李潜序曰
94	李昭玘	1	乐静李昭玘跋
95	刘攽(刘公是敞之弟)	1	公是刘氏文集后序曰
96	刘珙	1	刘氏集序略曰
97	刘望之	1	刘夷叔曰
98	刘歆	1	刘子骏曰
99	陆游	1	放翁陆氏序略曰

① 《碧梧玩芳集》卷十二《曾空青文集序》中“矸”作“研”。

② “《孔子家语》十卷”有解题：“王肃注。《后序》曰……”《孔子家语》的后序的作者，或以为是孔安国，或以为是王肃。清朱彝尊《经义考》虽题为孔安国后序，但又加按语“安国《家语》后序疑亦后人伪撰”。《山东通志》则径题为王肃。

续表

序号	所引书名或人名	引用次数	引用时的段首标识
100	吕大防	1	蓝田吕氏
101	吕祖俭(祖谦弟)	1	大愚叟《书后》曰
102	吕祖谦	1	东莱吕氏曰
103	罗愿	1	罗鄂州序曰
104	僧惠洪	1	《冷斋夜话》
105	邵博	1	邵氏曰
106	司马康	1	公子康公休告其友晁说之曰
107	宋庠	1	《谈苑》
108	汤汉	1	汤汉自序曰
109	唐庚	1	唐子西《语录》云
110	王得臣	1	《麈史》
111	王铚	1	王氏曰
112	严有翼	1	《艺苑雌黄》
113	殷文圭①	1	殷文奎启注
114	袁燮	1	洁斋袁氏集序曰
115	张行成	1	张氏②曰

① 胡应麟《少室山房笔丛》丙部《九流绪论》曰:“殷文圭,《通考》作文奎,非是。其说详《拾遗记》中。”故从之。

② 《经籍考》经部易类“卫元嵩《元包》十卷”条的解题中引“张氏曰:卫元嵩作《元包》,义取于《归藏》。《元包》粗赞卦名之大指,未极人事之精义,辞略数隐,世多不传。乃作《元包数义》二卷,以明卫元包嵩之《易》”,末有注曰:“详见《七易序》。”元朝胡一桂《周易启蒙翼传》中篇“张行成《元包数总义》二卷、《述衍》十八卷、《通变》四十卷”条下曰:“愚按,《宋艺文志》所载,知此。尝观张氏《进易书状》云‘臣自成都府……杜门十年,著成《述衍》十八卷,以明伏羲、文王、周、孔之《易》;《翼元》十二卷,以明扬雄之《易》;《元包数义》二卷,以明卫元嵩之《易》;《潜虚衍义》十六卷,以明司马光之《易》……书七种,总二十六册,分九十九卷,谨随状上进以闻。’观此则七《易》之目及其所作之意可得而识矣。”则张行成有七种《易》学著作,笔者未能见到注语所言《七易序》,而张氏《易通变》卷四十《四易本原》条曰:“西汉扬子云作《太玄》,义取于《连山》,后周卫元嵩作《元包》,义取于《归藏》,于是二《易》世亦有书。《元包》粗赞卦名之大旨,未极人事之精义,辞略数隐,世多不传。”故马端临所言之张氏,必为张行成无疑。

续表

序号	所引书名或人名	引用次数	引用时的段首标识
116	张鷟	1	《朝野佥载》云
117	赵汝愚	1	赵丞相序略曰
118	郑东卿	1	自序曰
119	徐俯	1	徐师川云
120	某氏（“《王建集》十卷”条引）	1	旧跋

三、《经籍考》总叙和类序中的引书家数及次数统计

在总叙和小序的“文”的部分，马氏引用文献时有些地方将所引书名题于段首，有些地方却未直接标明来源，计序“文”和各类序之后的总计部分中引过以下文献：孔安国《尚书序》、《周官》、《礼记·经解》、《庄子·天下篇》、《史记·秦始皇本纪》、《西汉书·儒林传》、《西汉书·艺文志》、《隋书·经籍志》、《后汉书·儒林》、《隋书·牛弘传》、《北史·儒林传》序、《隋书》、《资治通鉴》、《新唐书》、《旧五代史》、《续资治通鉴长编》和宋《两朝志》、《三朝志》、《四朝志》《中兴志》等。其“献”的部分引用文献家数和次数情况则如表4–3所示：

表4–3 《经籍考》总叙与类序“献”内引书家数、次数统计

序号	所引书名或人名	引用次数	引用时段首标识
1	叶梦得	8	石林叶氏、叶氏《过庭录》曰
2	陈振孙	6	陈氏曰
3	郑樵	4	夹漈郑氏曰
4	晁公武	3	晁氏曰
5	洪迈	3	容斋洪氏《随笔》曰
6	王明清	3	王氏《挥麈录》曰

续表

序号	所引书名或人名	引用次数	引用时段首标识
7	胡寅	3	致堂胡氏曰
8	蔡沈	2	九峰蔡氏曰
9	马廷鸾	2	先公曰
10	刘执中	1	长乐刘氏曰[①]
11	程大昌	1	程氏《演繁露》曰
12	程颐	1	程子曰[②]
13	吕祖谦	1	东莱吕氏曰(《吕氏家塾读诗记》卷二)
14	苏轼	1	东坡作《李氏山房藏书记》曰
15	应镛	1	金华应氏曰
16	孔颖达	1	孔颖达曰
17	陆佃	1	山阴陆氏曰
18	孔鲋	1	魏人陈余谓孔鲋曰
19	吴仁杰	1	吴氏曰(集部例言中引用《两汉刊误补遗》卷五的内容)
20	朱熹	1	朱子

综合表4–2、表4–3,《经籍考》在“献”(解题)的部分共引用文献5236次，涉及120余家，其中引用次数最多的前20家分别是陈振孙(2725)、晁公武(1431)、《崇文总目》(184)、朱熹(146)、刘克庄(54)、李焘(47)、洪迈(45)、叶梦得(43)、《中兴艺文志》(41)、叶适(32)、高似孙(30)、郑樵(26)、苏轼(24)、周必大(23)、欧阳修(21)、曾巩(21)、《西麓涉笔》(17)、黄庭坚(16)、胡寅(13)、杨万里(13)。在这20家中，所引次数最多的3

① 马氏在《经籍考・总叙》中引长乐刘氏、山阴陆氏和金华应氏之语解《礼记・经解》之文。三家之言可见于宋朝卫湜《礼记集说》卷一百一十七。《礼记集说》卷一前有《集说名氏》，指明了书中所引各家的朝代、名字。

② 《大学衍义补》卷九十四引此则材料时直称“程颐曰”。

家是陈振孙《直斋书录解题》、晁公武《郡斋读书志》和北宋王尧臣等编的《崇文总目》，三者均属于当朝书目。其后被引用次数明显较多的是宋代大儒朱熹的作品，达 146 次，其中《朱子语录》被引 107 次。

《经籍考》经部引《崇文总目》计 141 次，史部 17 次，子部 26 次，集部不引。条目分布严重不均，然而联系马氏在《文献通考自序》中所说王尧臣等作《崇文总目》“记馆阁所储之书而论列于其下方，然止及经、史，而亦多缺略，子、集但有其名目而已”的情况，则此种分布面貌就不足为怪了。引用《朱子语录》的 107 次中，经部占 48 次、史部 9 次、子部 26 次、集部 24 次。洪迈之书马氏的征引集中在《容斋随笔》，而引高似孙的著作不出《子略》和《纬略》，引周必大、杨万里则主要是序跋，引柳宗元则侧重于辨伪之文，引郑樵则多出自其《通志》。总之，马端临征引诸家之文献，所辑录的多是能代表被征引者学术成就的著作。杨寄林说：“《经籍考》在诸家书目之外所采证的史传文集和杂说诗话，上起西汉，下至南宋，多达一百余家。其中或为经学大师，如刘歆、杜预；或为史坛巨子，如司马光、郑樵；或为文苑主将，如柳宗元、欧阳修、苏轼、苏辙；或为博洽通儒，如王应麟；或为考辨专家，如洪迈；或为评论高手，如胡仔；或为佛门领袖，如六祖慧能；或为道教学者，如曾慥；或为宰辅重臣，如王安石、赵汝愚；或为至交同仁，如陈傅良与张栻；或为诤友劲敌，如陈亮与朱熹；或为业师高足，如真德秀与刘克庄；或为别传同门，如苏门六君子；或为父子昆仲，如李焘之于李壁，吕祖谦之于吕祖俭；或为叔侄翁婿，如胡安国之于胡寅，韩愈之于李汉。这些身份特殊、彼此关系非同一般的名流议论，恰恰是《经籍考》全书的精华所在，也是辑录式解题赖以创立的来源和标志之一。”[①]马氏解题征引名家名作，其引述的观点具有的典型性和代表性，故而能很好地展示当时学界和名流对所著录图书涉及问题的看法，所用解题方式虽是辑录体，但是所辑材料对图书解题而言已具有概括性了，而且能综合考量，博采众长，其解题的价值不亚于那些出于目录编制者亲手的叙录文字。

在著述中罗列过《经籍考》解题引用人名、书名和篇名的前贤中，王承略先生尤其值得关注。早在 1993 年，他即在《试论〈文献通考·经籍考〉的著录依据和著录方法》一文中较为详细地进行了统计。王先生把《经籍考》的征引分为两类。一类是明确标出书名的著作，“共四十四部，遍及经、史、子、集，尤以杂家和诗文评两类的论著居多，共称引 277 次”；一类“征引学者的序、跋、奏、书信、墓铭、哀词或只言片语，没有明确地指出资料的出处，计有 85 家”，均在论文中列举了出来。[②]85 家中王先生有 8 家，即长乐刘氏、金华应氏、矸轩程氏、张氏、李氏、孔氏、杨氏和赵氏，未能考出具体姓名。经笔者考察，长乐刘氏为刘执中；金华应氏为应镛；经部易类“卫元嵩《元包》十卷”条引的“张氏”文献即张行成的《易通变》；仪注类“朱文公家礼”条引“李氏”当是朱熹弟子李方子，字公晦；同条引“杨氏”之语中有“先生所定《家乡邦国王朝礼》，专以《仪礼》为经，及自述《家礼》，则又通之以古今之宜”等，《四库全书》本《仪礼注疏》卷首上和《礼记注疏》卷首均明确记为朱熹弟子杨复之语。其余 3 家则有待方家指教。

① 杨寄林：《评〈文献通考·经籍考〉辑录式的解题》，《史学史研究》2003 年第 1 期。

② 王承略：《试论〈文献通考·经籍考〉的著录依据和著录方法》，山东大学古籍整理研究所编：《古籍整理研究论丛》（第二辑），山东文艺出版社 1993 年版，第 196—219 页。

第二节 《经籍考》引书的书写位置与排序

前已述及,《文献通考》引用的文献被马端临根据书籍的年代、价值和可信程度分为“文”(“凡叙事则本之经史,而参之以历代会要,以及百家传记之书,信而有证者从之,乖异传疑者不录,所谓‘文’也”)和“献”(“凡论事则先取当时臣僚之奏疏,次及近代诸儒之评论,以至名流之燕谈、稗官之纪录,凡一话一言可以订典故之得失,证史传之是非者,则采而录之,所谓‘献’也”)。在版式上,一般而言,“文”的部分是顶格书写,当时的名臣奏议或后儒对经典的注疏,则降格书写,所引唐宋诸儒论说或名流言谈以及马氏自己的按语,再降格书写。如《文献通考》卷一百六十一《兵考十三》,“汉高帝时萧何治未央宫,立武库以藏兵器”诸语被顶格书写,其后的“中尉属官有武库令丞,少府属官有若卢、考工室令丞(原书小注:百官表注云,若卢主藏兵器,考工主作器械)。武库,精兵所聚,故以丞相子为令”和“《地理志》:河南南阳、济南泰山、颍川河内、蜀广汉等郡皆有工官”被低一格书写,而“徐氏曰:按汉时工官虽在外郡,而所作器械之前输京师,故武帝边兵不足乃发武库工官兵以赡之也”等文字则低两格书写。《通考》的这种书写规则在《经籍考》中也得到了很好的贯彻。总叙之“文”顶格,小序之“文”则低一格,以与总叙相区别,引四朝志图书总计顶格书写。在著录和解题部分,则以所著录的条目比拟为“文”,全部顶格书写,将解题和按语作为“献”降格书写。解题中所引《崇文总目》《宋三朝艺文志》《两朝国史志》《中兴艺文志》等官修史志目录,以及征引的《汉书》本传(诗类“韩婴诗外传共十卷”条)、国史日历中的序言（“高宗实录一千卷”条下的有“国史日历所李焘等修进，自为序略曰”等语），都降一格书写，而晁氏、陈氏及诸宋儒名臣言谈及序跋也降格书写。可见，马端临以书写位置的变化来显示所引文献的性质和地位，与古人以抄书的竹木简牍的长短来定文籍尊卑有相通之处。

在确定所引各家文献的排列顺序时，马氏又有自己的原则。

首先，各家的排列位次不是绝对地按所谓文献的尊卑地位来排定。《文献通考》卷一百七十七书类“《石林书传》十卷”条：

> 陈氏曰：叶梦得少蕴撰。少蕴博极群书，强记绝人。《书》与《春秋》之学，视诸儒最为精详。
>
> 《中兴艺文传》曰：其为书颇采诸家之说，而折衷其是非。
>
> 石林《自序》曰：自世尚经术，博士业《书》者十常三四，然第守一说，莫能自致其思，余窃悲之。因参总数家，推原帝王之治，论其世，察其人，以质其所言，更相研究，折衷其是非，颇自纪辑，为书二十卷，十二万有余言。[①]

这个条目的解题所辑录的陈振孙《直斋书录解题》、《中兴艺文传》和叶梦得《石林书传自序》三种文献，从书写顺序上看，作为官家史志的《中兴艺文传》并没有排在私家目录《直斋书录解题》之前；从书写格式上看，中华再造善本之西湖书院本《文献通考》卷一百七十七页一三中，三条文献均低一格书写。[②]

① 《文献通考》，第5287页。

② 中华书局1986年影印万有文库十通本《文献通考》第1534页上栅中“陈氏”与“石林《自序》”两则文献低两格书写，而“《中兴艺文传》”一则则是低一格书写。刘学伦认为武英殿本一系的《文献通考》在书写格式上比较整齐，这是经由清儒整理的结果，不能反映《文献通考》的原初面貌。

其次，各家文献的顺序也不是绝对按文献的时间先后来确定。《文献通考》卷二百四十四集部诗集类“《石曼卿集》一卷”条：

晁氏曰：石延年字曼卿，南京宋城人。举进士不中，为三班奉职，改太常寺太祝，迁秘阁校理。气貌雄伟，喜论事，善书札，纵酒不羁，世多传其仙去。其诗如《春阴》《红梅》及“乐意相关禽对语，生香不断树交花”“莺声不逐春光老，花影长随日脚流”之句，至今讽咏焉。

陈氏曰：其诗自为序，石介复为作序。其仕以三举进士为三班奉职。出处详见欧公所作《墓志》。

欧公《诗话》曰：石曼卿自少以诗酒豪放自得，其气貌伟然，诗格奇峭。又工于书，笔画遒劲，体兼颜、柳，为世所珍。余家尝得南唐后主澄心堂纸，曼卿为余以此纸书其《筹笔驿诗》，诗，曼卿平生所自爱者，至今藏之，号为“三绝”，真余家宝也。曼卿卒后，其故人有见之者，云恍惚如梦中。言“我今为鬼仙也，所主芙蓉城”。欲呼故人往游，不得，忿然骑一素骡去如飞。其后又云降于亳州一举子家，又呼举子云，不得，因留诗一篇与之。余亦略纪其一联云：“莺声不逐春光老，花影长随日脚流。”神仙事怪不可知，其诗颇类曼卿平生语，举子不能道也。

张浮休评曼卿诗，如饥雁夜归，岩冰春折，俊爽有余而不可寻绎。

《朱子语录》：因举曼卿诗，极有好处，如“仁者虽无敌，王师固有征。无私乃时雨，不杀是天声”长篇，某旧于某人处见曼卿亲书此诗，大字，气象方严遒劲，极可宝爱，真所谓“颜筋柳骨令人喜”，苏子美字远不及矣。如《筹笔驿诗》“意中流水远，愁外旧山青”，又“乐意”“生香”之句极佳，可惜不见其全集。

后村刘氏曰：曼卿诗唯《筹笔驿》词翰俱妙，人所传诵。及“乐意相关禽对语，生香不断树交花”一联，为伊、洛中人所称，他作苦不甚见。晚得其集，石徂徕作序，称其“与穆参军以古文自任，而曼卿尤豪于诗”。石自序：“性懒，有作不能录，早时解记数百篇，过壮记益衰，近几尽废。有收百篇来者，览之或尚能识，或如非己言，久乃能辨，遂并近诗存三百篇，藏之于家。”欧公尤重其人，范公有“凿幽索秘，破坚发奇，高凌虹霓，清出金石”之评。集中《华山》《泰山》《嵩山》五言长篇各一首，笔力在薛能之上，余警句尚多。五言云：“行人晚更急，归鸟夕无行。”“天寒河影淡，山冻瀑声微。”“水尽天不尽，人在天尽头。”“草白有时荣，发白不再好；人生不如春，发生不如草。”“弋下失冥鸿，网细遗巨鹍。”“风劲香逾远，天寒色更鲜；秋天买不断，无意学金钱。”七言云：“洛渚微波长映步，汉宫香水不濡肌。”“独步世无吴苑艳，浑身天与汉宫香。”“耻居汤武干戈域，宁死唐虞揖逊区。”“汾河不断天南流，天色无情淡如水。”“南朝文物尽清贤，不事风流即放言；三百年间却堪笑，绝无人可定中原。”“中散向人疏懒甚，步兵因酒过差多。”皆清拔有气骨。[①]

此条目所引解题文献依次属于晁公武（生于宋徽宗崇宁年间，即1102—1106年）、陈振孙（出生于1183年左右）、欧阳修（1007—1072）、张舜民（生卒年不详，英宗治平二年，即1065年进士及

① 《文献通考》，第6595—6596页。

第）、朱熹（1130—1200）和刘克庄（1187—1269）。上引六家文献的排列很明确不是以时间为序。

又次，即使是来源相同的两家文献，在不同的条目中也可能前后顺序不一。马氏在引晁、陈二家书目时，绝大多数是先引《郡斋读书志》，后引《直斋书录解题》，而卷一百七十六易类“吕微仲《周易古经》二卷”条则是先引“陈氏曰：吕大防微仲所录上、下经，并录《爻辞》《彖》《象》，随经分上、下，为六卷，上、下《系》二卷，《文言》《说卦》各一卷”，后引“晁氏曰：其序云：‘《彖》《象》所以解经，始各为一书。王弼专治《彖》《象》，以为注，乃分于卦爻之下，学者于是始不见完经，而文辞次第贯穿之意，亦缺然不属。因按古文而正之。’凡十二篇，别无解释”。[①] 同样，《文献通考》卷二百零九子部儒家类“《盐铁论》十卷”条：

> 晁氏曰：汉桓宽撰。按班固曰，所谓盐铁议者，起始元中征文学贤良，问以治乱，皆对愿罢郡国盐铁、酒榷、均输，务本抑末，毋与天下争利，然后教化可兴。御史大夫桑弘羊以为此乃所以安边境，制四夷，国家大业，不可废也。当时相诘难，颇有其议文。至宣帝时，汝南桓宽次公治《公羊春秋》，举为郎，至庐江太守丞，博通善属文，推衍盐铁之议，增广条目，极其论难，著数万言，亦欲以究治乱，成一家之法焉。凡六十篇。
>
> 高氏《子略》曰：汉制近古，莫古乎议，国有大事，诏公卿、列侯、二千石、博士、议郎杂议，是以庙议、匈奴议、捐朱厓，而石渠论经亦有议，皆所谓“询谋佥同”者也。班氏一

① 《文献通考》，第5250页。

赞专美乎此。然观一时论议，其所问对，非不伸异见、骋异辞，亦无有荦然大过人者。

陈氏曰：本始元年召问文学贤良，对愿罢盐铁、榷酤、均输，与御史大夫弘羊相诘难，于是罢榷酤，而盐铁卒不变。故《昭纪·赞》曰“议盐铁而罢榷酤”也。及宣帝时，宽推衍增广，著数万言，凡十六篇，其末曰《杂论》，班《书》取以为论赞，其言“桑大夫据当世，合时变，上权利之略，虽非正法，巨儒宿学不能自解，博物通达之士也”。呜呼，世之小人何尝无才！以《熙宁日录》言之，王安石之辩，虽曰儒者，其实桑大夫之流也。霍光号知时务，与民更始，而盐铁之议，乃俾先朝首事之臣与诸儒论议，反复不厌，或是或非，一切付之公论，而或行或否，未尝容心焉。以不学无术之人，而暗合乎孟庄子父臣父政之义，曾谓元祐诸贤而虑不及此乎！①

上引高氏即高似孙。高似孙（1158—1231），字续古，号疏寮，浙江人。有《疏寮小集》《剡录》《子略》《蟹略》《骚略》《纬略》等著作。《经籍考》中引高氏《子略》与《纬略》多达 30 次。在年龄上，高似孙小晁公武五十多岁，而比陈振孙大二十五岁左右。在文献排列上，此条目三条文献的顺序也与时间先后相一致。然而在卷二百二十一子部兵书类中，“《风后握奇经》一卷”条的解题则是：

陈氏曰：永嘉薛士龙季宣校定。自晋马隆。三百八十四字，《续图》三百十五字，合标题七百字。又有马隆赞述，多所发明，并写陈图于后。马隆本“奇”作“机”。

① 《文献通考》，第 5903—5904 页。

高氏《子略》曰:《风后握奇经》三百八十四字，其妙本乎奇正相生，变化不测，盖潜乎伏羲氏之画，所谓天、地、风、云、龙、鸟、蛇、虎，则其为八卦之象明矣。盖注“奇”读如奇耦之奇，则尤可与《易》准。诸儒多称诸葛武侯八阵、唐李卫公六花，皆在乎此。唐裴绪之论，又以为六十四卦之变，其出也无穷。若此，则所谓八阵者，八卦之统尔。焦氏《易》学，卦变至于四千九十有六，奇正相错，变化无穷，是可以名数该之乎？然观太公《武韬》，且言牧野之师，有天阵，有地阵，此固出于《握奇》；而又有人阵焉，此又出于天、地之外者，非八阵、六花所能尽也。独孤及作《风后八阵图记》，有曰:“黄帝顺煞气以作兵法，文昌以命将，风后握机制胜，作为阵图。故八其阵，所以定位；衡抗于外，轴布于内，风云负其四维，所以备物也；虎张翼以进，蛇向敌而蟠，飞龙翔鸟，上下其势，所以致用也。至若疑兵以固其余地，游军以按其后列，门具将发，然后合战，弛张则二广迭举，掎角则四奇皆出。图成樽俎，帝用经略，北逐獯鬻，南平蚩尤。遗风冥冥，神机未昧。项籍得之霸西楚，黥布得之奄九江，孝武得之攘匈奴。唐天宝中，客有得其遗制于黄帝书之外篇，裂素而图之。”按鱼复之图，全本于《握机》，赜其妙、穷其神者，武侯而已。独孤乃以为项、黥、武帝得之，未之思欤！[①]

与上一条目相反，这一条目所引高氏著作被置于陈氏解题之后。

综观《经籍考》各卷，马氏在辑录各家文献以为解题时，一般遵循以下原则：

① 《文献通考》，第6131—6132页。

1. 史志、书目类文献居前，各家评说靠后

《经籍考》在解题部分大量引用《崇文总目》、宋《三朝志》、《两朝志》、《四朝志》、《中兴志》以及晁、陈二目。上已提及，在《经籍考》的3937个条目中，有2851个只征引了一家文献的条目的解题部分，引的是晁《志》或陈《录》，征引两家文献的条目也有不少是同引此二家。这些公私书目对图书的基本信息已经介绍得相当清楚、全面，故马氏先征引这一类型的文献让读者对该图书有一个基本的了解，然后再就个别问题引当时奏议、名流燕谈或文章序跋加以解说、补充和论定。

2. 各家评说之文献的排列往往按论题以时代为序

以《经籍考》著录的《史记》一书之解题为例。解题中马氏依次引用了晁氏、陈氏、李方叔《师友读书记》、《朱子语录》、东莱吕氏、夹漈郑氏和马廷鸾的评论。[①] 晁、陈二目是全面介绍《史记》；所引李方叔语则言史迁著《史记》用意深远，多有讽刺；《朱子语录》说“伯恭子约宗太史公之学，以为非汉儒所及，其尝痛与之辨”，其后即引吕祖谦伯恭“太史公之书法，岂拘儒曲士所能通其说乎，其指意之深远，寄兴之悠长，微而显，绝而续，正而变，文见于此而起义于彼，有若鱼龙之变化，不可得而踪迹者矣”诸语。论史迁立意、笔法的三人中，李廌为“苏门六君子”之一，长于朱熹，而朱熹又长吕祖谦七岁，三人之语按时间先后顺序排列。郑樵虽长于朱熹，而所论围绕司马迁续周公、孔子之统而著史，有会通之能之类的话题，与马廷鸾所论相似，所以被置于吕氏之后。

① 《文献通考》，第5560—5563页。

3. 目录中不被用作概述图书信息的文献亦可能被视为一家之言而置于较靠后的位置

上引“《石林书传》十卷”条中，先引陈氏《书录解题》加以概说，尔后又引《中兴艺文传》和石林《自序》。马氏引后两则材料其实是想突出一个问题，即叶梦得在解《尚书》时摒除了前人“第守一说”的陋习，做到了《中兴艺文传》所称道的“颇采诸家之说，而折衷其是非”。故马氏引具有他评性质的《中兴艺文传》，又引具有自陈性质的叶氏《自序》，其使用材料的目的与引陈振孙《书录解题》的目的自是不同，故属于公家的《中兴艺文传》被置于私家书目之后，原因即在于此。上引“《盐铁论》十卷”条中的陈振孙之语被置于高似孙《子略》之后，亦在于陈氏之论可以补充、佐证高氏关于朝议的话题，且陈氏由汉代言及当朝，自是在高氏之论上更进了一层。

第三节 《经籍考》征引晁《志》、陈《录》之分析

就文献来源而言，马端临在《经籍考》内征引的文献中，《直斋书录解题》和《郡斋读书志》占绝大多数。我们要考察马氏引书时处理文献材料的方式，并对其加以评价，自然要以足够的实例为基础来提高结论的准确性。“晁《志》宋本具见袁、衢二刻，千载后犹得窥见原文。唯陈著书阙有间，今存世最早可睹者，只元抄残书四卷而已。清四库馆臣自《永乐大典》所辑成之二十二卷本，以聚珍

字印行流传”[①]，所以我们选取版本面貌更为真实的《郡斋读书志》作为考察的典型个案，辅以《直斋书录解题》的实例。

一、《经籍考》所引《郡斋读书志》版本为衢本之分析

清卢文弨曰：“盖《晁志》元有蜀本、衢本之异，陈氏所刻乃蜀本，《通考》所载乃衢本。”[②]《四库全书》所录《郡斋读书志》为袁州本，现先将馆臣所作《郡斋读书志》提要引之如下：

> 《郡斋读书志》四卷，宋晁公武撰。《后志》二卷，亦公武所撰，赵希弁重编。《附志》一卷则希弁所续辑也。公武字子止，钜野人。冲之之子。官至敷文阁直学士、临安少尹。岳珂《桯史》记隆兴二年汤思退罢相，洪适草制作平语，侍御史晁公武击之，则亦骨鲠之士。希弁，袁州人，宋宗室子，自题称江西漕贡进士、秘书省校勘，以辈行推之，盖太祖之九世孙也。始，南阳井宪孟为四川转运使，家多藏书，悉举以赠公武。乃躬自雠校，疏其大略为此书，以时方守荣州，故名《郡斋读书志》。后书散佚，而志独存。淳祐己酉，鄱阳黎安朝守袁州，因令希弁即其家所藏书目参校，删其重复，摭所未有，益为《附志》一卷，而重刻之，是为袁本。时南充游钧守衢州，亦取公武门人姚应绩所编蜀本刊传，是为衢本。当时二书并行於世。唯衢本分析至二十卷，增加书目甚多。卷首公武自序一篇，文亦互有详略。希弁以衢本所增乃公武晚年续裒之书，而非所得井氏之旧，因别摘出为《后志》二卷。又以袁、衢二本

① 见于上海古籍出版社 1987 年出版的《直斋书录解题》（徐小蛮、顾美华点校）中潘景郑所作《前言》。

② ［清］卢文弨：《群书拾补》，《丛书集成初编》本，第 293 页。

异同，别为《考异》一卷，附之编末。盖原《志》四卷为井氏书，《后志》二卷为晁氏书，并至南渡而止。《附志》一卷则希弁家书，故兼及于庆元以后也。马端临作《经籍考》，全以是书及陈氏《书录解题》为据。然以此本与《经籍考》互校，往往乖迕不合。如《京房易传》，此本仅注三十余字，而马氏所引，其文多至十倍。又如《宋太祖实录》《太宗实录》《建康实录》《汲冢周书》之类，此《志》本仅述其撰人时代及卷数而止，而马氏所引，尚有考据议论凡数十言。其余文之多寡，词之增损互异者，不可胜数。又希弁《考异》称，袁本《毗陵易传》，衢本作《东坡易传》；袁本《芸阁先生易解》，衢本作《吕氏章句》。今《经籍考》所题，并同衢本，似马端临原据衢本采掇。然如《晋公谈录》《六祖坛经》之类，希弁《考异》称袁本所载而衢本所遗者，今《经籍考》实并引晁氏之说，则当时亦兼用袁本。疑此书已经后人删削，不特衢本不可复见，即袁本亦非尽旧文，故与马氏所引，不能一一符合欤。又，前《志》子部《序录》称九曰小说类，十曰天文历算类，十一曰兵家类，十二曰刑家类，十三曰杂艺类，十四曰医家类，十五曰神仙类，十六曰释家类，而《志》中所列小说类《鸡跖集》后即为《群仙会真记》、《王氏神仙传》、葛洪《神仙传》三种。是天文、历算等五类全佚，而神仙类亦脱其标目。则其他类之残阙，盖可例推矣。然书虽非旧，而梗概仍存，终为考证者所取资也。[1]

《郡斋读书志》是我国现存最早的、具有解题的私家藏书目录。它是宋代澶州清丰（今河南清丰）人晁公武的著作。晁公武在四川

① ［清］永瑢等:《四库全书总目》，中华书局 1965 年版，第 729 页。

转运司供职时，他的上司转运副使、藏书家井度于临终之际将自己的藏书赠给了晁公武。晁公武在知荣州（今四川荣县）时因其任“僻左少事”，故以井度赠书为主要依据，加上自己的藏书，除去其重，得二万四千五百余卷，“日夕躬以朱黄雠校舛误，每终篇辄撮其大指论之”，成《读书志》。《读书志》初成于宋高宗绍兴二十一年（1151），宋孝宗淳熙七年至十一年（1180—1184）由其门人杜鹏举刊刻行世，此即四卷的蜀刻本。然此本并不完善，故晁子止又时加修订、补充，终成于淳熙七年至十四年（1180—1187）间，此补订本《郡斋读书志》约在淳熙十四年前由晁氏门人姚应绩编辑印行，即二十卷的蜀刻本。《读书志》蜀刻四卷本和二十卷本现均已亡佚。宋理宗淳祐九年（1249），游钧于衢州（今浙江衢县）重刊蜀刻二十卷本，是为衢州本。同一年，黎安朝在江西袁州重刻蜀四卷本，又刻了赵希弁据自家藏书续作的《读书附志》一卷。1250 年，黎氏又刻了赵希弁据衢本摘编而成的《读书后志》二卷和赵氏所撰《二本考异》，故世称之袁本《读书志》合晁、赵之作共计七卷。《读书志》在流传中形成了衢州本和袁州本两个系统。今人孙猛在为《郡斋读书志》作校证本时，以清嘉庆二十四年（1819）汪士钟艺芸书舍所刊衢本为底本，合校以 1933 年上海涵芬楼《续古逸丛书》所收、影印南宋理宗淳祐九年、十年间所刊袁本，并取衢本系统的明范大澈卧云山房抄本、《宛委别藏》本、清王闻远藏清抄本、清顾广圻校本、杨希闵校本、王先谦校本等十一种参校，又以他书如《文献通考·经籍考》及其他书目并前人著作中征引《读书志》的文字加以参校，资料甚为丰富，方便后学。有清以来，学者常论衢、袁二本之优劣。孙猛先生通过对比二本在收录书量、序文、分类、归类、编次、书名的著录、卷数的著录、作者的著录、解题九个方面的异同，得出“《读书志》二本是衢本优于袁本。二本的异同及优劣是客观存在的”[①]的结论。

马端临至迟在元世祖至元二十四年（1287）就已开始了《文献通考》的撰写工作，其时衢本、袁本《郡斋读书志》均已行世。《经籍考》中著录晁公武著作三种：经部易类著录有昭德《易故训传》十八卷，史部目录类有《晁氏读书志》二十卷，集部别集类有《昭德晁公文集》六十卷。马端临在《郡斋读书志》的解题中引陈振孙语："昭德晁公武子止撰。其序言得南阳公书五十箧，合其家旧藏，得二万四千五百卷。其守荣州，日夕仇校，每终篇辄论其大指，时绍兴二十一年也。其所发明，有足观者。南阳公未知何人，或云井度宪孟也，未详。”[②]据卷数而言，马氏《经籍考》仅著录二十卷的《读书志》，其所据当不是四卷本系统之袁本。又，《经籍考》著录“《京房易传》四卷”条后引“晁氏《读书志》曰：《汉艺文志》、《易》京氏凡三种，八十九篇。《隋经籍志》有京氏《章句》十卷，又有占候十种，七十三卷。《唐艺文志》有京氏《章句》十卷，而占候存者五种，二十三卷。……今以当时之书验之，盖有《孟氏京房》十一篇，《灾异孟氏京房》六十六篇，同为一家之学，则其源委孰可诬哉！”[③]孙猛先生说：“京房易传四卷，袁本作《京房易》三卷，解题亦异，俱录于下：‘右隋有《京房章句》十卷，此书旧题《京房传》，吴陆绩注，皆星行气候之学，非《章句》也。’又，今《津逮秘书》本、《四部丛刊》影印天一阁刊本《京氏易传》卷下，俱载‘晁公武曰’一则，不详谁氏录附。观其辞，公武识语所本乃晁说之《嵩山文集》卷十八《记京房易传后》。”[④]马氏所录解题与孙先生

① 孙猛：《〈郡斋读书志〉衢袁二本的比较研究——兼论〈郡斋读书志〉的成书过程》，《郡斋读书志校证》，第1385页。

② 《文献通考》，第5881页。

③ 《文献通考》，第5222—5223页。

④ 《郡斋读书志校证》，第13页。

所引袁本解题内容相距甚大，而与衢本解题仅有个别文字之差，故马端临所用《读书志》当属于二十卷的衢本系统。从马氏曾任衢州路柯山书院山长的经历来看，他于《郡斋读书志》一书也更易获得衢本。

为进一步探讨马端临所用《郡斋读书志》的版本，今先以《经籍考》易类所著条目引用的晁氏解题内容为限，择取孙猛校证成果中关涉《经籍考》的字段及校证文字入表 4–4[1]。

表 4–4 《郡斋读书志校证》中所涉《经籍考》易类条目异文一览

条目	所涉字段	孙猛校证
京房易传四卷	五世之初乃为归魂之世	原本所据底本脱此十字，李富孙据瞿抄本补。按卧云本、《宛委》本、《经籍考》卷二皆未脱，顾校本脱文同
	虚则二十有八	原本“则”下衍“有”字，据卧云本、《经籍考》删。按公武识语亦无此“有”字
	若夫	原本脱“若”字，据卧云本、《宛委》本、《经籍考》补。按公武识语亦有“若”字
	翟牧白生者不肯京氏	《经籍考考证》云：“‘翟牧白生者’，刊本‘翟’讹‘瞿’，‘白’讹‘自’。”按《宛委》本作“翟牧、白生者”，原本误作“瞿牧、自生者”，据改。又《宛委》本、《经籍考》“肯”下有“仞”字，公武识语“仞”作“学”。……说之《记后》无“仞”字，也无“学”字，姑仍之
王弼周易十卷[2]	先咎	袁本“先”作“无”。……影印宋本《经典释文》、卧云本、《宛委》本、《经籍考》卷二作“无”
《周易正义》十四卷[3]	辞尚虚诞	原本、瞿抄本“诞”作“谈”，据袁本、卧云本、《宛委》本、《经籍考》改

① 因《文献通考》所引晁氏《读书志》很可能属衢本系统，故仅涉及袁本与衢本异文的校证语将不列入表；由于如后文所述的马氏引晁、陈二书时的惯例而产生的异文亦不属于本表范围；本表主要为显示《经籍考》所引晁文与衢本系统内部各本之间的关系。

② 《经籍考》作“王弼易注略例系辞注十卷”。

③ 《经籍考》作“孔颖达《正义》十四卷”。

续表

条目	所涉字段	孙猛校证
李氏集解十卷[①]	何妥	袁本"妥"作"安",《经籍考》同袁本。……"安""晏"俱误
	岂偏滞于天人哉	原本黄丕烈校语云:"《通考》作'天文',当是。"按元刊本、殿本《经籍考》卷二俱作"天人",唯卧云本作"天文",或即丕烈所见作"天文"。袁本、今本鼎祚自序亦作"天人"
	公武今所有五部而已	袁本"公武"作"予",《经籍考》同原本
周易举正三卷[②]	序称京家藏王弼韩康伯手札周易本	卧云本、《经籍考》"序称京"作"京自称",《经籍考》无"弼""康伯""本"四字,袁本"札"讹作"扎"
	繇象相证	原本"彖"作"象",然下文所举乃繇象相证之例,今据袁本、《宛委》本、卧云本、《经籍考》改。殿本《经籍考》"繇"误作"爻",元刊本同《读书志》
周易启源十卷	有德恒德言德肤德翰四目	殿本《经籍考》卷二"有"作"卷首","四目"作"四篇",原本"德言"作"伯言",李富孙校语云:"按'伯言'误,瞿抄本同,当据《通考》改'伯'作'德'。"黄丕烈校语云:"元刻《通考》仍作'伯言',当是《通考》本异也。"按今据《经籍考》,胡一桂《周易启蒙翼传》中篇引《读书志》改
	皆作对问	卧云本"作"作"设为",《经籍考》作"设"
周易开玄关一卷	尝著八卦论	袁本、卧云本、《宛委》本、《经籍考》卷二"著"作"制"
	而编简尚有存者	卧云本、《经籍考》"编"作"漏",误
证墬简一卷[③]	意岂果有师承	袁本、《经籍考》"意"作"意者",疑原本脱"者"字
	有所取焉	卧云本"焉"作"之"[④]

① 《经籍考》作"李鼎祚《周易集解》十卷"。
② 《经籍考》作"易举正三卷"。
③ 《经籍考》作"《易证墬简》一卷"。
④ 《经籍考》亦作"之"。

续表

条目	所涉字段	孙猛校证
周易述闻一卷隐诀一卷补解一卷精微三卷①	补解	卧云本“补解”作“补卲解”
徂徕先生周易五卷②	自费直始	袁本“直”作“氏”③
	岂介后觉其误而改之欤	袁本、《经籍考》无“而”字
刘长民易十五卷	刘长民易十五卷	卧云本、《经籍考》卷二“易”下有“解”字
周易圣断七卷	本之王弼刘牧	原本作“本之刘牧、王弼”，据袁本、卧云本、《宛委》本、《经籍考》卷二乙正
王介甫易义二十卷龚原注易二十卷耿南仲注易二十卷	绍圣后复有龚原耿南仲注易	原本所据底本“複”讹“從”，李富孙据袁本改正。按《经籍考》卷二十二“复有”作“与”，胡一桂《周易启蒙翼传》中篇引《读书志》同袁本
横渠易说十卷	故以名其书	袁本、《宛委》本无“其”字。
吕氏易章句十卷	吕氏易章句十卷	袁本作《芸阁先生易解》一卷。原本黄丕烈校语云：“《通考》‘十’作‘一’，当是。”按卧云本亦一卷，《宋志》卷一有吕大临《易章句》一卷，疑“十”乃“一”之误
晁以道古易十二卷	至蜀李撰又尝著古文易	卧云本、《经籍考》“著”作“注”
	皆不以为非	原本“以”讹作“次”，据袁本、卧云本、《宛委》本改
兼山易解二卷	散落太半	袁本、卧云本、《宛委》本“太”作“大”④
王湜易学一卷	观物篇之所得	原本“之”讹作“云”，据袁本、卧云本、《宛委》本、《经籍考》卷改
	轻其弃取	袁本、卧云本、《宛委》本、《经籍考》“弃”作“去”。按湜自序云：“不敢以私知去取。”

① 《经籍考》作“皇甫泌《易解》十四卷”。因条目名称不同，故马氏在引晁氏解题时将其各书及卷数嵌入解题中。

② 《经籍考》作“石徂徕《易解》五卷”。

③ 《经籍考》亦作“氏”。

④ 《经籍考》亦作“大”。

从表4–4中可见，在孙猛先生校证时所用的参校十一种版本中，衢本系统中的卧云抄本和《宛委别藏》本与《经籍考》所引《郡斋读书志》的版本更为相近。[①]又，表4–4中有《经籍考》同袁本而与衢本异者，四库馆臣已言及此，又称“今《经籍考》所题，并同衢本，似马端临原据衢本采掇。然如《晋公谈录》《六祖坛经》之类，希弁《考异》称袁本所载而衢本所遗者，今《经籍考》实并引晁氏之说。则当时亦兼用袁本。疑此书已经后人删削，不特衢本不可复见，即袁本亦非尽旧文，故与马氏所引，不能一一符合欤？”经检书，衢本《郡斋读书志》卷第六有《晋公谈录》三卷，袁本《前志》卷二上杂史类第三十一则、卷三下小说类第五十五则重出；衢本卷第十六有《六祖坛经》三卷，袁本《前志》卷三下此书复出。所以馆臣引赵希弁语可疑。陈仕华先生说马氏在编纂《归田录》条时发现衢本标题与解题不合，“遂妄合二篇（笔者注，指《归田录》和《该闻录》）为一书，书名从衢本，卷数从袁本前志”，并称“马氏虽多据衢本，但有据袁本者，其解题文字反较好”。[②]而乔衍琯先生则认为，“所引晁氏曰，系根据衢本，且不录赵希弁的附志。偶有和衢本不同而和袁本相合的地方，或系他人所改，不足成为马氏也用袁本的证据”[③]。1933年上海涵芬楼《续古逸丛书》影印宋淳祐袁州刊本有张元济跋语称：

马氏《经籍考·读书志》条全录《直斋书录》原文，末有

① 在《郡斋读书志校证》卷八“成都古今记三十卷”条中，孙猛先生注释晁公武解题中“分百余门”之语时称：“卧云本、《经籍考》卷三十二此下尚有‘时熙宁七年’五字，盖据《书录解题》添入。”笔者故而疑马端临所用《郡斋读书志》的版本与卧云本关系尤为密切。

② 陈仕华：《〈文献通考·经籍考〉辑录体解题引文之研究》，李浩、贾三强主编：《古代文献的考证与诠释——海峡两岸古典文献学国际学术会议论文集》，上海古籍出版社2006年版，第145页。

③ 乔衍琯：《〈通考·经籍考〉述略》，《“国立中央图书馆”馆刊》，新17卷第1期，1984年。

> "未详"二字。"未详"云者，未详南阳公之果为井度否也。窃谓马氏所见者非袁本，抑亦非衢本，而为蜀本。何以言之？袁本杜、晁、黎三序均著井氏字，马氏果见，何云未详？提要称袁本所有，衢本所遗，如《晋公谈录》《六祖坛经》之类，《经籍考》实并引晁说，谓为马氏兼采袁本。余按……馆臣钩核偶疏，并非兼采袁本也。……陈、马盖世收藏插架，必重旧本；衢本源出于蜀，所摭宁非蜀本？以时代考之，厉鹗《宋诗纪事》载直斋端平中已守郡嘉兴，淳祐己、庚两刻出板，已当陈氏晚岁，未必据新刻而始著于录也。马氏悉本陈说，益可证所摭之无与于衢、袁也。[1]

张元济先生以陈振孙在解题中于"井""开"二字不能遽定而断陈氏未见袁本，然马氏解题直录陈氏之文，"未详"之判断应与马氏无涉，故马氏见没见袁本不能以此为依据。马端临著录《郡斋读书志》时解题唯引陈氏语，即使陈氏编撰《直斋书录解题》时所见的《郡斋读书志》为姚应绩二十卷蜀刻本，亦不能断定马氏在《经籍考》中所引晁氏众多解题也如陈氏一样，所据为蜀二十卷本，毕竟马氏撰写《文献通考》时，翻刻蜀二十卷本的衢州本已经流行三十多年，马氏又曾于衢州路做书院山长，接触衢本的可能性也很大。又，"《该闻录》十卷"条陈氏解题："成都李畋撰。张忠定公客也。熙宁中致仕归，与门人宾客燕谈，衮衮忘倦，门人请编录之。又名《归田录》。"欧阳修《归田录》与李畋《该闻录》本是两书，陈氏于解题中说《该闻录》又名《归田录》很可能是因为见到衢本"《归田录》六卷　右皇朝李畋撰。畋，蜀人，张

① 转引自《郡斋读书志校证》，第 1358—1359 页。

咏客也，与范镇友善。熙宁中致仕，归，与门人宾客燕谈，衮衮忘倦。门人请编录，遂以“该闻”为目。又有杂诗十二篇，系于后”这种面貌而作出的相应说明。事实上，衢本在标题“《归田录》六卷”与解题“右皇朝李畋撰……”之间脱漏了《归田录》的解题和“右皇朝李畋撰……”的解题对象“《该闻录》十卷”。袁本《后志》二卷所录者为二十卷本有而四卷本无的条目，其中“《归田录》六卷”条正是脱简面目。又，据上文张元济先生所言“未详”事，则陈氏不见袁本，其标题“《该闻录》十卷”的拟定或本于原书而非袁本。《文献通考》卷二百十六曰：“《该闻录》十卷晁氏曰：皇朝李畋撰。畋，蜀人，张咏客也，与范镇友善。熙宁中致仕，归，与门人宾客燕谈忘倦。门人请编录之。又名《该闻录》（《书录解题》作十卷）。又有杂诗十二篇，系于后。”[①]“又名《该闻录》”一语很可能来自陈氏解题。马端临引晁、陈二氏之解题时，往往有修改、拼合之举动，详见后文。而马氏特意加小注“《书录解题》作十卷”，则说明其所见晁《志》所著录之卷数并不作十卷，而是“《归田录》六卷”，故马氏所著录的此条目的书名卷数信息是依从于陈氏《书录解题》，马氏之解题则因陈氏与晁氏所言十分相似，故辑引了年代靠前的晁氏之解题，然又增加数语以明晁、陈二书所记有别。陈仕华先生以为《经籍考》卷数从袁本而证马氏兼用衢、袁二本，则未必然。此正可证马氏不用袁本，若马氏已见袁本，则能明白衢本之误，也不至于因为要调和晁、陈二书而修改晁氏的解题。

---

① 《文献通考》，第 6036 页。

二、《经籍考》征引晁、陈两家解题方式分析

通过比勘《经籍考》所引晁《志》与《郡斋读书志》原文，我们会发现二者在文字上存在一定的差异，而且这些差异与图书版本没有多大关系。马端临引晁、陈二家的解题时[①]，并非一字不改地照搬，而是根据行文的需要在文字表述上作出了相应的增删和调整。这种改动是由《经籍考》采用辑录体解题，材料均来自其他书目、文集这一基本实事决定的。马氏引二家解题时改动文句主要有以下几种情形。

（一）增字

在《文献通考》中，马端临征引书籍时时有增[②]删，现先举数例说明引文增字的情况。

---

① 在《经籍考》第3个条目“京房易传四卷”下马氏首次引晁公武《郡斋读书志》的解题内容，题作“晁氏《读书记》曰”，此后皆省而题作“晁氏曰”；在此条后又引陈振孙《直斋书录解题》，题作“陈氏《书录解题》曰”，此后皆省而题作“陈氏曰”。

② 薛伟呈在《〈文献通考·经籍考〉引书之研究》第三章第四节《〈通考·经籍考〉引文有删改者》中谈到增文时说：“此点较少见于《文献通考》中，然笔者偶有见之，特于此提出。卷一百七十五《经籍考二·易》始引‘昔伏羲氏始画八卦以通神明之德，以类万物之情’，至‘按晋《中经》有之，唯载卜筮，不似圣人之旨’，为《隋书·经籍志》语，然《通考》于后又接以下之文，其云：‘唐开元中，备有《三易》。至宋，唯《归藏》略存而不传习。汉募群书多散逸，而《易》独完，学者传之，遂分为三。一曰田何之《易》，始自子夏，传之孔子，《卦》《象》《爻》《彖》与《文言》《说卦》等离为十二篇，而说者自为章句，《易》之本经也。二曰焦赣之《易》，无所师授，自本言得之隐者，第述阴阳灾异之言，不类圣人之经。三曰费直之《易》，亦无师授，专以《彖》《象》《文言》等参卦爻。凡以《彖》《象》《文言》杂入卦中者，自费氏始。田何之学，施、孟、梁邱之徒最盛。费氏初微，但传民间。至后汉时，陈元、郑众之徒皆学费氏，费氏兴而田何遂息，古十二篇之《易》遂亡其本。及王弼为注，亦用卦、象相杂之经，自晋之后，弼学独行，遂传至今。’此系马氏抄自他书而增于《隋书·经籍志》之下。”笔者以为，薛伟呈所举此例不属于增文。此例所涉的易类小序的文献源于二书，前半部分引自《隋书·经籍志》，薛氏业已言及。而所谓增文部分实际上主要来自《崇文总目》的易类之序，马氏只是在“汉募群书多散逸”前以数句缀合两段文字而已。马氏并未明言两段文字的出处，故不得说第二段文字即是对第一段文字的增文。《经籍考·总叙》中甚至有同一个段落之中前后的文字来自《隋书》，中间的文字来自《资治通鉴》的情况，且不止一例。

1.《文献通考》卷二百十九“《集圣历》四卷”条引晁氏曰：

皇朝杨可集。可久为司天冬官正，正辑古今阴阳书，汇为四时，以涓择日辰云。[①]

检《郡斋读书志》卷十三，“可”后无“久”字，“辑”前仅一“正”字，故马氏引此条时增“久”“正”二字。

2. 卷二百十三子部杂家类“《风俗通义》十卷”条引晁氏曰：

汉应劭撰。劭字仲远，奉之子。笃学，博览多闻。灵帝时举孝廉，仕至泰山太守。撰《风俗通》以辩物名号，释时嫌疑。文虽不典，世服其洽闻。自序云：“风者，天气有寒暖，地形有阴阳，泉水有美恶，草木有刚柔。俗者，含血之类，象而生之。千里不同风，百里不同俗。”[②]

薛伟呈、陈仕华讨论马氏引文的增字时，均以此条为证。查《郡斋读书志校证》卷十二此条下，孙先生有校证三条值得注意：（1）博览多闻　卧云本“览”下有“名”字，衍。（2）释时俗嫌疑　卧云本、《经籍考》无“俗”字，当脱去，此条解题，公武悉录《后汉书·应劭传》，《传》同原本。（3）服其洽闻　卧云本、《经籍考》此句下尚有四十五字，云：“自序云‘风者，天气有寒暖……百里不同俗。’”按此引自序，文字与今传元大德本、《太平御览》卷六〇二引互有出入，“千里不同风”云云，自序又转引自“传曰”，详见吴树平《风俗通义校注》。第 2 条校证本说《经籍考》的脱字，合当

① 《文献通考》，第 6094 页。
② 《文献通考》，第 5990 页。

作下面“删字”类的实例，但笔者引此3条，既欲再次证实上文所谓《经籍考》所引晁《志》的版本与衢本系统的明范大澈卧云抄本更为相近，又有一疑虑：自序中这用于解释“风俗”的四十五字是否有可能是马氏所用晁《志》本身就有的？抑或是马氏所增？

3. 卷二百十六子部小说家类“《祖异志》十卷”条引晁氏曰：

> 皇朝聂田撰。田，天禧中进士，不中第，至元祐初，因记近时诡闻异见一百余事。天禧至元祐七十余年，田且百岁矣。康定元年序。①

检《郡斋读书志校证》卷十三，孙先生有校语：“田且百岁矣 卧云本无‘且’字。又，卧云本、《经籍考》此句下有‘康定元年序’五字。”此五字当为马氏所增。检《直斋书录解题》卷十一“《祖异志》十卷”条陈氏曰：“信陵聂田撰。康定元年序。”即马氏为《祖异志》的解题辑录文献时，将陈氏解题中的五字拼合在晁《志》解题之后。

4. 卷二百十六“《江邻几杂志》三卷”条引晁氏曰：

> 皇朝江休复撰。休复，欧阳永叔之执友。其所纪精博，绝人远甚。邻几，其字也。又名《嘉祐杂志》。②

检《郡斋读书志校证》卷十三孙先生校语：“其字也《经籍考》此句下有‘又名《嘉祐杂志》’六字。按《书录解题》卷十一、《宋志》卷五皆名《嘉祐杂志》，《经籍考》‘又名’云云出《书录解

---

① 《文献通考》，第6036页。
② 《文献通考》，第6036页。

题》。”[①]

5. 卷二百二十五神仙类“《肘后三成篇》一卷”条引陈氏曰：

> 称纯阳子，谓吕洞宾也。其言小成七，中成六，大成五，皆导引、吐纳、修炼之事。又有《金丹诀》一卷，即此书而微不同。[②]

检《直斋书录解题》卷十二，无“又有金丹诀一卷即此书而微不同”十四字。

又，马氏在集部《陆机集》条引晁《志》时在其末尾据陈《录》补入“机终平原内史”六字，在《陆云集》条中则据陈《录》补“云仕终清河内史”七字于晁《志》末。所以，除在行文中衍入个别字词外，马端临引用晁《志》时，还常在其后补缀陈《录》的语句而不再另外单引陈《录》全条。这种在解题中出现的拼合文献的作法，在《经籍考》中相当普遍，在客观上是对明确标示出处的一家（即“某某曰”之某家）文献的增字。

（二）删字

陈仕华先生在《〈文献通考·经籍考〉辑录体解题引文之研究》中讨论删字时，例举了《春秋公羊疏》、《仪礼注》、孔安国《尚书注》、《周易举正》、《横渠孟子解》、《补妒记》、《楚辞释文》、《柳柳州文集》、《孔丛子》、《广古今五行志》、《金丹诀》、《张燕公集》、《刘子》、《周礼》诸条目中引晁公武《郡斋读书志》时的删节文字及原因。今再略举数例以补充说明马氏引晁、陈二书时的删节情况。

1.《文献通考》卷二百史部伪史霸史类“《征蒙记》一卷”条引

① 《郡斋读书志校证》，第577页。
② 《文献通考》，第6196页。

陈氏曰：

金人明威将军登州刺史李大谅撰。建炎巨寇之子，随其父成降虏者也。[1]

检《直斋书录解题》卷五，“虏”原作“金”字，马氏又省“所记家人跳梁，自其全盛时，已不能制矣”十六字。[2]

2. 卷二百二十子部形法类“《狐首经》一卷”条引陈氏曰：

不著名氏。称郭景纯序，亦依托也。胡汝嘉始序而传之。其文亦雅驯，言颇有理。[3]

检《直斋书录解题》卷十二，原文“理”后有“《阴阳备用》中全载”七字。[4]

3. 卷一百七十五经部易类“石经《周易》《周易指略例》共十一卷”条引晁氏曰：

伪蜀广政辛亥孙逢吉书。广政，孟昶年号也。《说卦》“乾，健也”以下有韩康伯注，《略例》有邢璹注。此与国子监本不同者也。以蜀中印本校邢璹注《略例》，不同者又百余字。详其意义，似石经误，而无他本订正，姑两存焉。[5]

① 《文献通考》，第 5741 页。
② 《直斋书录解题》，第 141 页。
③ 《文献通考》，第 6111 页。
④ 《直斋书录解题》，第 377 页。
⑤ 《文献通考》，第 5234 页。

检《郡斋读书志》卷一，原文“邢璹”前有“唐四门助教”五字。[①]而《经籍考》在前此七条的“《周易正义补阙略例疏》一卷”条中引陈《录》时已有“唐四门助教邢璹撰”之语，故此处删去五字。

4. 卷一百七十六易类“横渠《易说》十卷”条引晁氏曰：

> 其解甚略，《系辞》差详。[②]

检《郡斋读书志》卷一，晁氏原文“其”前本有“右皇朝张载子厚撰。载居横渠，故以名其书”十七字。[③]张载为宋代名儒，人所尽知，马氏引书时删去了这种常识性的文字。

（三）改易

1.《文献通考》卷一百七十五“《周易穷微》一卷”条引陈氏曰：

> 称王辅嗣。凡为论五篇。《馆阁书目》有王弼《易辩》一卷，其论《彖》、论《象》，亦类《略例》，意即此书也。又言弼注此书已亡，至晋得之，王羲之承诏录藏于秘府，世莫得见。未知何所据而云。[④]

《直斋书录解题》卷一“《周易穷微》一卷”后的解题，与《经籍考》所引录仅相差一个字，即“弼注此书”中的“注”字，《直斋书录解题》作“著”。魏王弼有《周易注》六卷、《略例》一卷、《系

① 《郡斋读书志校证》，第5页。
② 《文献通考》，第5246页。
③ 《郡斋读书志校证》，第39页。
④ 《文献通考》，第5232页。

辞注》三卷。如用“注”字，“此书”则当指《周易》，但后即不得言“已亡”，故此处当依陈氏原字作“著”，马氏引书时或因同音而误。

2. 卷一百七十五“《周易开玄关》一卷”条引晁氏曰：

> 唐苏鹗撰。自序云：五代祖晋，官至吏部侍郎，学兼天人，尝制《八卦论》，为世所传，遭乱遗坠，而漏简尚有存者，鹗乃略演其旨于此。①

《郡斋读书志校证》卷一“《周易开玄关》一卷”条的解题中，“自序”前有“鹗”，“尝制”作“尝著”，“漏简”作“编简”。

3. 卷一百七十五“《周易物象释疑》一卷”条的解题为：

> 《崇文总目》：唐东乡助撰。取卦互体，开释言象，盖未始见康成之学，而著此书焉。
>
> 陈氏曰：东乡，一作东阳。《馆阁书目》又云：“守江陵尹。”东阳、东乡皆复姓也。其序言随事义而取象，若以龙叙《乾》，以马明《坤》。凡注疏未释者，标出为此书。②

解题中所引陈《录》“东乡，一作东阳”六字，陈氏原文作“唐东阳助撰。《唐志》作‘东乡助’”，马端临改易陈《录》文字，显然是因为前引《崇文总目》已介绍作者为东乡助，故后面引文时为承接《崇文总目》而作相应调整。

---

① 《文献通考》，第5233页。
② 《文献通考》，第5232页。

（四）误引

1.《文献通考》卷一百八十八经部仪注类“《朱文公家礼》”条下有：

> 李氏曰：先生居母祝令人忧，居丧尽礼。盖自始死以至祥禫，参酌古今，咸尽其变，因成《丧》《葬》《祭》礼，又推之于《冠》《婚》，共成一编，命曰《家礼》。既成，为一童行窃之以逃。先生易箦，其书始出，今行于世。然其间有与先生晚岁之论不合者，故未尝为学者道之。①

朱子《家礼》之附录有“李方子曰：乾道五年九月，先生丁母祝令人忧，居丧尽礼，参酌古今，因成《丧》《葬》《祭》礼，又推之于《冠》《婚》，共为一编，命曰《家礼》”，其后又有双行小字注曰：“黄榦云：先生既成家礼，为一行童窃以逃，先生易箦，其书始出，今行于世。然其间有与先生晚岁之论不合者，故未尝为学者道也。”②据《家礼附录》之小字注，则马端临所引“李氏曰”一段实则包括朱熹两位弟子李方子与黄榦的话，而马氏不提黄榦，客观上将黄氏之语掺入了李氏的话中。《经籍考》在“《马子才集》八卷”条和“《史记》一百三十卷”条中引“先公曰”，分别连在了“矸轩程氏曰”一段和“夹漈郑氏曰”一段之后，并没有单独提行，马氏于其父之言应当慎重，此或许是后世刻书之误。

① 《文献通考》，第5496页。

② ［宋］朱熹：《家礼》，《四库全书》第142册，第579页。

2. 卷二百十八子部农家类"《茶谱》一卷"条引晁氏曰：

伪蜀毛文锡撰。记茶故事。其后附以唐人诗文。[①]

《郡斋读书志》卷十二、《直斋书录解题》卷十四及《宋史》卷二〇五《艺文四》"燕"均作"毛"，马氏引晁《志》时误。

马端临在征引其他图书，如《崇文总目》《容斋随笔》等的时候，也有字词上的差异。如卷一百七十七"陆德明《尚书释文》一卷"条中引"《崇文总目》：皇朝太子中舍陈鄂奉诏刊定。始，开宝中，诏以德明所释乃《古文尚书》，与唐明皇所定今文驳异，令鄂删定其文，改从颖书。盖今文自晓者多，故音切弥省"中，"颖书"之"颖"字《崇文总目》原文即作"隶"。[②]

由上可见，马端临在集用他人文献的时候，并不是严格地、一字不改地加以引用，而是根据自己的解题和行文需要有所择取、剪裁和拼合。这种引用方式使各家材料有些零散，但我们亦能从马氏选择、运用这些文献中发现一些规律。

另外，在引晁、陈二家解题时，马端临又有将"晁氏曰"误题为"陈氏曰"，或将"陈氏曰"误题为"晁氏曰"的情况。马氏的这种失误，卢文弨在《群书拾补》之《〈文献通考・经籍考〉拾补》中列举了"太常因革礼""通鉴节文六十卷""集马相书一卷""内景中黄经二卷""田霖四六集一卷""罗邺集一卷""李公择庐山奏议十七卷""断金集一卷"诸条。[③] 孙猛先生校证《郡斋读书志》时指出了《经籍考》中的四例：经部仪注类著录的《太常因革礼》解题

① 《文献通考》，第6073页。
② 《文献通考》，第5280页。
③ ［清］卢文弨:《群书拾补》，丛书集成初编本，第294—309页。

中误“晁氏曰”为“陈氏曰”；史部传记类著录《祖宗独断》中误“晁氏曰”为“陈氏曰”；史部职官类《翰林盛事》条误“晁氏曰”为“陈氏曰”；集部章奏类著录的《李公择庐山奏议》的解题中亦误“晁氏曰”为“陈氏曰”。除此之外，杨大忠将《经籍考》中所引晁、陈二家解题与原著比对，又找出十例，即史部编年类“《晋春秋略》二十卷”条、伪史霸史类“《江表志》三卷”条、地理类“《六合掌运图》一卷”条，子部“《集马相书》一卷”条、神仙类“《中黄经》二卷”条，集部“《二十四箴》一卷”条、“《田霖四六集》一卷”条、“《扈载集》十卷”条、“《罗邺集》一卷”条，共计九条均误题“陈氏曰”为“晁氏曰”，而别集类“《陈文惠公愚邱集》十卷”条则误题“晁氏曰”为“陈氏曰”。①另外，谱牒类“《姓源韵谱》一卷”条，《文献通考》有校注：“‘陈氏曰’，各本同。按此条解题文字《郡斋读书志》与《直斋书录解题》均同，疑‘陈氏’当作‘晁氏’，本书误作《直斋书录解题》语。四库馆臣辑《直斋书录解题》时径自收入，而未详考故尔。”②又，史部地理类“《襄阳志》四十卷”条所引解题前脱掉了“陈氏曰”三字。

《经籍考》中又有将《郡斋读书志》后面条目的解题误引作前面条目的解题者。集部别集类“《陈黯文集》三卷”条，所引解题内容是《郡斋读书志》原书中后此二条的“《刘绮庄歌诗》四卷”条的解题。

（五）引晁《志》时介绍作者之处去掉原文中的“右”字

晁公武《郡斋读书志》在每一条解题开始时，均用“右某某撰（传、注）”的固定格式来交代撰注者或传授者。《经籍考》在引用晁氏解题时，均把其中的“右”字去掉。解题中的“右”字，关涉前

① 杨大忠：《〈郡斋读书志〉研究》，博士学位论文，安徽大学，2010年，第156—159页。
② 《文献通考》，第5883页。

面的条目名称，而《经籍考》中的条目有时与晁《志》条目在名称上并不一致，故除去“右”字，表明了马氏辑录晁氏解题仅是取他物为己用，非是完全机械照搬。

（六）对条目所举图书作者信息和判断按语等的省改

1. 前面的解题已经提及作者，故省略

《文献通考》卷一百七十五“《易举正》三卷”条，首引《崇文总目》：“唐苏州司户参军郭京撰。京世授《五经》，得王辅嗣、韩康伯手写《易经》，比世所行，或颇差驳，故举正其讹而着于篇。”次引晁氏曰：“京自称家藏王、韩手札《周易》及石经，校正一百三十五处，二百七十三字。盖以爻象相正，有阙漏处可推而知，托云得王、韩手札与石经耳。”[①] 与《经籍考》所引相较，晁《志》原文“京”前有“右唐郭京撰”，“京”后有“尝任苏州司户”，前一“王”字后有“弼”字，前一“韩”字后有“康伯”。郭京的时代、职官信息，前引《崇文总目》已经交代清楚，王、韩二人全名也已出现，故为行文简省计，马端临在后面辑录的材料再次出现这些信息时即删去重复内容。

又，同卷“《周易圣断》七卷”条，先引晁氏曰：“皇朝鲜于侁子骏撰。本之王弼、刘牧而时辨其非。且云众言淆乱，折诸圣，故名其篇曰《圣断》。”后引陈氏曰：“其书《乾》《坤》二卦，不解爻象，欲学者观《彖》《象》《文言》而自得云。”[②] 较之陈振孙《直斋书录解题》原文，马端临在辑录之时即省略了“谏议大夫阆中鲜于侁子骏撰。多辨王弼、刘牧之非”，而增“其书”二字联缀文句。

2. 因条目中已有作者信息，故在解题中省略、改易

《文献通考》卷一百七十六“沈存中《易解》二卷”条后引陈氏

① 《文献通考》，第 5227—5228 页。
② 《文献通考》，第 5238 页。

曰："所解甚略，不过数卦，而于大小畜、大小过独详。"[①] 陈氏原文在"所解甚略"前有"翰林学士钱塘沈括存中撰"，而其条目中无作者名，仅作"《易解》二卷"，故如此。

又，同卷"张弼《葆光易解》十卷"条，引晁氏曰："弼，莆田人，字舜元。绍圣中，章惇荐于朝，赐号葆光处士。后黄裳等再荐，诏以为福州司户、本州岛教授。其学颇宗郑氏。"[②] 查《郡斋读书志》卷一，此条的条目为"《张弼易》十卷"，解题曰："右皇朝张弼，兴化军人，章惇荐于朝，赐号葆光处士。绍圣二年，黄裳等再荐之，诏以为福州司户、本州教授。其易学颇宗郑氏。"[③]《经籍考》又引陈氏曰："其学多言取象。"查《直斋书录解题》条目作"《葆光易解义》十卷"，其解题曰："泉州教授莆田张弼舜元撰。绍圣中以章惇、黄裳等荐，赐号葆光处士。后又以为福州司户，本州教授。其学多言取象。"[④]（为便于比对，笔者于《经籍考》解题文字源于陈《录》者在下面加着重号，保留的晁《志》文字之下加下划波浪线。）从文字的相似性和《经籍考》解题的辑录性质看，马氏引晁氏时绝大可能根据晁、陈二家文字作过拼合，引陈氏时则依据前文作了省略。马端临在介绍作者张弼时，不从晁而从陈，但因其条目中已出现"张弼"，所以又对陈氏解题作了适当的改易。

又，卷一百七十五"胡安定《易传》十卷"条，引晁氏曰："此解甚详，盖门人倪天隐所纂，非其自著，故序首称'先生曰'。"[⑤] 马氏在"此解"前即省略了"右皇朝胡瑗撰。瑗，字翼之，泰州人。通经术乐律，教人有法，在湖州从其学者常数百人，成材而备朝廷

① 《文献通考》，第 5249 页。
② 《文献通考》，第 5247 页。
③ 《郡斋读书志校证》，第 42 页。
④ 《直斋书录解题》，第 14 页。
⑤ 《文献通考》，第 5235 页。

器使者不可用胜数”四十七字。被省文字，均是对胡瑗事迹的介绍，与《易传》本身关系不甚紧密，故马氏舍而不取。

马氏又时时根据自己的行文需要对晁、陈二家的解题作剪裁调整。“皇甫泌《易解》十四卷”条中，先引晁氏，后引陈氏，将陈氏语中“尚书右丞皇甫泌撰”的内容提到“晁氏曰”后，改易为“泌官至尚书右丞”，紧承条目中的“皇甫泌”，使其文气贯通。

3. 对按语、说明和举例性文字的省略

《文献通考》卷一百七十五“刘长民《易解》十五卷”条，引陈氏曰：“黄黎献为之序。又为《略例图》，亦黎献所序。又有三衢刘敏士刻于浙右庾司者，欧公序，文浅俚，决非公作。其书三卷，与前本大同小异。牧《易》学盛行于庆历时。”[①] 按，《直斋书录解题》条目“《新注周易》十一卷、《卦德统论》一卷、《略例》一卷、又《易数钩隐图》二卷”，解题作“太常博士刘牧长民撰，黄黎献为之序。又为《略例图》，亦黎献所序。又有三衢刘敏士刻于浙右庾司者，有欧阳公序，文浅俚，决非公作。其书三卷，与前本大同小异。案敏士序称伯祖屯田郎中临川先生志其墓，今观志文所述，但言学《春秋》于孙复而已。当庆历时，其《易》学盛行，不应略无一语及之，且黎献之序称字长民，而志称字先之，其果一人耶？抑二人耶？”[②] 陈振孙加按语，对别出于条目所记十五卷之外的《略例图》三卷的作者真伪问题提出自己的疑问。马氏在引陈文时省略了此条按语，认定刘长民有《略例图》三卷。

又，同卷“《易轨》一卷”条，引晁氏曰：“伪蜀蒲乾贯撰，专言流演。其序云：‘可以知否泰之原，察延促之数’，盖数学

① 《文献通考》，第5237页。

② 《直斋书录解题》，第9页。

也。”[①]“数学也”后即省略“按刘道原《十国纪年》，乾贯作虔观，今两字皆误”十八字。马氏去除晁氏按语，定作者名为“乾贯”。

又，同卷“《易举正》三卷”条，马端临引晁氏解题时，在“盖以繇象相证，有阙漏处可推而知，讬云得王、韩手札与石经耳”后，即省略了例证性的内容“如：《涣》之繇‘利涉大川’下有‘利贞’字，而象辞无之，则增入；《渐》之繇‘女归吉’下无‘也’字，而彖辞有之，则削去，他皆此类”四十三字。

又，卷一百七十六“晁以道《古易》十二卷”条，引晁氏曰：“从父詹事公讳说之撰。以诸家《易》及许慎《说文》等九十五书，是正其文字，且依汉田何本，分《易经》上、下并《十翼》通为十二篇，以矫费氏、王弼之失。谓刘向尝以中古文《易经》校施、孟、梁丘经，至蜀李撰又尝注古文《易》，遂名曰《古易》。”[②]查晁《志》“晁以道《古易》十二卷”条原文作：“右从父詹事公撰。以诸家《易》及许慎《说文》等九十五书，是正其文字，且依汉田何本，分《易经》上、下，并《十翼》，通为十二篇，以矫费氏、王弼之失。谓刘向尝以中古文《易经》校施、孟、梁丘经，至蜀李撰又尝著古文《易》，遂名之曰《古易》。公讳某，字以道。昔班固自序其父祖事皆著名，袁种字其叔父曰丝，人皆不以为非。今录先世及诸父所著，若不识姓字，则后莫知其谁，非史之比，故不敢效孟坚，况非面斥，辄援袁种旧例云。余皆仿此。”[③]晁公武在解题中自明条例，在书中称其祖、父、从父时均仿效爰种（据孙猛校注，“袁”当作“爰”，《汉书》卷四十九有《爰盎传》，爰盎字丝，即爰种的叔父）称字例。马端临在引晁氏之语时，则径直删去这一段说明，在

① 《文献通考》，第 5234 页。
② 《文献通考》，第 5250 页。
③ 《郡斋读书志校证》，第 43 页。

“詹事公”后增“讳说之”以明确撰人。马氏引书去其条例说明部分，是根据《经籍考》本身的需要而定，不足为非。

（七）根据条目名称的差异对解题作适当增益合并

《文献通考》卷一百七十五“皇甫泌《易解》十四卷”条，引晁氏曰：“泌官至尚书右丞，有《述闻》一卷、《隐诀》一卷、《补解》一卷、《精微》三卷，又有《纪师说》《辨道》，通为八卷。”[①]而《郡斋读书志》卷一则有“周易述闻一卷、隐诀一卷、补解一卷、精微三卷”条，其解题为“右皇朝皇甫泌撰。又有《纪师说》《辨道》，通为八卷”[②]。马氏引晁氏解题时增入“有《述闻》一卷、《隐诀》一卷、《补解》一卷、《精微》三卷”，是因为马、晁二家的条目名称不同，故引晁氏条目名称的内容以入解题，补充《易解》十四卷的具体篇卷之名。

卷一百七十五“宋咸《易训》《易补注》《王刘易辨》”条，引晁氏曰：“咸自序云：‘予既以《补注易》奏御，而男亿请余义凡百余篇，端因以《易训》名之。’盖言不敢以传世，特教其子而已。凡三卷，颇论陆希声、刘牧、鲜于侁得失云。”又引陈氏曰：“咸尝撰《易明》，凡一百九十三条，以正亡误。及得郭京《举正》于欧阳公，遂参验为《补注》十卷，皇祐五年表上之。别有《易训》，未见。《易辨》凡二十篇，为一卷。刘牧之学，大抵求异先儒，穿凿破碎，故李、宋或删之，或辨之。”[③]《郡斋读书志》卷一“宋咸易训三卷”条：“右皇朝宋咸撰。咸自序云：‘予既以补注《易》奏御，而男亿请余义凡百余篇端，因以《易训》名之。’盖言不敢以传世，特

① 《文献通考》，第 5236 页。

② 《郡斋读书志校证》，第 31 页。

③ 《文献通考》，第 5237—5238 页。

教其子而已。颇论陆希声、刘牧、鲜于侁得失云。"[1]《直斋书录解题》卷一"《易补注》十卷、又《王刘易辨》一卷"条："秘书丞宋咸贯之撰。咸尝撰《易明》，凡一百九十三条，以正亡误。及得郭京《举正》于欧阳公，遂参验为《补注》。皇祐五年表上之。别有《易训》，未见。《易辨》，凡二十篇。刘牧之学，大抵求异先儒，穿凿破碎，故李、宋或删之，或辨之。"[2]《经籍考》这个条目，实际上包含了晁《志》、陈《录》二书中不同的两个条目，而且马氏在条目中没有列出篇卷一项，故在引晁陈两家的解题时，分别在"特教其子而已"后补入"凡三卷"，在"《易辨》凡二十篇"后补入"为一卷"。马氏在解题中两次补充说明卷数，皆因条目未著录卷数，而晁、陈二家条目中已明示卷数，故作此灵活处理。

卷一百七十六"《周易义海》一百卷"条，先引晁氏，后又引陈氏曰："审权编《义海》凡百卷，近时江都李衡彦平删削，而益以东坡、伊川、汉上之说，为《撮要》十卷。若房氏百卷之书，则未见也。衡，乾道中由侍御史为起居郎。"[3]直斋原文作："《易义海撮要》十卷：熙宁中蜀人房审权编《义海》，凡百卷。近时江都李衡彦平删削，而益以东坡苏氏、伊川程氏、汉上朱氏之说。若房氏百卷之书，则未之见也。衡，乾道中由侍御史改起居郎。《馆阁续书目》云绍兴监察御史，误矣。"[4]马氏条目著录的是百卷的《周易义海》，而陈《录》著录的是十卷本的《易义海撮要》，故马氏引陈氏解题时，在李衡诸语后，加入"为《撮要》十卷"以补充李衡据《周易义海》删削所得的图书书名卷数。

---

① 《郡斋读书志校证》，第37—38页。
② 《直斋书录解题》，第9页。
③ 《文献通考》，第5247页。
④ 《直斋书录解题》，第13—14页。

卷一百七十六“兼山《易解》二卷，《传家易说》十一卷”条分别引晁氏“兼山易解二卷”条和陈氏“《传家易说》十一卷”条解题，并在“陈氏曰：冲晦处士郭雍颐正撰”中“曰”字后增入“《传家易说》十一卷”。马氏此举意在明确前引“晁氏曰：郭忠孝撰”实仅及于兼山《易解》二卷，《传家易说》十一卷为郭忠孝之子郭雍所著。若不加入此七字，则会让人误以为晁氏以《易解》《传家易说》为郭忠孝的著作，而陈氏认为二书的作者是郭雍。

当然，有时候马端临是通过删削的方式来表达自己的学术见解。卷一百七十九“韩婴《诗外传》共十卷”条为例。在这个条目的解题中，马氏引了《容斋续笔》中的话：“《艺文志》有《韩家诗经》《韩故》《内传》《外传》《韩说》五书。今唯存《外传》十卷，庆历中，将作监主簿李用章序之，命工刊刻于杭。其末又题云：‘蒙文相公改正三千余字。’予家有其书，首卷第二章，载孔子南游适楚，见处子佩瑱而浣，乃令子贡以微词三挑之，以是说《诗·汉广》游女之章，其谬戾甚矣。他亦无足言。”[①]洪迈《续笔》所记“适楚”与“以是说”之间，有一大段对话描写，达二百二十余字，马氏将之概括为十七字。薛伟呈以为“马端临于此无如《续笔》般详注，是以其为谬戾之言，故略言之”[②]。我觉得除此原因外，还有欲意简省的因素，由前可知，马氏引文时往往有“某某序略曰”的形式，即是一种不完全引用。

---

① 《文献通考》，第5316页。

② 薛伟呈：《〈文献通考·经籍考〉引书之研究》，硕士学位论文，台湾“中国文化大学”，2009年，第三章《〈文献通考·经籍考〉征引文献之方法》第五节《〈通考·经籍考〉引文之条例》，第17页。

第四节 《经籍考》引书的文献价值

据上文统计，《文献通考·经籍考》中引用了一百二十余人的著作，征引次数达五千二百多次，范围涉及经、史、子、集四部，引用的文献可谓丰富繁多。这些文献资料被引入《文献通考》后脱离原书而别行于世，为所引图书的传存流行提供了一条新的途径，而《经籍考》本身亦因之而拥有不可小视的文献价值。

一、辑佚价值

《经籍考》所引图书中，有不少后来渐渐残缺不堪以致失传了，如《宋三朝国史》、《宋两朝国史》、《宋四朝国史》、《中兴国史》、《崇文总目》、陈振孙《书录解题》、周氏《西麓涉笔》、《复斋漫录》、《古今诗话》、蔡宽夫《诗史》、《漫叟诗话》，等等。[①] 虽然后来四库馆臣从《永乐大典》中辑出《直斋书录解题》二十二卷，清钱侗又有《崇文总目辑释》，但现在要整理、补充这些辑本，乃离不开对《经籍考》的利用，徐小蛮、顾美华校点《直斋书录解题》、孙猛校证《郡斋读书志》，就大量引用了《文献通考》。对于那些《经籍考》有或仅《经籍考》有而又尚未得到整理的文献来说，《经籍考》的辑佚价值就显得尤为重大了，下面就略举数端加以说明。

马端临在准备和开始撰写《文献通考》时，受到了他的父亲马廷鸾的指导。《文献通考》中也以“先公曰”“先君曰”的标示方式大量征引马廷鸾的观点。据《宋史》《乐平县志》《文献通考》《经义

---

① 薛伟呈硕士学位论文《〈文献通考·经籍考〉引书之研究》第五章《〈文献通考·经籍考〉所引已亡佚之书》对诸书的基本情况已作较为详细的介绍，故此处不再赘言。

考》《宋史艺文志补》等，马廷鸾的著作有《六经集传》、《尚书蔡传合编》、《仪礼本经注疏会编》、《语孟会编》、《读史旬编》八十卷、《读庄笔记》、《洙泗裔编》、《张氏祝氏皇极观物外编》、《楚辞补记》、《咸淳遗老集》一百卷和《碧梧玩芳集》。除《文献通考》所存片段外，马廷鸾现存世著述仅有四库馆臣所辑《碧梧玩芳集》二十四卷。馆臣曰："是集为其子端临所编……自明以来外间绝无传本，唯《永乐大典》所收，颇存梗概……其集《宋史》不著录，原编卷数已不可考，谨以今所存者裒辑排比，分为二十三卷。廷鸾又尝仿吕祖谦《大事记》之例作《读史旬编》，以十年为一旬，起帝尧元载甲辰，迄周显德七年庚申，为三十八帙。今全书虽佚，而绪论尚散见《永乐大典》，并裒为一卷，附于文后，共二十四卷。"[①] 今检《经籍考》中引马廷鸾语，得 13 处，罗列如下：

（1）先君曰：此书本五行卦气之说，而象数义理出焉。无朱子发之琐碎，戴师愈之矫伪，读之时有会心者，必宿儒所著。（"郑东卿《易卦疑难图》二十五卷"条）

（2）先公曰：欧阳公《日本刀歌》云："传闻其国居大海，土壤沃饶风俗好。前朝贡献屡往来，士人往往工词藻。徐福行时书未焚，逸《书》百篇今尚存。令严不许传中国，举世无人识古文。先王大典藏夷貊，苍波浩荡无通津。令人感激坐流涕，锈涩短刀何足云。"详此诗，似谓徐福以诸生带经典入海外，其书乃始流传于彼也。然则秦人一烬之烈，使中国家传人诵之书皆放逸，而徐福区区抱编简以往，能使先王大典独存夷貊，可叹也，亦可疑也。然今世经书，往往有外国本云。（《经籍考四》书类小序）

（3）先公《仪礼注疏》序曰：余生五十八年，未尝读《仪礼》

① ［宋］马廷鸾：《碧梧玩芳集》，《四库全书》第 1187 册，第 1—2 页。

之书。一日，从败箧中得景德中官本《仪礼疏》四帙，正经、注语，皆标起止，而疏文列其下，盖古有明经学究专科，如《仪礼经注》，学者童而习之，不待屑屑然登载本文而已，熟其诵数矣。王介甫《新经》既出，士不读书，如余之于《仪礼》者皆是也。然不敢付之茫昧幽冥，将寻访本书传抄，庶几创通大义。然余老矣，惧其费日力而卒无所补也[①]。长儿跋曰[②]："家有监本《仪礼经注》，可取而附益之，以便观览。"意欣然，命之整缉[③]，厘为九帙，手自点校，并取朱氏礼书与其门人高弟黄氏、杨氏诸家续补之编，分章析条，题要其上，遂为完书。拊而叹曰[④]："兹所谓《仪礼》者欤！韩昌黎之言[⑤]，岂欺我哉！其为书也，于奇辞奥旨中，有精义妙道焉；于纤悉曲折中[⑥]，有明辨等级焉。不惟欲人之善其生[⑦]，且欲人之善其死；不惟致严于冠、昏、朝聘、乡射，而尤严于丧、祭。后世徒以其推《士礼》而达之天子[⑧]，以为残阙不可考之书。徐而观之，一士也，天子之士与诸侯之士不同；上大夫与下大夫不同[⑨]，等而上之，固有可得而推者矣。周公之经，何制之备也！子夏之传，何文之奇也！康成之注，公彦之疏，何学之博也！小子识之。"（"《仪礼疏》五十卷"条）

（4）先公曰：愚按记不随经，注疏各为一书，读者不能遽晓，此犹古《易》之《彖》《象》《文言》《系辞》各自为书，郑康成所以

① 《碧梧玩芳集》卷十二《仪礼本经注疏传会编后序》"卒"作"迄"。
② 《仪礼本经注疏传会编后序》"跋"作"请"，当以"请"为是。
③ 《仪礼本经注疏传会编后序》"缉"作"辑"。
④ 《仪礼本经注疏传会编后序》"拊"作"抚"。
⑤ 《仪礼本经注疏传会编后序》"言"作"云"。
⑥ 《仪礼本经注疏传会编后序》"曲折"作"委曲"。
⑦ 《仪礼本经注疏传会编后序》"惟"作"独"。
⑧ 《仪礼本经注疏传会编后序》"之"作"于"。
⑨ 《仪礼本经注疏传会编后序》"上大夫"与"下大夫"互换位置，且在"下大夫"前有"同一大夫也"五字。绎其文意，则此处《经籍考》脱、误。

欲省学者两读，而为今《易》也。文公于礼书之离者合之，于《易》书之合者离之，是亦学者所当知也。（“《古礼经传通解》二十三卷《集传集注》十四卷”条）

（5）先公曰：论《春秋》者，言夫子感麟而作，作起获麟，而文止于所起。逾再岁而夫子梦奠矣。故欧阳公谓此夫子既老而成之书[①]。《春秋纬演孔图》云：孔子修《春秋》，九月而成。卜之得阳豫之卦，是《春秋》二百四十二年之书，以九月而成[②]。（《经籍考九》春秋类小序）

（6）先公曰：按史言通制礼，大抵皆袭秦，故少所改变。其书后与律令同藏于理官，法家又复不传，臣民莫有见者。夫天高地下，而礼制行矣，岂专为尊君抑臣哉！叔孙之制礼也，不过度帝所能为；高帝之观之也，不过曰“吾今知皇帝之贵”而已，夫岂知其出于人心天理之本然哉！故书之录也与律令同，其藏也在理官。然则非礼也，刑禁之书而已。（“叔孙通《朝仪》”条）

（7）先公曰：温公此书专本《仪礼》，其大者莫如婚、丧，《婚礼》“妇见舅姑”条下注：“若舅姑已殁，则有三月庙见之礼。”此《仪礼》说也。《仪礼》凡单言庙，皆谓祢庙，非祖庙也。公谓妇入门，拜先灵，则三月庙见之礼可废，此于礼为稍略，而朱文公遂以为惑于陈缄子“先配后祖”之说，故以妇入拜祖先为未然。此礼当考（按缄子所讥，自谓郑忽当迎妇时不先告庙，注家引公子围告庄共之庙而后行为证，即非妇入门时事）。《丧礼》“卒哭而祔”，亦《仪礼》说也。《仪礼》“三虞，明日以其班祔”，公直用之，此于礼为大遽。《檀弓》明言“殷练而祔，周卒哭而祔，孔子善殷”，而云周已戚，公于注文但略言而不详述，盖“练而祔”，公所不敢故耳，

① 马廷鸾《读史旬编》“制作通说”条无“之”。

② 马廷鸾《读史旬编》“制作通说”条“成”后有“也”。

大概温公诚笃之学。尝答许奉世秀才书，云“自幼诵诸经，读注疏，以求圣人之道，直取其合人情物理目前可用者从之”，此其大指也。（“《温公书仪》一卷”条）

（8）先公曰：太史公整齐世传，论次其文，七年而遭李陵之祸，于是述陶唐迄获麟止。是《史记》二千四百一十三年之书（原注：年数张守节说）以七年而成[①]。（“《史记》一百三十卷”条，紧连于解题“夹漈郑氏曰：仲尼……司马氏之门户自此衰矣”之后）

（9）先公曰：张新叟言洛阳有《资治通鉴》草稿，盈两屋。黄鲁直阅数百卷，讫无一字草书（见李巽岩集），此温公所谓平生精力尽于此书也。如人之不能读何！公尝谓：“吾此书唯王胜之尝读一遍，余人不能数卷，已倦睡矣！”公此书历英宗、神宗二世，凡十九年而书成。（“《资治通鉴》二百九十四卷《目录》三十卷《考异》三十卷”条）

（10）先公曰：愚按张氏本《皇极经世书》作《经世纪年图》，愚之所述，盖亦本此。然尝疑尧之前，标甲子者六，而不载世代与事迹。意者黄帝命大挠作甲子，则甲子纪年自黄帝始，以前无有甲子，则亦不可得而书也。（“《经世纪年》二卷”条）

（11）先公曰：李文定公纂本朝《长编》，自绍兴、隆兴、乾道、淳熙，节次上进，收拾旧事，垂四十年。是《长编》一百六十八年之书，以四十年而成[②]。（“《续通鉴长编举要》六十八卷”条）

（12）先公曰：“子才诸史论，如论晋人以父母之邦委之于群胡[③]，残暴戮辱，百余年间，无有奋发以生吾中国之气，又安得有

① 马廷鸾《读史旬编》“制作通说”条“二千四百一十三”作“二千一百四十三”。检《史记会注考证》所载张守节《史记正义论例》，当是“二千四百一十三”。

② 马廷鸾《读史旬编》“制作通说”条“成”后有“也”。

③ 《碧梧玩芳集》卷十四《题察判学士家集后》“群胡”作“刘石辈”。

奇士哉！又论后魏谓中国以礼义文采之腴，而饲禽兽[①]之饥，此之谓不幸，非吾一人可与之争[②]。古之善战者，能用天下之气而已矣。呜[③]呼！安得此语闻于炎、绍中天[④]之初乎。子才从节孝徐先生游且久，其文章雄直，雅似节孝。今取徐集中所赠三诗，系家集后，并书其说云。（“《马子才集》八卷”条，连在解题“矸轩程氏曰……”后）

（13）先公《序》略曰：余自[⑤]诵涪翁“扶藜对薛”之吟，曲阜“把卷临灯”之句，固已心慕公衮[⑥]才章之盛。顾前修日远，自乾、淳诸老文字犹多遗落，况过江前后间乎？一日，西泉吴太史为言：“此吾乡空青公也，有集藏于家。”余唯空青公子弟起家，文章继世，潜逃于家君柄用之时，缱绻于诸贤流落之后，未几灭迹毁庐，相随入党，迄天地重开，迨能以《三朝正论》暴白于世，视同时诸贵公子孙所谓继志述事者，其为人贤不肖何如也！昔石林叶公以“亲见扬雄”美其诗，以“新样元和”评其书，以“三世风流”颂其文。近世李雁湖亦谓人恶隽异，俗疵文雅，如空青诸人虽不偶于一时，而文采烂然，垂后著世，不能掩也。今其遗文如“鲁殿”“秦碑”，见者珍惜，自可孤行于南丰、曲阜之后云。（“《空青遗文》十卷”条）

上列十三条中，第三条、第五条、第八条、第十一条、第十二条、第十三条均可见于四库馆臣自《永乐大典》所集《碧梧玩芳集》，且第五条、第八条和第十一条能据之确定为《读史旬编》之

① 《碧梧玩芳集》卷十四《题察判学士家集后》“禽兽”作“拓跋”。

② 《碧梧玩芳集》卷十四《题察判学士家集后》“之”作“魏”，“争”后有“吾必激天下之气而与魏争”十一字。

③ 《碧梧玩芳集》卷十四《题察判学士家集后》“呜”作“嗟”。

④ 《碧梧玩芳集》卷十四《题察判学士家集后》“天”作“兴”。

⑤ 《碧梧玩芳集》卷十二《曾空青文集序》“自”作“尝”。

⑥ 《碧梧玩芳集》卷十二《曾空青文集序》“心慕公衮”作“心焉窃慕曾公”。

文。又，“《资治通鉴》二百九十四卷《目录》三十卷《考异》三十卷”条中廷鸾语中有“公此书历英宗、神宗二世，凡十九年而书成”，而《制作通说》在谈到《资治通鉴》时载：“司马温文正公受诏纂《资治通鉴》，历英宗、神宗二世十九年。”不知此条是否是《读史旬编》中涉及司马光著史的其他条目的内容。除了可见于《碧梧玩芳集》的六条外，其余七条都仅见于《经籍考》，而第四条、第六条、第七条附于礼书解题之中，可能是《仪礼本经注疏会编》的佚文。

《经籍考》中引蜀人李焘之言达四十七次。李焘一生著述颇丰，有著作《四朝通史》《春秋学》《巽岩文集》等五十多种，可惜多数已亡佚，唯于《四库全书》中存留《续资治通鉴长编》五百二十卷、《六朝制敌得失通鉴博议》十卷、《说文解字五音韵谱》十卷。《经籍考》所引李氏之言中，有不少是来自序文，由于李氏文集不存，所以这些序文就成了他的佚文了。引周氏《西麓涉笔》十七次。《西麓涉笔》不见于宋朝的图书目录，后世也不见此书，故唯借马氏引用，世人方知有此一书。

二、校勘价值

《经籍考》所引丰富的文献材料，既可作为辑佚的资料来源，又具有相当的校勘价值。现略举数例加以说明。

马端临所引各家，有集子流传于世的不少，其文献别行于《文献通考》之中，则为原书的校勘工作多提供了一份文献依据。上举马廷鸾的文献中，《经籍考》所引与《碧梧玩芳集》所存相较，就有不少异文。其中有时是《经籍考》误，如《仪礼本经注疏传会编后序》中的“跋”字；有时我们又能借《经籍考》定四库馆臣之疏失和篡改，如将“二千四百一十三”抄作“二千一百四十三”，为回护清朝而将《文献通考》原书中带有歧视性色彩的“群胡”和“禽兽”分别改成“刘石辈”“拓跋”。孙猛先生校证《郡斋读书志》时，大量引用《经籍考》。

《经籍考·总叙》：“(乾德)四年，下诏购募亡书。《三礼》涉弼、《三传》彭幹、学究朱载等，皆诣阙献书，合千二百二十八卷。诏分置书府，弼等并赐以科名。”《文献通考》有校语曰：“三传彭幹：‘幹’，《宋会要·崇儒》四之一五作‘翰’。”[①] 据1936年上海大东书局受北平图书馆委托影印的《宋会要辑稿》所载《影印宋会要辑稿缘起》一文介绍，宋朝修撰《会要》，前后共历十次，《玉海》《山堂考索》《文献通考》等书对此记述最详。“宋时《会要》，除李心传所编《国朝会要总要》(当即十三朝《会要》之节本)曾刊版于蜀中。至官修原本，宋时从未刊行，唯政府可许臣民自由传抄。”明朝修《永乐大典》时，文渊阁所藏《宋会要》仅残本二百零三册。清嘉庆十四年(1809)，大兴徐松任全唐文馆提调兼总纂官，使写官从《永乐大典》中将其抄出，北平图书馆所影印之辑稿本，即据徐氏原稿。今查此本，正作“彭翰”。然朱载等人献书事，又可见于他书。宋李焘《续资治通鉴长编》卷七作“彭榦”，并称“此据《会要》”；宋彭百川《太平治迹统类》卷二作“彭幹”；四库馆臣以为系元人所编的《宋史全文》卷一作“彭幹”；清徐乾学《资治通鉴后编》卷四亦作“彭幹”。榦，俗亦作幹，故李焘、彭百川、马端临等所记相符，徐松辑《宋会要》作“彭翰”，或是写官抄录时产生讹误所致亦未可知。《经籍考·总叙》所引，是校正这一异文的有力佐证。

《经籍考》经部礼类著录有“《礼阁新仪》三十卷”，马氏引有曾南丰所作序言全文，该文论制礼仪制度的核心原则“在于养民之

① 《文献通考》，第5216页。

性，防民之欲者，本末先后，能合乎先王之意而已。此制作之方也。故元罇之尚而薄酒之用，大羹之先而庶羞之饱，一以为贵本，一以为亲用，则知有圣人作，而为后世之礼者，必贵俎豆，而今之器用不废也。先弁冕，而今之衣服不禁也，其推之皆然”[①]。此序在校点本《曾巩集》卷第十一，其文后有校语曰：“‘瓦’，元刻本、顾校本、吴校本、傅校本、《文粹》作‘元’。”“‘亲’，元刻本、顾校本、吴校本、傅校本注‘一作贵’。”[②]（该校点本以清康熙五十六年长洲顾崧龄刻本《南丰先生元丰类稿》作底本，校语中所说元刻本即元大德八年东平丁思敬刻本《元丰类稿》，顾、吴、傅校本分别是“顾之逵跋并录何焯批校”的明嘉靖四十一年黄希宪刻本，“吴慈培录何焯校跋”的明嘉靖王抒刻本，“傅增湘据宋刻《文粹》、《皇朝文鉴》、嘉靖刻本校跋并录何焯校跋”的明隆庆五年邵廉刻本，《文粹》即傅增湘校跋明嘉靖二十八年安如石刻本《南丰曾先生文粹》）曾氏集各本之中，唯顾崧龄刻本作“瓦”，其余刻本皆作“元”，《文献通考》各本也作“元”。《史记·礼书第一》曰：“大飨上玄尊，俎上腥鱼。先大羹，贵食饮之本也。大飨上玄尊而用薄酒，食先黍稷而饭稻粱，祭哜先大羹而饱庶羞，贵本而亲用也。”泷川资言《考证》曰：“《荀子》《大戴礼》上作尚。”[③]曾氏文中，大羹与庶羞相对，元罇与薄酒相对，若用“瓦”字，则意义侧重于酒器，玄尊即清水，正与薄酒相应。曾氏身列“唐宋八大家”，于《史记》当十分熟悉，故曾文此处当以“元”为是，作“瓦”者可能涉“尊”字义而误，亦可能涉“玄”字形而误。而“亲”与“贵”之间，以其语源《史

① 《文献通考》，第5481页。

② ［宋］曾巩著，陈杏珍、晁继周点校：《曾巩集》，中华书局1984年版，第183页。

③ ［汉］司马迁著，［日］泷川资言会注考证：《史记会注考证》，新世界出版社2009年版，第1628页。

记》之文而论，当以“亲”为优。曾巩文中的这两处异文，可用曾氏集的不同版本加以校正，而点校者再以之与《经籍考》辑录之文合观的话，对校、他校之法并用，则更有说服力。

余论 《文献通考·经籍考》略评

明清以来，前人对《文献通考》作过不少评价，或褒或贬，众说纷纭。清乾隆皇帝以为该书“会通古今，该洽载籍，荟萃源流，综统同异”，“其考核精审，持论平正，上下数千年，贯穿二十五代，于制度张弛之迹、是非得失之林，固已灿然具矣。……是编也诚考据之资，可以羽翼经史，裨益治道”。[①] 明代王樵却认为：“马端临力不及前人远甚，联比无法，殊欠要领，中间议论不无可采者，而卷帙已多于本史，要之可备裁削，难号成书。故今只以本史为主，删其繁文，笔其领要，补其阙略。”[②] 二人持论相反，王樵对于马端临在《文献通考》中大量辑录名流、臣僚议论文字的做法深表不满，以为此等文字太繁，致使《文献通考》“难号成书”。细言之，王氏对《经籍考》的辑录体解题方式亦有不满之意。胡应麟《报童子鸣》曰：“得足下藏书目阅之，所胪列经、史、子、集皆犁然会心，令人手舞足蹈。古今书目条例，唯《隋志》最详明，马氏《经籍考》会萃晁、陈诸家，折以己意，几于豪发无憾。迨今得见古人著述，大都往往借此。”[③] 则胡氏于马氏之解题，却尤为叹赏。胡氏《经籍会

---

① 见于《文献通考》所载乾隆御制《重刻〈文献通考〉序》。

② ［明］王樵:《方麓集》,《四库全书》第1285册，第399页。

③ ［明］胡应麟:《少室山房集》,《四库全书》第1290册，第850—851页。

通》曰："大抵历朝坟籍，自唐以前概见《隋志》，宋兴而后《通考》为详。"[①] 又曰："番阳《通考》以四部分门，实因旧史，而支流派别条理井然，且究极旨归、推明得失，百代坟籍烨如指掌。倘更因当时所有，例及亡篇，咸著品题，稍存故实，则庶几尽善矣。"[②] 前人因其识见、立场的不同而对《文献通考》或其中《经籍》一考作出褒贬不一的评价，这是自然的。我们现在要对《经籍考》的价值作出正确的判断，则必须依据图书本身，才能免于高谈阔论。

《经籍考》分门别类，既承袭前代史志，又在某些地方作了调整，这一情况前文已提及。论者或以之为杂芜、泥古，我们更愿意从《文献通考》全书贯通的会通精神这方面来理解它：分类中既虚列《汉志》曾有的阴阳、房中二类，又能在经部独立孟子类以及时反映当时的学术思想，所以《经籍考》的分类行为不仅仅是部次甲乙，而且还向我们简要揭示了史志书目的分类史，其分类体系因此也被赋予了纵深的历史维度。这正是《经籍考》在分类上比其他书目更为有益的地方，显示了其独特的价值。《经籍考》的著录，也对宋代（尤其是北宋）的刻书情况作了较为全面的揭示，这是《经籍考》的一项重要文献价值。马氏于郑樵《通志》，仅著录《通志略》，并加按语称"此书刊本元无卷数，止是逐略分为一二耳"，此即反映宋代时《通志》全书并未版行，仅有二十略节本流行的事实。

《经籍考》创造性地使用了辑录体的解题方式，前文相关章节也有所论述。这一解题方式，对后世书目颇有影响。关于这一点，清代孙诒让在《温州经籍志序例》中明确指出："朱氏《经义考》祖述

① ［明］胡应麟：《少室山房笔丛》，上海书店出版社 2009 年版，第 7 页。
② ［明］胡应麟：《少室山房笔丛》，上海书店出版社 2009 年版，第 3 页。

马书，益恢郛郭。”[①] 张舜徽先生认为《文献通考·经籍考》“虽其书辑录为多，论断至少，而群言悉在，可资考证。自此书出，遂于目录书中新开一派。其后朱彝尊之《经义考》，谢启昆之《小学考》，悉沿其体。清代以前考书目者，悉奉此编为常检之书。故在明弘治年间，即有单行刻本行世”[②]。张宗友继而指出，朱彝尊《经义考》“将以辑录体为主、辑考体为辅的提要体例，发展成为以辑考体为主的提要体例。这是《通考》对《经义考》最重要的影响”[③]。前辈名家于此一问题的论说已是清楚明白，言之凿凿。又，馆臣在撰写《四库提要》时，亦无数次地提及马氏著作，可见《经籍考》已成为后世撰写书目提要的必要参考书。

姚名达先生在谈到《经籍考》时说：“凡各种学术之渊源，各书内容之梗概，览此一篇而各说俱备。虽多引成文，无甚新解；然而征文考献者，利莫大焉。较诸郑樵之仅列书目者，有用多矣。”[④] 吴怀祺先生对于马氏大量引用前人言论却有另一种理解：“马端临对历史的见解通过材料编排和自己的议论贯彻全书。”[⑤] 吴先生将之视为历史编纂学上的创造。孙钦善先生在论宋代的思想学术流派与古文献学的关系时分别谈到了北宋王安石的新学，周敦颐、程颢、程颐、邵雍、张载、司马光的道学，眉山苏氏及苏门弟子张耒、秦观、黄庭坚和晁补之的蜀学，南宋朱熹的闽学和以陆九渊为代表的陆学。孙先生最后总结上述诸家时说他们“在古文献学上统称为义理学派，构成宋代古文献学的主流，传统所说的宋学，即指此而言”[⑥]。马端临

① ［清］孙诒让：《温州经籍志》，《续修四库全书》，上海古籍出版社1995年版，第918册，第129页。

② 张舜徽：《爱晚庐随笔》，华中师范大学出版社2005年版，第23—24页。

③ 张宗友：《〈经义考〉研究》，中华书局2009年版，第206页。

④ 姚名达：《中国目录学史》，上海古籍出版社2002年版，第179页。

⑤ 吴怀祺：《中国史学史》（第四卷），上海人民出版社2006年版，第303页。

⑥ 孙钦善：《中国古文献学史》，中华书局1994年版，第498页。

在《经籍考》中著录上述诸家著作甚多，又在解题中分别多次引用王安石、程氏兄弟、邵雍之子邵伯温、司马光、苏轼兄弟及苏门弟子、朱熹的言论，其中引朱熹语达146次、引苏轼语24次、引黄庭坚语16次、引苏辙语11次、引司马光语9次、引程颐语7次、引王安石语4次，所引各家就次数而言在《经籍考》的引书中位次靠前。马氏又在"《周礼》十二卷"条后的按语中对王安石的变法作出评论，在"伊川《易传》十卷"条和"《汉上易集传》《易图》《丛说》共十五卷"条引晁氏解题明穆修、周敦颐、程颐之间的易学传授。解题中涉及学术源流学术观念的条目还有不少。从马氏著录的各类图书和解题所引文献中，我们可以看到当时活跃在学术领域的大家的身影，可以弄清宋代学术的基本面貌。总之，《经籍考》在目录学、史学乃至学术史上均有其价值和意义。

《经籍考》也偶有不足之处。分类时将书法之书归入小学类，以现在的眼光看即有些牵强。但马氏此举恐与传统社会强调以读书写字、洒扫行礼等活动从小端正学童品行有关。蒙童书写，讲求更多的是端正、整洁，还不能用以艺术创作的标准去要求他们。又如，《战国策》入纵横家类，有人对此也提出异议。《经籍考》卷六十"《陈黯文集》三卷"条引晁氏解题时，错抄了晁氏书中"《刘绮庄歌诗》四卷"条的解题内容于其下。杨寄林先生曾作《〈文献通考·经籍考〉摘瑕》一文[①]，虽然其中有些例证可一分为二地看待，但多数地方确实指出了马书的失误。即便如此，瑕不掩瑜。胡应麟曾盛赞《文献通考》说："为典章经制之学者，唐杜氏、宋郑氏、元马氏三书皆与经、史相出入，非他类书比也。然《通典》仅唐以前，未为详备。《通志》殊有绝到而持论过当，力不副言。《通考》既该

① 杨寄林：《〈文献通考·经籍考〉摘瑕》，《古籍整理研究学刊》1993年第3期。

且核，规模、意制足称完书，而挂漏出入时或不免，世代远、涉猎广，良未易也，作者固自苦心。”[①]《文献通考 · 经籍考》还是一部值得我们花力气继续深入研读的目录文献。

---

① ［明］胡应麟:《少室山房笔丛》，上海书店出版社 2009 年版，第 23—24 页。

参考文献

一、古籍（略依《文献通考·经籍考》部类排列）

（经部）

［清］盛世佐：《仪礼集编》，《四库全书》本。

［宋］朱熹：《家礼》，《四库全书》本。

［魏］何晏集解，［梁］皇侃义疏：《论语集解义疏》，《四库全书》本。

［清］刘宝楠著，高流水点校：《论语正义》，中华书局 1990 年版。

［明］夏良胜：《中庸衍义》，《四库全书》本。

［清］阮元校刻：《十三经注疏》，中华书局 1980 年版。

（史部）

［汉］司马迁著，［日］泷川资言会注考证：《史记会注考证》，新世界出版社 2009 年版。

［汉］班固：《汉书》，中华书局 1962 年版。

［宋］范晔：《后汉书》，中华书局 1965 年版。

［梁］萧子显：《南齐书》，中华书局 1972 年版。

［唐］魏徵等：《隋书》，中华书局 1973 年版。

［宋］欧阳修等:《新唐书》，中华书局 1975 年版。

［元］脱脱等:《宋史》，中华书局 1977 年版。

［明］宋濂等:《元史》，中华书局 1976 年版。

［宋］李焘:《续资治通鉴长编》，中华书局 2004 年版。

［唐］杜佑:《通典》，浙江古籍出版社 1988 年版。

［宋］郑樵:《通志》，浙江古籍出版社 1988 年版。

［元］马端临著，华东师范大学古籍研究所标校:《经籍考》，华东师范大学出版社 1985 年版。

［元］马端临:《文献通考》，中华书局影印十通本，1986 年版。

［元］马端临著，上海师范大学古籍研究所、华东师范大学古籍研究所整理:《文献通考》，海南国际新闻出版中心 1996 年版。

［元］马端临:《文献通考》,《中华再造善本丛书》，北京图书馆出版社影印元西湖书院本，2005 年版。

［元］马端临著，上海师范大学古籍研究所、华东师范大学古籍研究所点校:《文献通考》，中华书局 2011 年版。

［宋］吕祖谦:《大事记解题》,《四库全书》本。

［清］董萼策等修，汪元祥等纂:《乐平县志》,《中国方志丛书》，台湾成文出版社 1989 年版。

［宋］王尧臣等编次,［清］钱东垣辑释:《崇文总目》，商务印书馆 1939 年版。

［宋］晁公武著，孙猛校证:《郡斋读书志校证》，上海古籍出版社 1990 年版。

［宋］陈振孙著，徐小蛮、顾美华点校:《直斋书录解题》，上海古籍出版社 1987 年版。

［明］高儒:《百川书志》,《丛书集成续编》本。

［明］祁承㸁:《澹生堂书目》,《续修四库全书》本。

[清]永瑢等:《四库全书总目》,中华书局1965年版。

[清]邵懿辰著,邵章续录:《增订四库简明目录标注》,上海古籍出版社1979年版。

[清]周中孚:《郑堂读书记》,《续修四库全书》本。

[清]于敏中等编:《钦定天禄琳琅书目》,《四库全书》本。

[清]瞿镛:《铁琴铜剑楼藏书目录》,《续修四库全书》本。

[清]朱彝尊撰,林庆彰、蒋秋华、杨晋龙等编审,冯晓庭、陈恒嵩、侯美珍点校:《经义考》,"中研院"文哲所筹备处,1997年版。

[清]孙诒让:《温州经籍志》,《续修四库全书》本。

[清]张之洞著,范希曾补正,徐鹏导读:《书目答问补正》,上海古籍出版社2001年版。

[清]王鸣盛著,黄曙辉点校:《十七史商榷》,上海书店出版社2005年版。

[清]章学诚著,叶瑛校注:《文史通义校注》,中华书局1985年版。

(子部)

[清]郭庆藩著,王孝鱼点校:《庄子集释》,中华书局2004年版。

[汉]桓宽著,王利器校注:《盐铁论校注》,中华书局1992年版。

[宋]洪迈著,孔凡礼点校:《容斋随笔》,中华书局2005年版。

[宋]王明清:《挥麈录》,上海书店出版社2001年版。

[宋]王辟之著,吕友仁点校:《渑水燕谈录》,中华书局1981年版。

[宋]王应麟:《辞学指南》,《四库全书》本。

［宋］魏了翁著，［元］方回续：《古今考》，《四库全书》本。

［元］刘壎：《隐居通议》，《四库全书》本。

［明］胡应麟：《少室山房笔丛》，上海书店出版社 2009 年版。

［清］厉鹗：《宋诗纪事》，上海古籍出版社 1983 年版。

［清］顾炎武著，黄汝成集释，栾保群、吕宗力校点：《日知录集释》，上海古籍出版社 2006 年版。

［清］卢文弨：《群书拾补》，《丛书集成初编》本。

［清］钱大昕：《十驾斋养新录》，上海书店 1983 年版。

［清］阎若璩：《潜邱札记》，《四库全书》本。

［清］黄宗羲：《宋元学案》，沈善洪主编：《黄宗羲全集》（第六册），浙江古籍出版社 1992 年版。

［唐］虞世南著，［明］陈禹谟补注：《北堂书钞》，《四库全书》本。

［宋］王应麟：《玉海》，中文出版社 1977 年版。

［梁］释僧祐著，苏晋仁、萧炼子点校：《出三藏记集》，中华书局 1995 年版。

［唐］释智昇：《开元释教录》，《四库全书》本。

［宋］赞宁：《宋高僧传》，中华书局 1987 年版。

（集部）

［梁］萧统编，［唐］李善注：《文选》，上海古籍出版社 1986 年版。

［明］程敏政辑撰：《新安文献志》，《四库全书》本。

［清］彭定求：《全唐诗》，中华书局 1960 年版。

［宋］马廷鸾：《碧梧玩芳集》，《四库全书》本。

［宋］范祖禹：《范太史集》，《四库全书》本。

［宋］曾巩著，陈杏珍、晁继周点校：《曾巩集》，中华书局

1984 年版。

［元］吴师道著，邱居里、邢新欣点校：《吴师道集》，浙江古籍出版社 2012 年版。

［明］王樵：《方麓集》，《四库全书》本。

［明］胡应麟：《少室山房集》，《四库全书》本。

［明］杨士奇：《东里续集》，《四库全书》本。

二、今著（依出版时间先后为序）

杨伯峻：《论语译注》，中华书局 1980 年版。

王树民：《史部要籍解题》，中华书局 1981 年版。

陈国庆：《汉书艺文志注释汇编》，中华书局 1983 年版。

蒋伯潜：《十三经概论》，上海古籍出版社 1983 年版。

王国维：《两浙古刊本考》，《王国维遗书》，上海古籍书店 1983 年版。

乐平县人民政府地名办公室编印：《乐平县地名志》，《江西省地名丛书》，1984 年。

陈秉才、王锦贵：《中国历史书籍目录学》，书目文献出版社 1984 年版。

王重民：《中国目录学史论丛》，中华书局 1984 年版。

昌彼得、潘美月：《中国目录学》，文史哲出版社 1986 年版。

吕绍虞：《中国目录学史稿》，丹青图书有限公司 1986 年版。

乐平县志编纂委员会：《乐平县志》，上海古籍出版社 1987 年版。

谢祥皓：《庄子导读》，巴蜀书社 1988 年版。

柯劭忞、屠寄：《元史二种》，上海古籍出版社 1989 年版。

田凤台:《古籍重要目录书析论》,台湾黎明文化事业股份有限公司1990年版。

李瑞良:《中国目录学史》,台湾文津出版社1993年版。

孙钦善:《中国古文献学史》,中华书局1994年版。

《中国学术名著提要·历史卷》编委会:《中国学术名著提要·历史卷》,复旦大学出版社1994年版。

王瑞明:《〈文献通考〉研究》,中州古籍出版社1994年版。

刘琳、沈治宏:《现存宋人著述总录》,巴蜀书社1995年版。

戚志芬:《中国的类书、政书和丛书》,商务印书馆1996年版。

章培恒:《中国文学史》,复旦大学出版社1997年版。

余庆蓉、王晋卿:《中国目录学思想史》,湖南教育出版社1998年版。

程千帆、徐有富:《校雠广义·目录编》,《程千帆全集》(第三卷),河北教育出版社2000年版。

钱穆:《中国史学名著》,生活·读书·新知三联书店2000年版。

汤用彤:《汉魏两晋南北朝佛教史》,《汤用彤全集》,河北人民出版社2000年版。

李致忠:《古代版印通论》,紫禁城出版社2000年版。

朱自清:《朱自清全集》,时代文艺出版社2000年版。

陈寅恪:《金明馆丛稿二编》,生活·读书·新知三联书店2001年版。

王瑞明:《马端临评传》,南京大学出版社2001年版。

夏南强:《类书通论》,湖北人民出版社2001年版。

姚名达:《中国目录学史》,上海古籍出版社2002年版。

周少川:《中国史学思想通史·元代卷》,黄山书社2002年版。

吴怀祺:《中国史学思想通史·宋辽金卷》,黄山书社 2002 年版。

邓瑞:《马端临与〈文献通考〉》,山西古籍出版社 2003 年版。

舒大刚:《马廷鸾马端临父子合谱》,吴洪泽、尹波编著:《宋人年谱丛刊》,四川大学出版社 2003 年版。

余嘉锡:《目录学发微》,中国人民大学出版社 2004 年版。

张舜徽:《广校雠略》,华中师范大学出版社 2004 年版。

张舜徽:《爱晚庐随笔》,华中师范大学出版社 2005 年版。

吴怀祺:《中国史学史》(第四卷),上海人民出版社 2006 年版。

曾枣庄等:《全宋文》,上海辞书出版社 2006 年版。

黄寿祺等:《周易译注》,上海古籍出版社 2007 年版。

[日]内藤湖南著,马彪译:《中国史学史》,上海古籍出版社 2008 年版。

屈守元:《文选导读》,中国国际广播出版社 2008 年版。

张宗友:《〈经义考〉研究》,中华书局 2009 年版。

罗鹭:《虞集年谱》,凤凰出版社 2010 年版。

连凡:《〈文献通考·经籍考〉研究》,武汉大学出版社 2018 年版。

三、论文(略以发表时间先后为序)

(一)期刊论文

白寿彝:《马端临的史学思想》,《江海学刊》1962 年第 5 期。

张孟伦:《关于马端临〈文献通考〉人民性的问题——与白寿彝先生商榷》,《兰州大学学报》(社会科学版)1980 年第 1 期。

陈光崇:《马端临家世考略》,《史学史资料》1980 年第 3 期。

黎恩:《谈谈〈通志〉的几种版本》,《图书馆学刊》1983年第1期。

朱维铮:《论“三通”》,《复旦学报》(社会科学版)1983年第5期。

邵定胜:《说文献》,《文献》1985年第4期。

朱建亮:《论文献观》,《图书情报工作》1986年第6期。

刘石玉:《〈经籍考〉互著小考》,《图书馆学研究》1987年第2期。

刘石玉:《〈文献通考·经籍考〉分类探析》,《四川图书馆学报》1987年第2期。

杨寄林:《〈文献通考·经籍考〉马氏按语初探》,《晋阳学刊》1988年第5期。

朱建亮:《论孔子“文献”一语的标点问题》,《湘潭大学学报》1989年第3期。

吴通福:《马端临〈经籍考〉史部三分法及其史学史意义》,《上饶师范学院学报》1990年增刊。

李国新:《论中国传统目录结构体系的哲学基础》,《北京大学学报》(哲学社会科学版)1991年第4期。

雷晓庆:《〈文献通考·经籍考〉分类体系得失略论》,《晋图学刊》1992年第3期。

瞿林东:《〈文献通考〉的理论价值》,《安徽史学》1993年第2期。

杨寄林:《〈文献通考·经籍考〉摘瑕》,《古籍整理研究学刊》1993年第3期。

刘振华:《马端临对中国古代目录学的贡献》,《山东师大学报》(社会科学版)1994年第1期。

谢灼华：《中国古代学者文献观念之演变》，《图书情报工作》1994年第2期。

王炜民：《马端临卒年考》，《浙江学刊》1996年第6期。

吴长庚、刘影春：《洪皓马端临国际学术会综述》，《上饶师范学院学报》1997年第1期。

来可泓：《论马端临的人口思想》，《学术月刊》1997年第3期。

张玉勤：《从〈文献通考〉看马端临的进步史观》，《山西师大学报》（社会科学版）1997年第4期。

余敏辉：《吴缜的校勘学成就》，《史学史研究》1998年第2期。

周征松：《〈文献通考》〉的价值略论》，《山西师大学报》（社会科学版）1998年第2期。

陈方：《解题目录体例评议》，《图书馆论坛》1999年第2期。

刘石玉：《“因仍会通”：马端临之史学观和目录学的考察——兼论〈文献通考·经籍考〉的价值和影响》，《江西社会科学》1999年第11期。

冯月香、罗茹：《马端临及其文献观》，《图书馆理论与实践》2001年第4期。

傅荣贤：《中国古代目录学研究之我见》，《图书与情报》2001年第4期。

桂罗敏：《〈文献通考·经籍考〉分类法新探》，《江苏图书馆学报》2001年第4期。

杨新勋：《〈七略〉“互著”、“别裁”辨正》，《史学史研究》2001年第4期。

刘子荣：《我国古代的政书——“三通”》，《河南图书馆学刊》2002年第3期。

何忠礼、郑瑾：《略论宋代类书大盛的原因》，《浙江大学学报》

（人文社会科学版）2003年第1期。

杨寄林：《评〈文献通考·经籍考〉辑录式的解题》，《史学史研究》2003年第1期。

王瑞明：《马端临的史学造诣与比较法》，《井冈山师范学院学报》（哲学社会科学版）2003年第3期。

杨寄林：《四部群书“纪著作本末”的深层内涵——〈文献通考·经籍考〉辑录体解题探微》，《山西师大学报》（社会科学版）2003年第3期。

杨寄林：《〈文献通考·经籍考〉广纳群说的极致所在》，《图书馆建设》2003年第5期。

杨寄林、董文武：《〈文献通考·经籍考〉广纳群说的文化取向》，《华中师范大学学报》（人文社会科学版）2004年第6期。

刘兆祐：《〈文献通考〉版本考》，《“国家图书馆”馆刊》2005年第2期。

钟向群：《论目录的辑录体与马端临的〈文献通考·经籍考〉》，《大学图书情报学刊》2005年第6期。

冯天瑜：《〈文献通考〉及其续编的封建考》，《历史档案》2006年第2期。

傅广荣：《马端临“文献”考》，《图书馆理论与实践》2006年第2期。

李峰：《〈文献通考·经籍考〉——中国宋代重要的史志目录》，《江西图书馆学刊》2006年第3期。

杨寄林、董文武：《〈文献通考·经籍考〉“诸评具载”的独特方式》，《史学月刊》2006年第4期。

仝卫敏：《周氏〈涉笔〉考》，《古籍整理研究学刊》2007年第1期。

王洲明：《关于〈毛诗序〉作期和作者的若干思考》，《文学遗产》2007 年第 2 期。

曹金发、董杰：《试析〈文献通考·经籍考〉中的按语——兼与杨寄林先生商榷》，《中国矿业大学学报》（社会科学版）2008 年第 4 期。

程嫩生：《元代诗经学刍议》，《中州学刊》2008 年第 4 期。

周圣智：《论马端临〈文献通考〉及其在今日的意义》，《中国文化研究所学报》第 48 卷，2008 年。

赵宣：《〈文献通考·经籍考〉与〈玉海·艺文〉"互见"法比较》，《图书馆理论与实践》2008 年第 5 期。

何德山：《马端临生卒年考略》，《宋代文化研究》2009 年第 2 期。

潘洁：《黑水城出土〈文献通考〉版本考》，《图书馆理论与实践》2009 年第 7 期。

张守卫：《"互著"、"别裁"兼用始于〈直斋书录解题〉》，《图书情报工作》2009 年第 11 期。

宋镇豪：《谈谈〈连山〉和〈归藏〉》，《文物》2010 年第 2 期。

程苏东：《〈孟子〉升经考——并论两宋正经与兼经制度》，《中华文史论丛》2010 年第 3 期。

温志拔：《〈文献通考·经籍考〉辨误》，《图书馆理论与实践》2010 年第 9 期。

温志拔：《论〈文献通考·经籍考〉的重出与互著》，《图书馆理论与实践》2010 年第 10 期。

乔衍琯：《〈通考·经籍考〉述略》，《"国立中央图书馆"馆刊》新 17 卷第 1 期，1984 年。

（二）报刊、集刊、论文集论文

张元：《马端临对胡寅史论的看法》，《宋史研究集》（第二十二辑），台湾“国立编译馆”1992年版。

王承略：《试论〈文献通考·经籍考〉的著录依据和著录方法》，山东大学古籍整理研究所编：《古籍整理研究论丛》（第二辑），山东文艺出版社1993年版。

杨长锡：《马端临生卒年代考》，刘乃和主编：《洪皓马端临与传统文化》，中国青年出版社1997年版。

杨寄林：《〈文献通考·经籍考〉分类体系发覆》，《洪皓马端临与传统文化》，中国青年出版社1997年版。

余庆民：《马端临卒年考证——兼论马氏崮墓属主与年代》，《洪皓马端临与传统文化》，中国青年出版社1997年版。

张承宗：《〈文献通考·经籍考〉的学术价值》，《洪皓马端临与传统文化》，中国青年出版社1997年版。

张衍田：《“文献”正义》，《北京大学百年国学文粹》（史学卷），北京大学出版社1998年版。

［新加坡］周颖南：《马端临〈文献通考·诗〉述略》，《第四届诗经国际学术研讨会论文集》，学苑出版社2000年版。

陈仕华：《类书与辑录体解题》，《海峡两岸古典文献学学术研讨会论文集》，上海古籍出版社2002年版。

王树民：《马端临的年寿和〈文献通考〉的撰著》，《曙庵文史续录》，中华书局2004年版。

巴戈那、李国庆：《元西湖书院刻本〈文献通考〉散叶跋》，《出土文献研究》（第七辑），上海古籍出版社2005年版。

陈仕华：《〈文献通考·经籍考〉辑录体解题引文之研究》，李浩、贾三强主编：《古代文献的考证与诠释》，上海古籍出版社2006

年版。

王杨:《元泰定元年西湖书院刻本〈文献通考〉》,《人民日报》(海外版)2009年4月6日。

徐有富:《〈文献通考·经籍考〉按语研究》,南京大学古典文献研究所编《古典文献研究》(第十三辑),凤凰出版社2010年版。

（三）学位论文

孔建国:《〈文献通考·经籍考〉研究》,硕士学位论文,台湾政治大学,1975年。

柳燕:《论〈文献通考·经籍考·集部〉的文学史意义》,硕士学位论文,湖北大学,2001年。

钟向群:《〈文献通考·经籍考〉的文献价值和学术价值》,硕士学位论文,安徽大学,2006年。

薛伟呈:《〈文献通考·经籍考〉引书之研究》,硕士学位论文,台湾"中国文化大学",2009年。

杨大忠:《〈郡斋读书志〉研究》,博士学位论文,安徽大学,2010年。

刘学伦:《马端临及其〈文献通考·经籍考〉之文献学研究》,博士学位论文,台湾"中央大学",2013年。

后记

本书是在九年前完成的博士学位论文的基础上修改而成的。稿子放了很久，改动的地方却不太多。正如恩师张三夕教授在本书序文中所言，我的懒散习气大大延迟了本书的出版。书稿内容虽不完善，但它却见证了流逝的岁月，所以在这里特意引述当年在论文后记中写下的文字，以重温那心绪复杂激荡的一刻。

学位论文写到后记时，长长地嘘了一口气。不管文章写得如何，单是想到写作过程即将完结就让人感到了久违的轻松。喘息回味之后，又痛感时间的无痕无情，毕竟三年之中做事不多，让自己满意、自豪的事就更少了，于是又不免彷徨起来。我是四川人，小时候常常听到“少不入川，老不离蜀”的俗话，但自己不能理解为什么人们要告诫少年不要到巴蜀之地去。或许是我对锦城之乐没啥体会：一是没有优越的物质条件，感受不到生活的安闲；二是长期居住在蜀地，不知道远方的景致又会如何。然而在 2008 年 9 月的一场大雨之中，我拖着箱子和背包，拎着电脑和桶盆，到了离家千里的桂子山上。在走下站了四年的大学讲台，结束了第二段教学经历之后，我第三次将自己变成学生，仿佛自己的人生就是一把不断变向的曲尺。总结一番，觉得自己三年来有两大收获：一是顺利完成学业；二是娶妻生子，有了自己的家。正是为此，我要感谢父辈们对我物质上的支持，情感上的关怀，也要对为家庭付出很多的妻子表达感谢和歉意。小宝贝的降临，让我欣喜，也让我的生活别有滋味。为人之父，其谋宜远，这也是对我今后生活的一种鞭策。

匆匆又过了九年，其间，经历了父亲的病故、二宝的降生，工作的变动。生活就像河边的水车，不管你在田间还是灶头，不管你是欢喜还是忧伤，它总是以自己的节奏吱吱嘎嘎地转动，和你相遇于相互凝视之间。我是幸运的，在求学、工作和生活上总能得到“贵人”相助。

回顾读博期间，得到华中师大古典文献学专业的王齐洲、高华平老师的诸多教诲，永存感激。2011 年 5 月 27 日是我的论文答辩日，答辩委员会主席是武汉大学的尚永亮教授，委员有湖北大学的何新文教授、湖北社科院刘保昌研究员以及华中师大文学院的高华平、汤江浩教授，安敏师姐做秘书。诸位先生对我的论文既给予了充分的肯定，又指出了论文存在的问题，我在论文修改过程中吸收了他们的意见（包括三位盲审专家的意见），也请各位老师及安敏师姐接受我“迟到”的感谢。“张门”是个幸福的“大家庭”。读博期间与同门同学钱敏、黄蓓、杨毅、康光磊、李程、罗昌繁、袁洪流、段厚勇、李卓娅、张世敏、苏小露、张海燕等在“读书会”内外多有学术和生活方面的交流，他们给我留下许多终生难忘的温暖记忆。同级同门姜由与我有类似的“丧父”痛苦，我们一直相互关心，相互激励。同级同学蔡树才、余兰兰，当年在学业上也相互多有切磋。另外，读博期间还结识了刘峰和杨革新二位学友。博士毕业后在中南财经政法大学武汉学院工作的数年间，得到曾军师姐的持续关照，我要对她表示由衷的感谢。

回首博士毕业后的九年生活，我要再说一遍自己是幸运的。我有一个幸福美满的小家庭，有一位情投意合的妻子，有两个活泼可爱的孩子而且是最佳“搭配”：一男一女。谈起两个孩子，我必须深深地感谢三位慈爱无比的“母亲”：母亲、岳母、师母。多亏她们的慷慨而精心照顾，两个孩子都能健康、愉快地成长，使我有更多的精力投入教学工作和学术研究之中，顺利完成这篇博士学位论文的修订。

我还要说明的是，本书是黄冈师范学院博士基金项目（项目编号：201828303）的阶段性成果，同时还受到了黄冈师范学院文学院“省级‘荆楚卓越人才’协同育人计划”项目的出版经费支持。在此对学校和学院领导一并表示感谢。最后，我要感谢东方出版社张永俊编辑促成本书的出版。

邹明军

2020 年 5 月 18 日写于枫景佳园寓所